トウキョウ建築コレクション 2018
Official Book

トウキョウ建築コレクション2018実行委員会編
建築資料研究社／日建学院

トウキョウ建築コレクション 2018 Official Book

280 特別講演

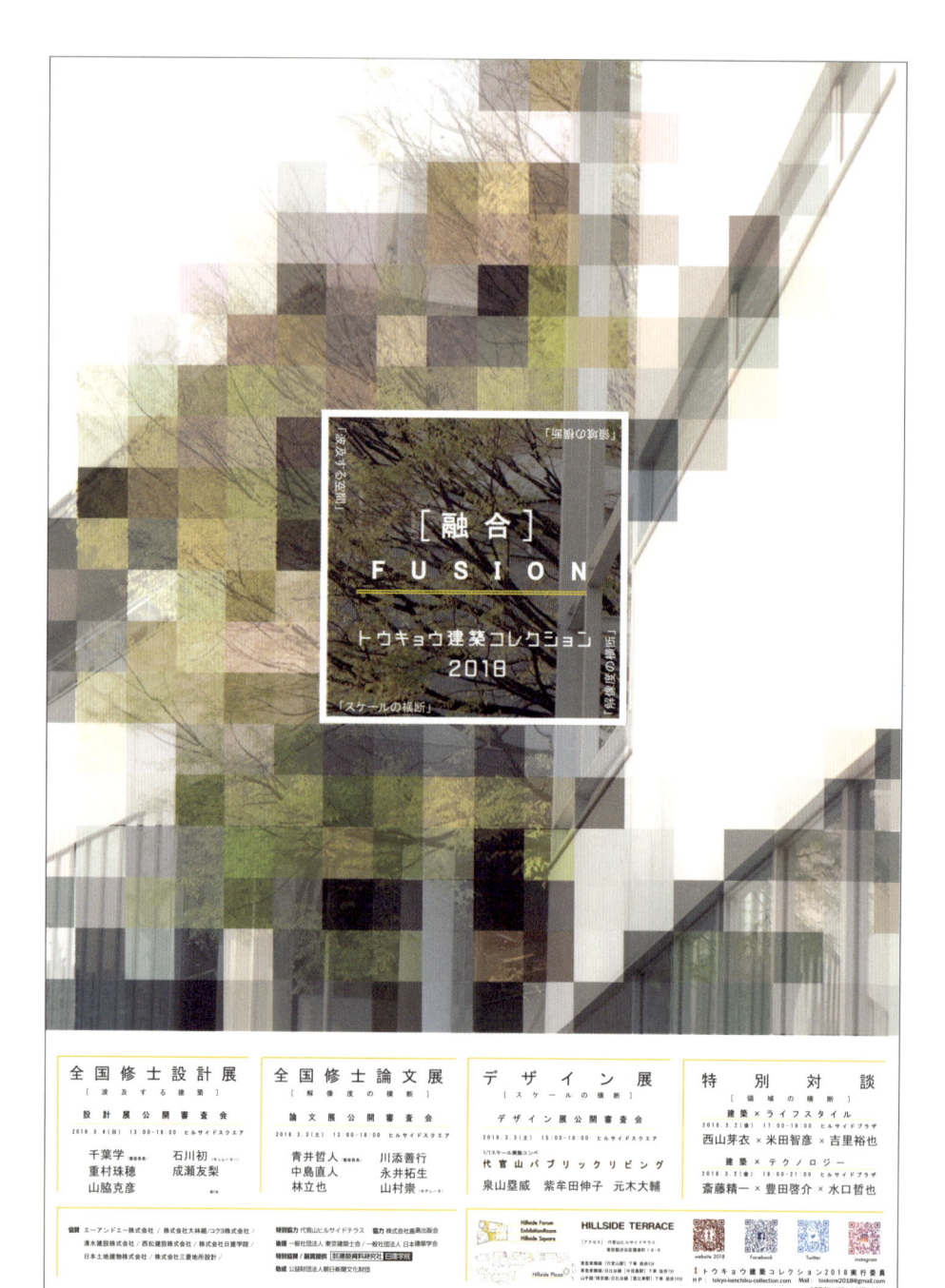

トウキョウ建築コレクション2018企画概要

「トウキョウ建築コレクション」、通称「トウコレ」は、日本全国から"トウキョウ"へと、一堂に結集した建築学の修士設計・修士論文の"コレクション"を展示・講評する団体です。「東京を舞台に、社会に開いた文化をつくる」ことを理念に掲げ、代官山ヒルサイドテラスにて、毎年3月上旬頃にイベントを開催しています。発足から12年間で、のべ15,000人の方々にご来場いただいております。

　12年目の今年は、建築の領域が拡張する中で、「建築とは何か」を再考するとともに、多様な分野の視点や知識を取り込むべきであると考え、本展覧会のテーマとして「融合──FUSION」を掲げました。全国各地から修士学生が集結し、競い、議論する中で、トウコレが何か新しい発見や価値観を生み出す、化学反応を起こす場となることを目指しました。

　今年の企画は、従来の「設計展」「論文展」に加え、建築家や他分野で活躍する方をゲストに迎えた「特別講演」と、アイデアを1/1スケールで制作・展示する実施コンペ「デザイン展」を開催いたしました。修士設計・修士論文という高度な専門性をもったコンテンツを扱う場であるとともに、ヒルサイドテラス内のパブリックスペースに設置した1/1スケールのファニチャーを通じて、設計者・来場者・代官山に住む方々との交点をつくりだし、トウコレを社会一般により広く発信するものになったのではないかと自負しています。

　また、当団体は、出展者・実行委員ともに修士学生で構成されています。同世代の多くが社会で働いている年齢の人間が、学生として「建築」や「社会」と対峙し、その本質や未来を見つめ日々問答していることを、このような展覧会を通じて社会へ発信し、何かのフィードバックを得られるようにすることも当展覧会の使命です。当展覧会に関わる学生陣が熱い想いを抱き参加する姿勢が、来場者、読書の皆さまに少しでも伝わればと思います。

　最後に、来年度以降のトウキョウ建築コレクションが、「建築とはなにか」といった命題を、建築の枠組みを越えてより多くの人々を巻き込み、思考する場になること。代官山のまちに開かれた身近な存在となること。そして、代官山ヒルサイドテラスで毎年春に開催される建築祭りとして、皆さまにより一層心待ちにしていただける展覧会になることを願っております。

　今年もこの本を片手に、熱い建築談義に花を咲かせていただければ幸いです。

トウキョウ建築コレクション2018実行委員一同

全国修士設計展

「全国修士設計展」開催概要

本年の「全国修士設計展」は、全体のテーマである「融合——FUSION」のもと、設計展独自のテーマとして「波及する建築」を掲げました。全国から修士学生の集大成となる修士設計を募り、81件の応募作品の中から一次審査を経て、11作品を選出いたしました。また、一次審査の次点作品として7作品のポートフォリオを展示、本書にも摘要を掲載しております。

　公開審査においては、建築という領域が拡張していることを踏まえ、多角的な議論が誘発される場となるよう、建築設計の専門家だけではなく幅広い領域で活躍されている方々をお呼びし、それぞれの作品についてクリティークしていただきました。どの作品も傑出した提案ばかりで、グランプリ、各審査員賞を決定するのが難しく、それ故に充実した議論が展開されたのではないかと考えております。

　トウキョウ建築コレクションが建築に携わる方のみならず、分野を超え、社会一般に向けて刺激を与える場としてこれからも継続していければ実行委員一同幸いです。

トウキョウ建築コレクション2018実行委員会

千葉 学　Manabu Chiba　　　　　　　　　　　　　○審査員長

建築家／東京大学教授。1960年東京生まれ。1985年東京大学工学部建築学科卒業。1987年同大学院修士課程修了。株式会社日本設計入社（〜93年）、1993年ファクターエヌアソシエイツ共同主宰（〜01年）、2001年千葉学建築計画事務所設立、東京大学大学院工学系研究科准教授（〜13年）、2009年スイス連邦工科大学客員教授（〜10年）、2013年より現職。2016年東京大学副学長、2017年ハーバード大学GSDデザインクリティーク。

石川 初　Hajime Ishikawa　　　　　　　　　　　　○モデレーター

ランドスケープアーキテクト／慶應義塾大学教授。1964年京都生まれ。東京農業大学農学部造園学科卒業。鹿島建設建築設計本部、アメリカHOKプランニンググループ、株式会社ランドスケープデザインを経て2015年4月より現職。主な著書に、『ランドスケール・ブック』（LIXIL出版）、『今和次郎「日本の民家」再訪』（瀝青会として共著／平凡社）がある。主な受賞に、日本建築学会著作賞、日本生活学会今和次郎賞がある。登録ランドスケープアーキテクト（RLA）。早稲田大学、東京大学非常勤講師。

重村珠穂　Tamaho Shigemura

建築・風環境デザイナー／1975年東京生まれ。韓国、米国育ち。2000年慶應義塾大学大学院政策メディア研究科修了後、大林組を経て2004年よりMIT建築学部修士課程留学。槇総合計画事務所にてワールドトレードセンターのプロジェクトに参加（2007年）。2008-10年、ハーバード大学デザイン学部留学。修士課程修了。2012年に株式会社アルゴリズムデザインラボを設立し、3次元設計、コンピューテーション・テクノロジーの普及とデジタル技術による環境設計に関するコンサル・設計業務に携わる。早稲田大学、デジタルハリウッド大学などで教育普及活動も行っている。訳書に、『アルゴリズミック・アーキテクチャ』（彰国社）がある。

成瀬友梨　Yuri Naruse

建築家／成瀬・猪熊建築設計事務所共同主宰。1979年愛知生まれ。2006年東京大学大学院博士課程単位取得退学。2007年成瀬・猪熊建築設計事務所共同設立。2010年から2017年まで東京大学助教。地域・ライフスタイル・コミュニケーションという観点から建築を考え、シェアをキーワードに設計を行う。シェアハウス・イノベーションセンター・アートスペースなどを手がける。主な作品に、「FabCafe Tokyo」、「LT城西」、「柏の葉オープンイノベーションラボ（KOIL）」、「西武池袋本店パブリックスペース」、「豊島八百万ラボ」がある。主な受賞に、第15回ヴェネチア・ビエンナーレ国際建築展 日本館 特別表彰がある。

原田真宏　Masahiro Harada

建築家／MOUNT FUJI ARCHITECTS STUDIO共同主宰／芝浦工業大学教授。1973年静岡生まれ。1997年芝浦工業大学大学院建設工学専攻修了後、隈研吾建築都市設計事務所に勤務。2001年度文化庁芸術家海外派遣研修員制度を受けホセ・アントニオ＆エリアス・トレスアーキテクツに所属。2003年磯崎新アトリエに勤務。2004年、原田麻魚と共にMOUNT FUJI ARCHITECTS STUDIOを設立。主な作品に、「Tree House」、「Seto」、「知立の寺子屋」、「道の駅ましこ」がある。主な受賞に、2014-ResidentialBuildingoftheYear、第26回JIA新人賞、第25回AACA賞、第14回芦原義信賞、2017年JIA東海住宅建築賞大賞がある。

山脇克彦　Katsuhiko Yamawaki

構造家／株式会社山脇克彦建築構造設計代表取締役／慶應義塾大学非常勤講師。1968年大阪生まれ。神戸大学大学院環境計画学科修士課程修了。札幌にて独立。在来木造・鋼板構造・混構造など多様なエンジニアリングデザインを展開。主な作品に、「モード学園スパイラルタワーズ」（日建設計所属時）、「籔-HIGO-」（北海道日建設計所属時）、「NORTH FARM STOCK増築店舗」がある。主な受賞に、JSCA作品賞、World Architcture Festival 2015 Category Winner、日本建築学会北海道建築賞・技術賞がある。主な著書に、『構造デザインの歩み──構造設計者が目指す建築の未来』（共著／建築技術）、『建築画報「挑戦する構造」』（共著／建築画報社）がある。

wind

a

d

f

設計展　グランプリ

山を登ることと建築

小黒由実
Yumi Oguro

東京藝術大学大学院
美術研究科　建築専攻
中山英之研究室

HIKER

山を登ることと建築をつくることにどこか関係があるように感じ、これらの類似性を研究した。その中で「山を登ること──収集・整理」と、「建築をつくること──設計」という2つの実験を行った。「収集・整理──山を登ること」から始まった制作だが、設計をしながら事例を収集し、整理しては設計をするというように、2つの実験を並行していた。そのため、2部構成としているが、見る順序に決まりはない。

　「建築をつくること」では、山小屋を装備品の延長として捉え、運搬施工の容易な規格と工法でつくられる5年間の建設プロジェクトを提案した。「山を登ること」では、山を登るという行為に類似するデザインを日常生活から極地建築に至る幅広い範囲から収集し、いくつかの視点から整理をした。

　山というさまざまな制約を持つ環境の中で、設計を実験的に行うことで本質的な建築のあり方や構成の方法を探った。

収集したシート

文献や実際の山行を通して、山登りでの美学や価値観、それらの視点から見たときにより面白く感じられるものを日常生活のデザインから極地建築まで様々な分野の中から集めた。収集・整理は設計のための図鑑であり、設計は図鑑に補完すべきものをあぶり出すための試行でもある。

シートの例

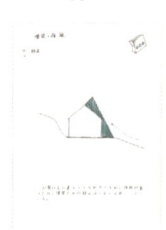

「増築の履歴」
切妻型の木の妻面に、青いトタンが付け足されている。これは強風対策の風を受け流すための増築であり、素材の違いは増築をしたことの目印ともなる。

「登山客による運搬」
登山口へ行くと、1kg、3kgなど、重さの書かれた袋が配られ、200mほど登った地点まで運ぶ。この袋の中には石が入っていて、歩いて行くうちに登山道の整備に用いられるものだとわかる。

「言葉を当てはめる」の例

山登りの計画と実践の中でのキーワードから分類したもの。いくつかの軸にわけ、縦軸は領域とし、上は
極地建築、下にいくほど日常生活に近いものとして分類したシートを配置した。週末の山登りの装備品の
延長線上に、極地探検基地の工夫が位置づけられたりする。

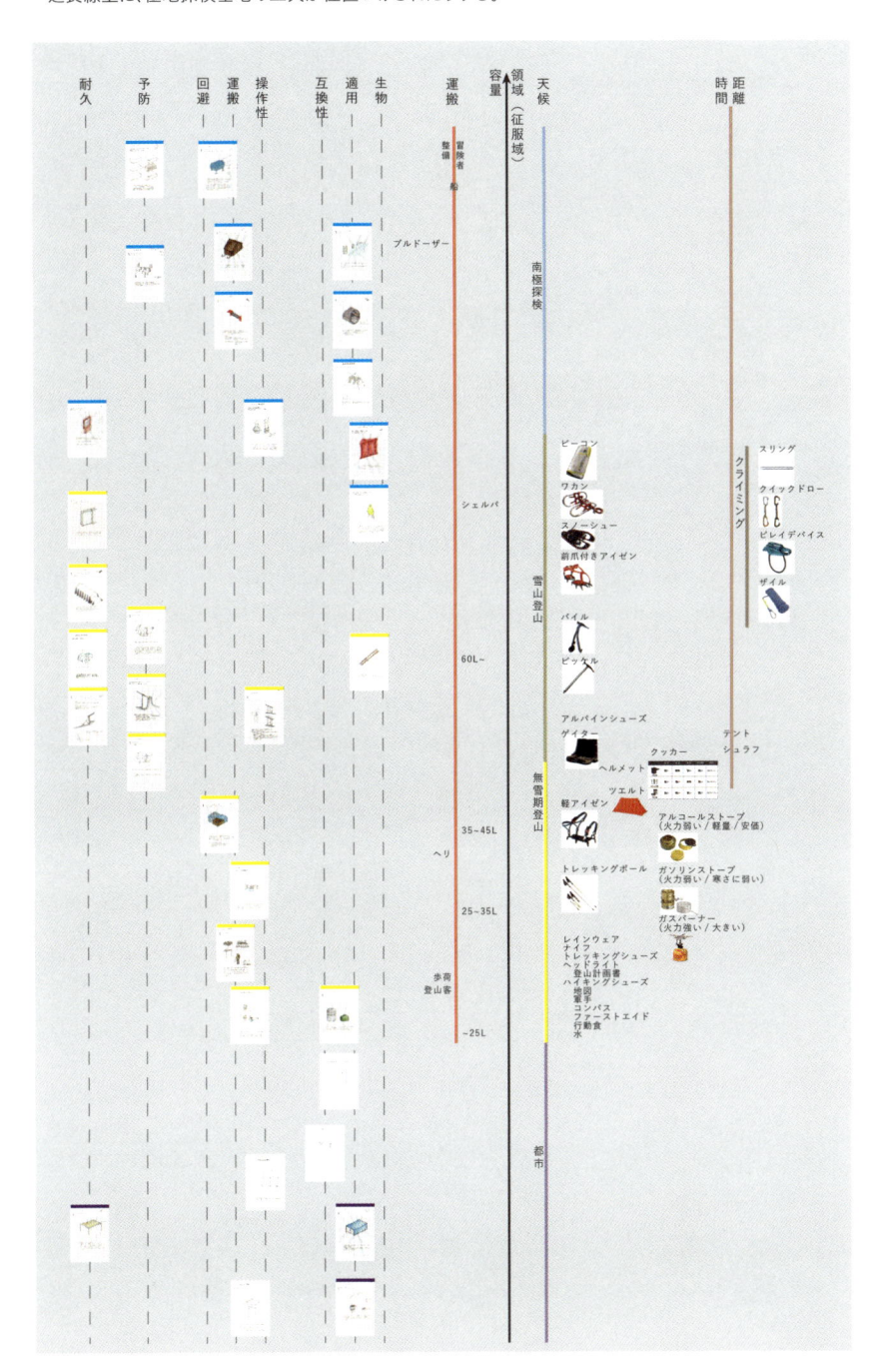

部材一覧

運搬したもののチェックリストとして現場に貼られることを想定。小屋完成後の維持管理・改修を考慮し、登山客や小屋番の手による運搬施工が行えるよう、材料の長さは最大でも3m以下となるよう設定した。

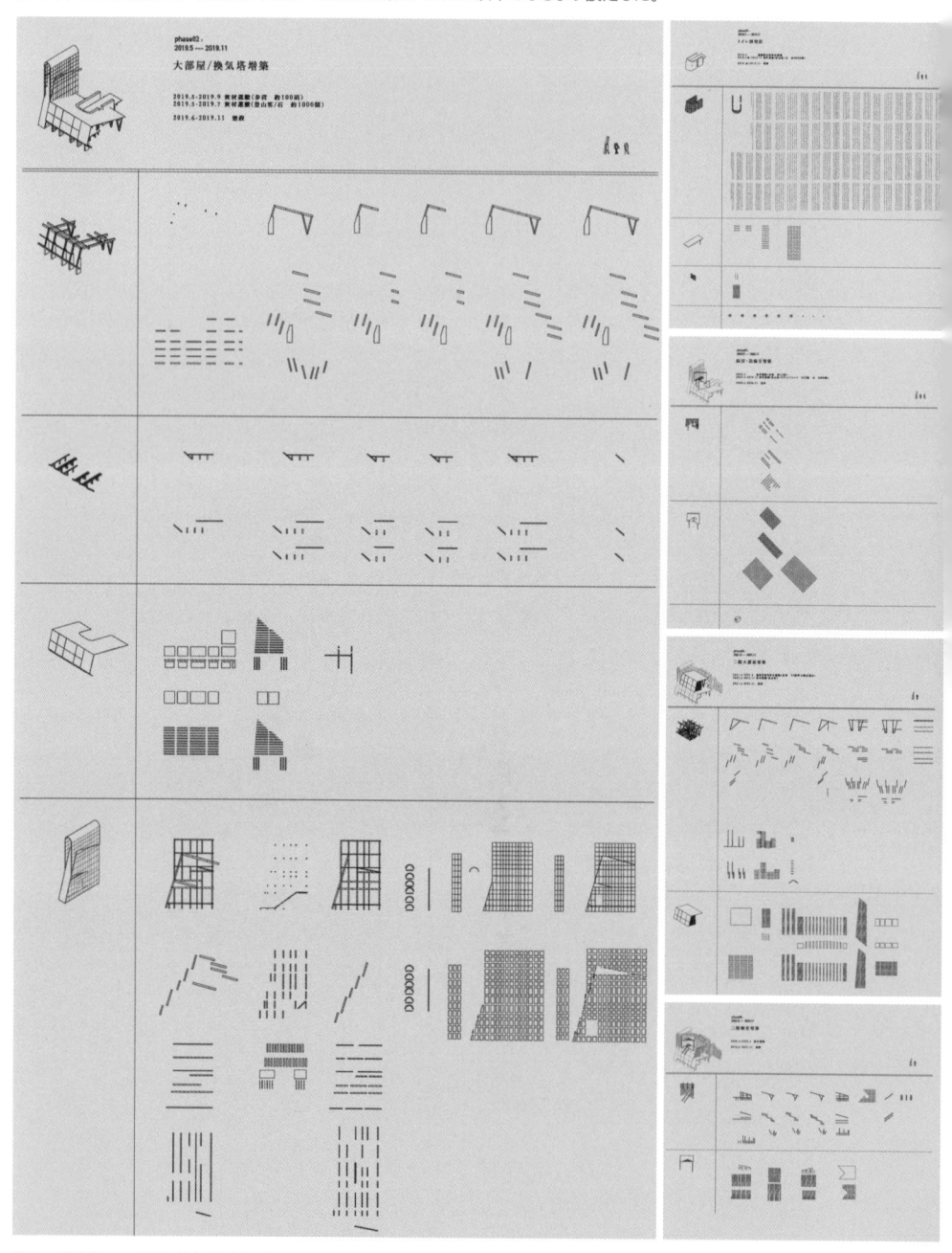

部材一覧表（左：大部屋・換気塔／右、上から：トイレ棟、厨房・設備室、2階大部屋増築、2階個室増築）

運搬拠点配置図

資材は人足による運搬のため、登山道に運搬拠点を設け、敷地までのルートの難易度や距離に合わせ、資材の配布量や運搬拠点の大きさを設定した。

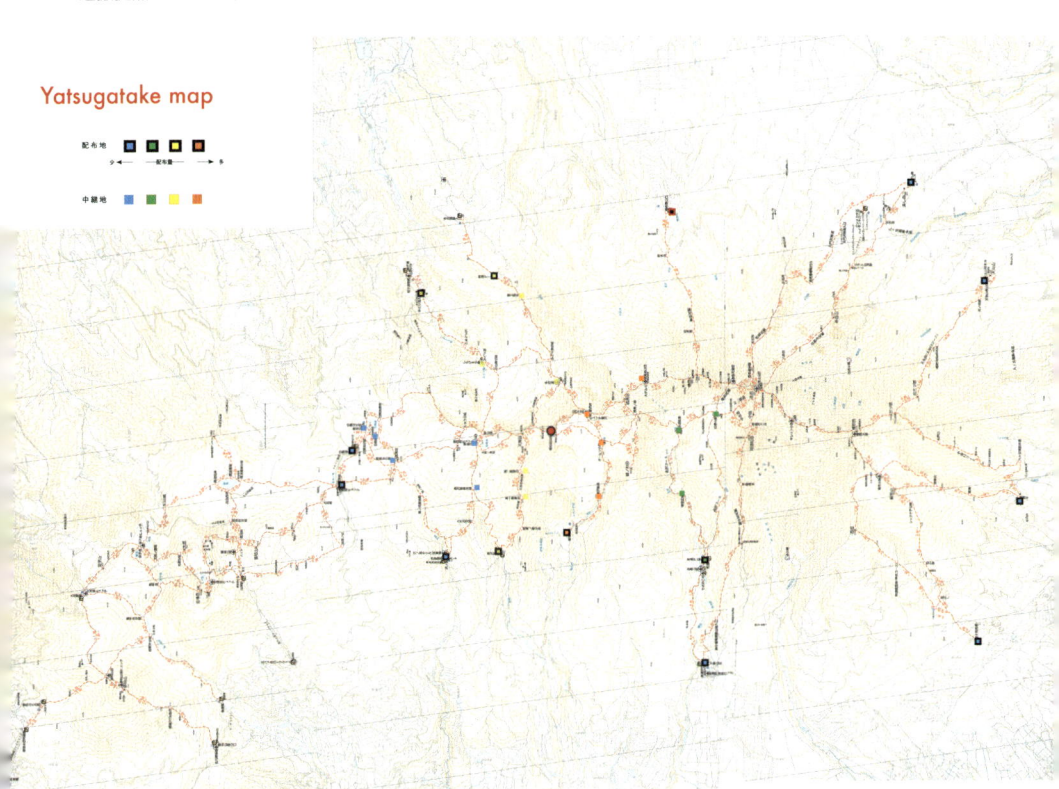

どのように建築にするか

「山を登ること」で行った収集・整理を続けながら、山を登るという行為がどう建築に置き換えられるかということを模索した。設計をする中で生まれた発見はシートに直し、整理しては建築へシフトさせるという行為を続けた。

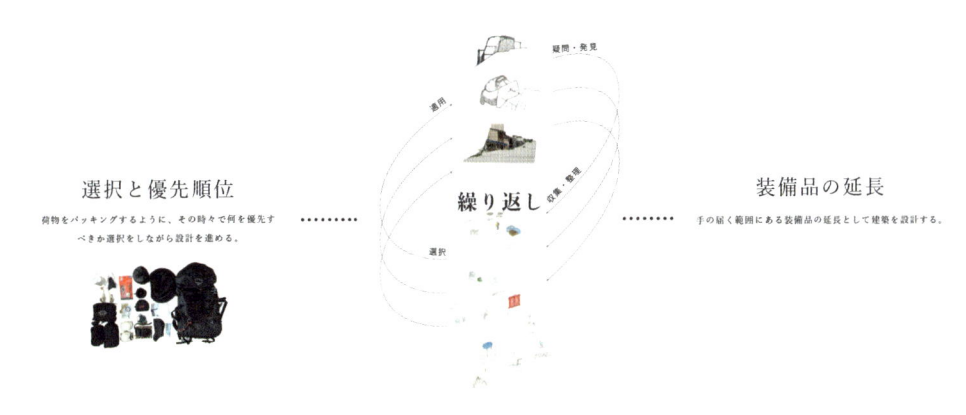

選択と優先順位

荷物をパッキングするように、その時々で何を優先すべきか選択をしながら設計を進める。

繰り返し

装備品の延長

手の届く範囲にある装備品の延長として建築を設計する。

建設工程

山小屋は緊急避難場所でもあるため、最低限必要な部屋から運営を止めることなく建設を行う。建設は夏季である5月から10月の間に行い、11月には風雪をしのげるよう、各増築フェーズで完結した形態となるよう設計をした。

小屋の建設は、登山客が石を積んでいくことから始まり、U字平面の風を受け流しながら耐える石積みがつくられる。その後に、南側に並ぶ旧館の風を受け流す形状を踏襲した木造の屋根をかけ、北側には場所を読み解くためのアイコンでもある換気塔を建てる。これには、今後の増築のための補助線がいくつも埋め込まれている。登山客による運搬が終わると、運搬拠点は解体・運搬され、2階建設のための足場へと転用される。

これらの増築は、全てその先の想定がされた状態で行われるため、2年目、3年目では使われないディテールや仕上げが、その後の増築の補助線となるように計画されている。

PHASE 00　建設開始

MAY　　　　　　　　　　　　　　　　NOVEMBER

角縛り
直行する丸太・竹などを結ぶロービング。

筋交い結び
直行する筋交いを結ぶロービング。

PHASE 01　トイレ棟建設

MAY　　　　　　　　　　　　　　　　NOVEMBER

石を置く
登山客が運搬してきた石を積んでいく。

足場用穴
石を積んでいくための足場を差し込めるよう、足場用の穴を設ける。

楔
太さの違う竹を同じ大きさの穴に差し込み、足場とするため、楔を入れて接合を強固にする。

梁用差込口
製材された梁が自由に差し込むことができるレール。

1 階平面図

PHASE 02　大部屋・換気塔増築

MAY　　　　　　　　　　　　　　　　　NOVEMBER

PHASE 03　厨房・設備室増築

MAY　　　　　　　　　　　　　　　　　NOVEMBER

V字柱
強風に耐えるため、V字の柱を風下側に設ける。

斜めの柱
風を受け流す屋根形状のため、斜めの柱を風上側に設ける。

石積みの型枠
石積みを型枠としてコンクリートを打設し、背の高い基礎とする。

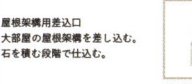

屋根架構用差込口
大部屋の屋根架構を差し込む。石を積む段階で仕込む。

換気口パネル
あらかじめ、妻面の形に沿った目地割りになっている換気塔のパネルを外すことで換気口を設ける。

基礎と楔
背の高い基礎に柱を立て、楔で接合を強固にする。

ガラスブロック
運搬しやすく、開口部の大きさに合わせて積むことができる。

下見板と蛇籠
蛇籠に面する壁は、水はけのため製材で端材となる樹皮部分による下見板張りとする。

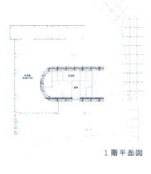

1階平面図

1階平面図

PHASE 04　二階大部屋増築

MAY　　　　　　　　　　　　　　　　　　**NOVEMBER**

角縛り
直行する丸太・竹などを結ぶ
ロービング。

筋交い結び
直行する筋交いを結ぶロービング。

石積みとV字柱
石積みを支えとしたV字の柱。
石積みを挟むように接合する。

L字の雨仕舞い
増築による屋根が換気塔に勝つようにつけられたパネルの内側に入り込むようにL字トタンをおく。

柱用差込口
二階大部屋のための柱を差し込むための接合部。石を積む段階で仕込む。

PHASE 05　二階個室増築

MAY　　　　　　　　　　　　　　　　　　**NOVEMBER**

継ぎ接ぎの柱
積雪が流れていく方向に対する荷重を支えるための三角形の柱。

蛇籠と屋根
蛇籠の上に雪が流れ落ちるよう屋根を傾ける。

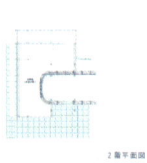
2階平面図　　　　1階平面図

2階大部屋平面図

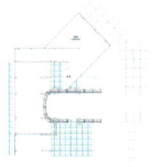
2階個室平面図

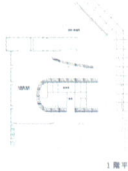
1階平

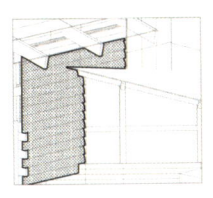

下見板と樹皮
風下側の外壁は、水はけのため製材で端材となる樹皮部分による下見板張りとする。
二階個室の内壁に転用される部分は、樹皮が剥がされ、増築前はテクスチャの差がむき出しになる。

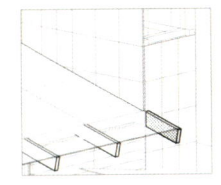

換気塔から飛び出る斜材
二階大部屋増築時にかけられる架構と連続する。屋根と換気塔を接合するガイドとなる。

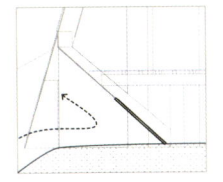

斜め板（冬期）
雪が床下に吹きだまらないよう、風上の高床部分を塞ぐ。

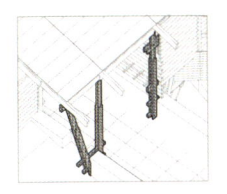

斜め柱
石積みを背の高い基礎として用いた柱。つぎはぎによって生まれる木材の出っ張りは、野営行為を誘発するフックでもある。

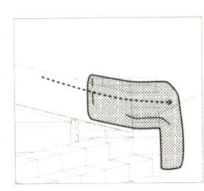

雪と蛇籠
吹き溜まりの起こりやすい風下側へ屋根勾配を傾け、雪を集める。雪が溜まる部分の下部には蛇籠が敷き詰められ、雪の断熱効果を利用する。

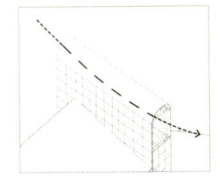

換気塔
圧力差換気によって室内を換気する。この換気塔は場所を読み解くためのアイコンでもある。

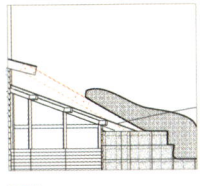

冬囲い
風下側の屋根は、冬期には蛇籠に向けて仮設の屋根をかける。雪は蛇籠側へと流され、吹き溜まる。

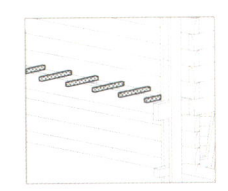

はみ出た根太
山側からは見えない室内の位置を想像できる箇所。日常的な野営行為を誘発するフックでもある。

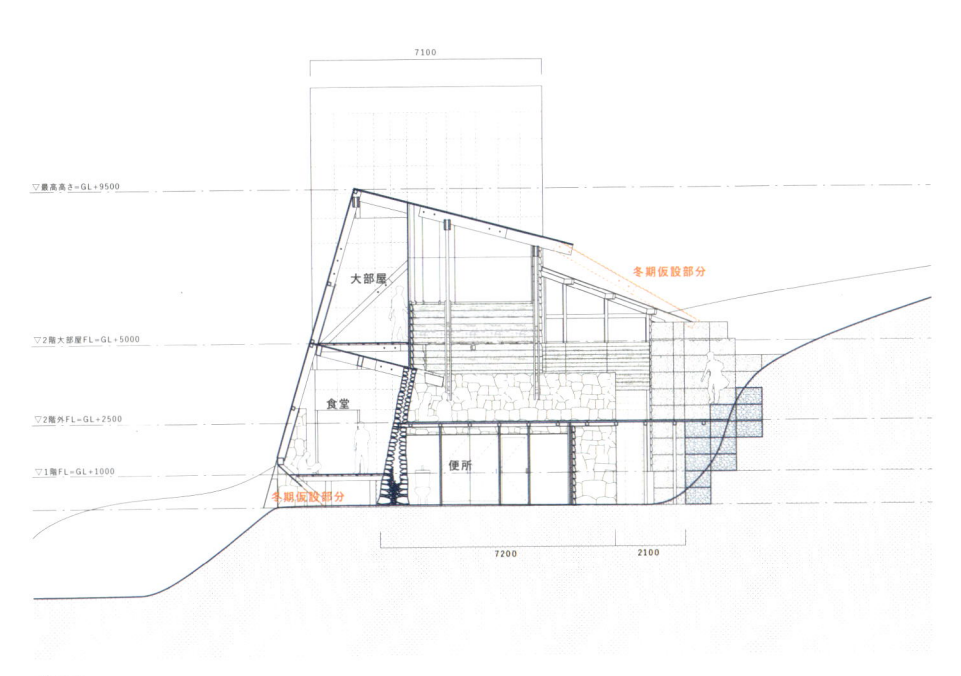

断面図

登山計画書作成

設計した小屋のパンフレットとワークシートを作成し、登山を趣味とする人に、もしこのような山小屋建設プロジェクトがあった場合の仮想の登山計画作成をお願いした。登山客が運搬してくる資材・装備を踏まえ、山小屋がどのように拡張されるかを記し、拡張される領域や期間を考察した。

出展者コメント —— トウキョウ建築コレクションを終えて

Q 修士設計を通して得たこと

自身が考えてきたことを建築と言語を介して伝えること。思考を整理しながら建築を組み立てては、言葉にすることを何度も繰り返して、たくさんの人たちと対話してきた修士設計でした。伝え方を模索することが、つくるという行為に接続することを体感しました。

Q 修士修了後の進路と10年後の展望

都市に溢れる建築がどのようにつくられているのか、一つひとつ学んでいます。10年後には、私をこの世界に引き込んでくれた人や、山を登ることについて話してくれた人たちを、山小屋へ招待したいです。

審査員コメント

審査員コメント@巡回審査

石川：建築を「建てる」という手続きと山登りが似ていて、現在の建築にはそれが欠落しているという問題意識があるわけですね。確かに山登りは最初にものすごくリサーチをするし、注意深く道具を選ぶし、愚直に積み重ねていかないと達成できないところが、建築をつくるのと似ているのかもしれない。この計画の場合は民家的というか、その場その場の判断が積み重なっていくみたいなところがあり、設計はされているけれど、状況に応じた臨機応変性みたいなものを重視しているので、組織的に遂行される大建築とは方法論が違いますね。登山は生存環境を運んでいるので、山小屋をつくることは結局、生存環境を山の上にデポしておくということですよね。山小屋は一歩間違えると死ぬかもしれないという厳しさがあって、地域でコミュニティカフェをつくるようなものとは違う。ドライな関係性という意味では、むしろ都市的かもしれない。

重村：換気塔の役割として、モニュメント的な力強さだけでなく、煙突効果を使って温度差換気についてもきちんと考えていて良いと思う。冬場は上部の暖かい空気を下にもっていって足元を温めるなどの工夫があればさらに良かったと思う。私もアフリカで似たような環境下でつくったことがありますが、高度な技術をもち込めない状況で、ローテクの世界で、いかに技術（ハイテク）を生み出すか、利用するかが面白い。一般の人が参加しやすく、建築の敷居も低いので、いろいろな人が建築に関われそうでいいですよね。

千葉：山を登るという行為と建築をつくるという行為、一見すると何の脈絡ももたない2つの行為を重ね合わせて建築の意味を問い直していることが、とても新鮮で驚きました。そこから見えてくることは、今日の建築生産の現場では忘れ去られていることばかりですね。そこに新しい建築が生まれるヒントもありそうです。建築の素材が、本来の役割とは違う形でどんどん転用されていったりしている。その状況に応じて変わっていく柔軟性も、こうした重ね合わせから出てきたことでしょうが、すごく面白いです。

成瀬：建築を人の手の中に取り戻すという言葉が印象的でした。参加型のまちづくりとして、何度かワークショップを行って、みんなで建築をつくるということはあるのですが、これだけ時間をかけてゆっくり多くの人が関わることができる建築行為はなかなかないと思います。山登りという、経済原理から少し離れたところだから実現できるのかもしれない。今の社会では逆に、こうやって建築をゆっくり考え、つくることの意味や大切さがあると感じました。

原田：非常に限られた手段しかなくて、それと形式の一致を求めていったわけだよね。手段と形式が分離してしまう世の中で、その接続をもう一度確認したいというのはよくわかります。あるつくり方と、できあがるものが一致している関係を求めていると思うのですが、この目的物をつくるために、逆に手段のほうに発見があって、フィードバックが起こるのが面白かったです。

山脇：手づくり感があって、木部材の陰影が感じられて、空間の雰囲気がすごく良い。この塔をつくるのは結構大変かもしれないけれども、登山時の喜びになる。登山者に「ボランティアで運んでください」と言えば、山小屋建設に参加できるなら喜んで参加してくれるんじゃないかな。まず、小黒さんが基礎となる石材の最初の1個を置くというアクションをしてほしい。0と1は違うので、ぜひ1を早めに置いてください。

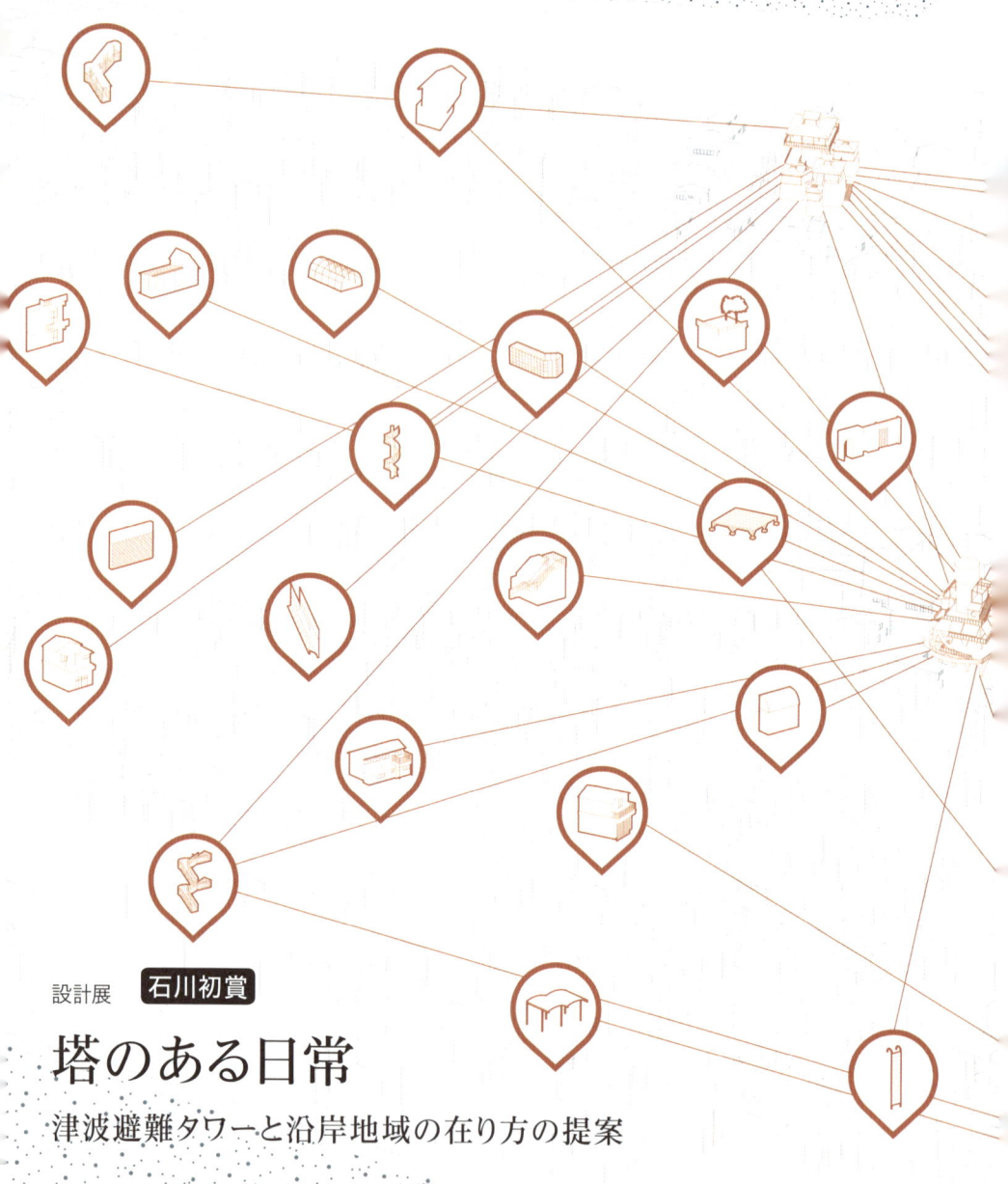

設計展　石川初賞

塔のある日常

津波避難タワーと沿岸地域の在り方の提案

村上裕貴
Hiroki Murakami

東京都市大学大学院
工学研究科　建築学専攻
手塚貴晴研究室

私は津波避難タワーを３つ設計した。

それはこれまで建てられてきた先行事例をコピーアンドペーストしたものとは違うちょっとおかしな、目に止まるようなカタチをしている。しかし、どこか町の風景の面影を残している。そして、それは町を支えるインフラであり、町の生活の一部である。これは日常の中に塔のある生活を描いた提案。

東日本大震災以降、爆発的に数を伸ばしている津波避難タワーは町の風景や生活からは切り離され、日常的な機能のない画一的な置物となり果てている。

本提案は沿岸地域にどんどん建てられる津波避難タワーを日常的に機能のない、画一的な置物にするのではなく、地域の生活を支えるインフラ機能と町らしさを与えることで、その町の風景の一部となる津波避難タワーを人々の日常の中へ介入させることを目的とする。

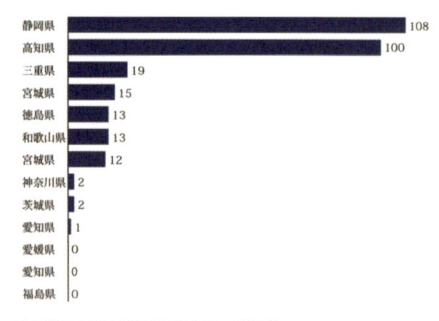

沿岸部14県の津波避難タワー設置数

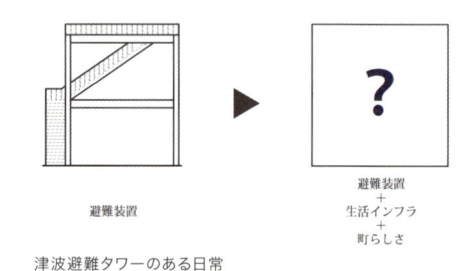

津波避難タワーのある日常

名称	大津港津波避難タワー	串本地区津波避難タワー	御坊市津波避難タワー	中土佐町津波避難タワー	大綱白里市津波避難タワー	山路地区津波避難タワー
外観						
形態	四角形型	三角形型	六角形型	円形型	盛土型	斜面設置型
構造	S造ラーメン	S造ラーメン	S造ラーメン	CFT造ラーメン+コア	盛土+S造	S造ラーメン
名称	吉田町津波避難タワー	奈半利町津波避難タワー	鋸タワー	Looptecture 福良	望海楼	長生村津波避難施設
外観						
形態	歩道橋型	四角形型	円形型	局面複合型	大屋根型	ピロティ型
構造	S造ラーメン	PC造ラーメン	RC造壁構造	S造連続帯構造	RC造	RC造ラーメン

▼

 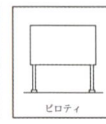 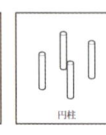 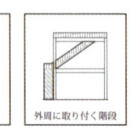 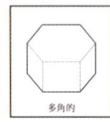 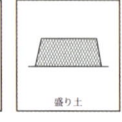 

| ラーメン構造 | ピロティ | 円柱 | 外周に取り付く階段 | 多角的 | 盛り土 | 曲面 |

既存津波避難タワーの分析と特徴の抽出

計画敷地の選定

本計画で対象とする地域は和歌山県串本町串本地区。和歌山県は南海トラフ地震により津波が発生した場合には、津波が到達するまでの時間が非常に短いという地域特性がある。その中でも串本町は和歌山県最南端に位置する本州最南端の町で、南海トラフ地震が発生した場合には、日本で一番早く津波が到達する町とされている。

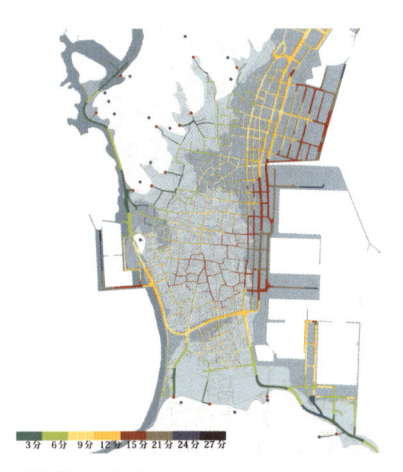

1.逃げ地図の作成
津波避難タワーの配置を決めるにあたって、条件を設定するために、避難経路と避難時間を可視化する逃げ地図を既存の津波避難タワーを考慮せずに作成した。これにより串本町の避難想定時間6分以内に緊急避難場所に辿り着けない黄色から黒の範囲(避難時間6〜24分)が地区のほとんどを占めることが分かる。

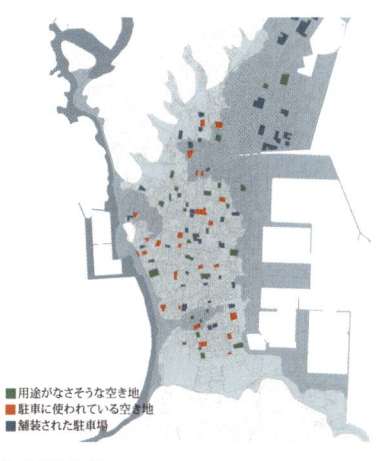

■ 用途がなさそうな空き地
■ 駐車に使われている空き地
■ 舗装された駐車場

2.空き地のプロット
串本地区は木造密集地域であるが、とくに用途がなさそうな空き地(緑)、駐車に使われている空き地(オレンジ)、駐車場(青)の3種類の空地が地区全体に多く存在していた。とくに用途がない空き地をそのままにしておくのはもったいなく、防災広場や地域住民が日常生活で活用できるような整備を避難経路計画とともに考えることで日常生活から防災意識を高めていくことにつながっていくだろう。

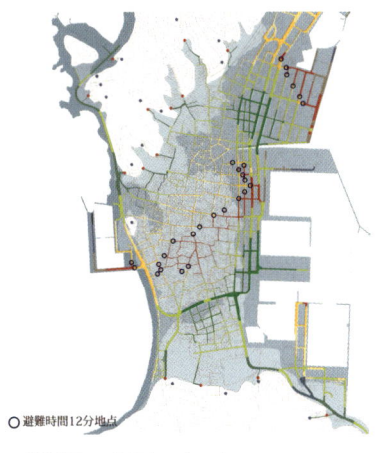

○ 避難時間12分地点

3.避難時間12分地点のプロット
現在、串本町に立っている津波避難指定ビルを考慮して逃げ地図を作成してみる。(1つのビルに対して避難時間は6分まで)次に、この地区の避難時間は6分以内ということで、避難時間12分の地点に津波避難タワーを立てると地区全体を避難時間6分以内にすることができる。

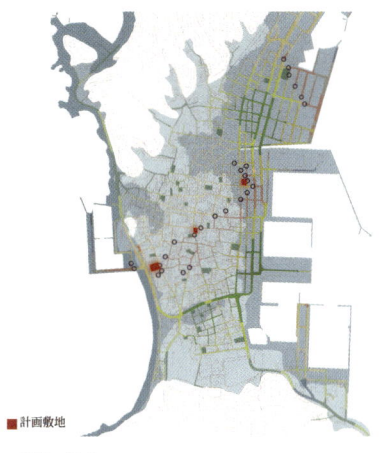

■ 計画敷地

4.敷地の決定
2の用途のない空き地を抽出した地図と3の地図を重ねることで浮き上がる3つの敷地を選定し、新しい津波避難タワーの計画地とする。

全体計画

・串本幼稚園
・串本保育園
・串本体育館
・紀ノ国屋ビル：津波避難指定ビル。収容人数70人
・串本文化センター
・成和ビル：津波避難指定ビル。収容人数70人
・串本学校給食センター：屋内避難所。収容人数320人
・串本図書館：串本地区の無量寺の裏にある町の図書館。アクセスなどが悪く、ほとんど利用者がいなかった。
・無量寺・応挙芦雪館：境内に応挙芦雪館が日本一小さな美術館として併設されている。
・串本小学校
01
陸繋砂州という地形は風の通り道となることから、串本は台風銀座と呼ばれてきたこともあり、強い風、波から家屋を守るため、街並みは土蔵造りや石造り、レンガ造り、石垣が目立ちます。これらの壁が串本地区の街並みの特徴を形成していた。
串本漁港：和歌山県東漁業組合の漁港。第3種漁港に指定されていて全国的な流通の漁港となっていて、関係者以外立入ができない。
・ギオン山：屋外避難所。海側の階段は十分に整備されていないため、急な階段となっている
02
・民間漁師の使う漁港
・和歌山県東漁協津波避難タワー：津波避難タワー。収容人数71人
03
・旧NTTビル：津波避難指定ビル。収容人数179人
海岸近くに島があると沖からの波が島の裏側で打ち消しあい、波の静かな部分ができる。ここには沿岸流などで運ばれてきた砂が堆積しやすく、やがて海岸と島を結ぶ砂州が成長し陸続きとなる。この砂州のことを陸繋砂州あるいはトンボロという。串本町串本地区はこの陸繋砂州の上に発展した町だ。同じように陸繋砂州の上に発展した町は日本では函館がある。
・串本地区津波避難タワー：津波避難タワー。収容人数12人
・串本中学校
・串本古座高校
・串本古座高校体育館：屋内避難所。収容人数630人
凡例
計画敷地
周辺施設
津波避難施設
予測津波高さ
20m-10m
10m-5m
5m-3m
避難時間
3分
6分
9分
12分
15分
21分
24分
27分

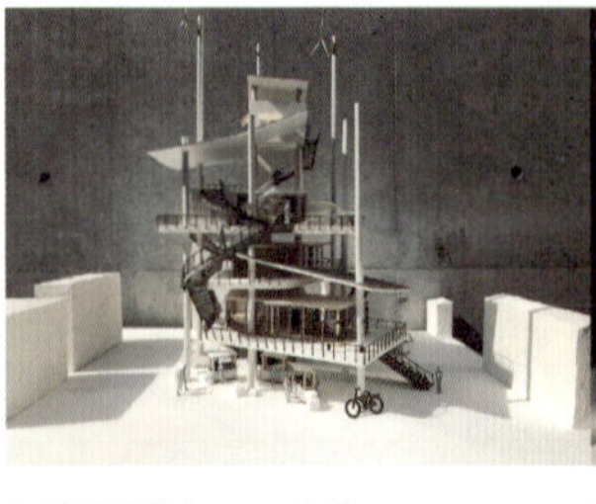

1. 津波避難タワー×市場

2. 津波避難タワー×児童館

3. 津波避難タワー×銭湯

提案

「町らしさ」を獲得する設計手法

1. タグ付け

2. モデル化

 →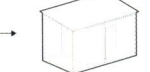

#屋根とボックスの分離

3. 読みかえ

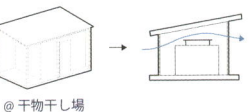

@ 干物干し場

▼

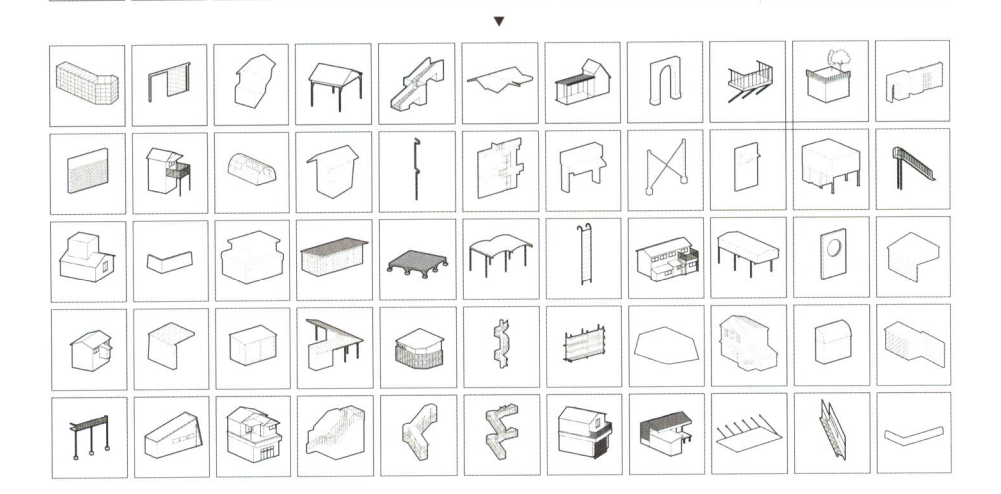

1. 津波避難タワー×市場

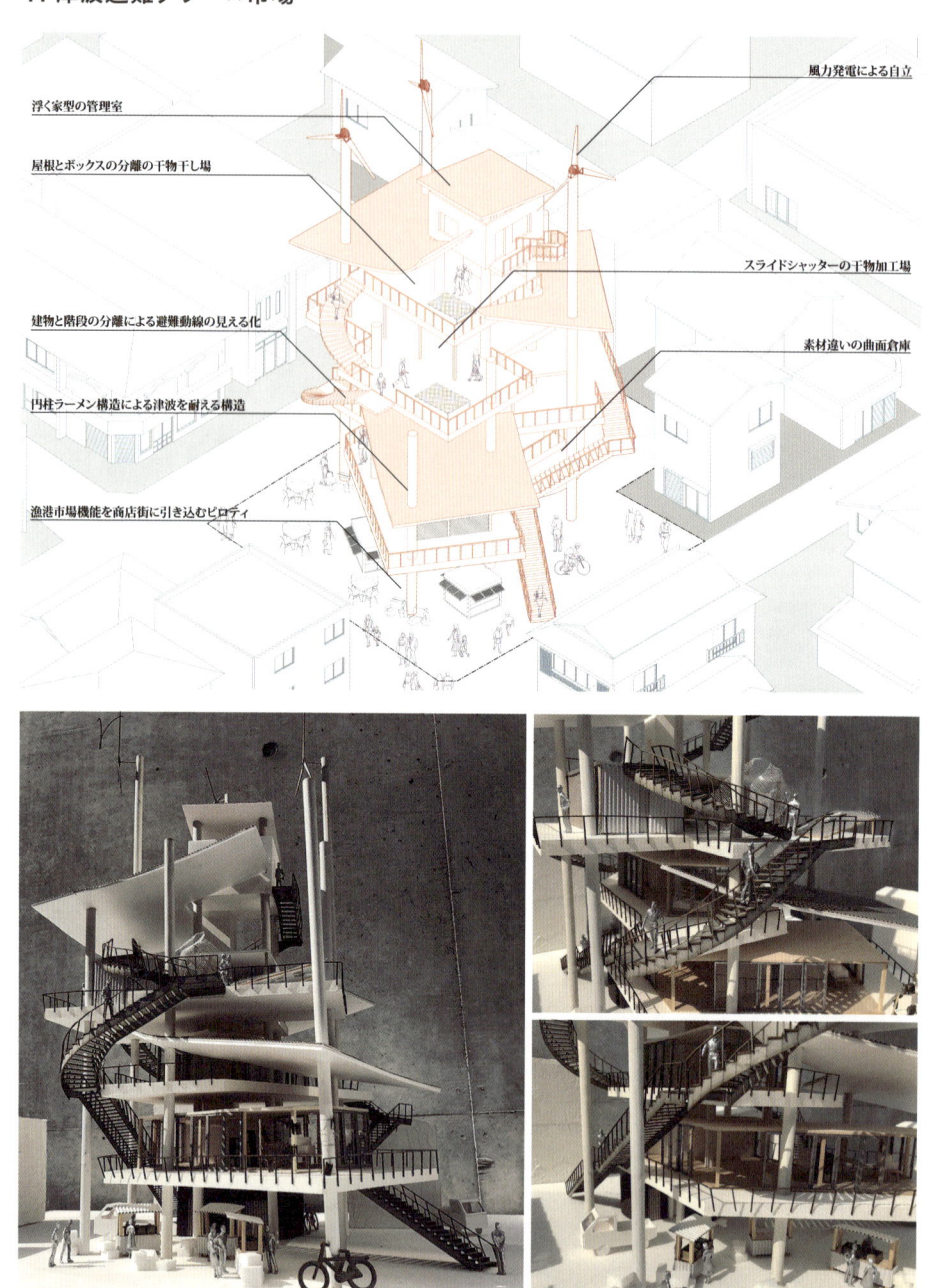

浮く家型の管理室

屋根とボックスの分離の干物干し場

建物と階段の分離による避難動線の見える化

円柱ラーメン構造による津波を耐える構造

漁港市場機能を商店街に引き込むピロティ

風力発電による自立

スライドシャッターの干物加工場

素材違いの曲面倉庫

2. 津波避難タワー×児童館

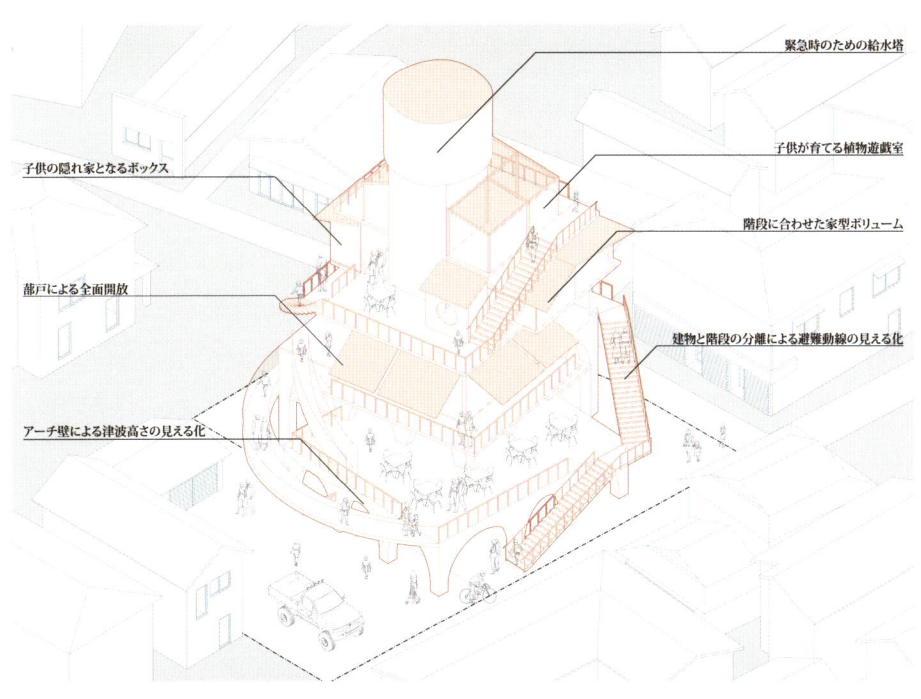

緊急時のための給水塔

子供が育てる植物遊戯室

子供の隠れ家となるボックス

階段に合わせた家型ボリューム

蔀戸による全面開放

建物と階段の分離による避難動線の見える化

アーチ壁による津波高さの見える化

3. 津波避難タワー×銭湯

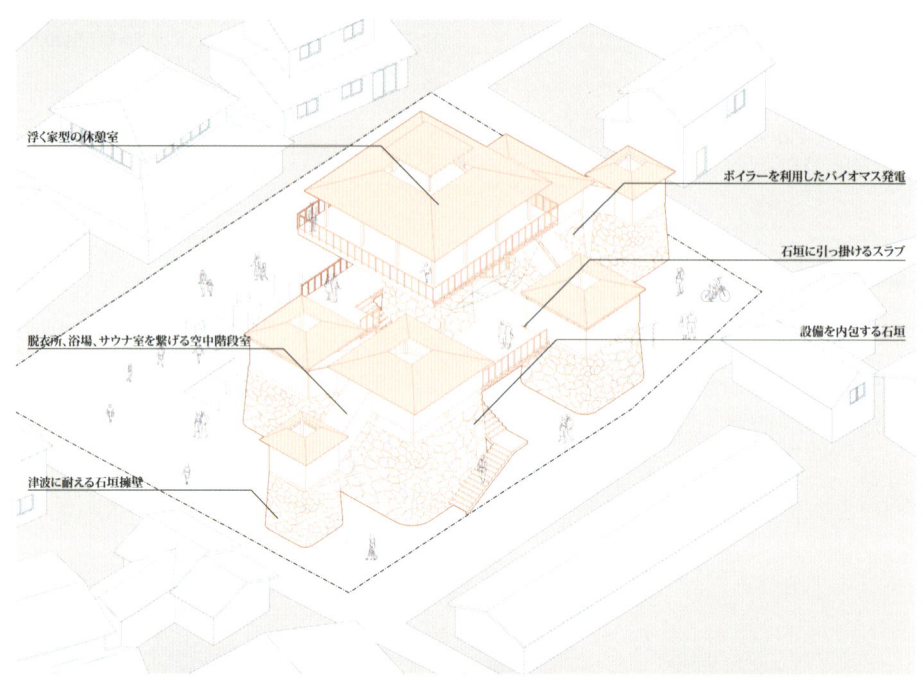

浮く家型の休憩室

ボイラーを利用したバイオマス発電

石垣に引っ掛けるスラブ

脱衣所、浴場、サウナ室を繋げる空中階段室

設備を内包する石垣

津波に耐える石垣擁壁

出展者コメント —— トウキョウ建築コレクションを終えて

Q 修士設計を通して得たこと

1人では建築はつくれないということです。たくさんの人に相談に乗ってもらいました。たくさんの人に手を貸してもらい、この作品を完成させることができました。これからも人とのつながりを大切にしながら、建築をつくっていきたいです。

Q 修士修了後の進路と10年後の展望

ゼネコンの意匠設計部に就職します。10年後のことはまだ全然想像できませんが、建築に関わる仕事をしていたいです。

審査員コメント

審査員コメント@巡回審査

石川：気仙沼でヒアリングすると、津波が来たときにどちら側へ逃げていいかわからない人たちが結構いたという話がありました。住民だけでなく、働きに来ている人たちもいるので、一瞬でどこに逃げれば良いのかがわかる避難タワーは重要だと思っています。避難訓練をすると必ず一定数の住民が集まってきて、そこで一定時間過ごすわけです。そのときに単なる避難訓練だけではなく、周りの人たちが集まってくる何かをもっている器だといいですね。避難訓練という非日常的で祭りのように定期的に行うことを受け止める建物は面白いでしょう。

重村：非日常のものを日常的に使うというのが良いと思います。ここにたどり着く道を日常生活で体感しておけば、避難時に最短距離が頭の中に刷り込まれていて、ここに行きやすいですよね。非日常のときに本当に有効利用できるようなものになってほしいです。ただ、逃げるとき階段のみなので、スロープがなくて大丈夫なのかなとも思います。逃げる人が同じ通路しか使えないのもどうかと思うので、子どもの遊び場的な感じで、ジャングルジムみたいにして、すごい速さで子どもだけ上に上がれるとか、いろいろな逃げ道があるといいですよね。

千葉：避難タワーが地域の景観にとってあまり好ましくないものになっている様は僕も感じていたので、そういう意味ですごく共感するプロジェクトです。ただ、形態は津波に対して不利な面も多い。津波に対する減災の考え方は基本的に水のエネルギーをどれだけ逃がせるかなのに、水のエネルギーをまともに受けそうな形態になっている。その大きな面的な要素が流されてしまうと、二次災害を生むリスクもある。それはすごく大事なジャッジのポイントになると思うので、水の流れに対して形態を決めるなど、水災害ならではのパラメータを

見出しても良かったと思います。

成瀬：形をつくるのが上手ですね。この銭湯はすごく楽しそうに見えます。これはまちを歩いてタグづけして、そこからモデル化したわけですよね。このタグは外から来た人が見つけたそのまちらしさみたいな感じなので、見た目の表面的なところが重視されているような気がして、何でこういうものがまちにあるのかとか、歴史、気候、地域性まで考えているのかがわからなかったかな。

原田：塔は日常では邪魔になるから、そこに何か意味をもたせ、さらに日常的に行く場所になれば逃げやすいという効果もある。それを都市計画的な視点で、必要な機能を俯瞰的に決めたわけだ。ただ、石垣と擁壁というのは地域のボキャブラリーから入っているのかもしれないけれども、津波を考えると、こういう波を集めるような形は良くないですね。これは塔のシンボル性と、まちらしさから語るべきだと思う。住民がいつも目にするまちらしさの要素があるシンボルになることで、そのエリアを集団的に領域化するわけだよね。そういう意味で「塔のある日常」というタイトルはすばらしいと思う。あと、発電させるという発想もすばらしい。インフラがなくなっても、ここに来れば熱源があるわけだから。

山脇：実際の災害時の津波高さは誰にもわからないので、本来は上層に大きな面積が必要ではないでしょうか。すべて避難エリアを兼ねたものにしないともったいない。もちろん風景として屋根が大事だというのはわかるけど、屋根の上を人が歩けるような勾配にするとか、もう少し津波避難タワーとしての機能を盛り込まないといけないでしょう。防災拠点を地域住民が日常使用する、今までにない建築なので、住民に設計内容を発表するなど、実際にアクションを起こしてほしいです。

設計展　重村珠穂賞

環境変化に応答する
動く建築の設計

森下孝平
Kohei Morishita

神戸大学大学院
工学研究科　建築学専攻
遠藤秀平研究室

現代の都市環境は、均質で窮屈なものであり、非常に固定的な空間に埋め尽くされている。その一方で、スマートフォンなどのデジタルデバイスの浸透によって、人と人、人と都市の関係性が刻一刻と変化しながら複雑化している。建築は、複雑な状況の変化に対して豊かな環境を提供し続けるために、適応するこ

とが求められていると考え、より柔軟に適応することのできる動く建築の変形機構を植物の環境応答機構を模倣することで設計し、社会環境と自然環境の変化に応答する動かし方を提案した。さらに、これらを発展させた、新たな都市のリズムをもった風景を創り出す建築の提案を大阪の中之島で行った。

膨圧運動

細胞間の水分の移動によって形状が変化する植物の膨圧運動を模倣することで変形機構の設計を行った。

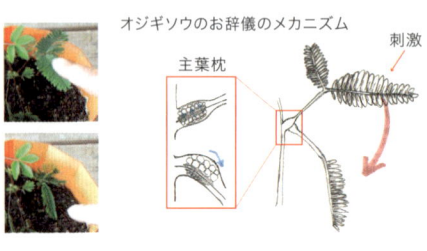

主葉枕内の運動細胞間で水分の移動が起こることで形状が変化する。

変形機構の構成

植物細胞を参考にした、空気圧の変化を伝える上下2つの空気膜とテンセグリティの外骨格を変形機構の最小単位としている。

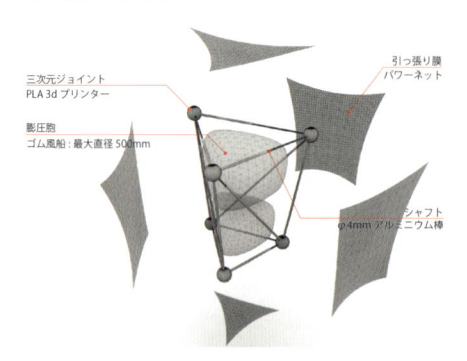

変形機構の挙動

テンセグリティ構造の変形機構は、最小単位ではねじれを生じるが、6つ重ねることによってねじれが解消され、広がる力を生み出す。

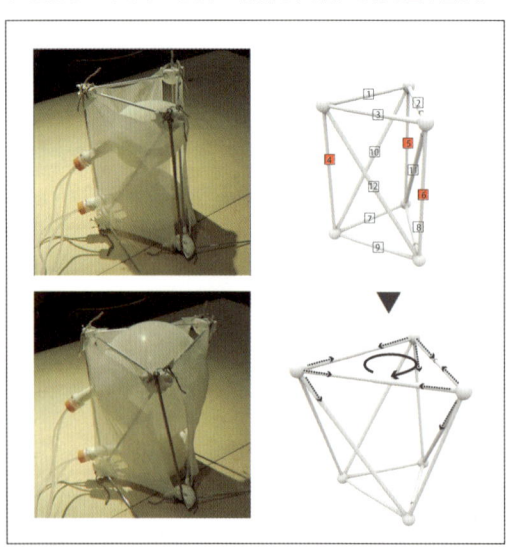

テンセグリティの基本単位

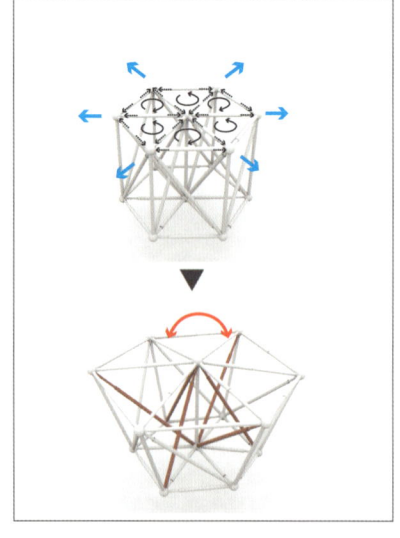

基本単位を6連結

空間の最小単位

空間の最小単位として傘状の断面をもつ空間を採用。中心部分に基礎を
設定して固定することで周辺部分をすべて変形可能な状態としている。

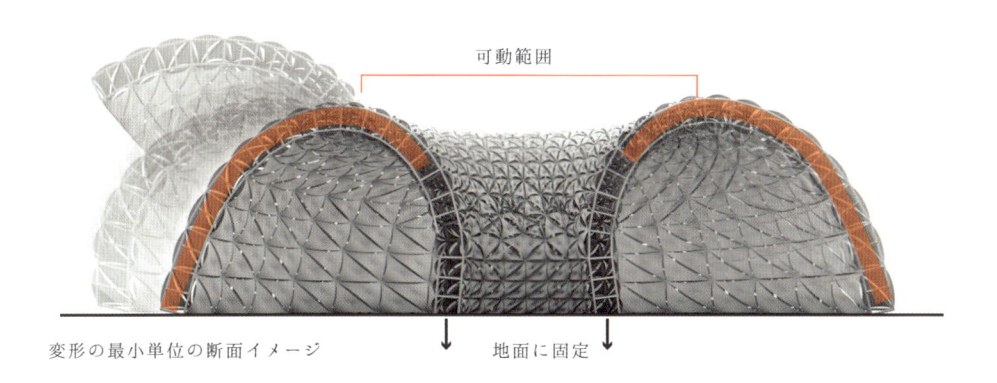

可動範囲

変形の最小単位の断面イメージ　　↓　地面に固定　↓

バブルダイアグラムによる設計と変形

空間の基本単位を円で表し、その連結によって空間を展開させる。このバブルダイアグラムを用いた手法を変形にも適応
することで建築の設計経験のない者でも容易に変形を行うことができる。

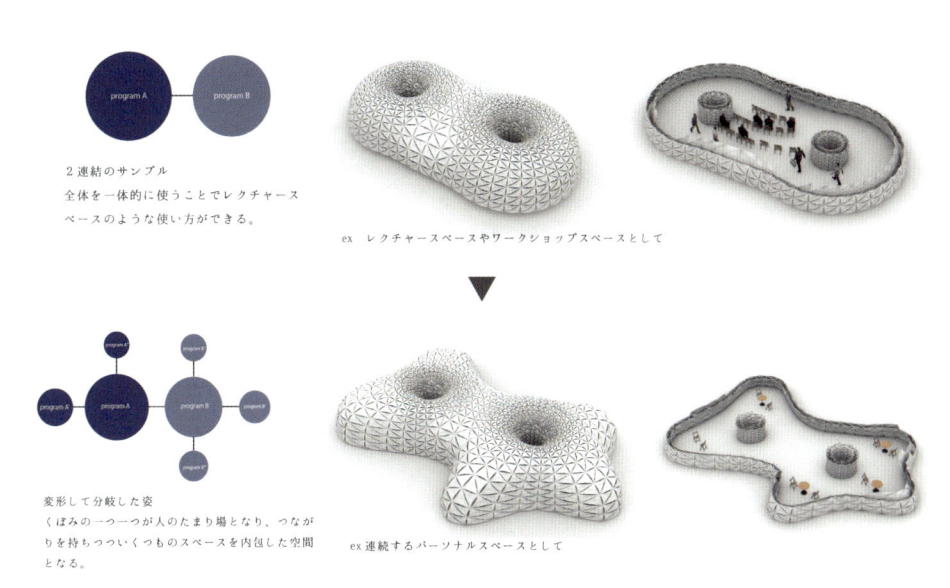

program A — program B

2 連結のサンプル
全体を一体的に使うことでレクチャース
ペースのような使い方ができる。

ex　レクチャースペースやワークショップスペースとして

program A — program A — program B — program B
program A

変形して分岐した姿
くぼみの一つ一つが人のたまり場となり、つなが
りを持ちつついくつものスペースを内包した空間
となる。

ex 連続するパーソナルスペースとして

PLAN _INITIAL SHAPE

初期形状の平面図

初期形状について基本的には閉じた構成となっており、人の流入が予想される西側と中央部分の南側のオープンスペースに対して開口を設けている。内部空間は形状の外側のくぼみの部分と西側の断面的に下がっている部分の段差の部分が滞留空間として機能し、その他は動線として機能し、人が動き回るスペースとなっている。

N

0   5   10   20

lecture space

lecture space

event space

workshop area

workshop area

PLAN of Some day

ある日ある時の平面図

基本的には刻一刻と変化していくため、基本的に、この形状になる瞬間がもう一度訪れることはない。ある場所では
ヒダ状に展開された空間が内部と外部を曖昧にしている部分があり、またある場所では空間が拡張されることで初
期形状時には存在しなかった大空間が生まれ、イベントを行うスペースとして機能している。利用者はフラフラと迷
い込むように内部に入っていき、お気に入りの場所を見つけたり、お気に入りの場所をつくり出したりしながら思い
思いの時間をすごす。

garally space

cafe/bar

event space

cafe/bar

N

0   5   10   20

変形の方法と優先順位

社会環境と自然環境に応答するため、3つの変形の方法を提案した。その優先順位として、最優先が管理者による変形、次に建築の利用者による変形、残りの部分を気象条件に対する最適化によって変形を行う。

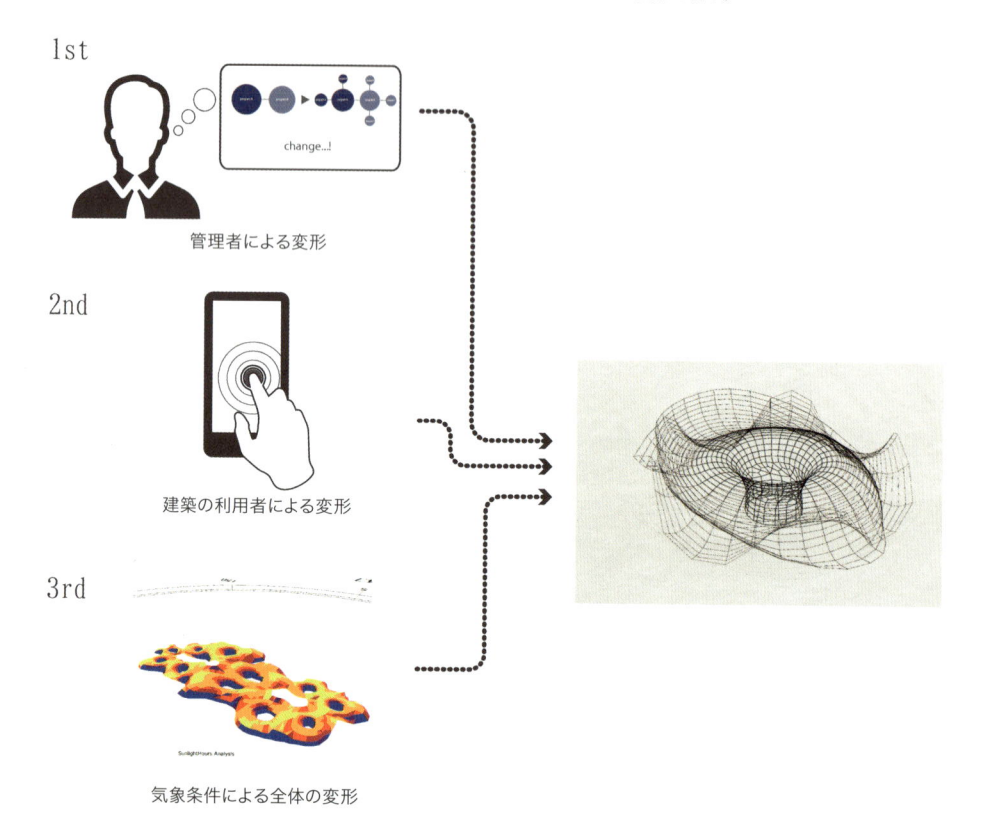

1st

管理者による変形

2nd

建築の利用者による変形

3rd

気象条件による全体の変形

出展者コメント —— トウキョウ建築コレクションを終えて

Q 修士設計を通して得たこと

「建築がこんなふうになったら面白いかもしれない」幼稚な発想から始めた修士設計。必死に手を動かし、遠藤先生や後輩たちに助けられてギリギリ形になりました。建築の可能性や自分の恵まれた環境を再確認し、自身の未熟さを痛感した修士設計でした。

Q 修士修了後の進路と10年後の展望

今後は組織設計事務所に入社し、建築設計をします。貪欲に新しい考え方や技術を学び続けようとする今のスタンスを貫き、近未来を見据えた建築設計をしていきます。10年後、建築設計の最先端をがむしゃらに走っていたいと思っています。

審査員コメント

審査員コメント@巡回審査

石川：ものすごく緻密にシミュレーションしてるので、本当にできそうな感じがして関心しました。これはアクティビティに応じて、建物が姿を変えるということですが、一方でアクティビティはもともと動かない空間で生まれたものがほとんどなので、今までとは違うものになるかもしれない。また、地面の芝生は植物なので建築と同じように状況に対して可変します。常に屋根があるところは芝がなくなっていくから、屋根にしがちなところとそうじゃないところのグラデーションが芝の様子からわかる。そういう地面の時間性でも変化するという話でも面白かったかもしれないね。

重村：日本ではコンピュテーションを本格的に行う人が少なく、手探りの状態の中でこれだけ網羅しようとしたのはすごく評価しています。こういうものはCGで終わる人が多いのですが、モックアップをつくった姿勢はすごく好感がもてました。よく最後まで形にもってきましたね。風のシミュレーションをしていますが、バイオミミックで自然と似たように動かすのであれば、風向を計算して夜は形状を自動的に変えたりすることもできます。また、日照のシミュレーションを行って、均一の光だけではなく、わざと不快な場所をつくったり、魅力的な光をある時間だけ落としたりして、見えないものをデザインするのも面白いかなと思いました。

千葉：使う人が勝手に関わり合いながら建築をつくっていくという視点に共感したのですが、管理者が常にアンカーする場所を規定するとなると、使う人の自由度は限定的ですよね。管理者がコントロールできる場所をどのぐらいにしておくと、自由度と不確実さが同居するのか、それがデザインの肝だと思います。地面へのアンカーの仕方が非常に簡易な方法でできるとすると、アンカーする場所を状況に応じて変えることだってできそうですよね。そうなるとまったく自由に動かすこともプログ

ラム上は可能になります。

成瀬：動く建築は今後できていくだろうとは思っていますが、使う人が形を変えられるとすると、建築に関わったことのない人と建築との距離を縮めて、今まで建築は自分とは関係ないと思っていた人の意識も変える可能性があるかもしれませんね。外気を取り入れたいとき、景色を見たいけど空気は閉じておきたい冬など、状況に応じて対応できると良いですよね。実際は全部動くようにつくる必要はなくて、変えられない場所を規定することも考えられます。これだけ自由だと、秩序を保つのが結構難しそうなので、こんなに規模を大きくせずに、もう少し小さくても良いのではないかと思いました。

原田：これは傘のような、その骨と骨の間の膜のような面に、バルーンがぶら下がる形になるんだよね。それがバルーンの膨らむ力を意図する形として制御するシステムを知りたい。きっと接合が制御できないのではないかと思う。ボロノイの接している辺のところだけ伸縮できなくなっているわけですよね。それでも、力学としてはフレームを介して力を伝えているけれど、そのフレームを形として安定させてるのは空気圧なので、補助構造として空気膜が効いているというのはすごく面白いです。

山脇：植物の膨圧運動をヒントに、テンセグリティで可動システムをつくって、リアルな実験で確認した点が秀逸！でも、現実に可動させるにはハードルが高くて、シミュレーションではうまくいっても、多数部材の摩擦など、スムーズに動くとは経験的には思えません。重力に対して軸力を保ちながら変形させることが課題になりますね。可動部位となる関節数を最小限に減らすことで、現実性が増すかなと。局所はキャンチレバーでも複数のドーナツ状の形態が滑らかに連続することで、立体的に架構を安定させる発想が面白いです。

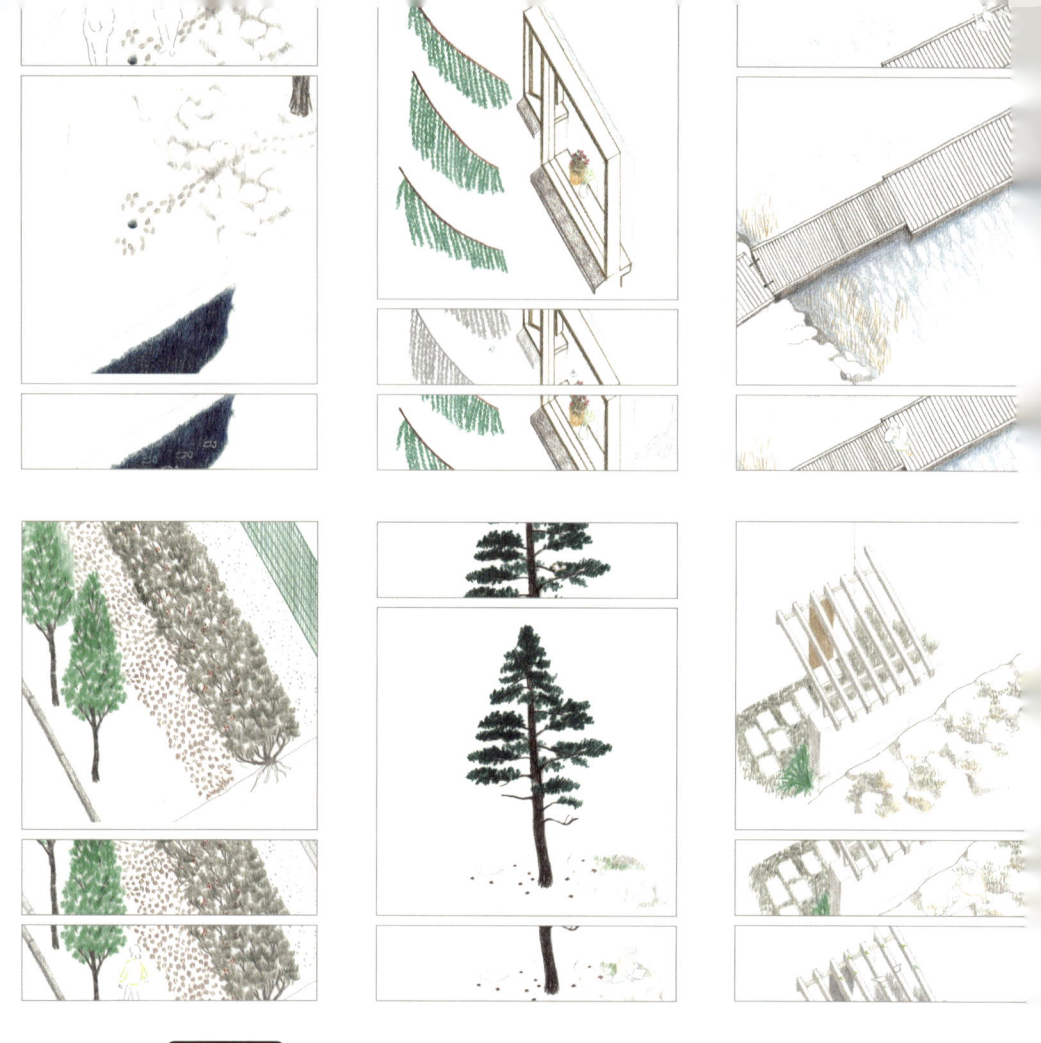

緑のものさし、日常の場面

人間・動植物の観察を通した都市のコモンズ・ラインの再考

藤巻佐有梨
Sayuri Fujimaki

東京藝術大学大学院
美術研究科　建築専攻
トム・ヘネガン研究室

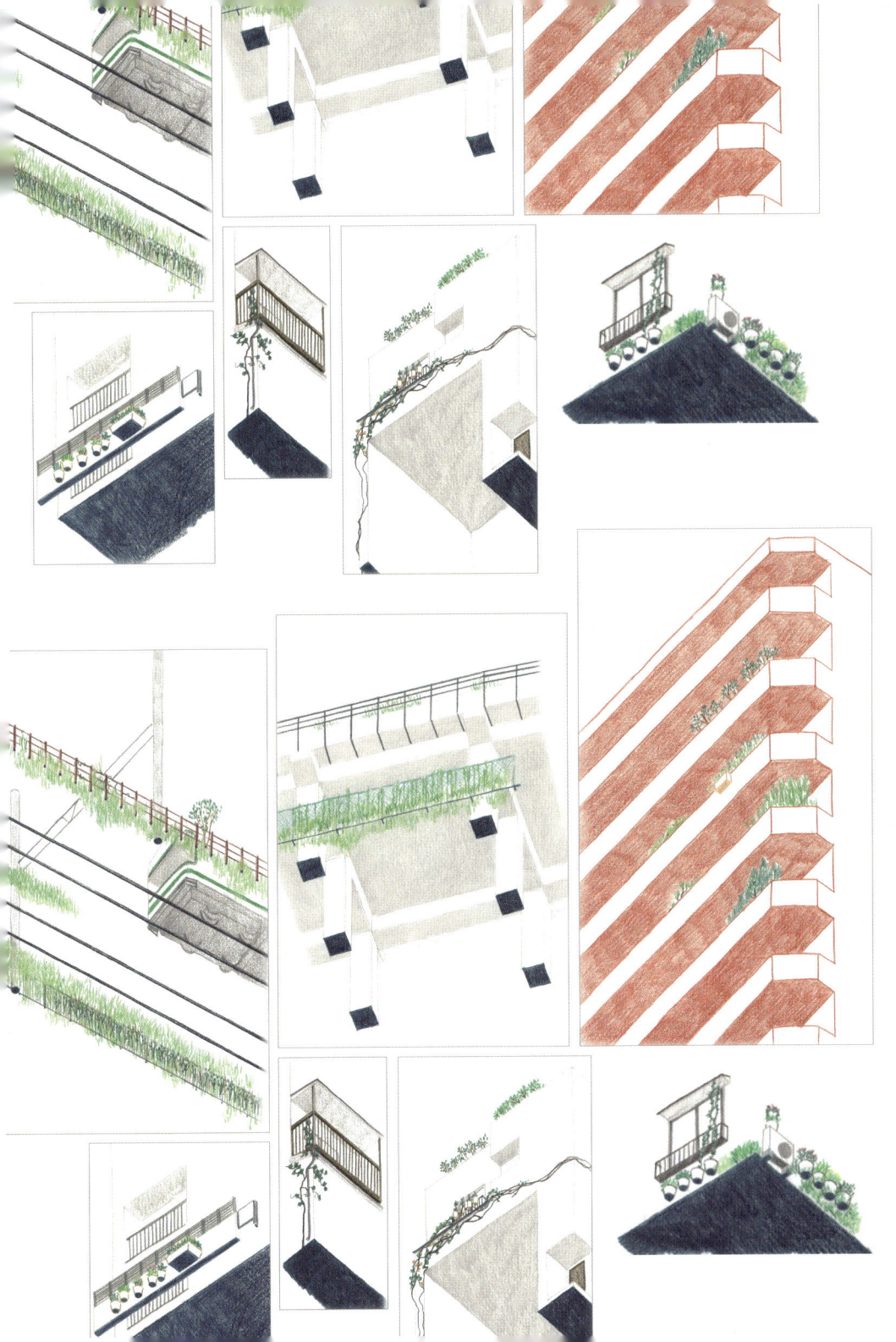

私たちはいつのまにか大地の変化を無意識の中に閉じ込めてしまっている。大地の日常的な変化に意識的に目を向けることで多くの発見や知恵を得ることができると考えている。日常の、普段なら取るに足らない、人間と動植物の場面を記述し、そんなまなざしが日常に隠れた問いを私たちに与えることに期待した。

自然の変化はあらゆる境界を横断する。一年間のフィンランドでの滞在でラインを横断する動植物のうごめきや自然享受権という共通意識のもとで生活する人々に触れたことを発端に、フィンランド・東京で人間と動植物のうごめき・ライン・緑のものさしの観察を行った。敷地である三ノ輪橋駅周辺のフィールドワークから動植物の小さくてゆるい連関からラインを捉え直し、「始まりの庭」「ガワハウス」「ビオギャラリー」の3つの計画を行った。「自然を介してラインを侵略していくこと、もしくは侵略をゆるすこと」を作法として、都市が生み出した境界＝ラインを再考し、ラインに新たな役割を与えていく。

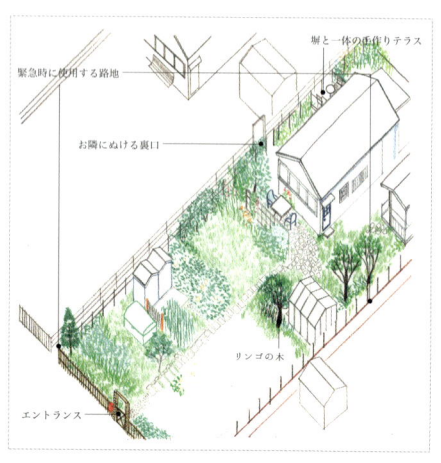

ヘルシンキ　コミュニティガーデンでの滞在

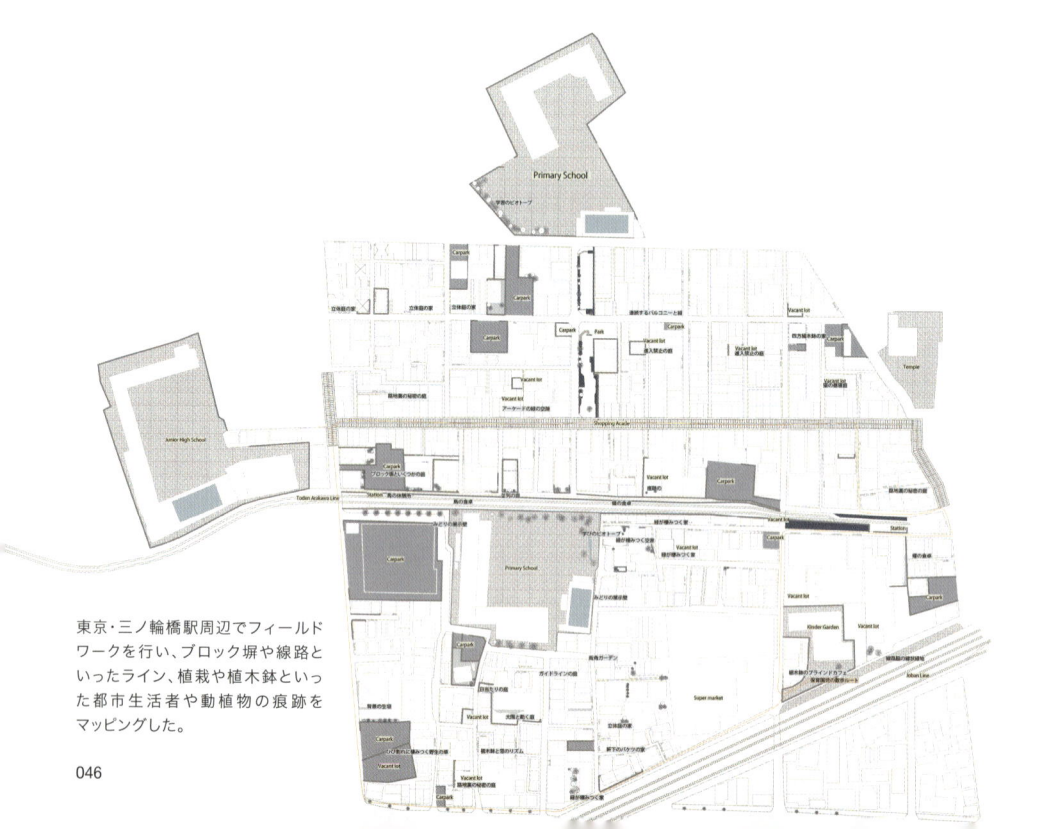

東京・三ノ輪橋駅周辺でフィールドワークを行い、ブロック塀や線路といったライン、植栽や植木鉢といった都市生活者や動植物の痕跡をマッピングした。

代表的な人間・動植物・工作物の関係

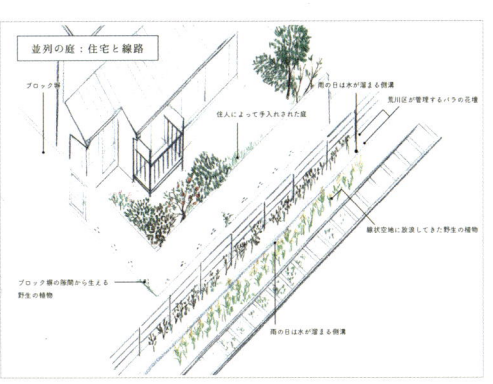

並列の庭：住宅と線路

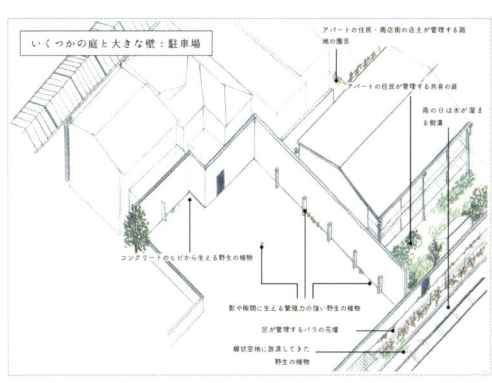

いくつかの庭と大きな壁：駐車場

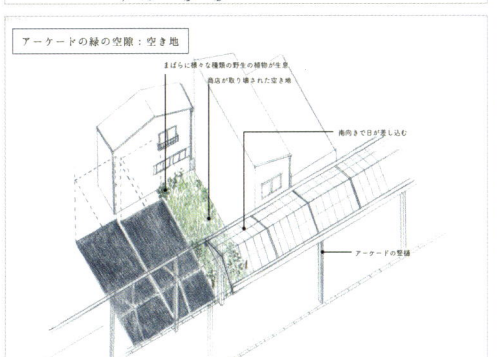

アーケードの緑の空隙：空き地

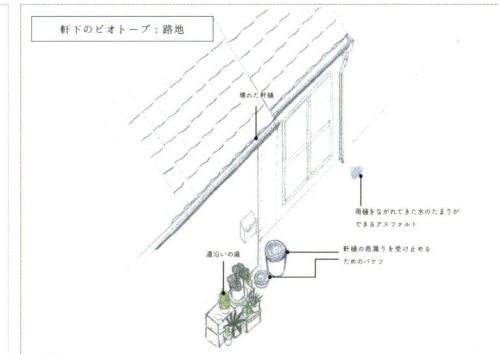

軒下のビオトープ：路地

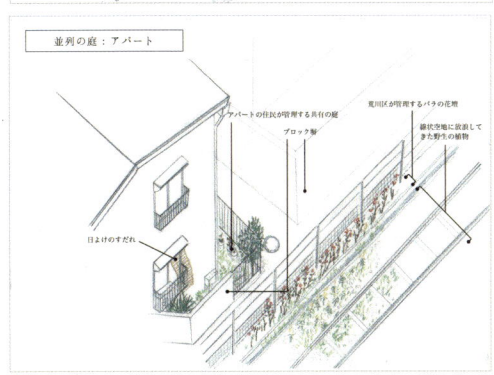

並列の庭：アパート

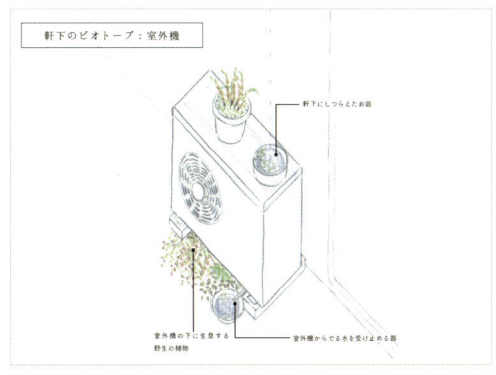

軒下のビオトープ：室外機

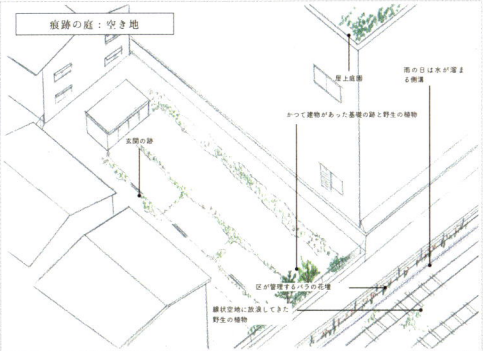

痕跡の庭：空き地

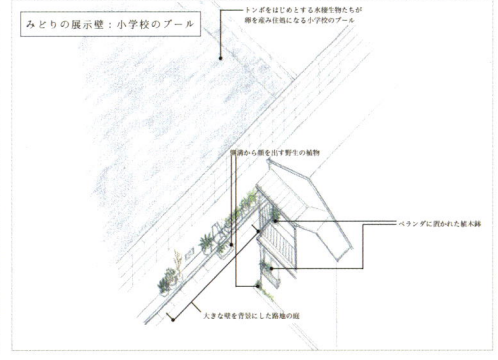

みどりの展示壁：小学校のプール

三ノ輪の人間・動植物の連関図

三ノ輪で偶然出会ったSさんは、引っ越してからというもの自分の家というラインを超えて自主的に都電荒川線沿いの草むしりなどのメンテナンスをしている。確かに都市のラインと都市生活者の行為と動植物の間には無自覚で日常的な連関がある。

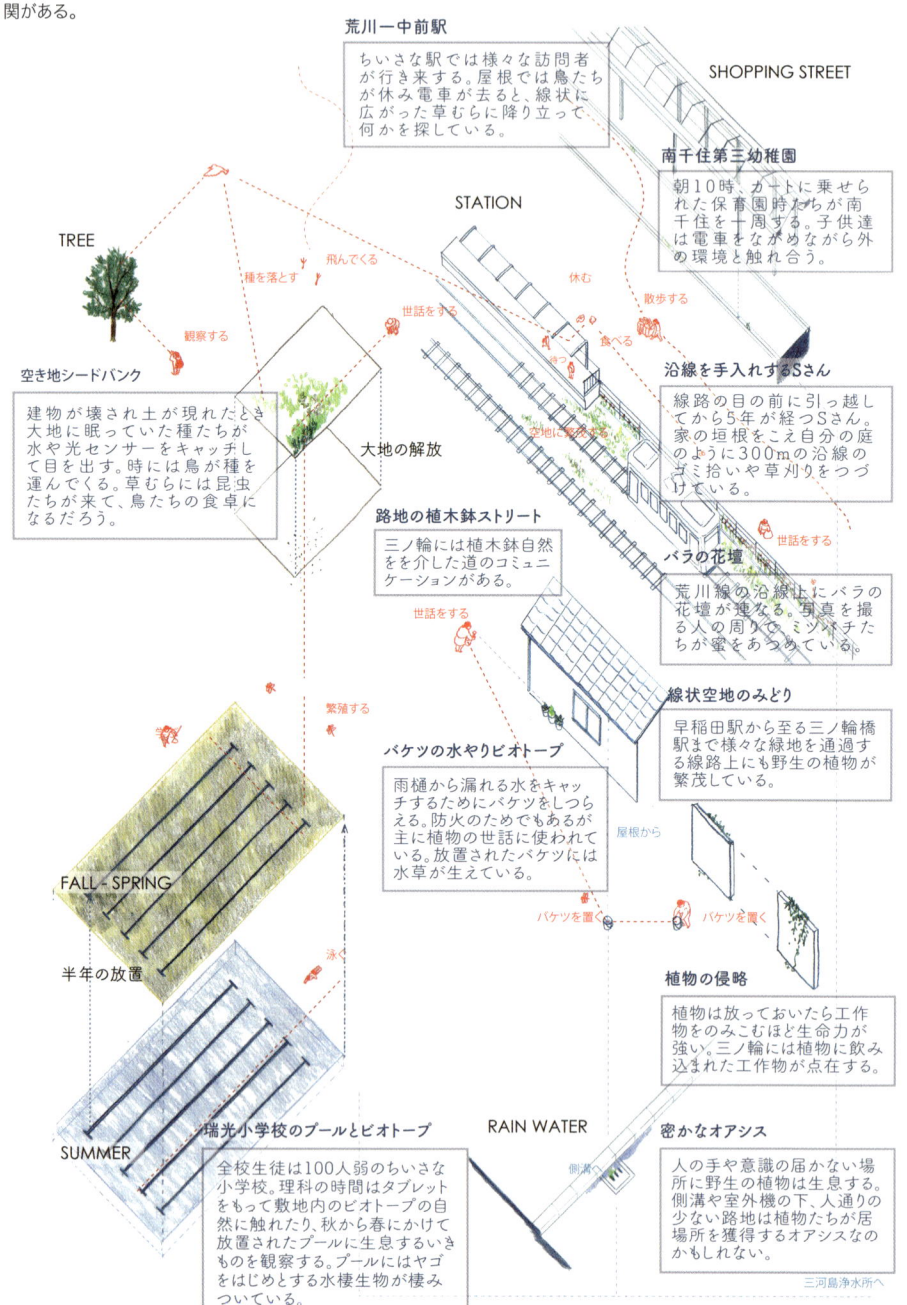

始まりの庭

側溝に植生する植物に着目し、アーケードの屋根に沿う長い側溝の蓋に緑が生息する余地を与える。日常に隠れていた側溝沿いの小さな自然を顕在化することで新しい緑のラインを生み出す。軒先の庭を受け入れるようになると前面を庭として開放するようになり、線的なアーケードに溜まりの空間がつくられてくる。この計画を契機に、商店や住宅が少しずつ解体され、三ノ輪の人々が自由に管理する庭が生まれるかもしれない。

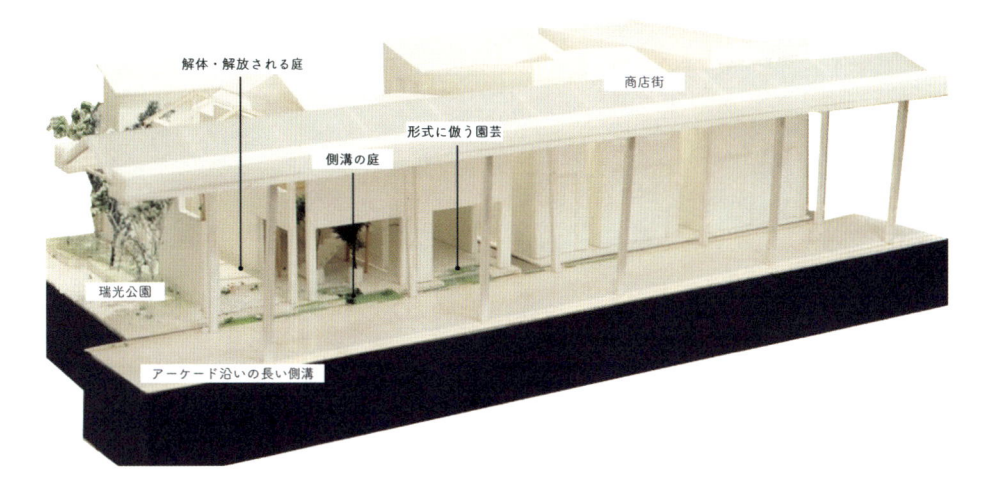

解体・解放される庭
商店街
形式に倣う園芸
側溝の庭
瑞光公園
アーケード沿いの長い側溝

ガワハウス

周囲の使われ方を観察しながら、壁を再構築することを考えた。時には自然を、動物を、人をものさしとしながら、この土地を再編していく。訪問者のためのゲストハウスと三ノ輪に住む人々のための集会所を備え、この計画を基点に周囲の閉鎖的なラインが崩れていき地域に新たな境域が生まれるだろう。

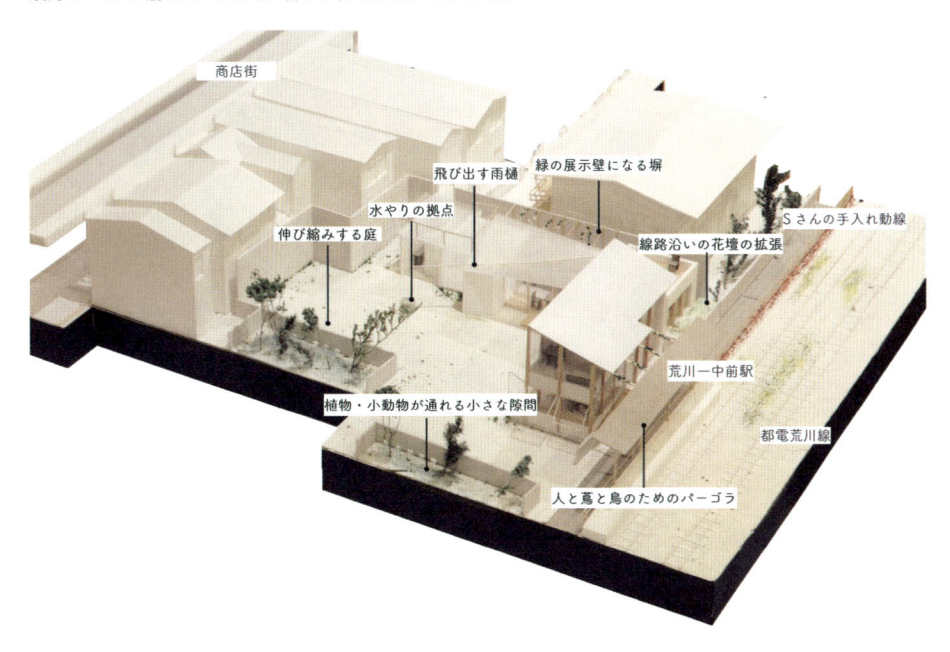

商店街
飛び出す雨樋
緑の展示壁になる塀
水やりの拠点
Sさんの手入れ動線
伸び縮みする庭
線路沿いの花壇の拡張
荒川一中前駅
植物・小動物が通れる小さな隙間
都電荒川線
人と蔦と鳥のためのパーゴラ

ビオギャラリー

全校生徒100名弱の小さな学校の小さなビオトープは理科の時間に使われる。プールの大きな壁は住宅側では「緑の展示壁」展示空間のように使われているこの道一帯の慣習にならって、ビオトープでの学びを地域と共有するような場をつくる。またアルミ製の屋根は雨の日は音を立て、そしてその極限まで低くのびる屋根は壁ではない境界となるだろう。これにより、ビオトープの観察・手入れを通した動植物との接点が地域に開かれ、やむを得ず塀で囲まれる小学校にビオトープを中心とした学びのコミュニティが生まれる。

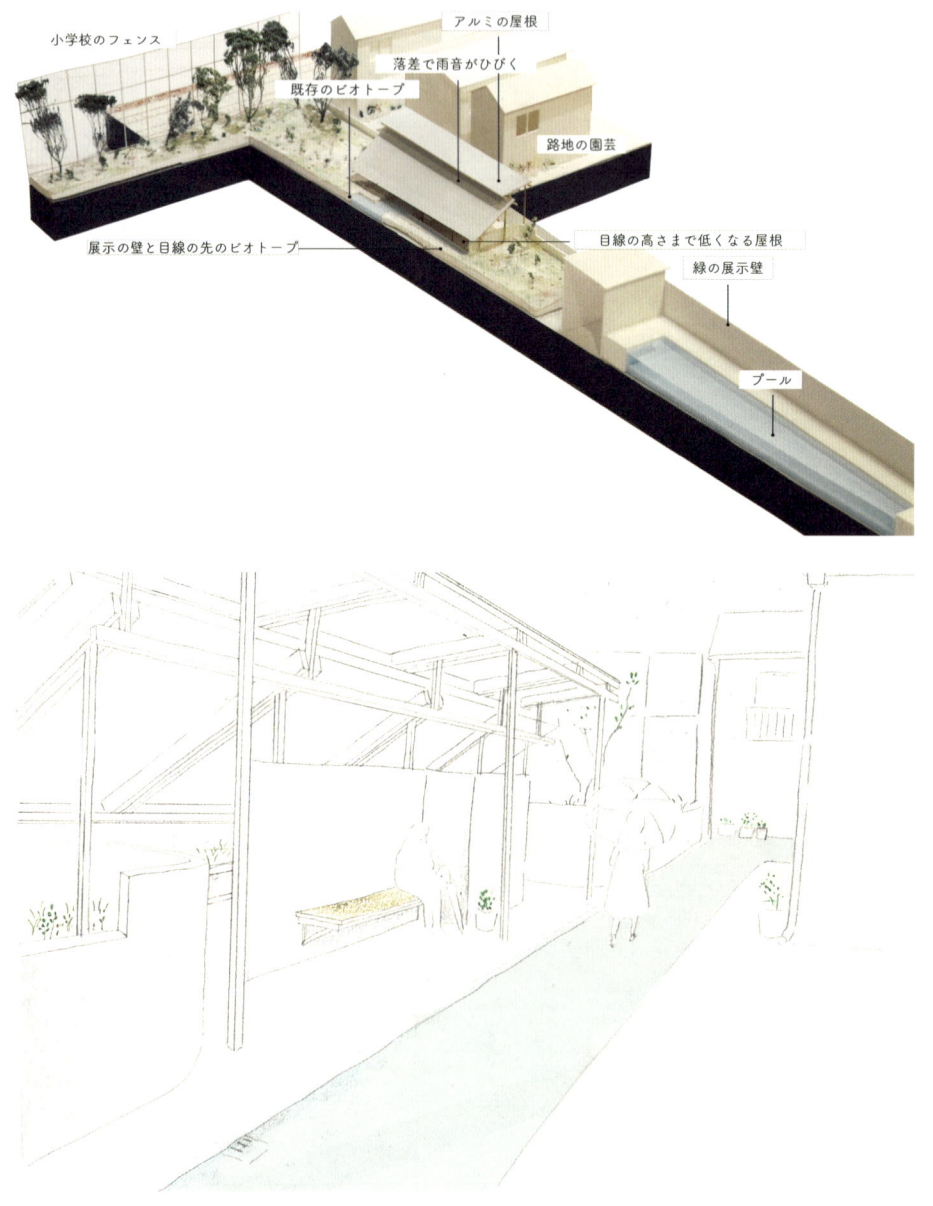

雨の日には屋根から雨音が響く

側溝の小さな庭を受け入れる

ブロック塀に新たな役割が与えられる

出展者コメント —— トウキョウ建築コレクションを終えて

Q 修士設計を通して得たこと

自分の考えを明快な言語に落とし込むことの大切さを学びました。自分なりの提案や表現を模索しながら、こんなにも楽しんで制作ができたのは指導してくださった教授をはじめ、先輩や周りの同期、後輩のおかげです。ありがとうございました。

Q 修士修了後の進路と10年後の展望

総合建設会社で働いています。日常を観察することで感じ取ることのできる何かを大切にしていきたいです。今後も手や体を動かしながら自分なりのアウトプットをどんどん磨いていき、楽しくものづくりができる人になりたいと思います。

審査員コメント

審査員コメント＠巡回審査

石川：たとえば、桜が咲く日は毎年微妙にずれるので、その日が決まってるわけではない。一方で、人のカレンダーは制度的に固定されていて、本来の季節からずれていることがあるので、緑のものさしのようなもので考える必要がある。そういう話かと思って聞いていました。このあとの展望があると面白いですよね。たとえば、人が通るところや影になるところは草がそんなに生えないから、使われ方がだんだん庭の形に反映されていくとか。建物の時間のリズムと違って、緑が介在することで変化していく時間のリズムがある。人の痕跡や季節などが反映されて形になっていくのもものさしですよね。

重村：これが商店街やまち中を変えていくというのが面白い。確かに日々過ごしているだけでは見落としがちな変化がこうやって感じられると良いなと思います。季節によって花が咲いたり、咲かなかったり、人の動きも変わったり、雨が降って水がたまったり、それで面白い変化が生まれる。ただ、この敷地の中だけで済ませてるように見えてしまうので、もう少しまち中に広がってきたり、人を呼び集めたり、植物と一緒に建物の変化がわかると、より良い気がします。パブリックなものというより、何かすごくプライベートなものになりそうな感じが良いと思いました。

千葉：僕も植物やランドスケープに興味がありますが、人間が介入することで、動植物の生態系も微妙に変わっていく、その動的な関係性は興味深いところです。そう思うと、人間にできることはつなぐとか、間引くとかくらいで、あとは植物の自然な遷移に任せることになるわけですよね。だから間引き方もひとつのデザインです。こうした提案も含めてすごく鋭いし、その第一歩として、つなぐだけで都市のさまざまな環境が全然違う意味をもち始めるということは面白い展開です。ただ、もう少し突っ込んで言えば、その介入の仕方が新しい方法論としてもう少し明確に見えるといいですね。自然を介して都市の制度的な部分に介入していきたいという狙いは深く共感しますが。

成瀬：東京だと地面がないので、人と大地の関係みたいなキーワードが印象的でした。

原田：人間の世界に、他の生き物の世界というレイヤーが重なっていく感じはすごく豊かだなあと思うんだよね。それを点ではなく線にしたから世界がつながっていくという視点は評価したい。ただ、建築家がこういう計画を整備していくとして、その給料はどこから出るのか。これはある意味で公園みたいなものだから、行政の予算で普通は面で行う計画を、線状に引き伸ばしてやるという発想はあるかもしれない。それを具体化するには、最初の一歩はどうやってスタートしたらいいかという話まで言えると、すごく良いなあと思いました。

山脇：緑というキーワードで風景をつくろうとしていますよね。住民自身が植物を育てるという行為自体が、都市や街並みをつくっていく発想が面白いなと感じました。プランターボックスに花を植える行為だけで、建築がつながることで風景がすごく変わるかもしれません。かなり実現性があると思うけれど、そのためには、やはり誰かが旗を振って行動しないといけないね。

設計展 　成瀬友梨賞

表層の奥の琴線

地域再生のための流鉄流山線 線状プログラムの提案

大石隆誠
Ryusei Oishi

東京電機大学大学院
未来科学研究科　建築学専攻
山本圭介研究室

近年、都心部への人口の集中やコンパクトシティ化が進む中、地方を走るローカル鉄道の経営はより一層深刻化している。その根底として世情が求める「速く遠くに移動する」という交通機関の発展が主な要因である。なかでも千葉県流山市と松戸市を結ぶ流鉄流山線は全長 5.7km の独立した単線で、この先世情が求めている「速く遠くに移動する」という交通機関の発展に、流山線が依存し続けることは不可能であると判断する。この危機を打開するために流山線を「ゆっくり近くに移動する」交通機関に変革し、街から疎外されてしまった流山線の車窓からの風景を変えていくことで、街に変化を与えられないか。ローカル鉄道と沿線地域の人々との距離感を現代の中で再構築することで、ローカル鉄道が「沿線地域とともに生きていく」鉄道事業のための新たな維持の仕方を提案する。

車窓風景の分解

私たちが普段、鉄道のスピードに揺られて見ている風景は、車窓からの距離と速度によってレイヤー状に分解することができる。しかし、私たちが定点的に見ている空やその向こうの景色は、その街の表層にすぎない。車窓と表層的風景の間に建築を挿入し、街から疎外されてしまった流山線の、車窓からの風景を変えていくことで、街に変化を与えられないか。

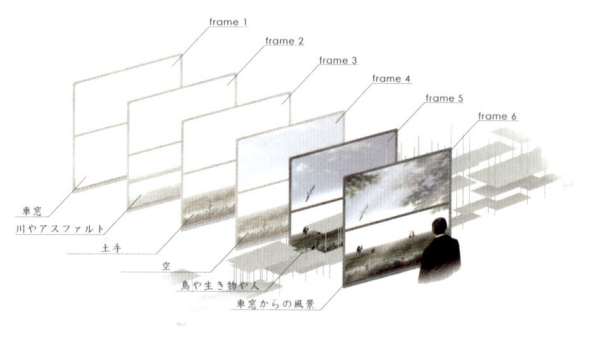

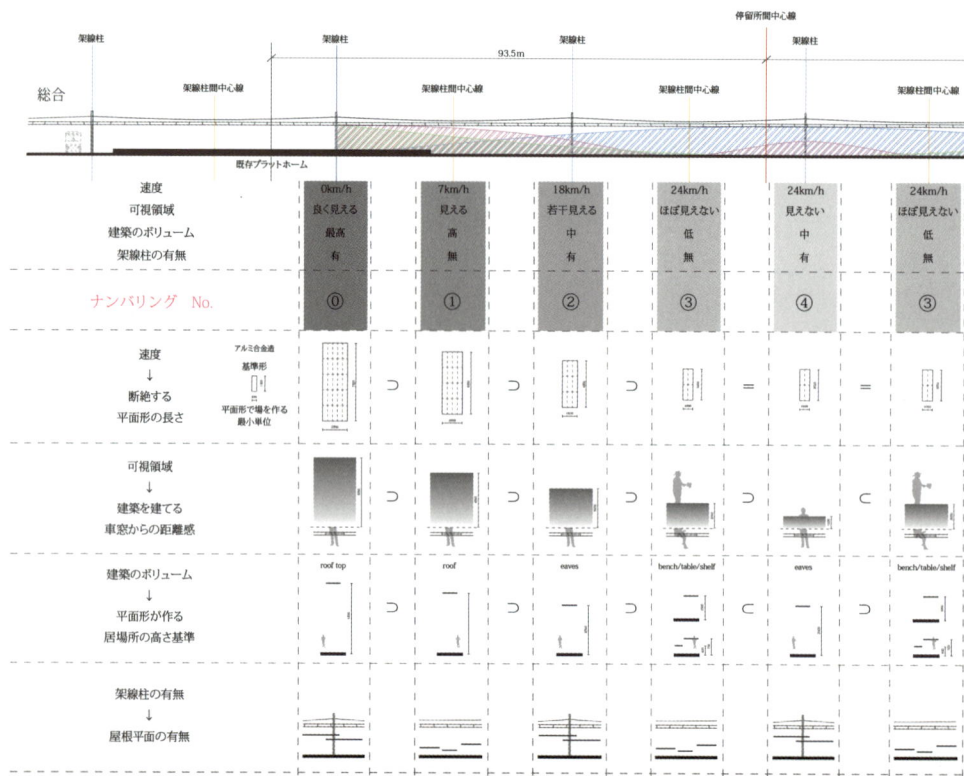

線状プログラム

流山線を地域再生のためのカンフル剤として働き掛けるために、一点開発ではなく相互依存性の高い拠点開発を連鎖させ、既存の軌道インフラを活かすことで流山線全線の活性化を図る。

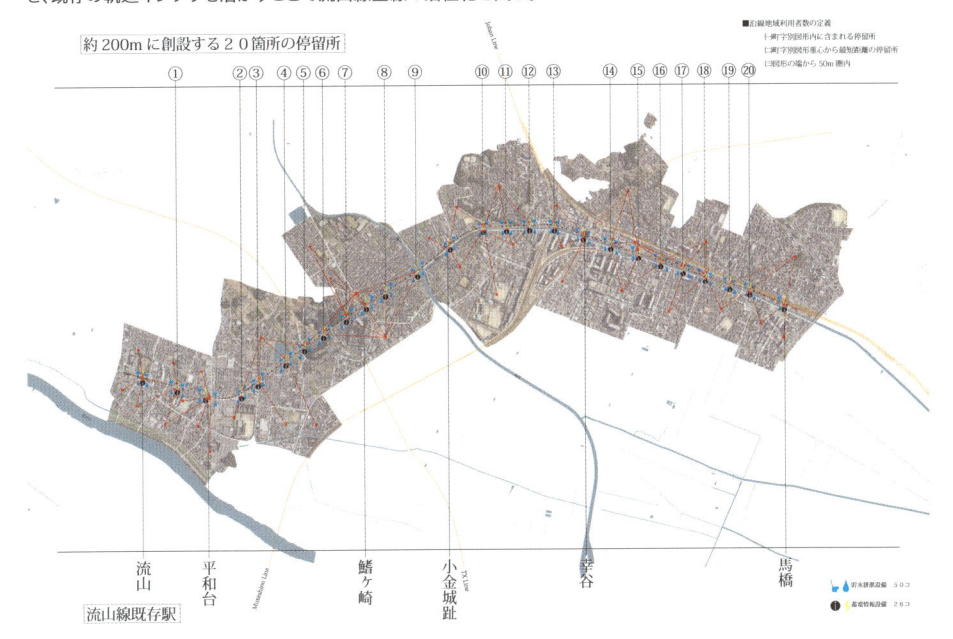

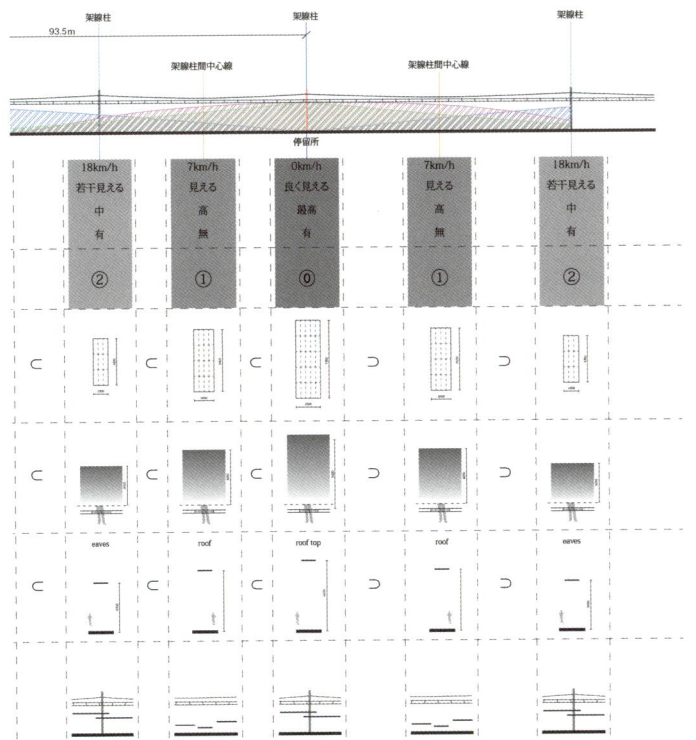

ナンバリング

停留所間隔で起こる3つの現象、「速度」「可視領域」「建築のボリューム」に着目する。これらを統合することで同じ現象ごとに0〜4の番号を振り、現象にスケールを与えるために言語置換をする。

人々の行動や視界の中に常に流山
線が飛び込んでくる、そんな風景。
流山線の音や振動が、生活にリズム
を生んでいく。

停留所前後の架線柱には貯水設備
があり、雨水を地下貯水槽にため、
浄化された水はトイレや散水および
び手洗い場に利用される。

各停留所には蓄電設備があり、日常的には車両の充電や時刻表、広告、街灯に利用される。

街の風景に建築で壁をつくらないことで、その先に見える流山線との距離感を変えていく。空間を緩やかにつなぐ建築が、日常の一部を流山線の風景と共有していく。

この沿線に、大きな壁を有した建築や、建築がもたらす爆発的な影響力はいらない。ただ、そっと、建築を添えるだけでいい。これが表層しか見えなかった車窓からの風景を変えていき、住民と流山線が呼応しながら新たな琴線的風景をつくり上げていく。

建築か風景か

建築が街を変えるのではなく、使い方によって街が建築を変えていく。そうしてつくられていく街の風景は、それぞれの地域の琴線を表していく。建築か風景か。その間になる。

出展者コメント —— トウキョウ建築コレクションを終えて

Q 修士設計を通して得たこと

自らがこの先の人生でどのようなことを考え、社会に訴えかけていきたいかが修士設計を通して非常に明確になった。

Q 修士修了後の進路と10年後の展望

ゼネコンの設計部／得られる知識を吸収しきった後は、自由に生きてみたい。

審査員コメント

審査員コメント＠巡回審査

石川：リサーチの取っ掛かりとして、こういう流山電鉄などのローカル線が今後、都市間交通の末端を担うだけではなく、違う役割が出てくるんじゃないかという話がすごく良い。ただ、この提案は現在の流山線の既存車両に固執するあまり、動く側である車両や線路に対する新たな提案をしていないので、そこにもっと可能性があると思います。たとえば、線路は市街地には珍しく、開けた上空が連続している空間で、こういう場所は河川ぐらいしかないですよね。たまにしか電車が通らないのであれば、ここを緑地にすることもできるかもしれない。むしろゆっくり動くことによって地域の中での新しいモビリティを担うという観点で考えると、ものすごくいろいろな可能性がありそうだよね。

重村：人の滞在時間が短い、瞬間的に成立する建築空間に注目をしたところはすごく良い。ただ、電車が来ると何らかの影響が与えられて空間のイメージが変わると思うので、その違いも表現してほしかったですね。また、現状の人口分析から配置計画をするだけではなく、「こういう未来でありたい」というような未来のためのデザインもすると、もっと楽しそうですよね。電車が来ると景色が一瞬変わる楽しみがあり、その瞬間だけこの建物と一体化するようなことも考えられます。電車が動いている状態でニューヨークのハイラインみたいな場所になると面白いですよね。

千葉：モビリティや都市インフラが今後どう変わっていくかというのはすごく面白いテーマで、興味をもって見ていました。ただ、この地域が将来どうなるかを想定したときに、さらに小さなモビリティも誕生するだろうし、しかも自動運転もリアリティを帯びてきたりすると、そもそもこういうものは要らないということになるかもしれない。東京のベッドタウンであったまちがこれから生き残っていくために、たとえばマイクロコンパクトシティのようなものを想定してみるなど、必要とされるプログラムにもう少し展開がほしかったです。つまり、あくまでもベッドタウンとして残り続けるのか、あるいは新しい都市の姿になるのか、あるいは新しいタイプのリゾートになるのか。それを時間軸も含めてイメージして描いてほしいと思います。

成瀬：柱が多すぎることと、屋根を細かく分けすぎなところが気になります。どこかに構造を集中させて、構造がなくて抜けた空間をつくる方が、柱を細くするより建築が目立たないかもしれない。これだと構造によって人の活動が規定されてしまうのではないかな。人がお散歩している風景は思い浮かびますが、ヒューマンスケールのものが、連続的にこの場所を塞いでいる状況は果たしてどうなのか。もう少し緩く開けているオープンな場所があったほうが良いのではないかと感じました。提案としてはすごく面白くて、電車をローカルなゆっくり動くものにするという価値観には共感しています。

原田：最終的な成果は、君が用意したこの建築的な空間で、この地域の人たちが変わっていくことだと思う。そのためにも、電車を人間と共存できるスピードにすることで、線路の空間が人々の生活の裏面から表面に変わっていくという絵がほしい。停留所にそのきっかけを仕掛けているわけですよね。流山線の沿線はそういうことが起こりそうな場所なので、こういうやり方はあり得ると思います。

山脇：ここに自然と人が集まるようになると楽しいよね。それを実現するために、線路際の風景の何が良いのかを明確にしてほしい。たとえば、電車がゆっくり走ることは、時間的にはロスかもしれないけれども、駅と駅の途中で停車して、人が乗れたり、お店で降りたり。他の鉄道と差別化を図ることで路面全体が開発されていくようなアピールをもっと入れてもいいのではないかと思います。

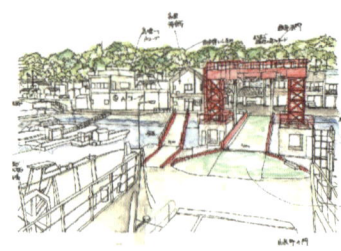

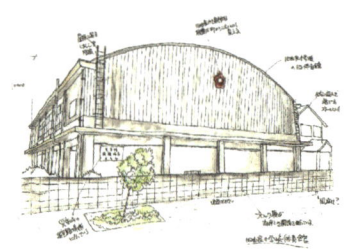

設計展 **原田真宏賞**

島業の建築

興居島・移住促進施設による
新たな公共の提案

山口薫平
Kumpei Yamaguchi

東京理科大学大学院
理工学研究科　建築学専攻
安原幹研究室

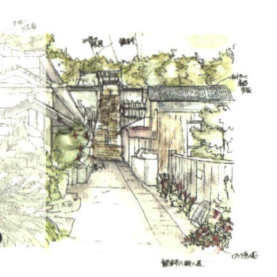
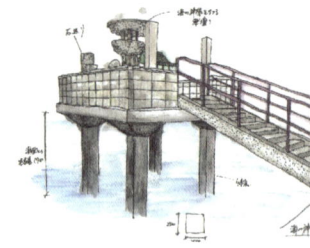

提案──移住促進施設による島の新たな公共性

現状はきれいに区画されたヨソモノニュータウンとして生まれ変わろうとしているが、一番忘れてはならないのは、この島の人のための計画であるべき、ということである。最大3年間のお試し移住を求めて、島外からの移住希望者が仮住まいとして利用することのできる、島の生活を体験し、島生活を始めるための拠点となる施設を提案する。

生業を介したコミュニティ

島に溢れている、一つひとつでは取るに足らないが、島を構成している出来事を観察していると、本土から切り離された顔見知り社会集団の中にはそれぞれが自立的で、大小さまざまな生業と、それを介した交流を持っていることがわかる。普遍的な暮らしにおける生業を介したコミュニティにこそ、決してなくなることのない恒久的な公共性があるのではないか。

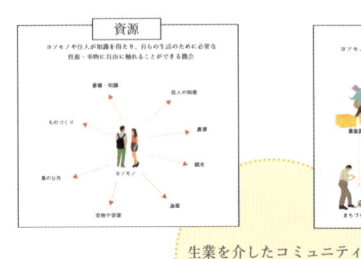

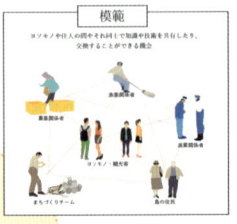

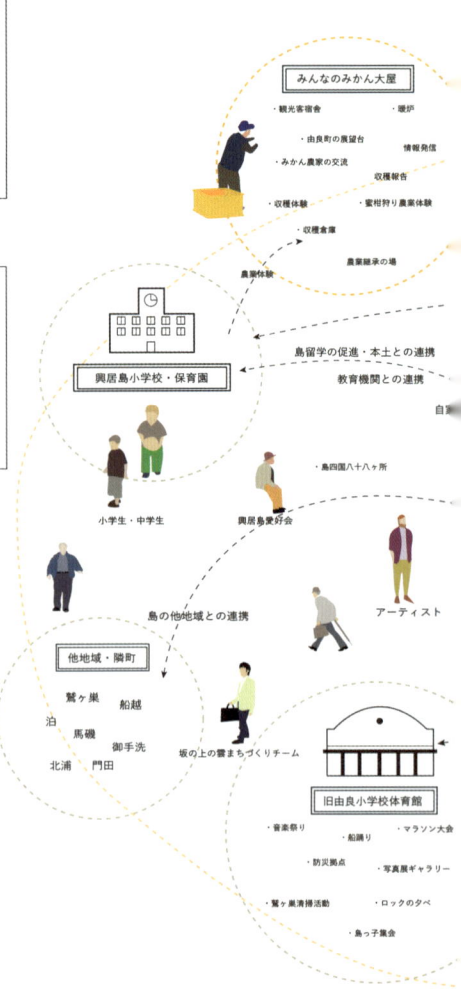

社会の縮図である日本の離島において、島の魅力ある資源を最大限に活用し、島全体で稼ぐ仕組みや生き方、「島業」を構築するための3つの建築の提案。

愛媛県・興居島由良町の移住促進施設に伴う、ヨソモノを受け入れるという起爆剤によって、島の暮らしと公共の骨格は新しく変換される。決してなくなることのない「生業」を介したコミュニティを鍵に、島の構造の再発見を通して、既存の地域資源と連関し、この場所でしか成立しない島の全体性を構築していく。

設計について──使われ方

生業にフィットしていた空間を肥大化し、その余白に公共的な空間を付加するように再解釈することで使い方の冗長性を獲得し、島民、ヨソモノ、観光客が日常的に作業し、交流できるような計画。

設計について──形態

数年後、機能を変えても残っていくであろう公共性を機能的に守られているものを耐用年数の長いRC造に、使い方に広がりを与え、生業のガイドになるものや可変なものを柔軟な木造で構成している。既存の作業小屋や住宅群にも見られる未完の建築たちの初源性を体現した。

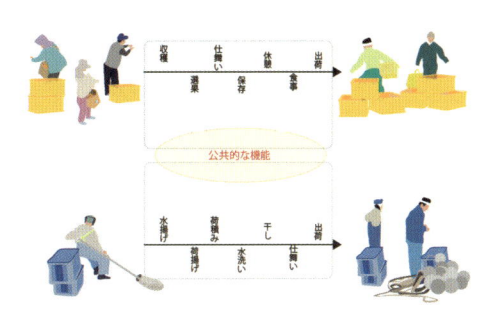

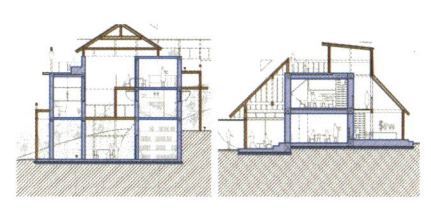

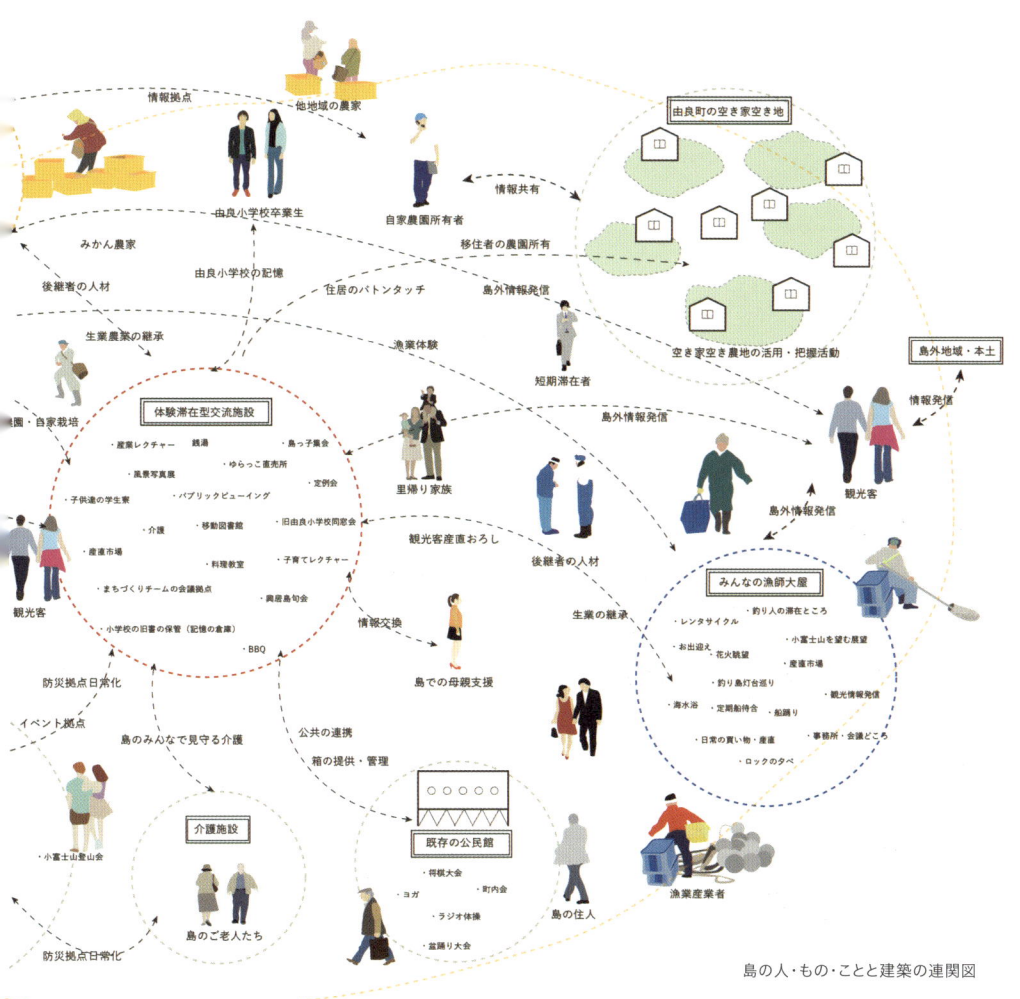

島の人・もの・ことと建築の連関図

site1：由良の門「みんなの漁師大屋」

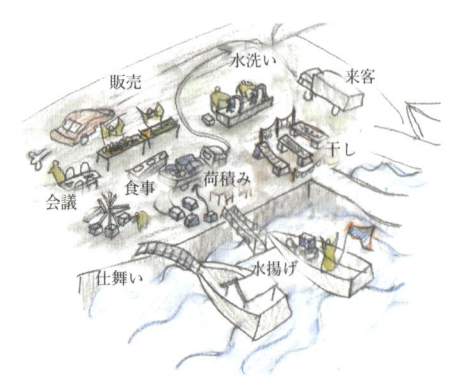

由良町の門では、港にそれぞれ船を構える十数人の漁師の生業の流れを建築化している。水揚げ、荷積み、出荷、水洗い、販売などの作業空間を肥大化。絶えず人の流れがあるため、作業空間を広く、機能空間を端に固め、建築未満のモノが動線を規定するような計画をしている。

左：鞆戸全開の朝5時は水揚げに忙しい漁師のおじさんたちの邪魔をしてはいけない。
右：由良自慢の小富士山が一望できる展望デッキには大漁旗を干しに漁師が毎朝やってくる。

左：海に対して全面に開閉できる蔀戸が閉まることはほとんどなく、穏やかな瀬戸の海風を受け入れる。
右：住宅街に対して開いている直売所では元気な由良っこママたちが地産の食を売りさばいている。

site2：由良小学校跡地「体験滞在型交流施設」

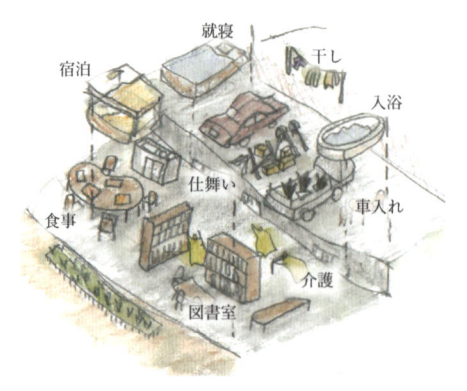

小学校跡地には移住者の仮住まいのための最低限の住機能と観光客が素泊まりできる宿、島の人々も利用する食堂と銭湯を計画している。基本的には移住者が生活する施設ではあるが、島の人々にとっての由良小学校の記憶を残し、大きく用意した運動場（由良っこ広場）はいつでもここに来れば、と思える公共性を担っている。

由良小学校の記憶を継承した構えと配置計画

左：渡り廊下はトップライトを確保。風の通り抜けるみんなの居場所となる。
右：大きく用意した広場と施設内はふらふらと立ち寄る島のご老人が絶えず行き来している。

左：大きく強固なRC造に対して、細かく配された木造の梁と柱は空間にスケールを与えてくれる。
右：島の各地に農地を所有している移住者にとって、車庫での報告会議は欠かせない。

site3：由良の奥座敷「みんなのみかん大屋」

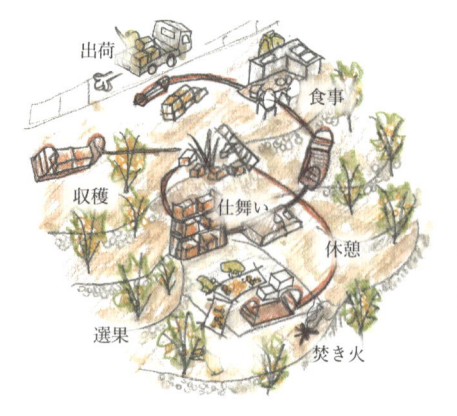

出荷

食事

収穫 仕舞い 休憩

選果 焚き火

由良の奥座敷として、みかん農園が林立する山の上にみかんを収穫、選果、保存、出荷する流れを建築化している。既存のみかん小屋をモデルに、それを肥大化したような建築である。みかんを保存したり、食事や休憩をする場所をRC造で守り、モノラックの流れと完全に外に回した動線を木造で構築している。島を訪れる人の涼やかな安息の地であり、眺望の開けた隠れ場でもある。

左：鄙戸を全開にすると、モノラック控えは風通しと景色のよい屋内型テラスになる。
右：300mm角の柱で構成されたRCピロティの下は選果土間。

出展者コメント ── トウキョウ建築コレクションを終えて

Q 修士論文を通して得たこと

建築は社会を変えることができるとずっと信じて修士設計に取り組みました。建築を新しくつくることの意義と、とにかく設計は楽しいということを改めて感じました。

Q 修士修了後の進路と10年後の展望

日建設計に勤務します。

　自分のつくるものに自信と覚悟が表れるような建築家になります。

審査員コメント

審査員コメント@巡回審査

石川：外から来た旅人が魅力的なシーンを選ぶことが、外から来た人に対してのアピールになるというのは、わかる気がします。島の人が好きに建物をつくると、木造ではなく、より安くて丈夫な建材を使うかもしれない。だから、観光客目線であえて木造にして、外から来たときに島の魅力を伝えるのに適したものにするというのは良いと思う。ただ、外の人にアピールする手法として選んでいるビジュアルと現実の間に、少し飛躍があるような感じがする。プラスチックのバケツやペットボトルのネコよけなどがある風景も含めて島の魅力だと思うので、絵にならないものをどう取り込むかが、さらに先にいくための試練なのではないでしょうか。きっかけづくりとしては良いと思います。

重村：今回は、比較的パブリックな公民館や宿泊施設などの機能をもたせているけれども、もっとプライベートな面白い施設をつくっても魅力的なアプローチになったと思います。箱をつくっても生業は自然発生的にできるわけではないので、こちらからもそれを誘発するような刺激を、建物の装置として入れる必要があります。そうすれば、よそ者にも住んでる人にも刺激になるはずで、島の人が良い意味で変わったり、増えたりするといいですよね。地域の人たちも、彼らのビジネスとして利益になるのだったら賛成してくれそうです。あとは、ここを起点に島のいろいろなところに行けるようになると良いのではないかと思いました。

千葉：島にとって汎用性のあるシステムにしようとしているわけですよね。RCに木造を接続しようと思うと、それなりに大変なので、何かアイデアが必要です。その都度アンカーを打つのも大変だけど、むしろそうやってぼろぼろに使い倒されてもいいくらいに強い躯体であれば良いのかな。

成瀬：RCと木造の混構造は難しいから、擁壁のような建築にしてみたらどうかな。土木的な変わら

ない部分とプログラム的な変わらない部分を兼ねているということなら、より説得力が出るかもしれません。

原田：地元では漁業と農業だけでなく、建設業も生業になるよね。だったら、RCの上に建てる木造を簡単な構法にして、島の木と人でできたらいいね。それがデザインで終わらずに、本当に具体的な建設の生業としても動き続けるというストーリーができそうな気がするんだよね。ブリコラージュでつくるとき、それをどうストーリーに組み込んでいくかが大事だと思います。物質の循環が地域では非常に重要なことですから。このデザインはあくまで一断面であって、将来減るかもしれないし、増えるかもしれない。空間より時間で完成形を考えると面白いね。港町の島のトーン＆マナーを身体化できてる感じはすごく良いと思う。

山脇：この島に行くと漁業が体験できたり、みかんの収穫が楽しめたり、島に行くだけで楽しめるようなブランド化ができればいいですね。多様なプログラムを試行錯誤するために、RCの固定的な空間と木造の可変性のある空間を組み合わせて施設をつくるという発想も面白い。私は北海道に住んでいて、離島問題や過疎地域も多いので、こういった体験施設ができると本当に良いなと思います。

審査員コメント@公開審査

原田：島に住んでる人の数と、空間の量のプロポーションがかなり適切に見えたんですよね。構築の仕方も、あの島でできそうな技術になっていて、木造の部分は確かにブリコラージュ的に増えたり、減ったりしそうだと思いました。いろんな背景条件が適切に解かれていてすばらしいです。

設計展 | 山脇克彦賞

辻堂の海洋保全計画

海洋汚染ゴミを建築構成材へと転化する
"セルフリサイクル・テクトニック図鑑"の採集と実践

馬場隆介
Ryusuke Baba

千葉大学大学大学院
工学研究科　建築都市科学専攻
鈴木弘樹研究室

「海をきれいにしたいから手伝ってくれ」。突然受けた日本代表サーファーである友人からの相談により、国際環境保全 NGO との連携を経て本修士設計は始まった。私は環境汚染の元凶となるプラスチックごみを即物的にドッキングし、建築構成材をつくった。多様性に満ちた現代人の思考に海のプラスチック汚染を勧告するならば、ケミカル・アドホックな手法により汚染の現物をブリコラージュした空間の構築が最短経路と目論んだからである。これらを実装するべく、「セルフリサイクルテクトニック図鑑」を作成し、実践に向けたプロトタイプを提案した。

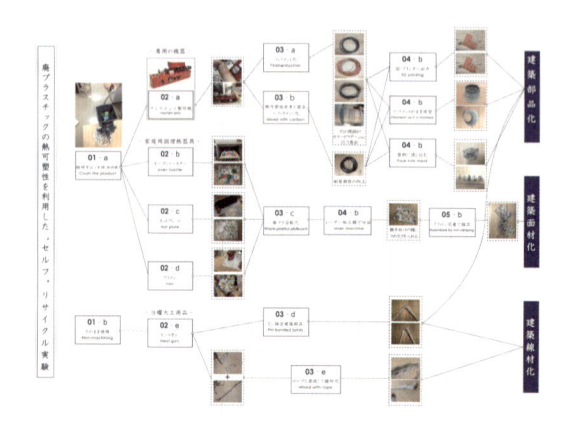

廃プラスチックを再資源化建築構成材にするための実験を行った。プラスチック漂着ごみの種類で上位に位置づけられているゴミの中から、加熱における安全性を考慮しペットボトル（ボトル部：ポリエチレンテレフタラート、キャップ部：ポリプロピレン）をセルフリサイクルの実験の対象とした。加工用の道具については、「専用の機器」、「家庭用調理器具」、「日曜大工器具」の3種類を選定し、実験を行うことで、特殊な器具などを持たない環境下でも製作可能な構法を含めて検証した。

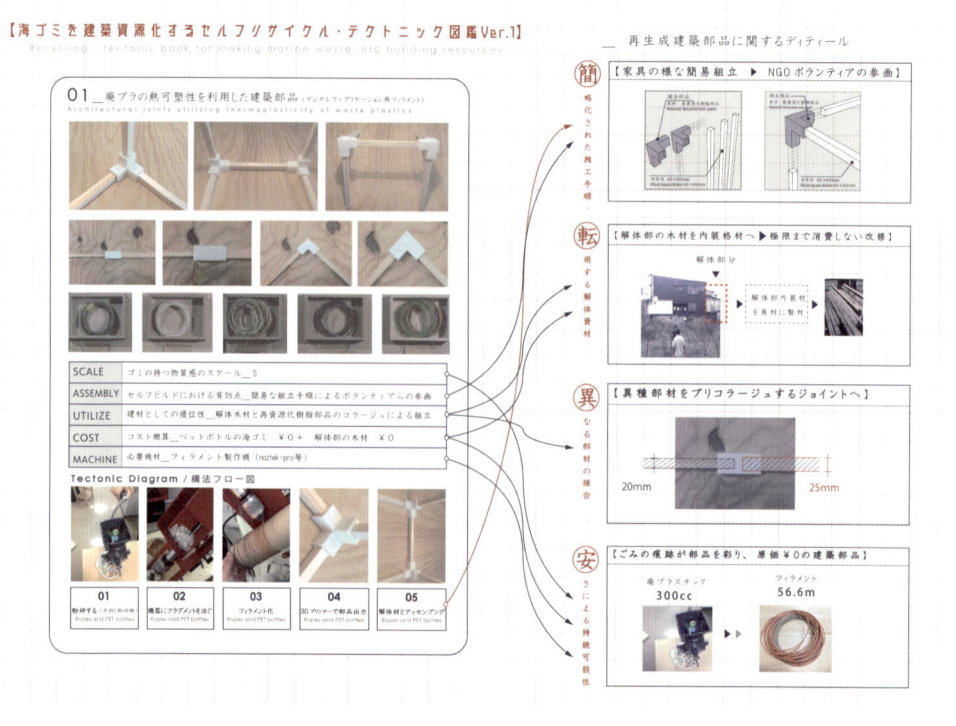

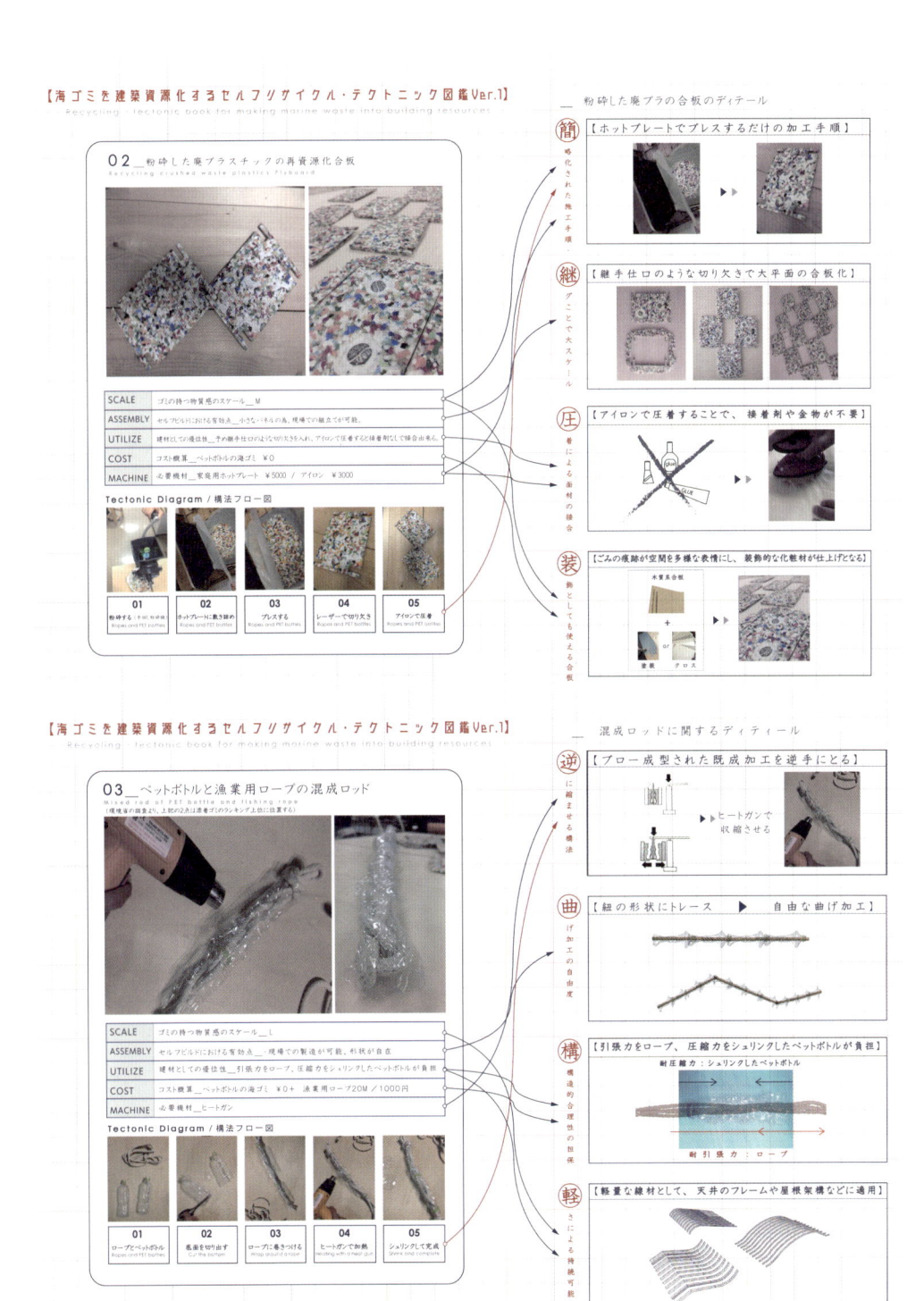

___ 粉砕した廃プラの合板のディテール

02__粉砕した廃プラスチックの再資源化合板
Recycling crushed waste plastics Plyboard

SCALE	ゴミの持つ物質感のスケール__M
ASSEMBLY	セルフビルドにおける有効さ__小さなパネルの為、現場で組立て可能。
UTILIZE	建材としての優位性__その継手仕口のような切り欠きを入れ、アイロンで圧着する継手剤で接合出来る。
COST	コスト概算__ペットボトルの海ゴミ__¥0
MACHINE	必要機材__家庭用ホットプレート ¥5000 / アイロン ¥3000

Tectonic Diagram / 構法フロー図

01	02	03	04	05
粉砕する（ペットボトル）	ホットプレートに敷き詰め	プレスする	レーザーで切り欠き	アイロンで圧着
Ropes and PET bottles	Ropes and PET bottles	Ropes and PET bottles	Ropes and PET bottles	Ropes and PET bottles

簡 __ 吸収された廃加工手順、
【ホットプレートでプレスするだけの加工手順】

継 __ グごとで大スケール
【継手仕口のような切り欠きで大平面の合板化】

圧 __ 着による面材の接合
【アイロンで圧着することで、接着剤や金物が不要】

装 __ 飾としても使える合板
【ごみの痕跡が空間を多様な表情にし、装飾的な化粧材が仕上げとなる】

木質系合板 + 塗装 or クロス

___ 混成ロッドに関するディティール

03__ペットボトルと漁業用ロープの混成ロッド
Mixed rod of PET bottle and fishing rope
（環境省の調査より、上記の2点は漁業ゴミのランキング上位に位置する）

SCALE	ゴミの持つ物質感のスケール__L
ASSEMBLY	セルフビルドにおける有効さ__現場での製造が可能、形状が自在
UTILIZE	建材としての優位性__引張力をロープ、圧縮力をシュリンクしたペットボトルが負担
COST	コスト概算__ペットボトルの海ゴミ__¥0 + 漁業用ロープ20M / 1000円
MACHINE	必要機材__ヒートガン

Tectonic Diagram / 構法フロー図

01	02	03	04	05
ロープとペットボトル	底面を切り出す	ロープに巻きつける	ヒートで加熱	シュリンクして完成
Ropes and PET bottles	Cut the bottom	Wrap around a rope	Heating with a heat gun	Shrink and complete

逆 __ に縮ませる構法
【ブロー成型された既成加工を逆手にとる】
▶ ヒートガンで収縮させる

曲 __ げ加工の自由度
【紐の形状にトレース ▶ 自由な曲げ加工】

構 __ 構造的合理性の担保
【引張力をロープ、圧縮力をシュリンクしたペットボトルが負担】
耐圧縮力：シュリンクしたペットボトル
耐引張力：ロープ

軽 __ さによる持続可能性
【軽量な線材として、天井のフレームや屋根架構などに適用】

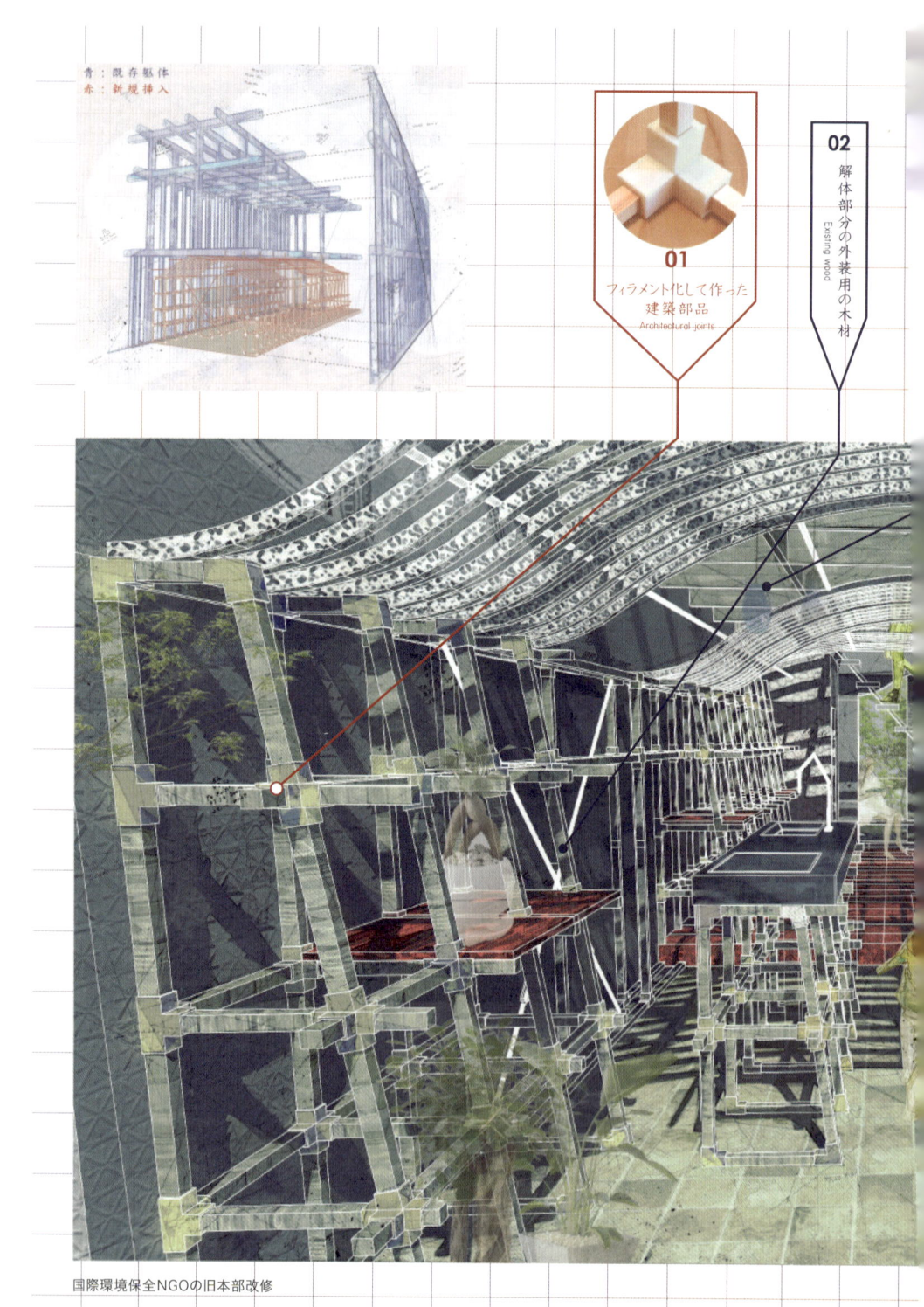

青：既存躯体
赤：新規挿入

01
フィラメント化して作った
建築部品
Architectural joints

02
解体部分の外装用の木材
Existing wood

国際環境保全NGOの旧本部改修

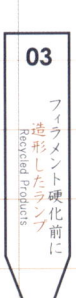

03
フィラメント硬化前に
造形したランプ
Recycled Products

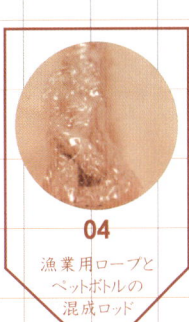

04
漁業用ロープと
ペットボトルの
混成ロッド

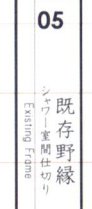

05
既存野縁
シャワー室間仕切り
Existing Frame

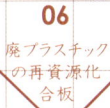

06
廃プラスチック
の再資源化
合板

各モデルの写真と3つのプロトタイプ模型写真[写真：Yutaka Kono]

実践01_国際環境保全NGOの旧本部改修

実践02_移動式屋台×セルフリサイクル用ゴミ箱

実践03_海ゴミからつくるコモンコリドー

セルフ"リサイクル"・ビルドの実践に向けたモックアップ検討

出展者コメント —— トウキョウ建築コレクションを終えて

Q 修士設計を通して得たこと
周囲を巻き込むためのフットワークの軽さとその勇気。専門領域外の方との協同により多くを学びました。

Q 修士修了後の進路と10年後の展望
建築設計の仕事をしています。10年後もワクワクするようなプロジェクトを貪欲に継続していきたいです。

審査員コメント

審査員コメント@巡回審査

石川：このプロジェクトは、最終的に建物をつくることよりも、プラスチックごみが蔓延していることに対する気づきが重要だとすると、プラスチックが加工されて、元がごみだったかわからないようにしてしまうと、この活動の正しさが見えないという難しさもありますね。

重村：プラスチックや廃材を建材として利用し、海をきれいにしたいという考えはすごく面白いと思いました。たとえば、ごみを拾って持っていくとジョイントパーツと交換してくれて、自分が持っていたごみの量でパーツを選べるとかできると面白いかもしれないですよね。海に行ったらごみを持ってくるというプロセスが習慣になるように、この施設で体験を覚えさせる仕組みがあると良い。プラスチックはいろいろなものに変形できるので、ジョイント部材だけではなく、タイルや扉など、すべて廃材でつくって面白いデザインができるということを見せてほしいですね。

千葉：この計画で使うプラスチックの量は微々たるものなので、実際に起きている汚染の問題のスケールに対して小さいような気がします。だからこそ、このジョイントがどのぐらい汎用性があるかが重要で、たとえば、毎年夏にできる海の家にどんどん使われていくものだとしたらすごく良い。ジョイントや床材だけに留めておくのももったいないので、構造部材など、いろいろなものに展開してほしい。また、ジョイントは、差し込んでいるだけだと簡単にすっぽ抜けてしまうから、そのあたりの工夫が必要だと思います。

成瀬：実際のプロジェクトを動かしてるということに、すごく価値があると思います。この活動が広まっていくためには、やはりかっこいいことや美しいことが大事だと思うんですよね。サーファーの人にも来てもらったほうがいいし、アクセサリーとかをつくるとかわいいよね。大もうけをしないまでも、お金が回らないとすぐ終わってしまうので、そのために何をすれば良いのかよく考えたほうが良いです。

原田：自分でつくって、実際にスタディしていることがすごく面白いです。エコの話で樹脂は排除されがちだけれども、これを見てドイツ人ファッションデザイナーのヨーガン・レールの展覧会を思い出しました。海辺に流れ着いたビーチサンダルなどを集めて、色のグラデーションで並べて壁に展示した作品です。そういった樹脂的なセンスがエコとつながっているという話も面白い。プラスチックごみを海から除去するとしたら、総量はこれくらいになるので、それを使い切るためにはこのくらいの建築をつくる必要がありますというふうに、定量的に説明すると、ミッションが明確になってくると思います。

山脇：海水浴場という観光の場でこういう活動を行うことで、リサイクル活動というムーブメントを人々に感じさせる狙いですね。ごみを資源にする発想は、子どもにもすばらしい教育になるので、「ごみ育」などと名づけて体験学習を行うとアピールになるかもしれません。エンジニアリング的には、リサイクル材は不純物が多いので強度実験による安全確認も必要ですが、社会へのアピールのチャンスでもある。施工性も改良の余地がありますが、是非とも実現して社会にアピールし、そしてこの海洋保全計画を広く普及させてほしいです。

審査員コメント@公開審査

石川：次の世代が面白そうですよね。この建物で育った世代はプラスチックと木を等価に扱うことができるので、真のプラスチック・ネイティブが誕生する。われわれはまだプラスチックに対するこだわりを捨てられないけれども、この作品はプラスチックネイティブ世代の面白い発想を予感させたと思います。

設計展

色斑建築

子供の日常に在るマッキア抽出による空間

石井陽菜
Haruna Ishii

佐賀大学大学院
工学系研究科　都市工学専攻
平瀬有人研究室

図4 「子供の遊戯」ピーテル・ブリューゲル

 01 幾何学

 02 断片化

 03 閉鎖性

 04 集合体

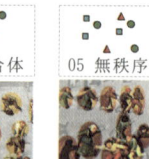 05 無秩序

 06 開放性

 07 連続性

 08 遠近法

（洗礼ごっこ）　（仮面あそび）　（帽子を足の間から）　画面全体　（ネズミの尻尾ごっこ）　画面左上縁　砂山　建ち並ぶ建物

「子供の遊戯」における8つの表現形式

人が生まれてから成長していくなかで、記憶に残る空間がある。

記憶の成り立ちは、マッキアと呼ばれる地と図のような切り離された関係性のなかで記憶に残る情景を強烈な色彩の模様として表す美術的技法に見ることができる。ピーテル・ブリューゲルの「子供の遊戯」は、ブリコラージュによってつくり上げられた子どもたちの動作を〈図〉とし、また歴史ある土地の背景を〈地〉としたマッキアを鮮明に表している。

本提案では、まちの要素とそこに関連する行動動作の二つの〈図〉をマッキアとして捉え、分析を行う。そこから、場面をマッキアとしてモデル化した保育園建築を設計する。

子どもたちの日常にある体験や用途がマッキア空間として、地域の風景を背景空間として、建築全体に散りばめられた園舎は、記憶の素と出会い、感性が育ちゆく場となる。

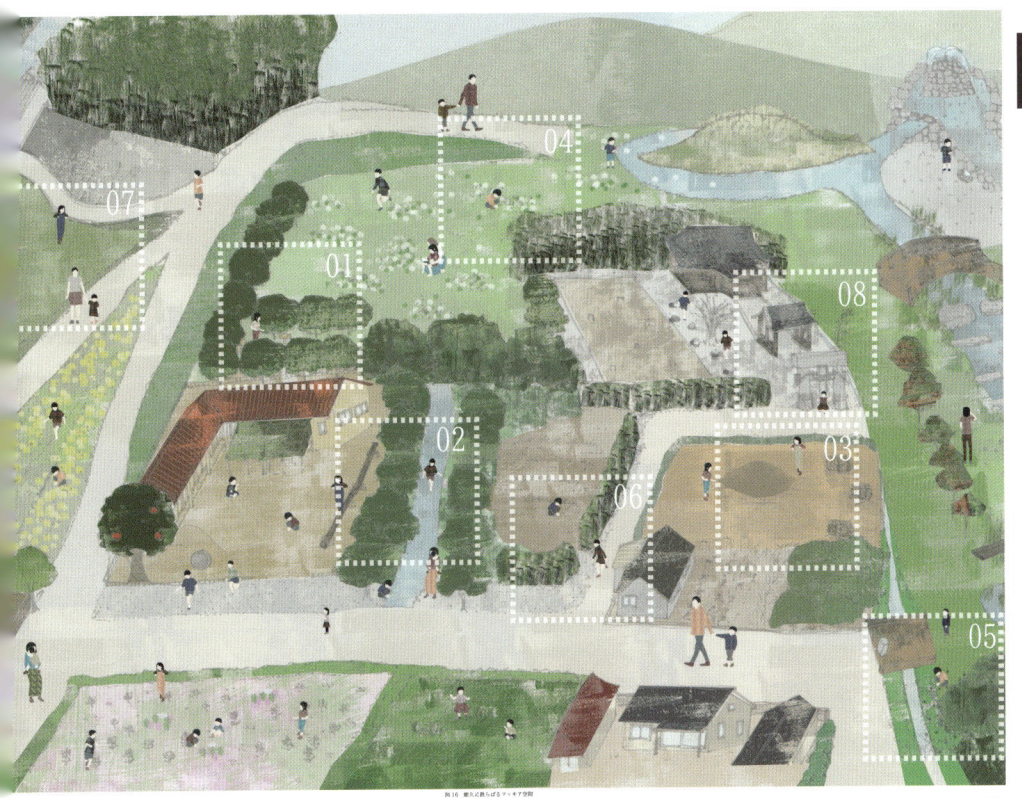

図16 蚶久に散らばるマッキア空間

 01 幾何学　 02 断片化　 03 閉鎖性　 04 集合体　 05 無秩序　 06 開放性　 07 連続性　 08 遠近法

カンバン　　ミズアビ　　ハタケノヤマ　　ヨツバノクローバー　　ドングリサガシ　　ササノイケガキ　　シノノタニ　　トリイ

計画地・蚶久に散らばるマッキア空間

遠近のある背景に並ぶマッキア

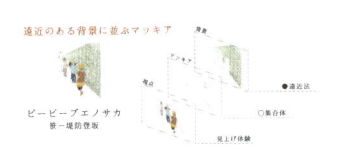

ビービーブエノサカ
堤一堤防登坂

●遠近法　○集合体

背景に浮かぶ色点の集合体

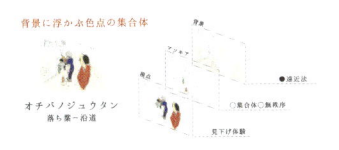

オチバノジュウタン
落ち葉一沿道

●遠近法　●集合体○無秩序

1つの建物が体験によって断片化する

テングノジンジャ
神社の門一参道

●遠近法　○断片化

背景に現れる色点

キイチゴサガシ
木苺一草やぶ

○閉鎖性○無秩序

体験のできる開放性を持つ背景

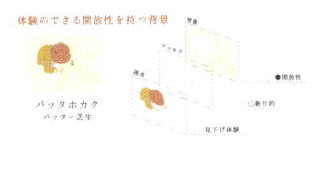

バッタホカク
バッター芝生

●開放性　○断片的

揺らめく色点

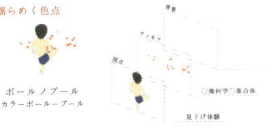

ボールノプール
カラーボールプール

○幾何学○集合体

林檎の木保育園の「子供たちの日常」におけるマッキア空間分析（48パターンのうち6）

設計展

087

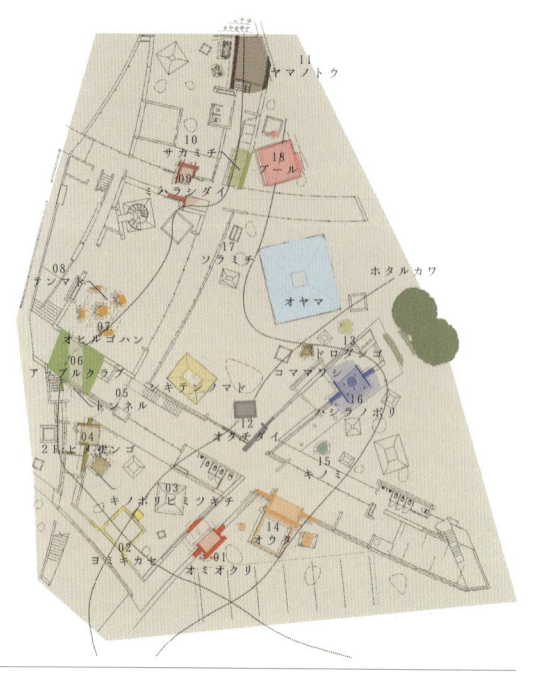
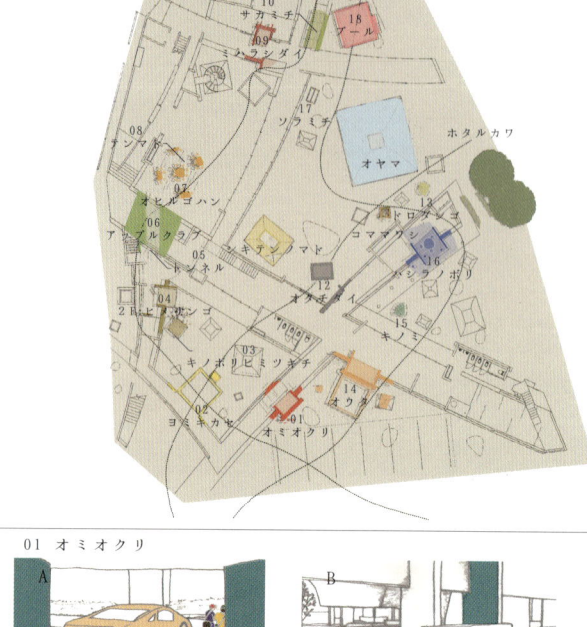

11 ヤマノトウ
10 サカミチ
プール
09 ミハラシダイ
17 ソラミチ
08 テンマド
オヤマ
ホタルカワ
07 オヒルゴハン
06 アップルクラブ
05 トンネル
ドロダンゴ
ママゴシ
ハシラノボリ
オクガイ
04 2F:ヒメリンゴ
03 キノエ
キノボリヒミツキチ
14 オウラ
ヨミキカセ
01 オミオクリ

05 トンネル

06 アップルクラブ

07 オヒルゴハン

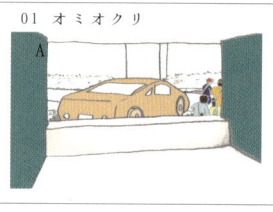
01 オミオクリ

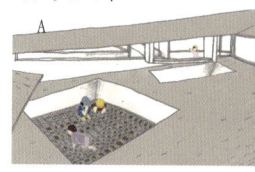
08 テンマド

02 ヨミキカセ

09 ミハラシダイ

03 キノボリヒミツキチ

10 サカミチ

04 2F:ヒメリンゴ

11 ヤマノトウ

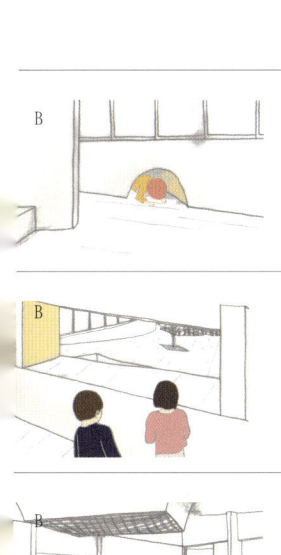

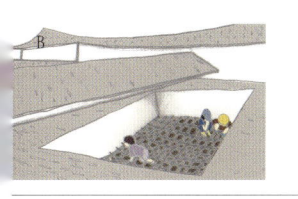

12 オタチダイ

13 ドロダンゴ

14 オウタ

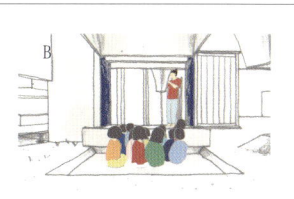

15 キノミ

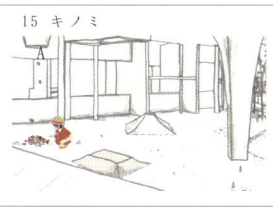

16 ハシラノボリ

17 ソラミチ

18 プール

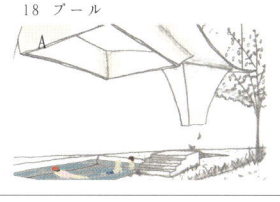

敷地内に点在する色斑空間

俯瞰平面図

出展者コメント —— トウキョウ建築コレクションを終えて

Q 修士論文を通して得たこと

今回、生まれ育った場所を対象敷地として分析・設計を行ったが、やはり良いところだと改めて感じた。マッキアというフィルターを通して見ると、また違った一面から心動かされる場所性があった。そのような感動と建築のつながりの可能性について考える機会を得られた。

Q 修士修了後の進路と10年後の展望

住宅のリフォーム、リノベーションを行っている。10年後は、地元佐賀に何かしらの形で関わり、多くの人に魅力を伝える人となる。

審査員コメント

審査員コメント@巡回審査

石川：未就学児が日中ずっと施設内で保育されている状況は近代以降の話で、本来彼らはマッキアあふれるリアルな場所で育っていたのでしょう。そう考えると、子どもたちが集められて、同じ条件下で育てられていることに対するある種の抵抗のような作品とも読み取れます。ここを卒園して外へ出たときに、佐賀のまちを歩いていて、「あっ、これは保育園で見たあれにすごく似てる」という感じがするとか、そういうきっかけを提供する場所になるかもしれませんね。佐賀の「平野感」が反映されているように見えることも面白いです。

重村：コンセプトがとてもわかりやすく、説明がうまい。記憶に残る空間をつくって子どもたちに体験させるわけですよね。子どもが行きたくなるような場所をつくっていると感じました。部分部分に面白い装置を点在させて、いろんな場のシーンを一個一個見せているのもすごく良い。この場所でいろいろな情景ができてくると思うので、季節やイベントの変化とともに、子どもがここを体験することでどのように変わっていくのかを表現しても面白いかもしれませんね。

千葉：子どもは期待とは全然違うことに反応するかもしれないですよね。子どもの経験は、大人が考えた通りには形成できないものなので、記憶を含めて計画するという前提は難しいのではないでしょうか。あと、マッキアという概念が絵を分析することで生まれたものだとすると、後世の人が評価したひとつの視点にすぎないわけですよね。その視点を出発点にして子どもの行動を想定しているので、説明の多くは子どもと場所に関するものが多く、子ども同士や子どもと先生との関係性にまで思考が及んでいないようで、そこは少し気になりました。

成瀬：建築にいろいろな仕掛けをつくっていて、すごく良いなと思いました。一方で、建築はすてきなのだけれど、周りの環境もすてきな場所なので、建築をここまで細かくつくり込まなくてもいいのではないかという思いもあります。たとえば、東京のように自然がほとんどない場所につくったほうが良いかもしれない。東京にこんな保育園があったら、子どもを通わせてみたいですね。

原田：それぞれのシーンで外部性を取り込んでいるのが魅力的で、風景を建築でフレーム化することで意識の対象にしている。子どもは何かわからない部分をすごく好きになったり、執着したりしますよね。そういうものが散りばめられていて、とても良い保育園だと思いました。

山脇：屋根に四角い穴をたくさん空けて、空が見えるのが楽しいですね。色はもちろんだけど、移り変わる空や雨、樹木や土、砂まで建築の空間体験として扱っているのが面白いです。構造エンジニア的な観点から見ると、せっかく曲面的な屋根や筒状の構造体があるので、力の流れまで含めた提案になるとすばらしいと思いました。屋根の架構は内藤廣さんの牧野富太郎記念館を参考にしたということですが、屋根の各頂点をひもでつないだような懸垂曲線にすることで、雨水を集める機能と、重力に沿った力を感じさせる表現とすることも可能ですね。

審査員コメント@公開審査

原田：すごい設計力です。リサーチもロジックの立て方も良かった。ある論理で建築的なジオメトリを設定していますが、それに縛られることなく、その原理と戯れるようにして身体的に愛着のもてそうな環境をつくっているところがすごく良い。普通は秩序適用的な手法で建築をつくるとひとつの意図に閉じ込められた世界になってしまうのですが、あなたはその土地の風土や風景もきちんと取り込み開いている。また、色というよりは風景の方がマッキアだと思いました。選びきれなかったのですが、本当はもっと評価したかった作品です。

押上天祖神社

絵馬殿

参道の編集

墨田区業平・横川地区を対象とした
文化的発展のためのプラットフォームの構築

稲岡寛之
Hiroyuki Inaoka

神奈川大学大学院
工学研究科　建築学専攻
曽我部昌史研究室

東京都墨田区業平に押上天祖神社という小さな神社がある。本計画は、押上天祖神社と連続させるように新たな参道と参道沿いの建物を現代的な解釈によって計画することで、地域コミュニティの核となる新たな機能を担う神社の提案である。

　街区の内側に埋もれるように存在する敷地に、主に5つの社殿と見立てる地域活動拠点といくつかの小さなフォリーを計画し、それらの配置によって参道を構成する。本計画における各社殿が担う機能と形態は、信仰の場である神社本来の意義を踏まえ、本来の社殿がもつ意味を敷地のコンテクストを考慮したうえで翻訳したものである。例えば五重塔では、仏舎利を街の宝である子どもに読み替え、子どもの身体スケールに寄り添うような空間構成としている。参道という非日常的な空間と地域の日常を結びつけるように計画することで、神社という場所が神の依り代であると同時に「人々の依り代」として存在することを目指した。

押上天祖神社

街を調査していると押上天祖神社参道から連続するような、街区を抜ける隙間を見つけた。調べてみるとかつて参道の範囲は、街区を南側に1つまたいだ所までであったことが分かった。参道が街区の内側を通るように存在していたことが特徴的であり、現在も参道の面影を残すように空地が残っている。関東大震災と東京大空襲による焼失から2度の復興を遂げ、本殿は神社には珍しくガラス張りという現代的な素材が用いられている。

全体計画

新たに計画する参道は、押上天祖神社から業平小学校と隣接する業平公園まで連続させ、子どもたちも訪れやすい場所とする。敷地は周辺街路に対して細く折れ曲がった路地空間であり、都市における貴重な緑地である神社と公園を植栽でつなぐ。プログラムの大枠は、「体験型のゲストハウス」で、住民が日常的に活用できるサードプレイスである。周辺に観光地が多いにもかかわらず、対象エリアには宿泊施設が1つしかない。

吹抜屋台圖

楼門

神域の入口を示す門である。従来の楼門には1層目に神社を守る随神像が安置されているが、本計画ではフロントデスクと防災倉庫が左大臣、右大臣となり神社と街を守る。また1層目の垂壁をスキップフロアに読み替え空間を緩やかにつなげている。南門は、四神において「朱雀」にあたり、魔除けの色でもある「朱色」を用いることが多いため、本計画の外壁は「コールテン鋼」を朱色のメタファーとして採用する。

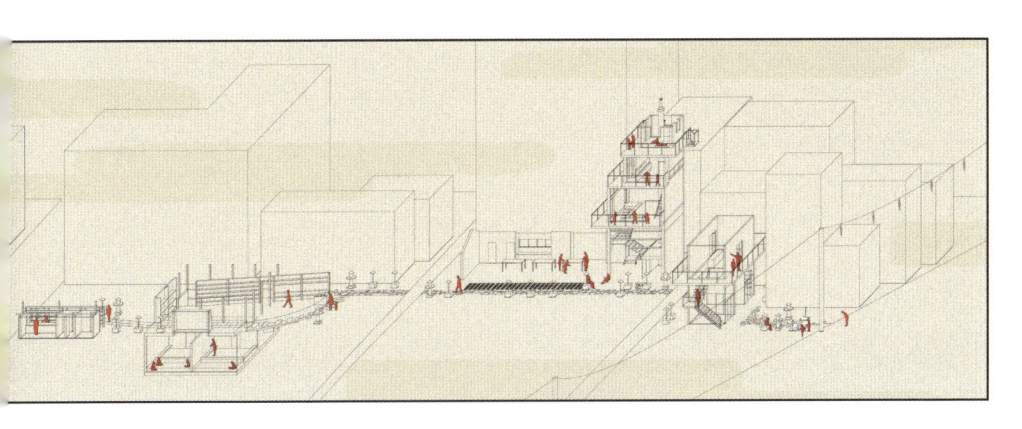

五重塔

従来の五重塔は、仏舎利や宝物を祀る寺のシンボルであるが、神仏習合として神社にも建てられている。本計画では「子ども」を街の宝と読み替え、設計に取り入れる。地上階にある町工場の人たちが運営するファブラボはものづくり体験の場であり、塔には子どもたちの作品を展示する。五重塔と隣接している2つの既存建物をセットで見ると、日本的な美学である「天地人」のように階数が七五三となっている。

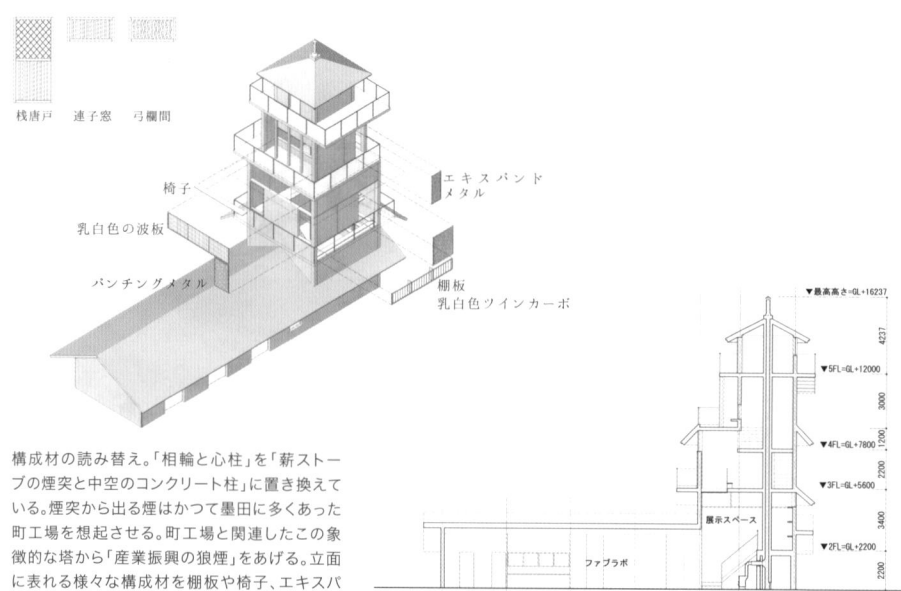

桟唐戸　連子窓　弓欄間

椅子
乳白色の波板
パンチングメタル

エキスパンドメタル
棚板
乳白色ツインカーボ

構成材の読み替え。「相輪と心柱」を「薪ストーブの煙突と中空のコンクリート柱」に置き換えている。煙突から出る煙はかつて墨田に多くあった町工場を想起させる。町工場と関連したこの象徴的な塔から「産業振興の狼煙」をあげる。立面に表れる様々な構成材を棚板や椅子、エキスパンドメタルメタルなどに翻訳する。展示塔という機能から内部に柔らかな光を取り入れる。

▼最高高さ=GL+16237　4237
▼5FL=GL+12000　3000
▼4FL=GL+7800　2200
▼3FL=GL+5600　3400
展示スペース
▼2FL=GL+2200　2200
ファブラボ

3640　3640　3640　3640　2275　1592.5 1592.5

五重塔長手断面図

手水舎

穢れを祓い身を清めるための施設である。現在一般的なものは手や口を清めるだけの簡易的なものだが、その起源は河川などで身を清めていたことに由来する。「禊」が「沐浴」へ、それが俗化して「入浴」へ変化した歴史を踏まえ温泉を設ける。

絵馬殿

「絵馬は人に見られることで願いが叶う」という言い伝えから低い軒先に絵馬を掛けることができる「絵馬壁」を設ける。屋根は、拝殿の流造の「反り屋根」の翻訳として、大棟のようなコの字型の梁から薄いコールテン鋼板を吊るしてたわませる。

舞殿

舞楽を奉納するための施設。同街区に国内外に日本舞踊を伝え交流を深めていくことを目的とする団体があるため、舞殿を選定した。地上階には、従来の舞殿がもつ「吹きさらし」という言語を読み替え、宿泊客と地域住民が日常的に使える地域に「解放」されたパブリックキッチンと舞台がある。床は神様が見やすいよう本殿と同じ高さとしている。

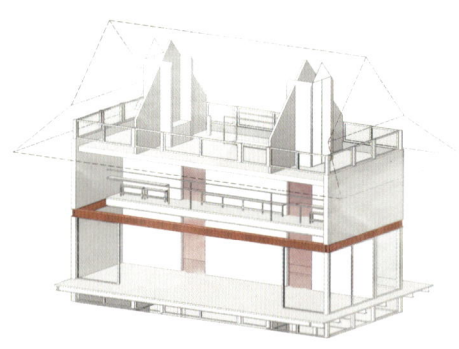

墨田の産業の始まりを支えたものには染色もあげられ、墨田区の木に「桜」が選定されていることから、カーテンを桜で染色する。舞殿中央にある白い壁とその間に貼られた桜色のカーテンによって、ハレの舞台に相応しい紅白を表現する。

出展者コメント —— トウキョウ建築コレクションを終えて

Q 修士設計を通して得たこと

粘り強くやること。真面目にふざけること。

Q 修士修了後の進路と10年後の展望

設計事務所で働いています。まずは今できることを丁寧に積み重ねていきたいです。

審査員コメント

審査員コメント@巡回審査

石川：ここに参道ができると、お祭りのときは出店が出て、このまちのオン／オフが逆転するような風景が生まれる。そうすると、確かに参道に向けてカフェができたりと、少しずつ変わってくるかもしれない。まちの中にひっそりと建っているので、外から見ると一見何が変わったかわからない、というふうにちょっと奥ゆかしく表現して、発見してほしいという意図があるわけだ。建築の表現も、現代に解釈し直された参道や神社のエレメントが翻訳されてるけど、あえてわかりやすく記号的で和風な表現にしているのですね。

重村：建物の隙間から見えるときが面白いので、ちらっと見えたり、知ってる人だけが行けるというつながり方もできると思います。周辺の建物もすべて裏側なので、外壁の色を昔ながらの建築の色にしてつなぎ、巻き込んでしまえば、ここが室内のような空間に変わるかもしれません。

千葉：都市部では、神社や寺が非常に肩身の狭い思いをしているわけだけど、そこをもう一度新しく地域の核としての役割を担わせて再編しようというのは、すごくいい計画だと思いました。つまり神社をどう再解釈し、それを現代、未来につなげていくか、その歴史性の編集でもある。それを実践するのはなかなか難しいと思うけどね。

成瀬：まちの裏側が参道になっていくのは、すごく面白い提案だと思いました。和風の絵も表現としていいよね。一方で、これを維持していくことはなかなか大変だと思いました。プログラムのバランスは、稼ぐことができる宿泊施設が多い方が良いかな。でも、神社はもともと地域の公共スペースとしての役割が大きかったと思いますが、新しく違う機能を入れて、もう一度地域の神社を開いていくという考え方自体はすごく面白いです。

原田：かつての歴史的なレイヤーが現在の社会に重なっているという豊かさがあり、この建築によって

まちの裏側に新しいインターフェースができる。そこに起こるまちの豊かな振る舞いをもっと描いてほしかったです。今までは裏だった空間が表の空間になって、2つの顔をもつまちになるわけだよね。自分の設計に加えて周りも少しリノベーションするとか、これによって起こってくるまちへの影響まで表現してみると、やりたいことがもっと明瞭に伝わったと思います。

山脇：伝統的な五重塔や楼門に対して、現実に必要な用途を建築に落とし込んでいくというところが面白い。現代的な構法や最新の素材もいいですが、組物や格子などの伝統的な架構を多少強引でも結びつけると面白いかも。アピール性が高い提案なので、住民や区の議員に働きかけては。住民が集まって議論になれば、今のまちの問題点が浮き彫りになり、子どもが集まる場所が必要だというような話になり、まちづくりに役立てると思うんだよね。

審査員コメント@公開審査

重村：大きい道路の裏側に隠れている閉鎖された住宅街を、完全にオープンして不特定多数の人が来てしまわないよう、セミオープンくらいにして、普段交流が途絶えている近隣の人たちがどう集まることができるかを考えてるところに非常に好感をもちました。

Magnolia kobus
コブシ

Pinus densiflora
モミ

設計展

収斂進化する建築

植物の振る舞いと環境畏敬による順応

関 隆史
Takashi Seki

東京電機大学大学院
未来科学研究科　建築学専攻
山本圭介研究室

Elaeocarpus syloestris var. ellipticus
モガシ

Thermal Blow

35.119215, 139.847496

Asarum nipponicum
カンアオイ

Calanthe puberula
ナツエビネ

Bamboo
モウソウチク

Lotus
オニバス

人類は厳しい自然を克服するため科学を発展させた。近年科学は核エネルギーを筆頭に生態系スケールから逸脱し始め、人類の生息する生態系をも脅かしている。即時にこの破壊行為を停止しなくてはならない。建築界では二次環境をつくり出すことで多くの地域での生活が可能となった。しかし、本来建築とは我々が自然と共存するための媒介であり、環境に順応するものだったはずである。二次エネルギーで生活を営むことがイデオロギーである現代において、環境（微地形や微気候）と共存し、場所そのものに根差す居住空間とはどのようなものか。生態系がリセットされた場所に、再び人の手が加わり、再生・没入を試みることのできる住まいを計画する。植物の遷移とともに建築は機能を担保され、従来の都市インフラから離脱を図る過程をいくつかの現象フェーズとともに考える。そこで現地植生の環境順応方法を建築に反映させる。これを建築の収斂進化と定義づける。

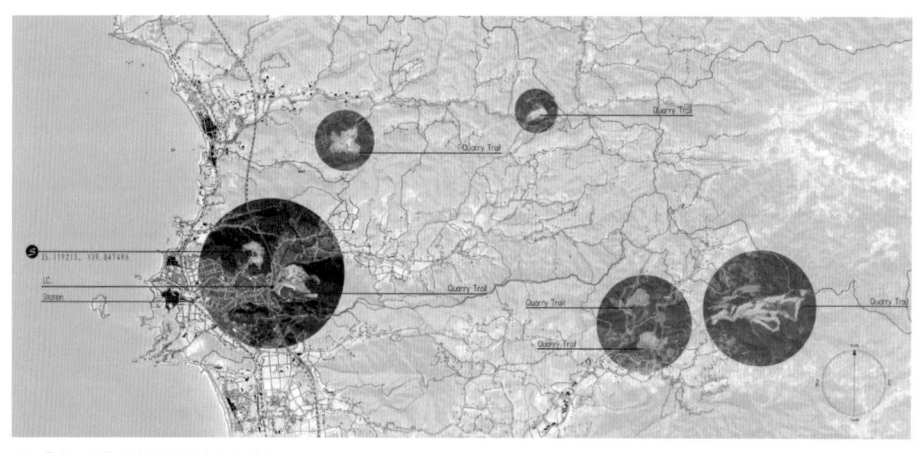

周辺敷地：千葉県安房郡鋸南町全域図

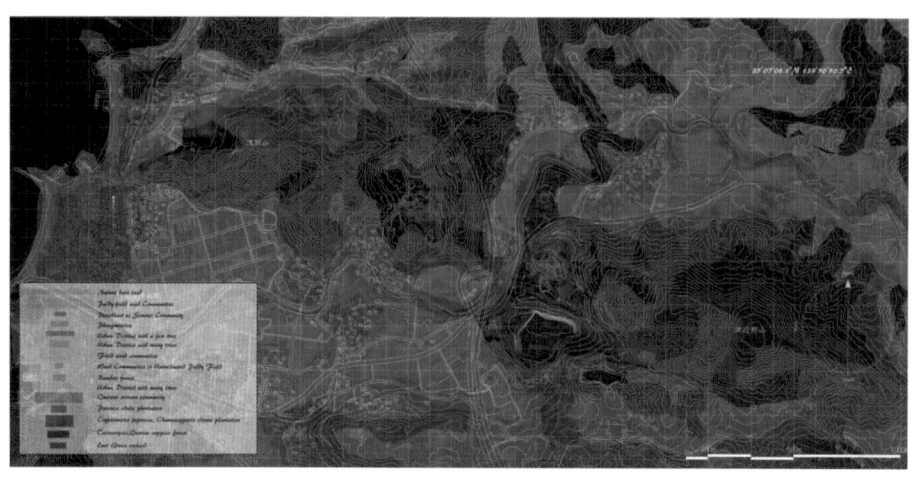

植生支配種マッピング

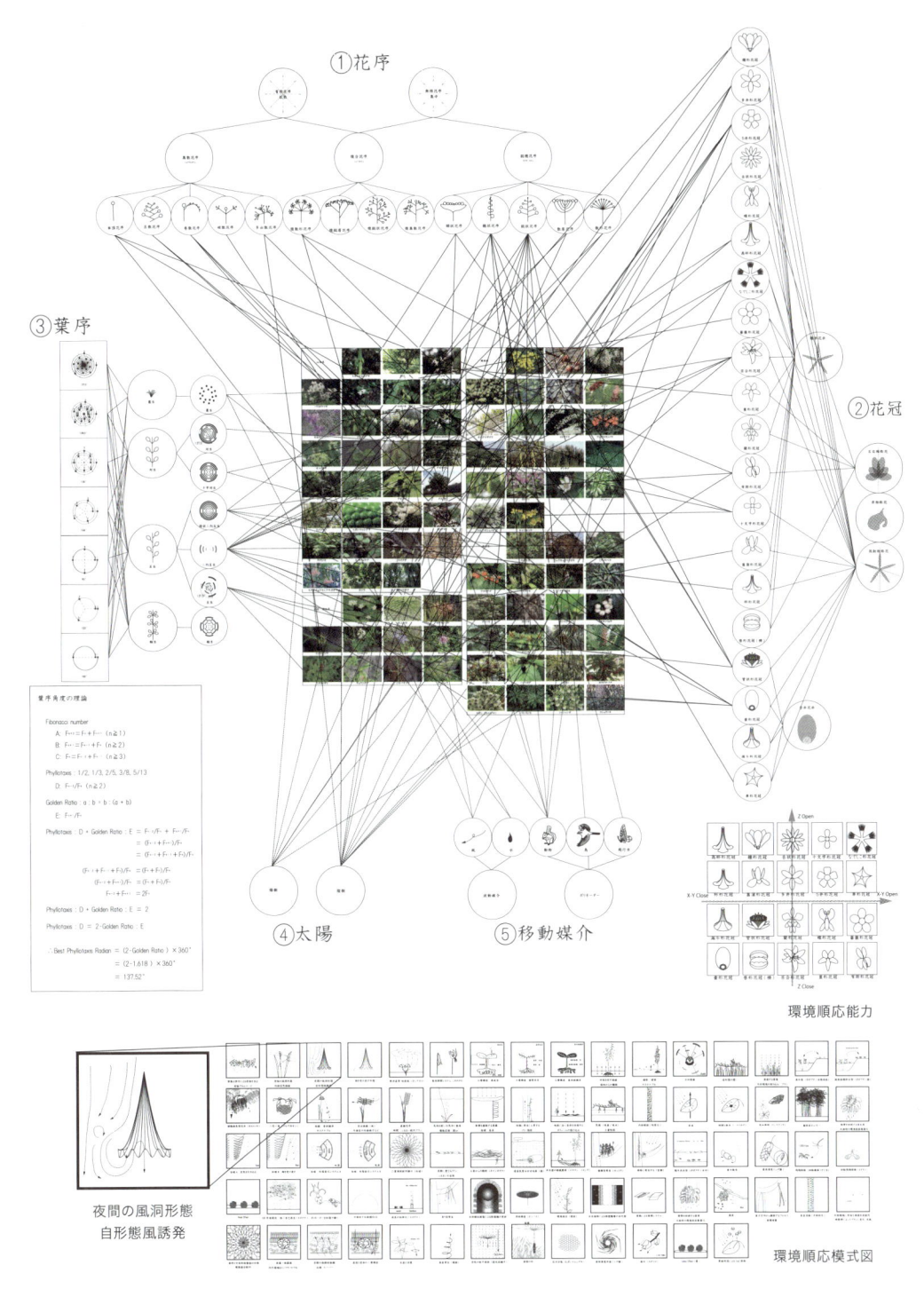

敷地周辺の植生から環境順応の手法を読み込む。
形態・スケール・素材・序列・ポリネーター・森のルールを読み込み、収斂進化する建築へのヒントを探した。

01. キダチチョウセンアサガオの居間

02. オニバスの部屋

03. マツカサの台所

04. モガシの隠れ場

05. モウソウチクの塀

06. カンアオイの風呂

07. コブシの燃料庫

08. ナツエビネの衣装部屋

09. 葉脈の玄関口

選定した植物から建築を思考する。この9つの建築群は森林化によって性能を担保される。その際、土・熱・風・水・太陽などの素材の合わせ方や朽ち方など、極めて難しい"場所読み"を植物の作法に準ずるものとしている。

出展者コメント —— トウキョウ建築コレクションを終えて

Q 修士論文を通して得たこと

次の疑問、課題など。

Q 修士修了後の進路と10年後の展望

性能や環境を考えることに妥協せず、25の自分に恥じない設計をしていたい。

審査員コメント

審査員コメント@巡回審査

石川:土地に建物をつくって時間をかけて再生していこうというとき、建物の形は自然が鍛えてきた形に学んだものがふさわしいという話はよくわかります。あと、現地に生きていた植物群のマッピングも良いですね。要するにこれはローカルな植物図鑑のようになっているわけだ。

重村:自然のルールを建築に取り入れるのはよくありますが、さらにその建築が自然とともに移り変わってくのはいいなと思いました。光の採り入れ方や煙突の大きさなど、いろいろと疑問はありますが、発想は面白い。でも、こんなに小さな煙突だとあまり煙突効果が望めないと思いますよ。一度に全部はできないと思いますが、少しずつクリアしていってほしいです。あと、都会にいると自然の音が全然聞こえないので、建築から自然の音が聞こえて、遊べると楽しそうだなと思いました。

千葉:さまざまな生態系や気候に対する応答の話はよくわかりましたが、建物をつくる目的が、ある種の実験的なシミュレーションの場になってしまっているように見える。植物がある特性をもって地域に生息すると、植物界でも弱肉強食が生まれ、動的な平衡状態に遷移していく。この建築にもそういう相互の関係があると良かった。建築をつくることが、この環境自体を改変し、植物がお互いに遷移を繰り返しているのと同じように、新しい環境の構築に向かって動き始める、その辺りを見せてほしかったです。

成瀬:メタボリズムとか、植物をモチーフにした建築とか、自然の仕組みを参考にしたような今までのそういう建築の流れとあなたの計画はどういう違いがあるのか気になりました。植生が違うところにいたら、また全然違う建築をつくることになることや、人が住むことによってその森が再生される速度が促進されるという話はすごく面白いと思いました。

原田:たとえば、イルカやサメは効率よく速く泳ぐための最適な形として、魚とほ乳類で種は違うのに、あのような似たような姿になっているわけですよね。収斂進化というのは、ある条件を共有していた場合に同じような形態になっていくということなので、背景条件と結果としての形態の関係を、植物の場合と同様に建築の場合でも整理して説明してあげるといいと思います。エンジニアリング的には、スケールが変わると同じシステムや形態が同じ効果を生むとは限らないので、そのあたりも補完して説明すると良い。できるだけ合理的に説明してほしいのです。ゲーテやガウディとかの自然科学的なアプローチも、最終的に合理的に説明可能になっているからね。とくに味わいのある世界観なので、植物形態表現主義のように映らないような説明の工夫をしてほしい。

山脇:構造エンジニアリングも少し入りつつ、自然と呼応しながら生きていくことがテーマになっていて、それがあなたのセンスなんだよね。奇想建築がただ集まっている万博パビリオンではなく、植物をモチーフにして環境を重視した形態になっているから一連の建築群としてまとまっていると感じました。構造的には、立体架構をもっと取り入れるなど工夫の余地があります。ここまで形態にこだわり、恒久的なものであれば、湾曲集成材のようなものを使ってもいいんじゃないのかな。ぜひリアルにつくってください、期待しています。

審査員コメント@公開審査

石川:建築ではないフリをして、緑化されることでエコロジカルな様相を帯びるような建築物とはまったく違う植物に対するアプローチで、虚をつかれました。個人的にはチョウセンアサガオが強烈で、まちで見つけると建物に見え始めるんじゃないかと思います（笑）。今回は選びきれなかったですが、とても強く印象に残った良いプロジェクトでした。

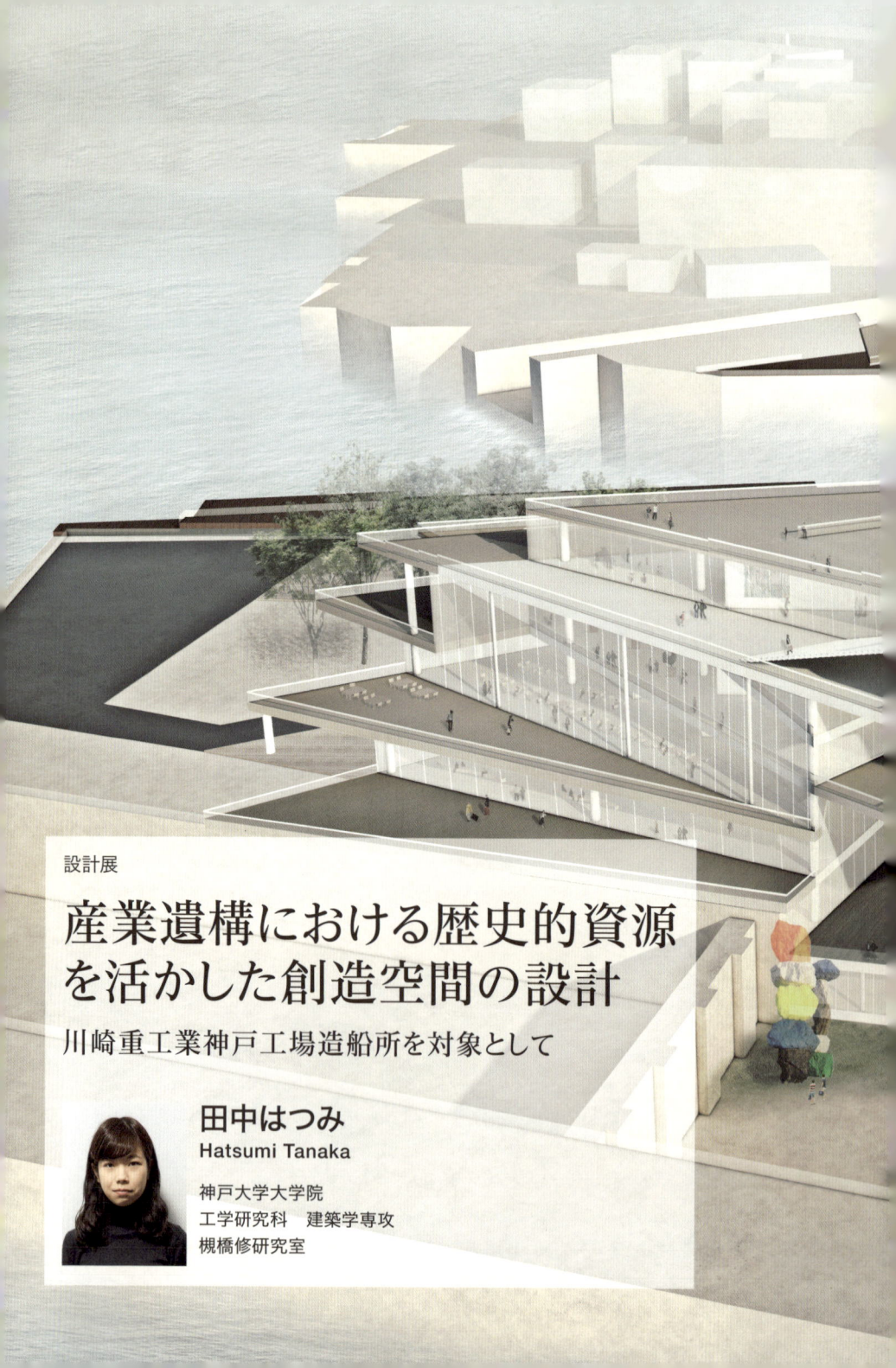

設計展

産業遺構における歴史的資源を活かした創造空間の設計

川崎重工業神戸工場造船所を対象として

田中はつみ
Hatsumi Tanaka

神戸大学大学院
工学研究科　建築学専攻
槻橋修研究室

日本を支えてきた産業遺構が各地で役目を終えつつある現在、日本において保存と開発が同時に進行している状況である。本来人間の空間として生み出された建築的なものに対しては、コンバージョンが行われ、再生されるケースが多いが、本来人間の空間としてつくられていない土木的建造物が国内で再生されている事例は稀である。そこで、産業遺構のもつ「意味の評価・表層的評価」という2つの評価から、文化的・歴史的・社会的なストーリー性のある価値と、機能が明快に表出された特徴的な景観としての価値という2つの特性に新旧の相関関係を見出す。対象となる産業における価値を読み取り形態化することで、歴史的価値を都市の中で尊重しつつ、再び人々に活用される設計デザインを提案したい。日本の造船業を牽引してきた川崎重工業神戸工場を対象とし、かつてこの造船所で造られドックの中を通り過ぎていった船の記憶を旋回するボリュームが表現する。

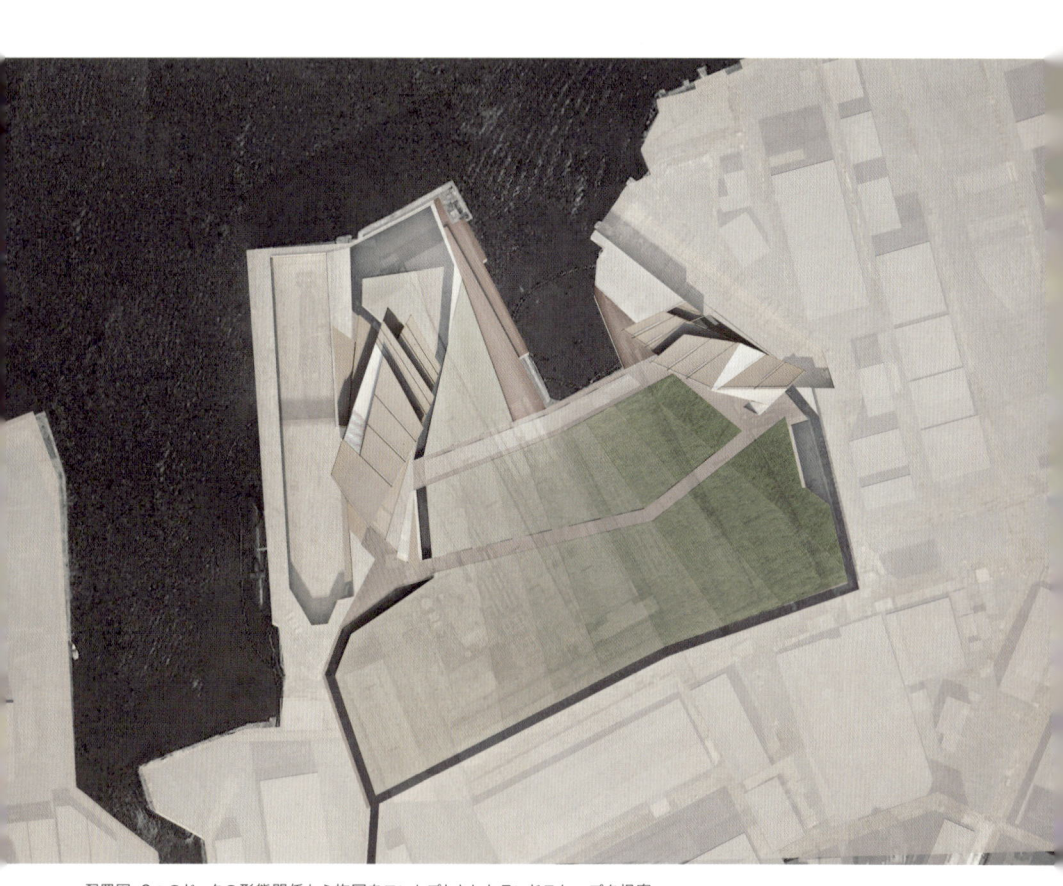

配置図。2つのドックの形態関係から旋回をコンセプトとしたランドスケープを提案。

第4ドック側施設北側立面パース

旋回するヴォイド空間から船の出航や神戸の景観を眺める。

ドック内での展示は建物内のあらゆる場から鑑賞することができ、多くの人が眺める、この場所の中心となる。

ドックの大きさを活かした屋外＆屋内展示スペースにて、人々は日常とはかけ離れた巨大アートを体験する。

神戸の景観とは反対の南側には今も残る造船所の風景、第1ドックの横に建つもうひとつの建物と公園のエリア全体を見渡すことができる。

ドックへのメインエントランスとなる大階段からはドック内でのアート作品の展示空間が切り取られる。訪れた人々は前を通り神戸の景色をバックに巨大な作品を感じる。

人々の集まる創造空間。ドックという大空間がかつて船をつくり出してきたように、クリエイティブな創造空間となり、さらにさまざまな人々が共有する空間となる。

出展者コメント —— トウキョウ建築コレクションを終えて

Q 修士設計を通して得たこと

形にこだわり自分が良いと思う形を絞り出していく面白さに気がづきました。基本的なことだとは思うのですが、何度もスタディを重ねる大切さを改めて感じました。

Q 修士修了後の進路と10年後の展望

ゼネコンの設計部で働きます。実施的な内容に対する知識があまりにもないので、設計する楽しさだけでなく、それを実現する楽しさや、よりディテールにこだわることのできる楽しさを感じていきたいです。

審査員コメント

審査員コメント＠巡回審査

石川：船の動きはある種のきっかけで、この場所にはこの空間の単位みたいなものが既にあって、それを単位としてつくっていくと、風景の中にフィットする建物になるということですよね。つまり、川崎重工の単位が「1川崎」みたいにあって、1川崎だとここにダイナミックにフィットする。でも、この200メートルのドック単位を、建物の空間の単位として使い切るのは難しいと思う。少し小さく切ってしまっているような感じもするんだよね。すごく印象的な空間なので、この大きさじゃないとできないことがあったような気がします。

重村：コンセプトがぶれないで最後まで形に落とし込んだことに好感がもてました。比較的しっかりと建築をつくった案だと思います。内部の設計に関しては、まだ甘いところがあると感じますが、大胆な設計だし、どのフロアにいても、ほかのフロアの存在を感じるところがすごく良い。このコンセプトでいろんな形がつくれそうですよね。日中の絵面しかないけれども、夜もいろんな使い方がきっとできて、いろんな情景が想像しやすいすてきな建築だと思います。

千葉：ドックの空間自体はすごく貴重で、なかなか体験できない空間だと思います。ただこれは、そのドック空間がなくても比較的成り立ちそうな建築になっていて、ドックの存在がこの建築にどう影響してるのかが見えにくい。手法のレベルではいろいろと説明を聞いてよくわかりましたが、結局イベント広場的になってしまって、ドックとの関わり合い方が弱いことが惜しいです。

成瀬：船の軌跡を表しているという言葉はなるほどと思いますが、ドックの地形をそのまま置いてある感じで、産業遺構を活かしてる感じがしません。もう少しこの造形との関連があると良かったですね。あと、今、アートで地域づくりが多くて、何でもアートに頼ってしまうので、それよりも人が住む場所になるとか、スーパーマーケットとか、意外性がほしかったかな。産業遺構の活かし方、保存の仕方として、まちにとっての歴史的なポジションや構造的な美しさを引き継いで設計に挑むという姿勢はすばらしいと思います。

原田：大きなものがゆっくり旋回していって、見える風景が変わっていくのは、すごくダイナミックで面白い。ただ、空間効果として全部ガラス張りにしているのはどうかな。視線の方向性を制御したいのなら、不透明な要素が入ってきたほうが良いです。空間の形式としては、この施設は基本的には見上げの施設ですよね。そのとき、天井や外壁の扱いも気をつけて設計してほしい。空間構成で攻めたいのに、見下げの視点がほぼない。でも、図式としては非常に洗練されていて、スマートだと思います。アイレベルのデザインを加えたら、意図通りの迫力が出るでしょうね。

山脇：このダイナミックな船の動きを建築に表現したのがすごいです。ドックはヒューマンスケールを超えた、ものづくりのリアルな力強さを感じさせる空間。歴史的な意味とその活用のつながりを建築の形態で表現する点が、ストレートでわかりやすく、かつダイナミックでとても良いです。一方、造船には溶接や曲面加工の素晴らしい技術があるので、そういうものをテクスチャーや構造架構形態なりに取り入れても面白かったと思う。すごくシンプルだけど力強い表現なので、ぜひ実現に向けてアクションをしてほしいです。こういう産業遺産を活用する事業を仕掛けても面白いと思います。

自然の3要素を指標とした空間の形成の研究

板橋区大山・交通公園における風／光／力の解析による
地域センターの設計を事例として

菊池 毅
Tsuyoshi Kikuchi

日本大学大学院
理工学研究科　建築学専攻
今村雅樹研究室

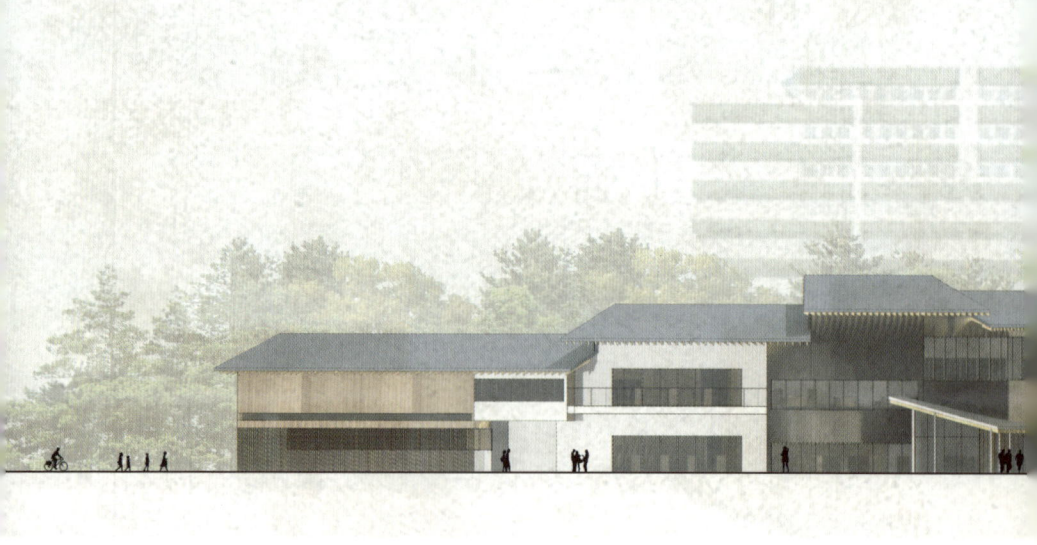

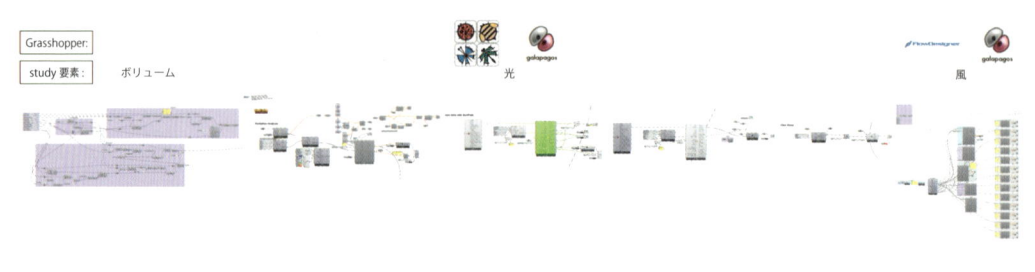

東京都板橋区大山・交通公園に自然の3要素を指標とした地域センターの設計をする。

　現在、板橋区において必要とされている新たな地域センターモデルを提案するとともに、従来の設計調査・アプローチに加え、風、光、そして力の解析に基づき、自然を取り込んで生まれる建築を試行する。

　今日まで、建築がもつ可能性を拡げるために、さまざまなスケールへさまざまなアプローチから建築を思考してきたが、無意識に建築のかたちをつくってきた。本研究によりかたちをつくることの原点に立ち返り、かたちの意味を純粋に考え、かたちがそのかたちであることの意味を理解し、建築を設計していく。

　感性だけでもない、数値だけでもない設計モデルを試行する。

設計展 次点作品

灯を繋ぐ
浅草六区におけるシネマテークとシネマグラフィ

本間千尋
Chihiro Homma

早稲田大学理工学術院
創造理工学研究科　建築学専攻
入江正之・山村健研究室

日本映画は自国の文化を背景とし、独自の発展を遂げてきた。その中で、日本映画は媒体による転換期を迎えており、いずれ日本の映画館はほぼデジタル上映になるとされているが、デジタル化が加速する一方で現在フィルム保存の必要性が叫ばれている。しかし、フィルムの保存だけで日本映画の価値は本当に保存されたといえるのだろうか？

本計画は浅草を敷地とし、日本映画をひとつの文化として捉え、媒体としてのフィルムを通した投影という行為の中に日本映画の文化的価値を知覚することを目的とし、日常的な保存と展示を行うシネマテーク、また都市に対し催事的な上映を行うシネマグラフィを計画する。

アフォーダンスから

瀬川育未
Ikumi Segawa

筑波大学大学院
人間総合科学研究科　環境デザイン領域
渡和由研究室

アフォーダンスとは、J. J. ギブソンによって提唱された「環境と動物の関係性」についての概念である。この概念を動物の知覚に拡大すると、その支持行為において「手段（下位要素）」「目的（上位要素）」に分類できる。

　私たちが普段身を置く空間は行為——手段のもとに計画され成り立っている。しかし、空間——行為——目的としての枠組みを「そ

の場所に"居る"こと」という行為で解いたとき、たとえば天井から垂れた紐を思わず揺らす時のような、私たちの空間に対する原始的な感覚を明らかにすることができないだろうか。そしてその空間を、現存するまちや人を豊かにするために使えないだろうか。このような考えを背景に、提案を行った。

山村集落に集う

山村集落における廃材を用いた循環型リノベーションとつくるを誘発する建築の提案

浅井翔平
Yohei Asai

滋賀県立大学大学院
環境科学研究科　環境計画学専攻　環境意匠研究部門
芦澤竜一研究室

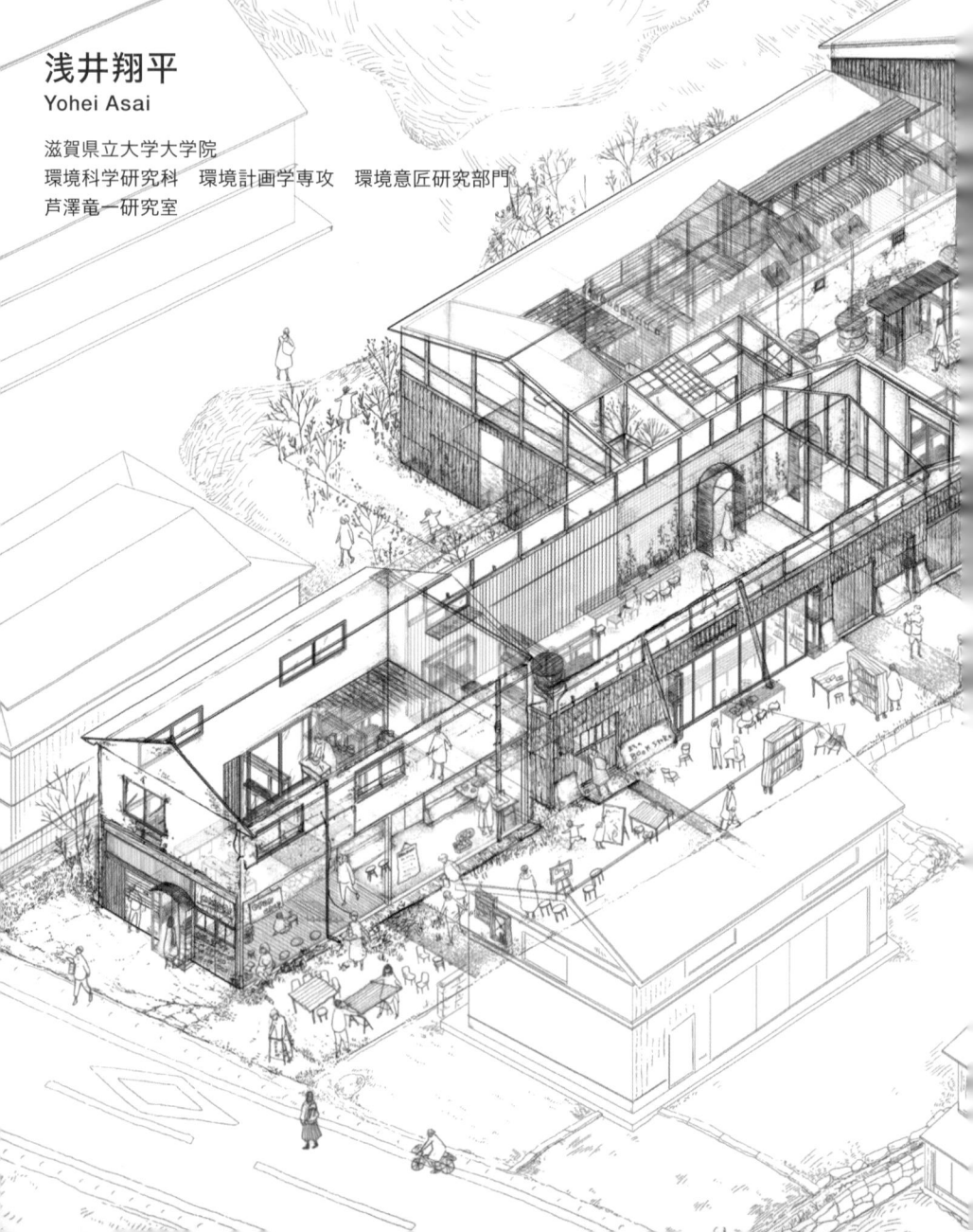

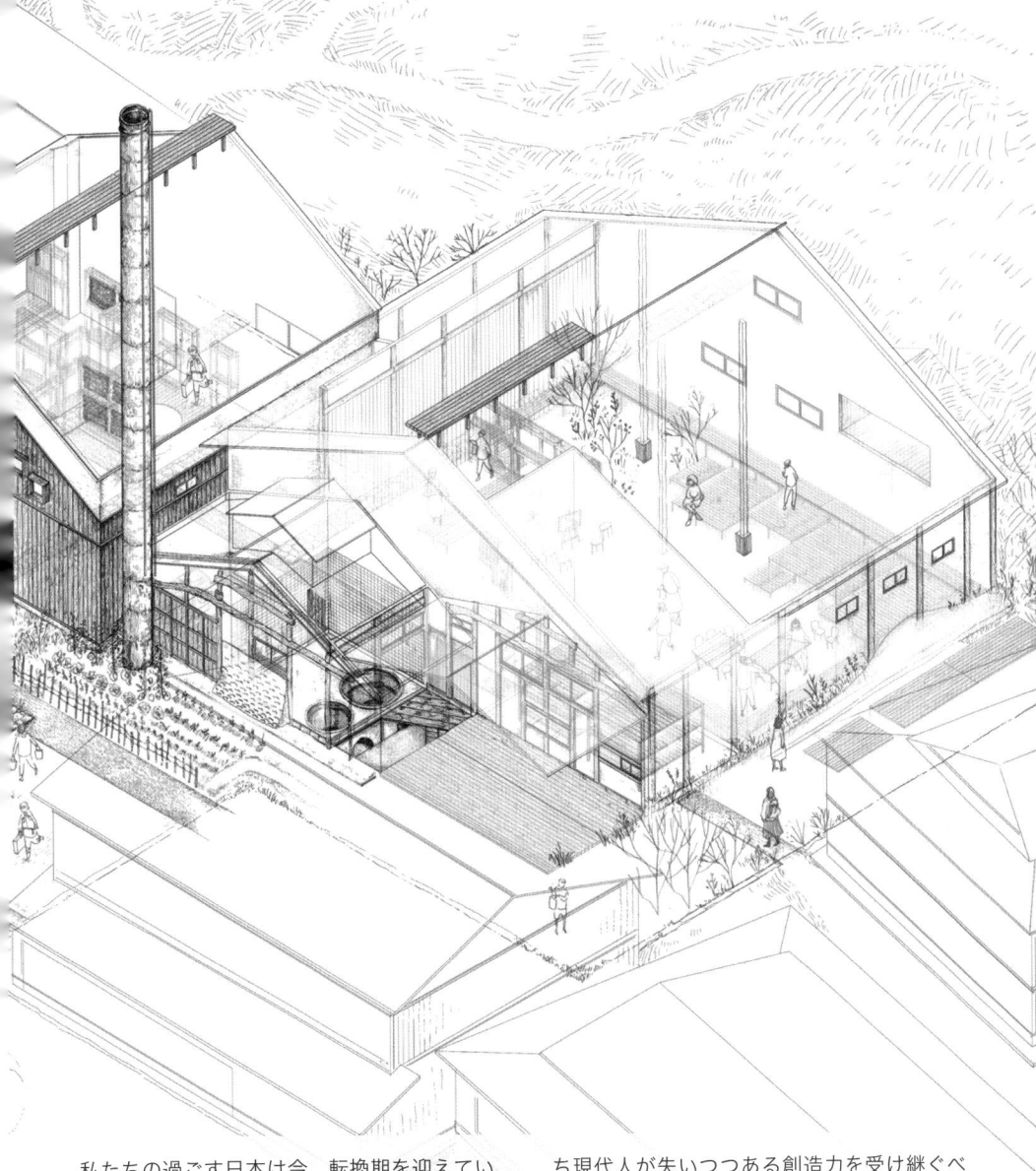

私たちの過ごす日本は今、転換期を迎えている。時代が進むにつれ進化していたと思っていた文化が進化していない。生産性、経済を中心に考えて成長した日本は今なにを目指すべきなのか。

先人の知恵、昔ながらの生活の知恵が残るであろう田舎地域を研究対象にした。そこには人の創造力の豊かさが存在している。私た

ち現代人が失いつつある創造力を受け継ぐべきだと考えた。「ものを買うのではなく材料を集めて創る。」といった当たり前の行動を誘発できる建築、集落を計画する。また、まちのマテリアルを使うことでの地域性や独自性を明確化し、人々が愛着をもてるまち、マテリアルと人々が循環できる集落を計画する。

Labyrinth Architecture

迷宮としての建築

藤波 凌
Ryo Fujinami

工学院大学大学院
工学研究科　建築学専攻
澤岡清秀研究室

「迷宮」という言葉からあなたは何を思い浮かべるだろう。「迷宮」というひとつの言葉によって、無数の世界が曖昧につながり呼応し合う不思議な様相を、空間や建築、そしてまちを捉える新たな視点（迷宮的視点）として捉え、主観的な迷宮世界を criteria（判断基準）となるキーワードへ翻訳することで、迷宮としての建築における仕掛けとする。

まちには人々の意識の外へと弾かれてしまった大切な場所があるはず。迷宮的視点はそれらの場所を再びまちの特異点として読み解き、criteria によって新たな空間として紡ぐことで、まちへの想いや記憶を再び人々の意識の中へと呼び戻す。迷宮が数多の時間と記憶と想いを蓄積した曖昧かつ力強い世界であるための新たな可能性を目指す。

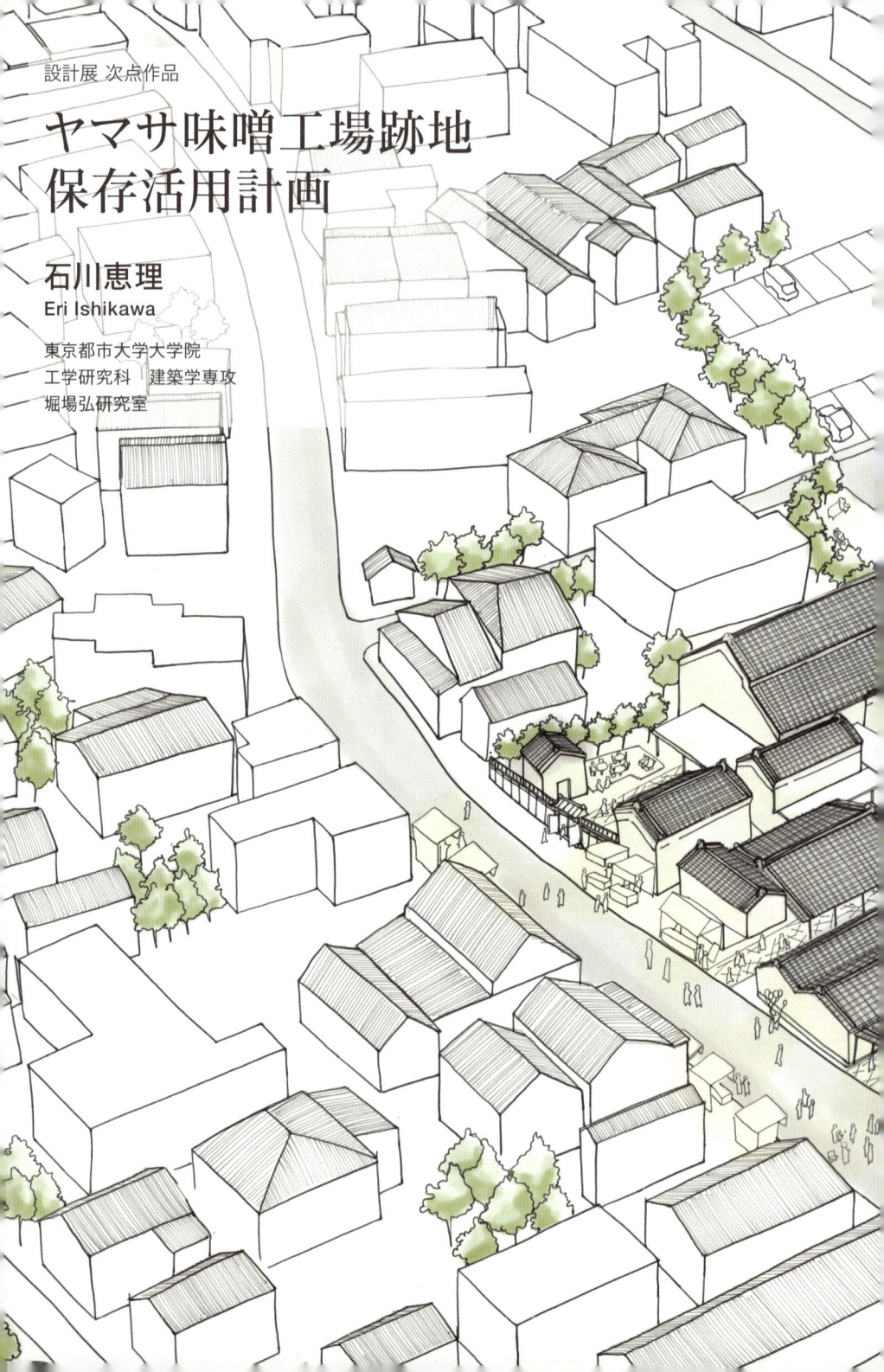

設計展 次点作品

ヤマサ味噌工場跡地
保存活用計画

石川恵理
Eri Ishikawa

東京都市大学大学院
工学研究科　建築学専攻
堀場弘研究室

栃木市嘉右衛門町は伝統的建造物群保存地区に指定されている。ヤマサ味噌工場跡地はその一角にあり、明治以降から昭和 40 年代まで増改築を繰り返した木造の蔵や工場が複雑に絡み合って残されている。行政でも、街並みの保全、修景を行い、高齢化の著しい地区のまちづくりの拠点として活用計画が進行している。工場の現状から 17 の要素を抽出、組み合わせることで各蔵を改修し、まちの景観の特徴である下屋を介してかつての工場の記憶を連想させるシーンに巡りあう構成とした。味噌工場の産業遺産を新たな観光資源へと転用するなど、古いものに少しだけ手を加えることで、人々の活動拠点として再稼働し、新しい価値を創出することを目指した。

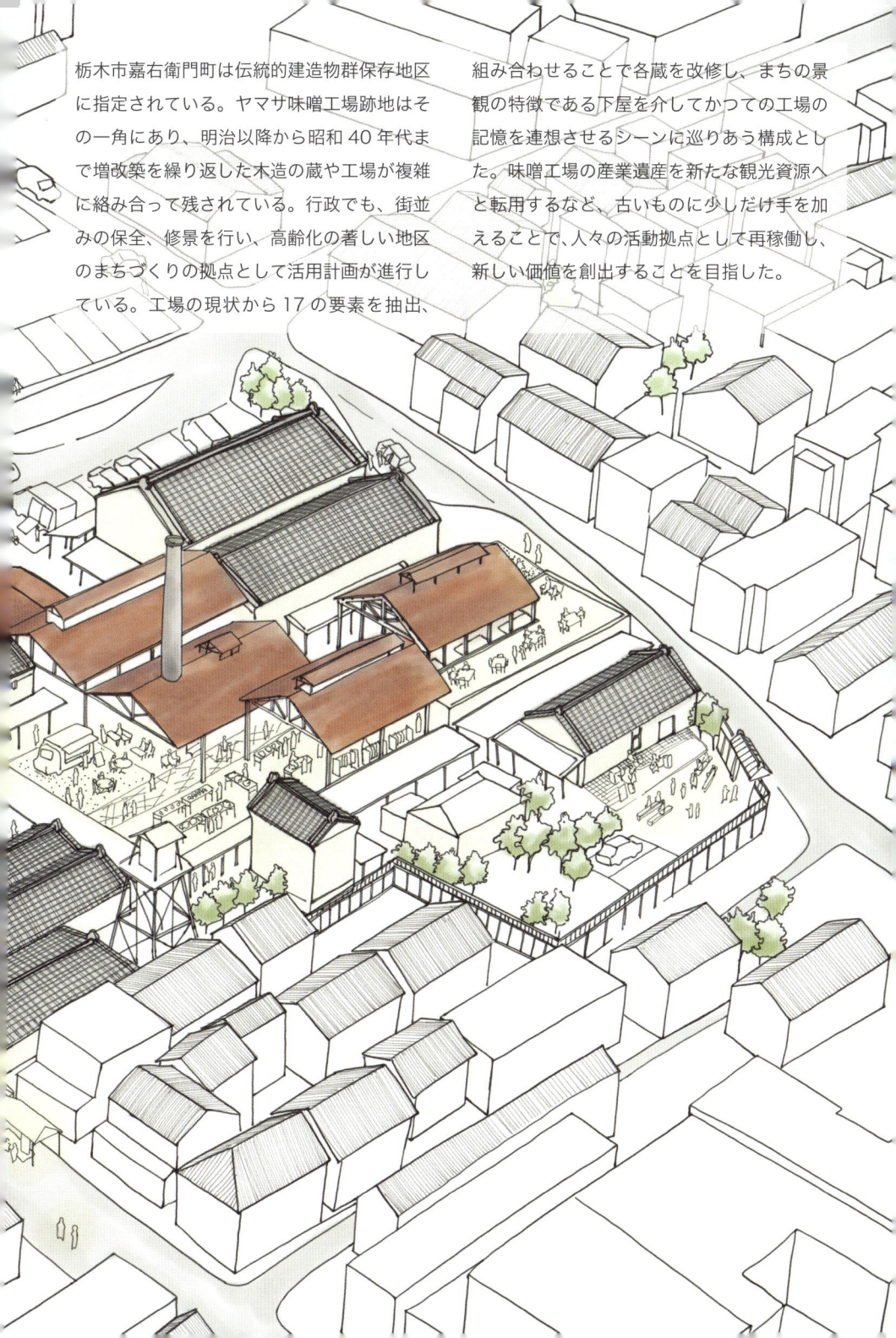

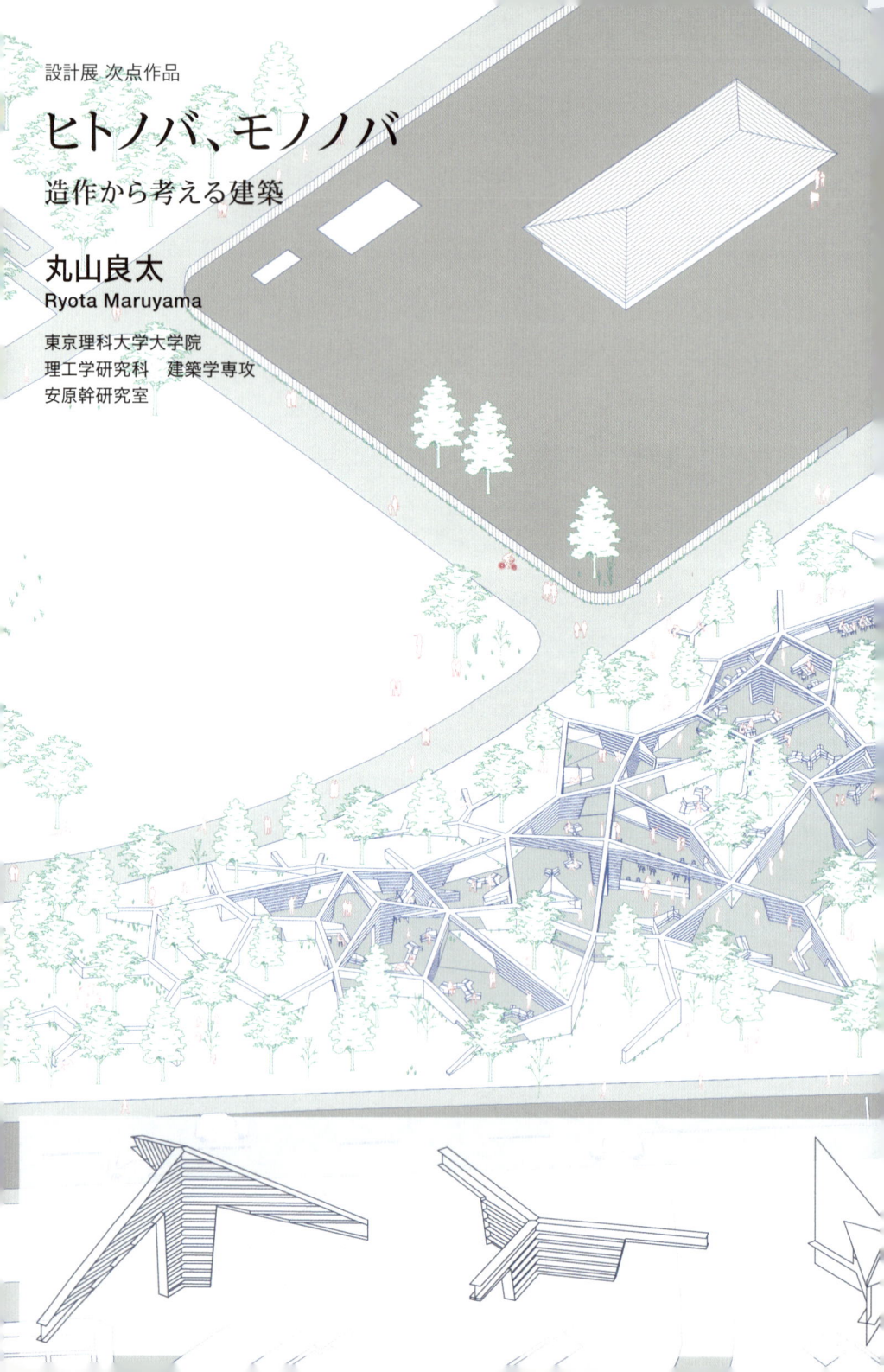

設計展 次点作品

ヒトノバ、モノノバ
造作から考える建築

丸山良太
Ryota Maruyama

東京理科大学大学院
理工学研究科　建築学専攻
安原幹研究室

本設計は建築において空間を身体化するうえで欠かせない造作について着目し、建築を構築することを試みた。

通常は建築があって、そこに造作することで使い手である人が利用しやすいように空間を操作する手順をとるが、この設計ではまず身体スケールの空間をもつ造作をつくり、それを拡張しながら建築をつくるという手順を踏んだ。それは「建築を設計する」という主体性をなくし、身体に近いものからボトムアップ的に建築を考えるということである。

身体スケールの空間を構成する造作が家具や建築となり、やがてランドスケープまで広がっていく、すべての要素が同一線状につづくような建築を設計した。

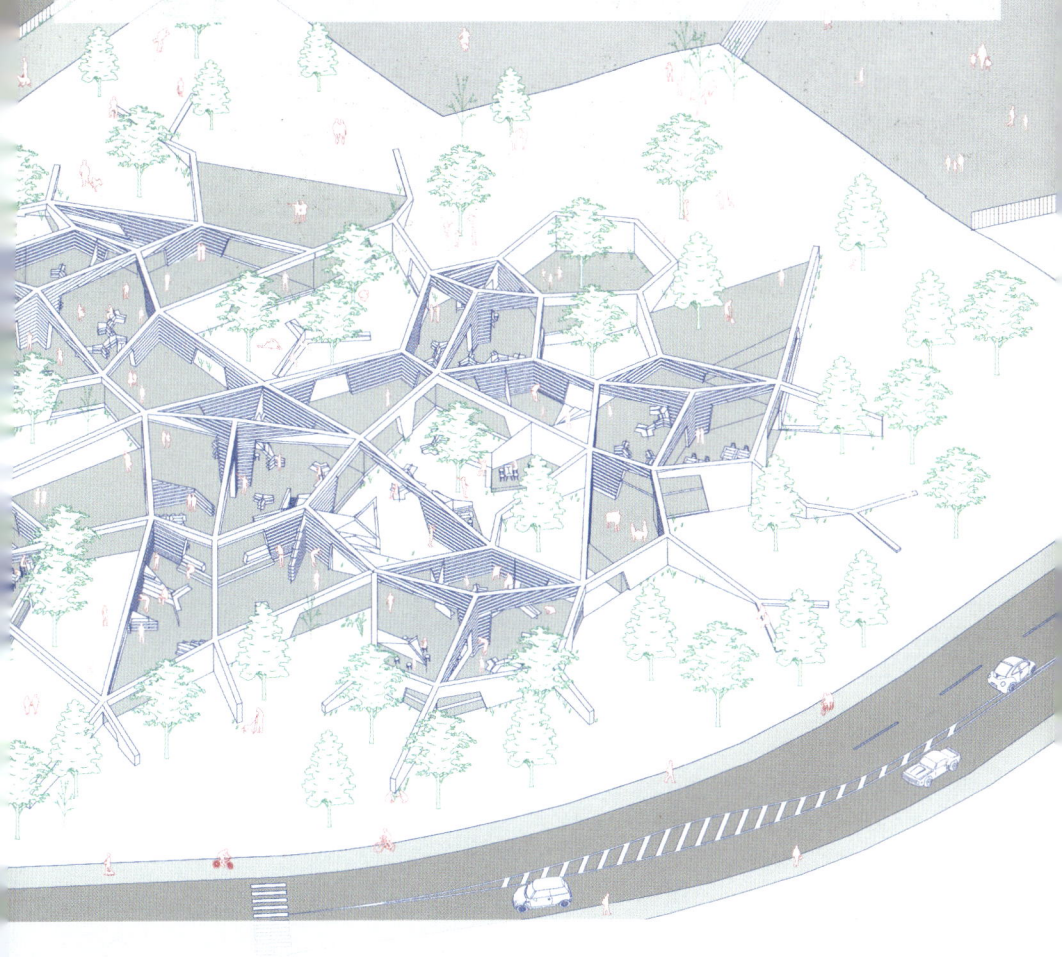

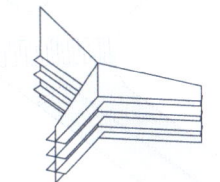 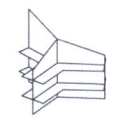 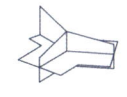 

全国修士設計展
公開審査会

審査員：

**千葉 学（審査員長）／石川 初（コーディネーター）／重村珠穂／
成瀬友梨／原田真宏／山脇克彦**

新しい価値を提示する建築

石川：プレゼンテーションと巡回審査を経て、各審査員に推薦する作品を3つ選んでもらいました。4票入ったのが小黒由実さん、3票が関隆史さんと山口薫平さん、2票が森下孝平さんと藤巻佐有梨さん、1票だったのが石井陽菜さん、大石隆誠さん、馬場隆介さん、田中はつみさんの作品です。数字になると生々しいのですが、本当に甲乙つけがたく、それぞれお互いの点数を参照しないで入れたので、これが0票になるのだったら入れておけばよかったと思う作品もあります。それでは各審査員に、自分しか票を入れなかった作品を中心に感想を聞いていきたいと思います。

山脇：構造設計者という立場から、選んだのは森下孝平さんの「環境変化に応答する動く建築の設計」（p.34）です。最終的には票を入れませんでしたが、その対抗として一番悩んだのは馬場隆介さんの「辻堂の海洋保全計画」（p.74）です。巡回審査で皆さんに共通で聞いたのは、その作品にどれだけリアリティがあって、どういうアクションをしているのかということです。作品に対して自分が現実性をもって動いているかを確認したくて。小さい建築は実現の可能性はあるけれど、大きい建築はなかなか難しいので。次に関隆史さんの「収斂進化する建築」（p.100）に入れたのですが、これは建築を見てみたいということと、環境エンジニアリングを含めて構造エンジニアリングを提案している点を評価しました。あと、使われているシーンを一番見たい建築はどれかと考えて、石井陽菜さんの「色斑建築」（p.84）を選びました。この半屋外空間は、子どもたちにとって小さい頃の記憶になりそうですし、

そんな建築が目に浮かぶようで、ぜひ実現してほしいと思い、1票入れました。

成瀬：想像を超えて良い作品ばかりで、すごく悩みました。提案している価値や方向性がそれぞれ違うので、この中で一番を決めることの意味がどれだけあるのかなと思ってしまいます。私が票を入れたのは、小黒由実さんの「山を登ることと建築」(p.12)と山口薫平さんの「島業の建築」(p.64)で、私しか入れなかったのが大石隆誠さんの「表層の奥の琴線」(p.54)です。これは廃れたローカル線に新しい価値づけをして地域に残していく作品で、地域を豊かにするのはどうしたらいいのかをすごく真剣に考えている案です。建築の設計をしているけれどもモビリティへの提案があったりして、企画として優れていると感じました。今自分が行う仕事も企画から入ることが多いので、非常に共感をもっています。巡回審査では柱が多すぎるんじゃないかとか細かい話をしましたが、企画の面白さに比べると建築の完成度は少し物足りなさがあるものの、着眼点は面白かったので1票入れさせていただきました。

原田：それぞれ魅力的だったのですが、多く票が入った「山を登ることと建築」と「島業の建築」のほかに、「辻堂の海洋保全計画」は僕が入れないと落ちてしまうかなと思って入れました。技術的な側面ではまだまだ課題がありますが、今まで嫌われていた石油由来の樹脂を選ぶセンスみたいなものをフィーチャーしているところは今日的です。巡回審査でも言いましたが、これを見て思い浮かべたのはヨーガン・レールのビーチサンダルを並べたインスタレーションやビーチコーミングのような海辺の風景です。海に落ちているものは海を汚して環境問題になっているけれども、今まで排除される対象でしかなかった樹脂をポジティブなものとして扱いながら、それを建材として使っていくことで海をきれいにしていく。そういう新しい価値の提示が非常に鮮やかだったので票を入れました。

千葉：どれもすばらしい提案で、全員に賞をあげた

いくらいです。票が集まった「山を登ることと建築」と「島業の建築」には僕も票を入れましたが、他に藤巻佐有梨さんの「緑のものさしと日常の場面」(p.44)にも入れました。僕自身ランドスケープにとても興味をもっています。都市の中で自然をどう認識するかということは、人類がこれまで培ってきたさまざまな自然観の変遷とも関わるものだと思っています。近年では、自然、あるいは環境は配慮する対象になっているわけですが、一方でその配慮を表現のネタにしている、つまり植物を装飾のように扱っている建築も出てきているわけです。このような動きに対して「緑のものさしと日常の場面」は、都市の中だからこそ生まれているさまざまな植物や動物の生態系の境界をほんの少し変えることで、都市の中だからこそ生まれる新しい自然のあり方を見せてくれていて、とても共感しました。

重村：皆さんと同じく選ぶことができず、自分の専門領域であるコンピュテーションデザインを中心に、環境シミュレーションや環境を考慮したものに対してある程度の解を導いているものを選びました。田中はつみさんの「産業遺構における歴史的資源を活かした創造空間の設計」(p.108)は唯一コンセプトを形にしっかり落とせていると思います。よくその形にたどり着いたなと。数少ないパースでも空間構成がよくわかり、情景が浮かんでくるので、よくできていると思います。次に「環境変化に応答する動く建築の設計」のような手法は専門領域なので、いろいろ文句を言いたくなりますが、コンピュテーションの教育がまったく進んでいない日本で、よく1人でここまでたどり着いたなと感心します。ありとあらゆるものがエントリーレベルですが、構造環境シミュレーションからマテリアルまで網羅的にとりあえず押さえたということで票を入れました。あと、「収斂進化する建築」は、環境をバイオミミック的に人間が体感できるような面白い装置に変えていて、まるで植物になったような気分だな思い票を入れました。

石川：私は自分が緑と山の係だと思い、「収斂進化する建築」「山を登ることと建築」「緑のものさしと日常の場面」に投票しました。だから選んだ作品にはあまり意味がないのですが、「緑のものさしと日常の場面」は、植物に対する信頼のようなものがにじみ出ている作品だと思いました。最近、植物は建築素材のように扱われることが多いのですが、これは植物がもっている時間性を感じさせてくれるプレゼンテーションでとても印象的でした。

一方、稲岡寛之さんの「参道の編集」(p.92)と村上裕貴さんの「塔のある日常」(p.24)が0票になっていますが、参道も塔も良かったです。それぞれ観点が違うので、同列に比べることができなかっただけです。今回の設計展のテーマは「波及する建築」ですが、これらのプロジェクトやそれらに取り組んだ志がどういうふうに波及していくかということを踏まえつつ、全体を通した印象を教えてください。

審査フォーマットへの最適化

重村：全体を通して私が個人的に感じたのは、全員多様でまったく見ている視点が違うことです。個人的体験からわき上がってきた提案が多いことはうれしくもありますし、自分の思いをきちんと伝えようとしている作品が選ばれていると思います。ただ、海外の修士設計を見てきた身としては、どうせ建てられないのなら、社会に出たらできないようなことをもっとやっても良いのではないかと感じました。

たとえば、「辻堂の海洋保全計画」は面白いコンセプトがまじめに収束したような感じがして、もっと挑戦的な提案や未来に自分で生み出そうとするような元気な提案があっても良いかなとは思いました。

石川：全体的に、個人的な思いから出発しているということに対してすごく正直だという特徴がありますよね。リサーチはすごく網羅的で、最後の形になるときに、手が届く範囲でまじめにきっちりつくっている。そういう意味では「産業遺構における歴史的資源を活かした創造空間の設計」はそのままの大きさで建物にしようという意志が強く感じられるプロジェクトになっています。

千葉：僕もまったく同じ印象で、みんな誠実にリサーチに取り組んで、しかもそこに自分の体験を重ね合わせている。当事者意識をもって設計に取り組む姿勢は設計者にとってすごく大事な素養だと思います。俯瞰的にものごとを捉えるのでなく、自分がその場にいる感覚で取り組んでいたのは、どのプロジェクトにも共通していて良かったと思います。でも逆に言えば、皆さんが共通して戦うテーマがないということでもあって、それも今の時代を象徴しています。かつて槇文彦さんが語ったような、大海にみんなが小舟で漕ぎ出し、漂っているような状態、それが修士設計にも表れているのだと実感しました。

もうひとつ少し余計なことですが、皆さんのプレゼンテーション、何か答弁のように、早口で原稿を読むのは何とかならないものかと思いました。もっ

と普通に自分の言葉で思いを伝えるようなプレゼンにしないと誰も聞いてくれない。せっかくいい提案をしているのだから、もったいない。

原田：審査のフォーマットへの最適化が起こっているんですよね。学部の4年間と修士の2年間で闘ってきたフォーマットがA1のボードだったり、パワーポイントだったりする。それで評価されてきたので、人と人が相対して説得するような状況はなかなか起こらない。1次審査では80作品ぐらいのポートフォリオが並んでいて、それを何時間かかけて見たのですが、正直うんざりしました。それはなぜかと言うと、みんなスケッチがすごく似ていて、テイストがそろっている感じがしたんです。まさに収斂進化していて、ある評価の場への最適化が起こり、こういう審査はまるでゲームのようになってしまっている。でも、僕は今日のプレゼンテーションを聞いて、確かにみんな早口で聞き取りにくかったけれども、作品のつくり方や問いかけの方法としては、審査のゲームを研究しているような印象は受けなかった。今日評価されている人たちは、ゲームの枠をはみ出ているようなところがある。みんな自分なりの課題としっかり向き合っていて、僕はそれがすごく評価できることだと思いました。

　1作品だけ少し踏み込むと、「山を登ることと建築」は、環境と建築の接続が一番強かったと思う。この作品は環境の中に自分がいて、山の頂上という目的に向かって、やることを決めていくことで建築と接続する。僕も山に登るのでわかるのですが、

そうしたある種の「接続のイニシエーション」みたいなものは建築家にとって必要で、それが一番強く表れていたような気がします。

成瀬：皆さんと巡回審査で話すと、たとえば、建築を人の手の中に取り戻すとか、人と大地の関係を考え直すとか、建築に関わったことのない人も関わるようにしたいなど、今まで建築と社会があまり接続してこなかったことに対する問題意識をもっているように感じました。その問題意識に対して真摯に取り組んで答えを出そうとしている姿勢が伝わってきて、みんながどういう建築をつくっていくのかがすごく楽しみになりました。

　私は今日、建築の設計をする人が、どういうふうにこれから仕事を広げていけるのか、どのように社会と接続していけるのかについて問題意識をもっている案を選びたいなと思って来ました。「表層の奥の琴線」のように、ローカル線をどうするかを考えて、建築を通してインフラを変えていこうという試みだったり、「島業の建築」のように、島全体をプロデュースして変えていきたいという気持ちだったり、その思いがすごくいいなと思って入れたんです。あと、「山を登ることと建築」は、今は社会の流れがすごく速くて、早く結果を出さなければならない中で、こういうゆっくりとした建築のつくり方をすごく素直に表現されていたのがうらやましかったです。自分としては、強い気づきを与えてくれる作品に票を入れさせていただきました。

山脇：建築の社会とのつながりがテーマとなる作品

が多い中、構造エンジニアリングはあくまで成立すればいいという条件になりがちなので、どれくらいの人がそこまで考えているのか楽しみにしていました。ところが発表や巡回審査で話を聞くと、みんな構造エンジニアリングについてきちんと考えていてうれしかったです。たとえば、「色斑建築」の石井さんに話を聞いたとき、屋根の構造は内藤廣さんの牧野富太郎記念館を参考にしたと言っていて感心しました。あと、エンジニアリングがすばらしかった「環境変化に応答する動く建築の設計」の森下さんはてっきり構造系の人だと思い込んでいたのですが、話を聞くと意匠系だということで、それは逆にすごいと思ったんです。ただ、巡回審査でも言いましたが、これを実現するためには、やはり接合部や制御面がかなり難しい。それを乗り越えて、社会に対して提案をしていってほしいと思っています。

その一方で、大空間を実現するようなチャレンジングな構造を考えた人がいなかったのは少し残念でした。もちろん構造専門の人がいないのである意味仕方ないのかもしれないのですが、これからの建築は構造や環境など、さまざまな人とのコラボレーションが必須だと思いますので、ぜひ専門分野の学生や先生、研究室と協力してプロジェクトを行ってほしいと思います。また、もっと具体的にプロジェクトの実現性や継続性を考えてほしいとも感じました。就職するのであれば、研究室の後輩に受け継ぐとか、今後の話があまり聞こえてこなかったので。とくに、馬場さんの「辻堂の海洋保全計画」は、これからも多くの人を巻き込んでコラボレーションして続けてほしい。それは次年度以降にトウキョウ建築コレクションに応募する学生に向けても言っておきたいと思います。

社会との接続

石川：社会と接続していくという観点から言うと、「辻堂の海洋保全計画」は廃プラスチックとの闘いの方が重要で、もしかすると解決策は建築という形にならないかもしれない。

馬場：僕がやれることは建築としてアプローチすることですが、他分野の学生にも入ってもらうということを積極的に行っています。プロダクトの領域に関しては、プロダクトの学生に入ってもらったりして、デザイン監修として僕は関わればいいかなと考

えています。

石川：なるほど。この作品は既にコラボの結果だったんだね。プロダクトデザインも入っているの？

馬場：たとえば、旧本部の改修に関してはクラウドファンディングを行う際に、リターンとしてお返しするプロダクト製品をプロダクトデザインの学生にデザインしてもらったり、それぞれの専門領域に分けています。

石川：面白い論点が出てきましたね。その中で建築の役割は何かな？

馬場：やはり時間軸で見た中で最後に残るものが建築だと思っています。プラスチックを利用してあらゆるものをつくったとしても、現時点では建材が一番寿命が長いと思っているので、建築は時間の中の器として、骨格のようなものをつくる役割としてあるべきかなと考えてます。

千葉：自分はプロデュースサイドに回るという立ち位置は非常に現代的だと思うけれど、それを明確に表明していたのはある意味潔いですね。これから建築をやっていく人たちは、そういう役割で動かなければならない局面がたくさん出てくると思います。領域横断的な仕事もたくさん出てくるでしょう。それでも僕自身は、ものをつくるという構築的な作業、あるいはその思考プロセスも含めて建築をやっている人にしかできないことに意識的であってほしいという思いがどこかであります。もちろん建築をつくってほしいし、建築的な思考の可能性を深化させてほしい。海の家は仮設的なものだけど、そこでの気づきや思考がどう住宅に取り込んでいけるか、あるいはもっと寿命の長い建築にするにはどんな展開の余地があるかも含めて考えていくと、それは十分に建築の仕事だと言えるようになる。さらに言えば、建築を壊すことで生まれる産業廃棄物、これは莫大なものだけど、こうした循環の中に取り込まれないためにどうするのかといったことも含めて見えてくるといいなと思いました。

原田：馬場さんの役割をプロデューサーと言ってし

まうとすごくもったいない。建築家にはいろいろなテクノロジーを統合した世界観や空間をつくっていくという役割があるんです。それは建築家にしかできないことだと思う。君はプラスチックのネガティブな部分をポジティブなものへと反転して世の中に提示しようとしたわけですよ。それは建築家の仕事であると言ってもいいと思うんだよね。そこで生まれた評価軸が住宅に転換されるかもしれないし、そこで示した価値観は残っていくものだと、胸を張って言おうよ。

馬場：語弊があったかもしれませんが、プロデューサーになるというのは、莫大な海のごみのようなテーマは建築家として対処できるような問題ではないので、今回はそういう立ち位置が明快だと思って言いました。今回はこの問題にどうアプローチするかというところで、そういうふうに捉えられてしまったのかもしれないですが、僕自身は建築が好きです。

石川：では、馬場さんに聞きたいのですが、印象的だった作品を1つ挙げるとすると何ですか？

馬場：小黒さんの「山を登ることと建築」ですね。僕がやろうとしているアプローチとは真逆のベクトルで、圧倒的に僕にはできないことをやっていると思いました。

小黒：私は馬場さんの作品を見たとき、私と近い興味の方向性がある人なのかなと勝手に思っていたので、真逆と言われて少しびっくりしています（笑）。たとえば、プラスチックごみという手元にある素材から、接合部や建築のスケールに進んでいくプロセスにはすごく共感していて、同じような建築の考え方をしている人なのかもしれないと私は思っていました。

　私が印象的だったのは山口くんの「島業の建築」のプレゼンテーションです。私も含め、プロセスを話すプレゼンテーションが多い中で、山口くんのプレゼンテーションは建築の中で起こる出来事を一つひとつ語っていて、すごく魅力的でした。

山口：学内の講評会では詐欺師っぽいとよく言われていました（笑）。でも、そうやって人の共感を得ないといけない案だと思ったので、実際に島で行われているシーンをどれだけ想定して空間をつくっているかを伝えるプレゼンテーションを意識しました。

　気になる作品は関くんの「収斂進化する建築」です。あんなに突き詰めて考えていて、めちゃくちゃ変態だなと（笑）。でも、進化する建築というのは最近よく聞く言葉で、建築がどういう領域まで進化して、社会に出ていくかということに興味があったので、話を聞いてみたいと思っていました。

建築のトーン&マナー

石川：あれを収斂進化というかどうかについては言いたいことがありますけどね。植物に対する興味と建築に対する興味はどっちが先だったんですか？

関：祖父が植物の研究をしていたので、植物は身近な存在でした。たとえば、今日はあの葉っぱがしおれてるから、この時間帯は雨が降るだろうとか、何となくそういうことが、小さい頃から僕の日常の体験としてありました。なので、植物というフォーマットがそもそも自分の中にあって、その後に建築と出会ったという感じです。

石川：建築ではないものにすることで免罪しようとしているものが多い中で、まともに建築にしようとしているところは非常に清々しい。でも、松ぼっくりは中に人が住むからああいう進化をしているわけ

じゃなくて、種を飛ばすためなんだよね。つまり、松ぼっくりを建築にする根拠がどこにあるのかな？

関：美しさ自体にひかれているということもありますが、そこまで強い根拠はありません。植物はその場所の蒸気や湧水のような自然現象の影響を受けていて、それに対して動いたりして、細かい操作で対応していくしかないという状況に置かれているので、その場所について知ってもらうという理由で選定しています。

千葉：「山を登ることと建築」は今日のプレゼンテーションを非常に新鮮な思いで聞きました。内面的な自問自答をしているようにも見えますが、確かに建築を、山を登ることと重ね合わせて考えることで見えてくる世界がある。自然の中で起こるさまざまな出来事や現象と、環境や装備との関係性について、シミュレーションをしながら道具を再利用したり、発展的に違う使い方をしてみたりする、それは建築の最も根本にあることを顕在化させているとも言える。そこが建築をつくる原動力になっているのがとても良い。どんな建築でも、思いつけばできてしまう時代において、このような思考プロセスは価値があると思いました。その良さをわかったうえであえて聞きたいのは、ヴァナキュラーな建築、つまりその地にある技術と材料をその地の人の知恵でつくった建築は、さまざまな地域に今なお残っていますが、そういうものと比べてこの建築はどこが一番違うのかを聞かせてください。

小黒：私がつくった建築自体はヴァナキュラーとい

うカテゴリには入らないと思っています。土地に密着しているというより、山を登るという特有さを拾い上げていて、使い手やつくり手に密着しているようなイメージです。形態についても、その土地というよりも、そこでの動きに重心を置いています。手作業でつくれるような工法に加え、山を登る人が活動するためのフックとなるような仕掛けを想定しながら設計をしています。

千葉：通常では仮設として使う足場など、さまざまな素材を発見的かつ等価に扱っているところも見事だと思いました。だからまたあえて聞くのだけど、このような方法を普通の住宅街や全然違う場所でやるとしたら、どういう方法になるのだろう。小黒さんの独自性がどこに象徴的に表れるのかを見てみたいです。

小黒：今回の山小屋設計は、都市やその他の環境も含め、今後設計を考えていくための第一段階と考えています。山は環境や登場人物などの条件の特殊性から、建築を考えていきやすいフィールドだと思ったからです。今回は山に関係する事例のシートが集まったのですが、今後、たとえば、都市や住宅をつくるときは、今回分類したシートをもとに、都市に関する事例が集められて、それを設計に応用することを考えています。

原田：僕がコメントしておきたいのは「島業の建築」です。これは建築の世界ではあまり使わない言葉かもしれないけれど、環境の「トーン＆マナー」のようなことまですごく的確に捉えている。それは、島に入って3週間生活をしていく中で、スケッチをたくさん描きためて得たものだと思うんですね。たとえば、彼が描いてるコンクリートには肌ざわりがあるような感じがした。すごく感覚的な話なんだけど、そういうことをつかめるというのは建築家としては非常に大事なことだと思います。ただ、ブリコラージュを呼び込むといっても、実際は空家もたくさんあるし、建材も必要なので、生業としての建設業も考えて、嘘だとしても、島の中で建築をつくるための物質の循環をストーリーとしてつくってもいいかなと思った。

山口：建設業までも生業に捉えるというのは、原田さんに言われて初めて気がつきました。建築をたくさんつくってプロモーションするのはあの場所をアトラクション化するような危うさに満ちている気がしますが、その場所を観光化したり、良くしていくためにはその危うさも必要だと思っています。それもポジティブに捉えることで、離島におけるメタボリズムのようなものが少し見えたような気がします。

千葉：僕も島業は推していて、すばらしい提案だと思っています。建築を時間軸で分節して、長期的なRCのインフラ的な部分と、短期的なサイクルで変化していく木造部分に分けたのが秀逸だと思いました。でもその関係性は、予定調和に見えなくもない。たとえば、50年後に違う用途で使おうと思ったときに、既にあるコンクリートが、使う側が自由に巡らせる想像力を妨げるように見えなくもない。

原田：建築が、おおらかにいろいろな機能を呼び

込んで受け止めてくれるような存在であるべきだというのは確かにそうで、だからインフィルとストラクチャーを分けたんだよね。あのストラクチャーが将来的にもいろいろな使い倒され方をするために、あの形をつくったというロジックはありますか。

山口：RCと木の混ぜ方、その混構造の仕方というのは、それぞれ違います。上の機能がいずれなくなったとしても、下の記憶は残るようなロジックをそれぞれの敷地で考えています。そういうメタボリズム的な思想があって、そこから見えてきたプログラムや空間のスケールをRCと木造で表現することに重きを置いてます。

人を巻き込んでいく力

石川：では、各審査員賞の発表とコメントをお願いします。

山脇：山脇賞は「辻堂の海洋保全計画」です。ごみというマイナスイメージを、逆にプラスのイメージに転換し、それをムーブメントとして、海を舞台にリアルに活動し始めている点、ごみをエンジニアリング部材に昇華している点を高く評価しました。

成瀬：「表層の奥の琴線」に応援を込めて成瀬賞です。鉄道を題材として、「速く遠くに移動する」という価値観ではなく、「ゆっくり近くに移動する」という新たな価値観を取り入れたのがすごく良いなと思って選びました。建築にはすごく言いたいことがあり、形もプログラムもイマイチなのですが、新しい気づきをみんなに示すということはすごく大事なことなので、その着眼点に共感しています。

原田：原田賞は「島業の建築」の山口薫平さんです。建築を実際につくっていく人間として、問題を小さく切り分けず、視野を広くもって、建築の統合にまで至っているところが大した腕前だなと思いました。あの島のような風土でやるといろいろなことを考えなければならないですが、土地の問題や条件を汲み取り、ヴィジョンを示して人を巻き込んでいく力があった。アウトプットもプロポーションが非常によく取れていたと思います。あとは、あの建築が島の中でどうやって育っていくかまで含めて考えていければ、さらに良い建築家になっていくだろうなと思いました。じつは僕も学部時代に詐欺師と言われていたんですよ（笑）。でも、みんなにいい夢を見せてあげることって大事だと思うので、良

い詐欺師としてこれからもがんばってください。

千葉：千葉賞は藤巻佐有梨さんの「緑の物差しと日常の場面」に差し上げます。建築に携わる人はどんな時代でも環境や自然と何らかの形で拮抗するようなものをつくります。その中で、植物や動物、昆虫、微生物まで含めた自然に対する想像力と、この自然と具体的にどう相対するかはすごく大事なことだと思っています。最近では「あらゆる自然はコントロール可能である」などと言わんばかりの状況ですが、そのような時代に改めて都市の中における野生の自然に着目して、それらをつなげていくことで環境を再編していこうという姿勢は、非常にささやかなアプローチですが、とても共感しました。

重村：重村賞は森下孝平さんの「環境変化に応答する動く建築の設計」です。コンピュテーションデザインが専門分野としてほとんど確立していない日本で、ある程度のレベルまで到達しているのは素晴らしいと思いました。作品の中で環境シミュレーションを行って、何度もフィードバックした形にするというところを突き詰めて、意匠や設備設計だけでなく、環境設計も意識してもらえると嬉しいです。ただ、デジタルができることが良いことかというとそういう話ではないので、使えるからといって驕らずに、知らない知識を手に入れるきっかけとなる良いツールだと思ってください。環境に詳しい人に聞きながら正しい環境シミュレーションを行い、ある種のコミュニケーションツールだと思って使い続けると、より良い設計ができると思うので、がんばってください。

石川：石川賞は村上裕貴さんの「塔のある日常」です。ディスカッションを経て、皆さんの案を見直した時に、ランドスケープになる使命を帯びた建築に挑んでいるところを評価しました。とても面白いところに注目していると思っていて、つくっているもの以上の可能性がまだまだあると思います。特殊な建物なので、土木構造物が建築になるときの作法や、どのように地域性をまとっていくかということにもいろいろな可能性やオプションがあるでしょう。避難訓練を定期的に行うので、地域の人たちが押し寄せてくる、そう考えると勝手に人が集まってくるという夢の建築プログラムですよね。面白いランドスケープになり得ることを示してくれたところが良かったと思います。最後に、グランプリへのコメントと総評をお願いします。

自分の枠組みで建築を考える

山脇：グランプリは小黒由実さんの「山を登ることと建築」です。おめでとうございます。構造的には人が運べる建築部材というキーワードで山小屋建築を、換気塔を含めてランドマークとして構築するプログラムと、地道な作業に夢を感じました。

　総評としては、今日は11作品のいろいろな個性のある発表を見られて楽しかったです。今後、皆さんが構造デザインに関しても興味をもって、コラボレーションする機会をもってもらえたら嬉しいです。来年度応募する人たちに対しても、みんながこの場を宣伝してくれたら、またトウキョウ建築コレクションが盛り上がるんじゃないかなと思います。

成瀬：グランプリ作品は、小黒さんが感じていた自分と建築の関係を、自分の体の一部であるような登山という行為と一緒に考えることで、建築との距離をぎゅっと縮めたんだろうなと思っています。私も自分が建築とどう向き合っているのかをすごく考えさせられたので、そういう機会をもらえたという意味でとっても良い作品だなと思いました。

　全体を通しては、皆さんがいろいろな価値観を示してくれて、これから生きていく世の中を良くしよう、社会をいい方向にしようという思いがビシビシ感じられたのですごく良いなと思いました。皆さんの修士設計にかけるエネルギーに感銘を受けています。これから私たちと同じフィールドで、社会に出て仕事をしていくと思うので、一緒にがんばっていけたらと思います。本当にお疲れ様でした。

原田：グランプリ作品については、建築と僕たちが生きている世界の接続を「山登り」という身体行為によって成そうとするその行為は、今の世の中にとって普遍的な価値があると思います。ぜひ、これから建築を続けていく人生の中で追求してください。20代の過ごし方はとても大事なので、全身で建築と世界と向き合って、世界と建築が関係し、接続しているからこそできる良き建築を、苦労してもつ

くってほしい。小黒さんだけではなくてこの会場にいる皆さんにお願いしたいです。自分の人生を切り分けずに、自分が中心にしっかりと居る世界で建築をやってほしいと思っています。

重村：巡回審査で自分の専門領域である環境についての質問を皆さんにしたのですが、小黒さんに話を聞いたとき、きちんと風の向きを確認して換気塔の配置を決定したということなどを言っていてすばらしいと思いました。この建築はランドマークとしてもつくられていると聞いて、非常によく考えられているなと感心しました。どうかこのままがんばっていただきたいです。

　総評としては、今回言われたことにカチンときたら自我の始まりだと思ってください。納得したら至らなかった部分だと思ってください。伝わらなかったと思ったら、その消化不良を種にしてください。皆さんにはそれができる未来があります。デザインは優劣をつけるものではないので、いろいろな形の建築がこの世にあってほしい。今回評価された人も評価されなかった人も、既に自分がある人なので、答えのない社会の中で学び続けて、どうか良い建物をつくっていってください。

石川：グランプリについてですが、私自身も山に登るので、リサーチから始まって山での自分の生存環境を把握しながら、ひたすら歩みを重ねていくというプロセスが、建築をつくっていくことの手つきと重なってくるというところにとても新鮮な驚きがありました。むろん八ヶ岳という過酷な環境だからわかりやすく見えるのだけれども、生きるために準備をして、移動を重ねるという行為は、じつは山だけでなくまち中でも、日常的に人がやっていることかもしれない。とても面白い思考法だと思いました。

　私の専門は建築ではなく造園なので、建築的にどうかというよりも少し引いた目で見ようと考えてきました。個人的な動機から出発している作品に対して、「社会性がない」というようなことを他の先生が突っ込んだら、学生を擁護しようと思っていたので

すが、皆さん優しくて、そこも評価される審査員陣だったので、これも時代なのかなと思いました。個人的な動機から始めたとしても、皆さんそれを説明して建築になるように展開していく部分がとても巧みで、頼もしく、信用できました。一方、私たちが選ばなかっただけかもしれないし、少なかったのかもしれないですが、高みから社会に挑むような作品がまったくなかったというのも、これからどうなっていくのか不安ではあります。皆さんが頼もしく信用できる一方で、このままで良いのかということも感じました。もう少し大きなスケールで一刀両断するようなスキームがあっても良かったのかなと、そんな気がしました。

千葉：「山を登ることと建築」には、建築の一番根源的なところに触れる多くの気づきがありました。それはとても新鮮な体験で、僕も小黒さんの作品を通じてたくさん考える時間をもらいました。日本は今、高度経済成長期のように何でもつくれば成功する時代ではないということは皆さんも実感しているでしょうし、そういう中で建築を学んでいるんだと思います。しかし一方で、今の時代は、世界的に見ると高度経済成長期とは比べものにならないくらい、とてつもない規模のプロジェクトを実現する技術も、資本投下もある時代です。そういう時代の中で、山を登る時の環境との間に生まれる身体的かつ構築的な行為こそ建築だというメッセージは、とても価値のあることだと思いました。本当に良い提案だったと思います。

最後に、今日ほど優劣をつけるのが嫌だなと思った審査会はありませんでした。現代は、単に建築をつくるだけでは括れないさまざまなアプローチがある。ともすると、小さなつぶやきのような建築ばかりだという批評も聞こえる中、これだけの多様なテーマと多彩な取り組み方が実践され、しかも前向きな未来を示してくれる作品が多かったのは嬉しいことでした。こういう人たちが建築を学び、建築の世界に飛び込んでくれることにとても勇気づけられた日でもありました。皆さんの取り組みに本当に感謝します。

全国修士論文展

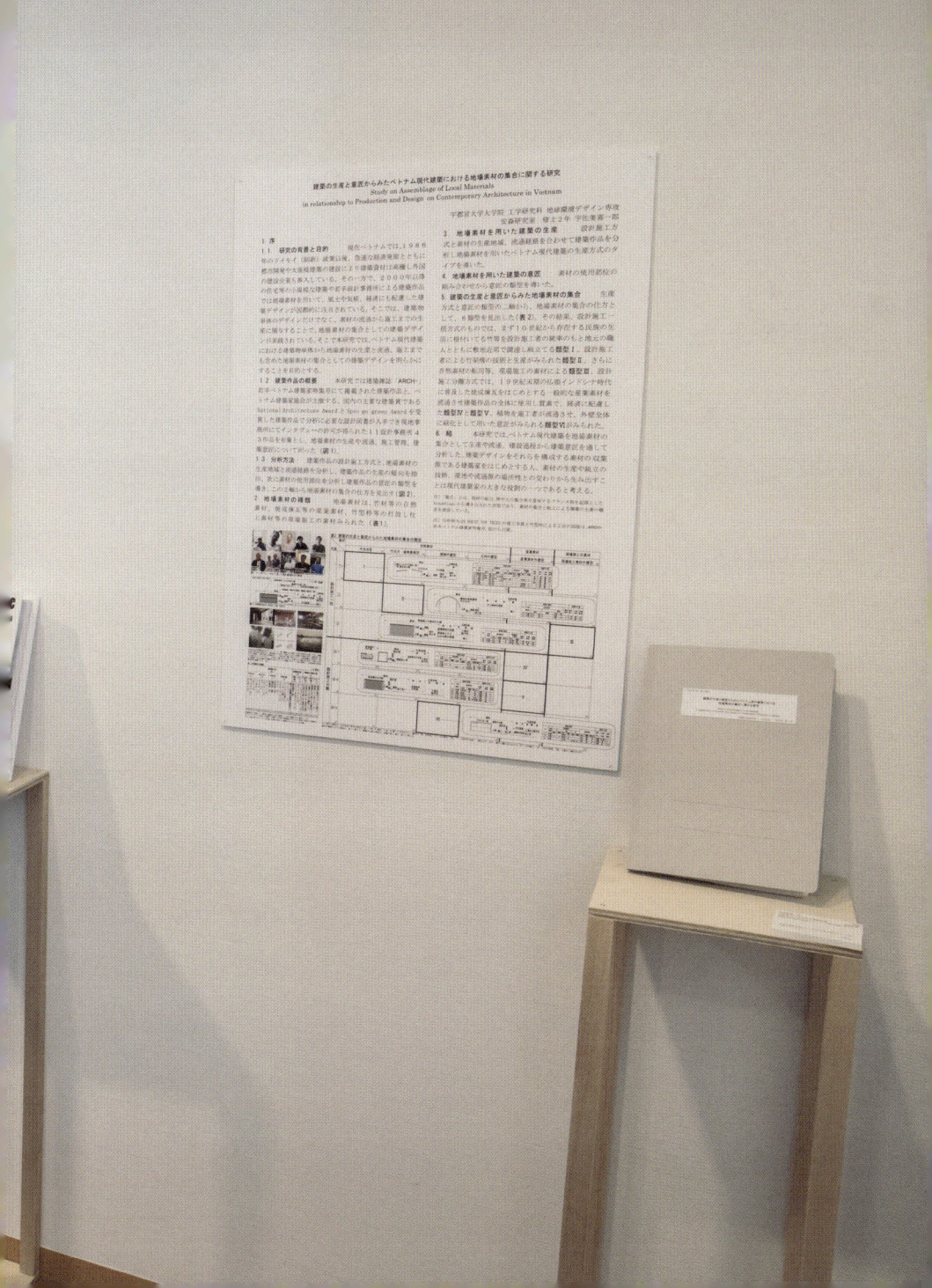

建築の生産と意匠からみたベトナム現代建築における地場素材の集合に関する研究
Study on Assemblage of Local Materials
in relationship to Production and Design on Contemporary Architecture in Vietnam

「全国修士論文展」開催概要

今年の全国修士論文展では、「解像度の横断」をテーマに設定しました。修士課程での研究では、解像度を高めた鋭い視点をもって追求します。そのような研究者の着想や成果を社会一般に伝えるために、時には解像度を調整することも求められます。建築計画、歴史、都市、構造、環境設備といったさまざまな分野が集まる中で、解像度を横断することにより、異なる領域からの講評、成果の議論、分野を越えた知識を共有できる場となることを目指しました。

　公開審査会では、11名のファイナリストによる10分間のプレゼンテーションの後、審査員を交えた公開討論を行い、研究背景、過程、到達点、そして射程について活発な議論が繰り広げられました。審査員だけでなく、学生間でも互いの研究に対する関心が高く、分野を越えた相互の質疑が行われていたのが印象的です。全国から分野を越えた興味深い研究が集約され、改めて建築の領域の広さを感じさせる内容となっています。

トウキョウ建築コレクション2018実行委員会

青井哲人　Akihito Aoi

○審査員長

明治大学教授（建築史・建築論）。1970年生まれ。京都大学大学院博士課程中退後、神戸芸術工科大学助手、人間環境大学准教授、明治大学准教授を経て現職。主な著書に、『彰化一九〇六年——市区改正が都市を動かす』（編集出版組織体アセテート）、『植民地神社と帝国日本』（吉川弘文館）、『「シェア」の思想／または愛と制度と空間の関係』（共著／LIXIL出版）、『明治神宮以前・以後』（共著／鹿島出版会）、『3.11After記憶と再生へのプロセス』（共著／LIXIL出版）、『ja YEAR BOOK 2014』（共著／新建築社）、『SD 2013』（共著／鹿島出版会）、『アジア都市建築史』（共著／昭和堂）がある。

川添善行　Yoshiyuki Kawazoe

建築家／東京大学准教授。1979年生まれ。東京大学工学系研究科建築学専攻修士課程修了後、同研究科社会基盤学専攻博士号取得。2011年より東京大学川添研究室主宰。日蘭建築文化協会会長。（株）空間構想 設計アドバイザー。主な作品に、「佐世保の実験住宅」、「弥生の研究教育棟」、「変なホテル」、「東京大学総合図書館別館」がある。主な著書に、『空間にこめられた意思をたどる』（幻冬舎）、『世界のSSD100 都市持続再生のツボ』（彰国社）、『このまちに生きる』（彰国社）がある。主な受賞に、日本建築学会作品選集新人賞、グッドデザイン未来づくりデザイン賞、ロヘリオ・サルモナ南米建築賞名誉賞がある。

永井拓生　Takuo Nagai

Eurekaパートナー／滋賀県立大学助教。1980年生まれ。早稲田大学大学院修士課程修了後、同大学院博士課程、同大学助手、東京大学研究員等を経て独立、2011年より現職。構造設計実務に並行して、竹やヨシといった自然素材を活かした構造デザインの研究・実践、それらを活かした地域活性化の活動を行っている。主な作品に、「Dragon Court Village」、「Factory on the earth｜JST Malaysia」（意匠設計：芦澤竜一）、「クローバーハウス」（意匠設計：MAD）、「ヨシドーム」がある。主な受賞に、日本建築学会作品選奨、SDレビュー朝倉賞、同SD賞、JIA東海住宅建築賞、中部建築賞、AR House Awards、グッドデザイン賞がある。

中島直人　Naoto Nakajima

東京大学大学院准教授。1976年生まれ。東京大学工学部都市工学科卒業、同大学院修士課程修了。博士（工学）。東京大学大学院助手、同助教、慶應義塾大学専任講師、同准教授を経て、2015年4月より現職。専門は都市計画。主な著書に、『都市美運動——シヴィックアートの都市計画史』（東京大学出版会）、『都市計画家石川栄耀——都市探求の軌跡』（共著／鹿島出版会）、『建築家大高正人の仕事』（共著／エクスナレッジ）、『都市経営時代のアーバンデザイン』（共著／学芸出版社）がある。

林 立也　Tatsuya Hayashi

千葉大学大学院准教授（創成工学建築学コース）。1973年埼玉生まれ。東京大学工学系研究科建築学専攻修士課程修了後、同専攻博士号取得。日建設計、日建設計総合研究所を経て、2013年より現職。専門は建築環境工学、機械設備。CASBEE研究開発委員会幹事、日本建築学会事業理事を兼任。主な共著書に、『室内環境学概論』（東京電機大学出版局）、『BIMその進化と活用』（日刊建設通信新聞社）、『中小ビルの改修ハンドブック』（一般社団法人日本サスティナブル建築協会）がある。

山村 崇　Shu Yamamura

○モデレーター

早稲田大学助教（都市計画）。1980年京都生まれ。早稲田大学理工学部建築学科卒業後、複数のIT企業の設立・経営・事業統合等に従事。その後、早稲田大学大学院創造理工学研究科（後藤春彦研究室）にて大都市圏構造の変容プロセスと企業立地メカニズムの関係性についての研究を開始。2010年早稲田大学大学院創造理工学研究科修了、同博士課程を経て、2014年より現職。博士（工学）。主な研究領域は、知識産業（KIBS）の立地・移転要因の解明、大都市圏郊外における業務地域の形成プロセスの記述など。「医学を基礎とするまちづくり研究所」所司。主な受賞に、日本建築学会奨励賞、早稲田大学早苗賞がある。

台湾における遊廓立地の研究 1895-1945

日本植民地都市計画論の観点から

三文字昌也
Masaya Sammonji

東京大学大学院
工学系研究科　都市工学専攻
西村幸夫研究室

序章　はじめに

0-1 背景

台湾は、1895年から1945年まで日本の統治を経験した。日本が西洋から学んだ近代的都市計画がこの時代を通して各都市で実施され、結果として現在の台湾に引き続く都市の骨格を形づくることとなった。この時代の都市計画についてはさまざまな研究がなされているが、しかし、これまでの研究でずっと見逃され続けているものが遊廓である。「植民地都市に必ずつくられたのが、神社と遊廓であった」(金、2014)と言われるように、日本人にとっての聖俗の両端にある都市施設が神社と遊廓であり、その両者が日本植民地都市において特徴的・象徴的な都市施設であったことはこれまで指摘されている[*1]。実際に1895年の台湾統治開始翌年に遊廓関連の制度施行が始まり、結果的には台湾内16都市での遊廓の成立を見ていることからも、当時の台湾の都市の中における遊廓の重要性がきわめて高かったことがわかる。ゆえに、このような「遊廓」の立地とその変遷、ならびに都市計画との関連を見る研究が、植民地台湾の都市計画論の理解に不可欠である。

0-2 既往研究と本研究の新規性

台湾は近代日本が初めて獲得した植民地であり、当地における日本統治時代の都市計画の研究は数多い。越沢明(1987)、黄蘭翔(1993)、五島寧(1998、1999など)らは主に植民地支配体制における都市計画制度を明らかにした。台湾現地での研究としては、黄世孟(1987、1988、1989)の研究で台北における都市計画が台湾近代的都市計画の端緒として位置づけられ、夏鋳九(1988)で日本への従属を強化する目的の公共施設建設の重要性が指摘され、温振華(1986)で社会経済的側面からの詳細な考察が加わった。さらに黄武徳(1991)は実証的に、台南を事例とした日本植民地時代の都市構造の具体的な「復原」を試みている。近年の日本国内の研究では、青井(2005)が台湾や朝鮮など植民地の都市における神社に着目し、その立地の役割と位置づけを明らかにした。そのうえで、「日本植民都市」を現地人・日本人双方の住民によって「生きられた都市」として捉える新しいまなざしを提案していることが注目される。

　植民地台湾の遊廓研究としては、台湾現地研究者の研究がきわめて多い。各都市の遊廓は空間的な観点から曾偉彰(2004)らによりそれぞれ研究されていたが(台北と台南が主であった)、2005年前後から張(2008)・陳(2013)らによって社会学的

な視座から全台湾の遊廓を対象とした研究が発表されるようになった。しかし、その視野は依然制度・社会的考察か局所的な空間分析にとどまっている。

　以上の既往研究を踏まえると、植民地台湾の遊廓について（1）都市内での立地にフォーカスし、（2）全都市分まとめて扱い、さらにそれを（3）都市計画論の観点から考察する研究はなされておらず、これらの点に本研究の新規性があると考えている。

0-3 本研究の目的
以上を踏まえ、以下3点を研究の目的とする。
（1）植民地台湾における遊廓立地とその変遷の経緯を整理し、理由を明らかにする。
（2）植民地台湾における遊廓立地と都市計画との関係とその変遷を明らかにする。
（3）植民地台湾における遊廓が現在の都市にもたらした影響を明らかにする。

0-4 本研究の手法
本研究は、台湾総督府報などの公文書、当時の書籍・新聞・雑誌、地図（都市計画図・火災保険特殊地図等）などの各種史料の調査によった。

1章　植民地台湾における都市計画制度
本研究の前提となる都市計画制度の概要とその変遷を整理する。

1-1 都市計画制度の時期区分
黄武徳（2006）によれば、植民地台湾の都市計画には、萌芽期としての「市区改正」期、展開期としての「市区計画」期、1936年の「台湾都市計画令」以後の確立期としての「都市計画」期、以上3期に分類される。最初期である「市区改正」期での市区改正事業は下水道・街路整備を中心とする局部的・応急的な市街環境の改善にとどまっていたが、その後「市区計画」期において市街の整体的な発展を目標として都市の長期的な発展と計画理念が備えられた計画が展開される。1936年の「台湾都市計画令」制定後は、近代都市計画手法が新しい段階に達し、計画体制とその運用が成熟を迎えた（図1）。

1-2 計画の主体
台湾総督府が主導的な役割を果たし、事実上全島の都市計画は総督府土木部の技師によってつくられていた。

2章　植民地台湾における遊廓制度
本研究の前提となる遊廓制度の概要とその変遷を整理する。

2-1 最初期の公娼制の導入
1895年に台湾の統治を開始した日本当局は軍政を敷き一般内地人の台湾入りを制限した。翌1896

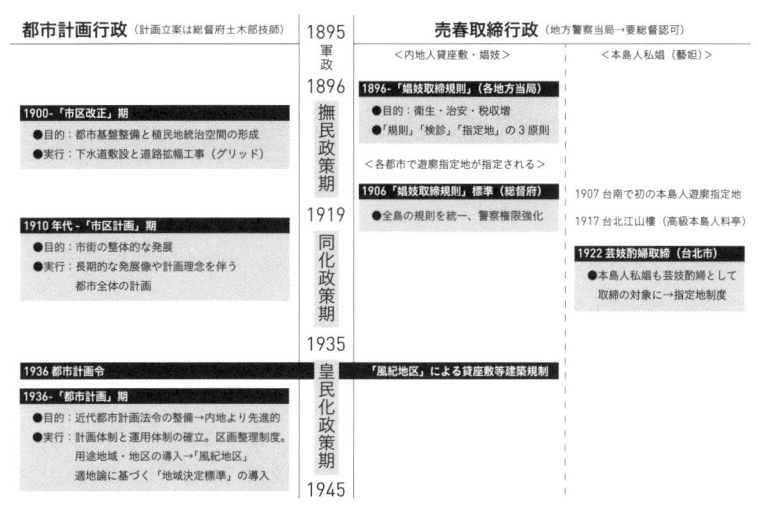

図1 都市計画制度と遊廓制度の関連年表（筆者作成、特註なき場合他の図表も同様）

年4月の民政移行後、内地人[*2] 娼妓の大量流入に伴う課題に対処するため、すぐに公娼制を認める諸法令が各地方で発令された。台北での制定はじつに他の県令に先んずる県令第1号であり、その重要性がうかがえる。法令は、共通して（1）貸座敷[*3]・娼妓の取締規則、（2）娼妓の性病検診の規則・婦人病院の規則、（3）遊廓指定地の指定法令の3種類であり、このようにして地方警察当局が主体となった指定地を区切って営業を認める集娼制が確立された。

2-2 1906年の取締標準による制度共通化

1906年には、総督府民政長官から「貸座敷及娼妓取締規則標準」および「娼妓検診及治療規則標準」（以下、合わせて「規則標準」と呼ぶ）が出され、全島共通の取締規則が施行された。この規則標準で定められた制度の内容には、張（2008）によると、（1）貸座敷営業の地方当局への届出認可制、（2）娼妓の登録制、（3）遊廓指定地内のみに営業・娼妓の居住を許可する指定制、（4）娼妓の外出許可制、（5）遊廓指定地の指定・移転に際する総督府の認可制、（6）娼妓の定期検診の義務化が挙げられる。遊廓指定地の指定に際しては総督府の認可が必要であり、その際に市区改正計画との整合を考慮されたことが特筆に値する。都市計画が遊廓立地に関与できなかった内地に比べて先進的だった。

2-3 本島人売春業の取締

前節で述べた公娼制は、主に内地人業者による営業を規制するものだった。本島人売春業については、一部のみ前節の公娼制のもとで管理されたが、主たる本島人売春業（私娼）は大部分が非合法のまま放置されていた。1922年になると台北州では芸妓酌婦の名のもとで「事実上の娼妓」として営業指定地を指定する管理がされるようになったが、この指定も一部にとどまった。まとめると、日本統治時代に行われた本島人売春に対する対策は、（1）公娼制制度への包含、（2）芸妓酌婦の名のもとの「事実上の娼妓」としての管理、（3）黙認のいずれかであったといえる。

3章　植民地台湾における全遊廓の立地クロニクル

本章からは本論として、全遊廓の立地を分析した。

　公文書や新聞をはじめとする史料を網羅的に調べた結果、植民地台湾の遊廓指定地[*4]が存在したのは少なくとも16都市にのぼることがわかった。同時に、全都市の立地の変遷を詳細に明らかにした。その中で遊廓移転を経験したのは7都市であり、移転前後を含めた指定地はのべ34カ所であった。また、1945年まで営業を存続した遊廓は9都市に存在した（図2）。

4章　植民地台湾における都市構造と遊廓立地

本章では都市の中での遊廓立地について、マクロスケールから分析と考察を行い、市区改正・都市計画との関連性を明らかにする。

4-1 立地パターンの分類

それぞれの遊廓指定地の立地パターンは図3に示すA全体指定型、B中心指定型、C周縁指定型、D郊外指定型の4種類に分類できた（図3）。このうちD郊外指定型のみが、完全な市街地の外部において新地開発を伴う一区域を遊廓指定地としたものである。この分類をもとに各遊廓指定地の立地を整理した結果は表1に示した。

　遊廓の移転が起きたすべての都市では、当初A全体指定型、B中心指定型、C周縁指定型だった遊廓指定地が、すべてD郊外指定型に移行していることがわかる（図4）。

　こうしてD郊外に移転した遊廓は台南の本島人遊廓を除いてすべて内地人遊廓であり、多くの本島人の遊廓は市街中心などに取り残されていた。

4-2 立地パターンごとの指定理由

公文書を主とする史料から、遊廓指定地の立地の理由となった文言を抜き出し、立地パターンごとに整理したところ、理由は大きく「売春取締上の理由」「都市計画上の理由」に分かれた。

　売春取締上の理由としては、A全体指定型では「取締のため一時的に指定」など一時的なものであったのに対し、D郊外指定型では「社会に遠慮せ

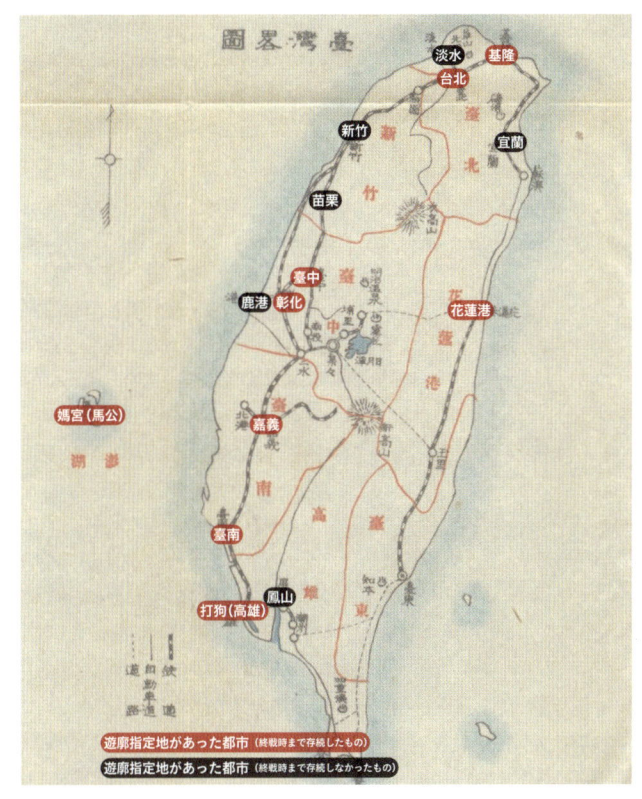

図2 植民地台湾の遊廓指定地が存在した都市［『台中市概況』（1936年）扉図に筆者加筆］

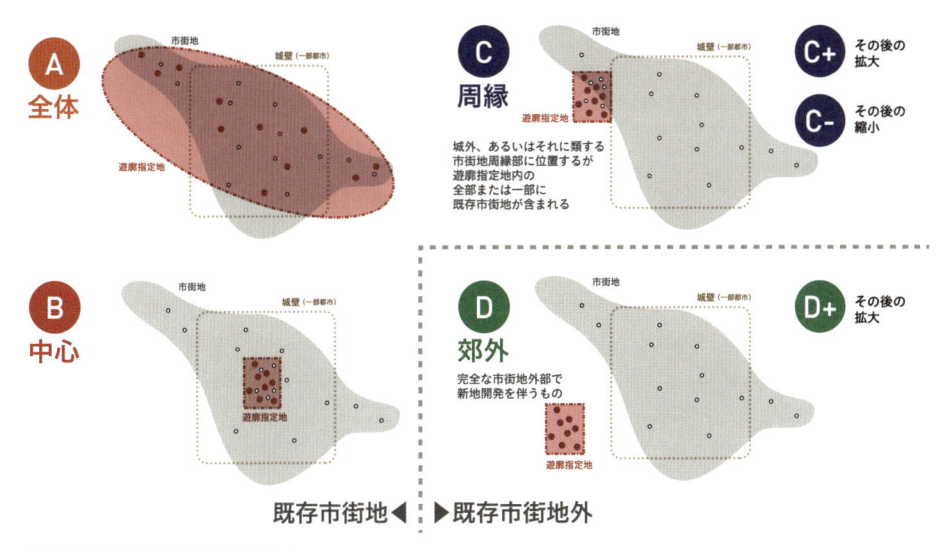

図3 植民地台湾の遊廓の立地パターン

都市名	遊廓指定地	立地パターン
基隆	田寮港	D郊外指定型
	玉田町二丁目※	B中心指定型
淡水	新暦街	C周縁指定型
台北	艋舺	C周縁指定型
	大稲埕※	B中心指定型
	萬華南※	C周縁指定型
宜蘭	宜蘭街全体	A全体指定型
	民壮圍堡庄×	D郊外指定型
新竹	南門外	C周縁指定型
	客雅×	D郊外指定型
	後車路※	B中心指定型
苗栗	内麻	不明
	坑仔低など	B中心指定型
	苗栗626-659	不明
台中	常磐町	B中心指定型
	初音町	D郊外指定型
鹿港	北頭街	C周縁指定型
彰化	西門	B中心指定型
	南門新地※	D郊外指定型
斗六	斗六街	C周縁指定型
嘉義	北門外×	D郊外指定型
	西門外	D郊外指定型
台南	南勢街など	C周縁指定型
	元外媽祖港街など＊	C周縁指定型
	新町一丁目	D郊外指定型
	新町二丁目＊	D郊外指定型
打狗(高雄)	旗後街一円	A全体指定型
	栄町	D郊外指定型
鳳山	火防口街など	B中心指定型
	新庄仔庄×	D郊外指定型
媽宮(馬公)	宮内町・南町×	B中心指定型
	城内	A全体指定型
	埔仔尾	D郊外指定型
花蓮港	福住	D郊外指定型
	全34箇所	

表1 植民地台湾の全遊廓指定地の一覧とその立地パターン（※は本島人の事実上の遊廓指定地を指し、ここでは確認できたもののみを示した。＊は本島人遊廓指定地を示す。×はこの場所に集中して貸座敷が営業した実態がない遊廓指定地を示す）

しむる」ために指定されるなど、積極的隔離を企図していたことがわかった。

　都市計画上の理由としては、A全体・B中心指定型において「土匪対策」「他に余地なし」、またC周縁パターンにおいて「現状追認」といった消極的な理由が目立った。一方D郊外指定型では、「市区改正計画との対応」「交通至便」「土地買収の利便性」「風光明媚」「眺望」「自然的風致」など都市デザイン的視点も含んだ都市計画側の積極的な理由が主となっていた。その他、台南（図5）・高雄の事例では、整地事業者が「埋立地開発のため」遊廓指定地の誘致を行っていた例もあり、都市開発の原動力として遊廓が指定されたと考えられる。その他、新聞や雑誌上でさまざまな遊廓移転論が内地人住民・本島人住民を交えて議論されており、その移転論が実際の移転に結びついた都市（台中・高雄など）の例も明らかになった。これらは植民地都市のあり方を住民が議論し、実際に反映された重要な例である[5]。

4-3 市区改正計画と遊廓指定地との対応

D郊外指定型は市区改正計画などと整合するよう指定されたが、ほとんどの都市で市区改正計画によるグリッドパターンの街路網の境界部に位置しており、台北・台中・台南では内地人人口が少ない側に指定されていた。風紀上の問題を理由として、内地人街と一定の距離を取ろうとする意図があったことがうかがえる。一方グリッドパターンの外側の郊外に遊廓が指定された都市（新竹など）は、経営者の反発などで最終的に移転に失敗しており、市街地と遠すぎず近すぎない適度な距離が遊廓の経営上重要だったことがわかる。

4-4 遊廓指定地とその他諸条件の検討

新地開発を伴って遊廓が指定されたC周縁・D郊外遊廓指定地のうち、元の土地の状況は田圃9カ所、池3カ所、塩田・墓地・山地が各1カ所であった。また、城廓が存在した都市で最初に指定された遊廓指定地を見ると、城廓の内側だったものが4都市（A全体・B中心）、外側が4都市（C周縁・D郊外）だった。

　各都市の神社との位置関係を調べると、新竹・澎湖の例では神社への参道沿いに設置されていたが、一方高雄、花蓮、彰化、嘉義の例では神社と市街地を挟んで反対方向に設置されていた。

　同じく鉄道駅との位置関係のうち、明らかなものを抜き出すと、市街地から見て鉄道駅と同方向だったのは嘉義、彰化、新竹であり、これらの指定はすべて1903年以前であった。逆に鉄道駅と市街地を挟んで反対方向であったのは高雄、花蓮、彰化、嘉義であり、すべて1906年以降の指定だった。

5章 植民地台湾における遊廓内の空間構造

本章ではミクロスケールから遊廓空間内部の分析と考察を行う。

5-1 遊廓内部の空間利用

A全体、B中心、C周縁指定型の遊廓指定地では、既存市街地を指定したため、一般家屋・商業と貸座敷が混在していた。台北の艋舺遊廓がその例である。一方D郊外遊廓指定地では貸座敷のみが集中していた。台中初音町遊廓（図6）・台南新町遊廓が例である。

5-2 遊廓内部の街路パターン

既存市街地を指定したB中心・C周縁パターンでは、内部に従前の街路の鉤型・丁字路などが残っていた。一方D郊外パターンでは、都市全体の計画に従うグリッド街路が遊廓内部にも適用されていた。D郊外遊廓では独自の街路パターンは計画されず、都市全体の市区改正計画などに従ったことが明らかになった。これは、遊廓独自のグリッドパターンを持っていた吉原遊廓などの内地の遊廓の例と明らかに異なる。

5-3 遊廓空間の境界

水に接する指定地は全34カ所のうち16カ所（47％）だった。また高雄では一般市街と区切る幅5間の緑地帯が計画され（図7）、台南では本島人・内地人遊廓を区切る緑園が都市全体の緑園計画の一部に組み込まれていた。D郊外遊廓では全体としての都市計画に従いつつ、地形の利用や緑地の設置で遊廓を区切ることが意図されていたといえる。

6章 戦後台湾における遊廓の継承

本章では、植民地台湾の遊廓がもたらした戦後への影響を概観する。

6-1 戦後の売春業取締制度と計画の継承と立地

戦後、内地人の引き揚げとともに内地人遊廓は営業を終え、本島人の私娼営業や妓楼が残った。台湾当局は一旦公娼制度を廃止した後に1956年に「妓女制度」として日本統治時代の遊廓制度によく似た指定地制を復活させたが、多くは私娼の存在を追認して市街の中心付近が指定されただけにとどまった。

都市計画との整合が考慮されたといえるD郊外型の内地人遊廓はほとんど戦後に継承されず、都市計画との関係もなくなった。

6-2 旧遊廓指定地の現在の土地利用

日本統治時代の遊廓指定地について、現在の用途地区（都市計画使用分区）の指定状況を調査したところ、「商業区」である箇所が90％（32カ所中29カ所）であった。当時D郊外だった遊廓指定地も含め、現在はほとんど市街地の拡大に飲み込まれていることが明らかになった。

結章 結論

7-1 遊廓立地論の都市計画への包含

初期は主に売春取締を理由としていた遊廓指定地の指定だったが、植民統治が進むにつれて都市計画との整合を図ることが目指され多数の都市でD郊外に指定されるようになる。結果として、1936年に制定された「台湾都市計画令・同施行令」では用途地域制度内に貸座敷等の建築許可地区としての風紀地区が導入された。これは遊廓指定地が都市計画令上において正式に制度化されたものであり、日本内地よりも先進的なものだった。さらに中村網らをはじめとする総督府の技師によって「1.市街地中心から多少外れていること。2.自然的景趣に富む土地であること。3.交通便利であること。」という遊廓立地の「適地」条件が明文化され、総督府の「地域決定標準」（1938）にも「風紀地区ノ設定ニ付テモ豫メ考慮ヲ拂フコト」と明記された。これらのことから、都市計画を司っていた総督府の技師によって、遊廓立地が都市計画のうえで制度化・理論化されていたことが明らかになった。

7-2 日本植民地都市計画における遊廓とは

本研究で明らかになった結論を以下に整理する。

①遊廓は日本植民地都市の象徴だった。

②台湾での遊廓は、次第に都市計画と整合が取れるよう郊外に立地するようになり、一部は市街地開発の契機とされた。その後、1936年には遊廓立地が風紀地区として都市計画上の制度に包含され、適地条件が考慮し立地を決定する先進的な制度の完成に至った。

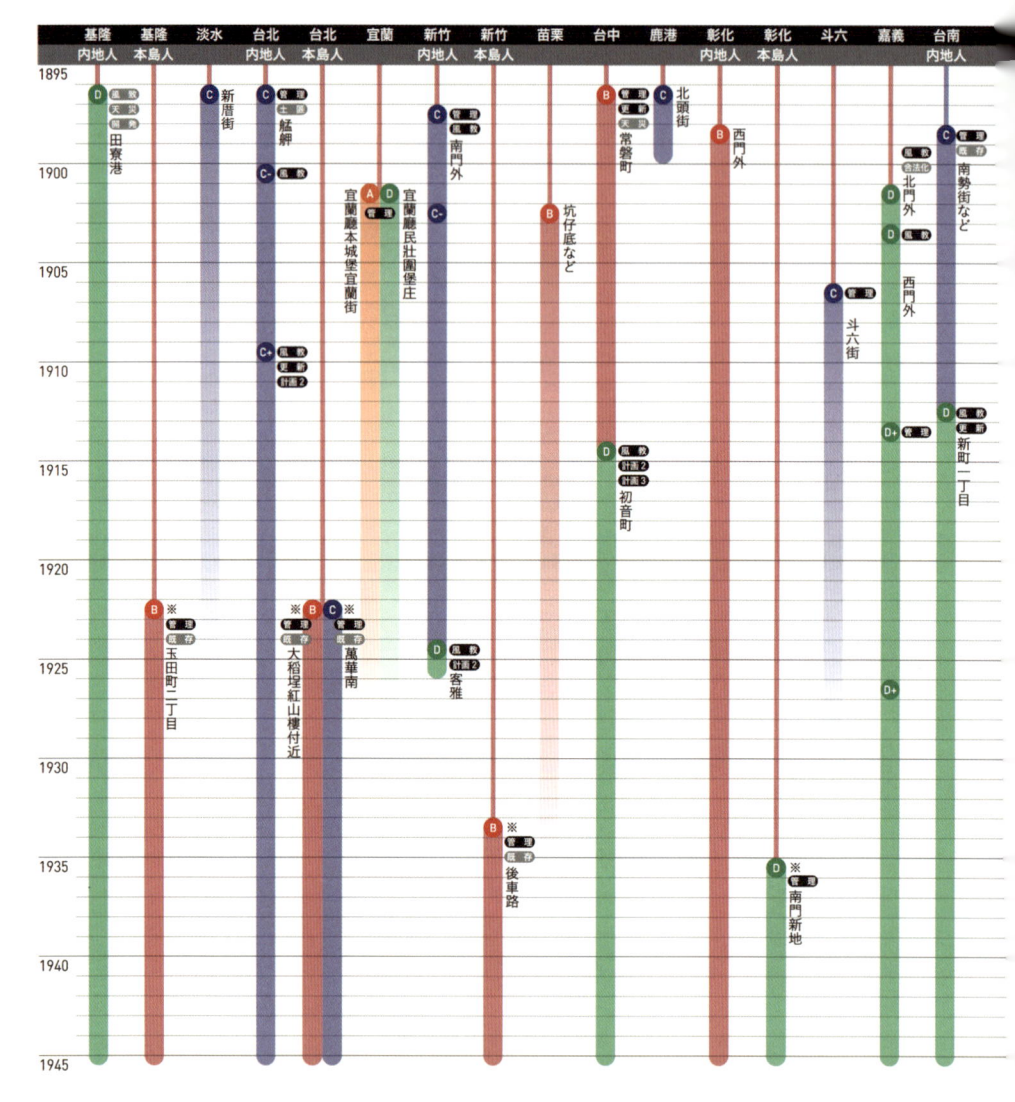

図4 植民地台湾全遊廓の立地パターンの変遷
（※は本島人の「事実上の遊廓指定地」だと推定される場所を示す。これらの年代は正確ではなく、全数ではない）

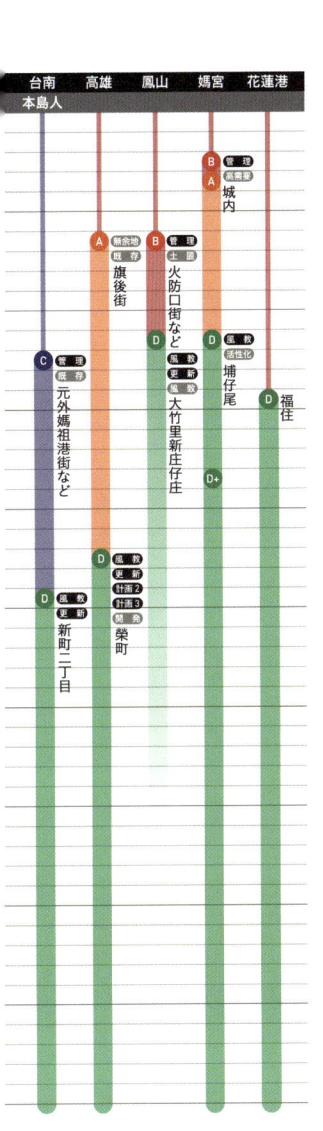

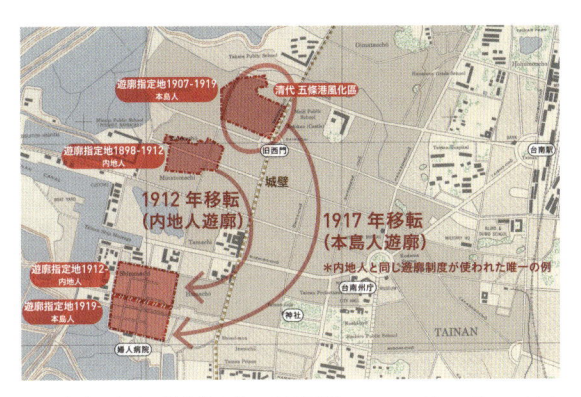

図5 台南における遊廓指定地の変遷図［*Formosa City Plans U.S. Army Map Service, 1944-1945*に筆者加筆］

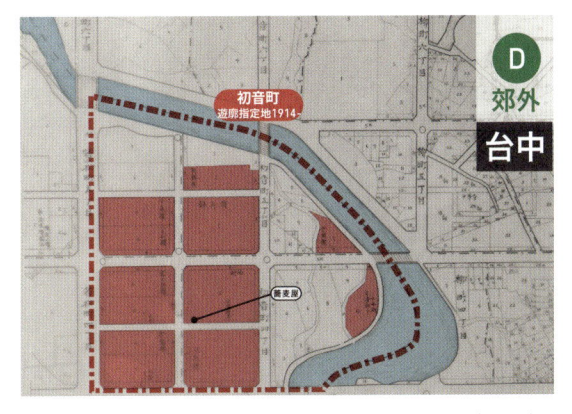

図6 台中初音町遊廓における貸座敷分布［「火災保険特殊地図」（1933年、地図研究所作製、日比谷図書文化館所蔵）に筆者加筆］

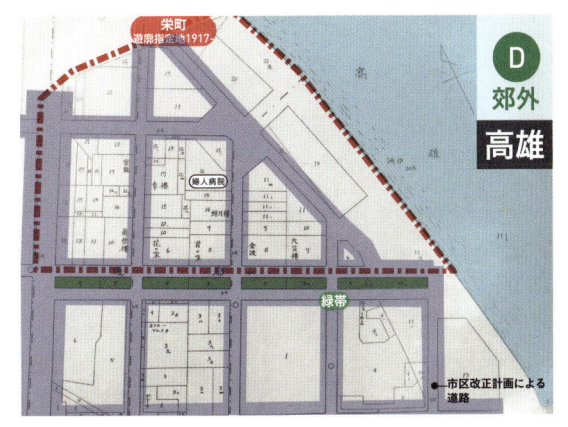

図7 高雄榮町遊廓における街路パターン［「火災保険特殊地図」（1933年、地図研究所作製、日比谷図書文化館所蔵）に筆者加筆］

③台湾では都市全体の計画が優先し遊廓立地と空間を規定したため、遊廓特有の空間形態としては川や緑地など一部の形成にとどまった。

④ただし②～③は主に内地人遊廓に対する適用にとどまり、本島人遊廓に対しては一部を除き上述の計画立地論が適用されなかった。

⑤その結果、遊廓（公娼）制度を継承した戦後台湾では都市計画と遊廓立地の整合をとる②の制度・思想は継承されなかった。

7-3 今後の研究の展望

今後の研究の展望としては、朝鮮・満洲・樺太などの他の植民地も対象として研究することで、遊廓が日本植民地都市計画の中でどのような存在だったのかが明らかになり、日本植民地都市計画論の発展に寄与すると考えられる。また、遊廓以外の都市施設との比較、内地の事例との比較による研究の発展も期待される。

　また、現代でも起きている都市の諸問題（日本の風俗営業法店舗の立地問題、闇のマンション風俗など、また台湾現地の私娼問題や公娼制存続問題など）に対しても、本研究で明らかになった歴史的事実から対応の示唆を得ることができるだろう。

[註]

*1 日本植民地都市の特徴や象徴として「遊廓と神社」を挙げている文献には、他に橋谷弘(2004)などがある。

*2 本稿では当時の呼称に倣い内地人（日本人）・本島人（台湾現地住民）という呼称を用いる。

*3 貸座敷という語は、売春業を営む妓楼を表す。

*4 判明した限りで本島人の芸妓酌婦の営業指定地（「事実上の遊廓」）も含む。

*5 このことからも、遊廓の立地について一度建立されたら基本的に移転せず、立地選定に住民の介入の余地がなかった神社と好対照をなすといえるだろう。

[参考文献]

(1) 『臺灣』1911年1月号、臺灣雜誌社、1911年

(2) 中村 綱「適地論」1936年

(3) 橋谷 弘『帝国日本と植民地都市』吉川弘文館、2004年

(4) 青井哲人『植民地神社と帝国日本』吉川弘文館、2005年

(5) 張 曉旻「植民地台湾における公娼制の確立過程（1896年～1906年）──「貸座敷・娼妓取締規則」を中心に」『現代台湾研究』第34号、2008年

(6) 金 富子「植民地朝鮮における遊廓の移植と展開」佐賀 朝、吉田伸之(編)『シリーズ遊廓社会 2』吉川弘文館、2014年

(7) 邱 旭伶『台灣藝妲風華』玉山社、1999年

(8) 曾 偉彰『台灣日本時代「遊廓」之研究──以台南為例』臺北藝術大學碩士論文、2004年

(9) 青井哲人『彰化一九〇六──座城市被烙傷, 而後自體再生的故事』大家出版、2013年

(10) 陳 姃湲「洄瀾花娘, 後來居上──日治時期花蓮港遊廓的形成與發展」『近代中國婦女史研究』第21期、2013年

(11) 臺灣總督府臨時臺灣土地調查局『臺灣堡圖』臺灣日日新報社、1904年

(12) 地図研究所『火災保険特殊地図』1933年（千代田区立日比谷図書文化館所蔵）

(13) 黄 武德『日治時期台灣都市發展地圖集1895-1945』南天書局、2006年

など

出展者コメント ── トウキョウ建築コレクションを終えて

Q 修士論文を通して得たこと

「植民地都市計画論」を語る次元まで到達できたかと問われるとまだ疑問符が残る。初めての論文執筆を通じて、研究という世界の入口にようやく立てたと思っている。

Q 修士修了後の進路と10年後の展望

強く生きる。

審査員コメント

永井：プレゼンの中で遊廓の配置がグリッドの端にある場合に、その後の土地造成の契機となるという説明があり、最後の方でも遊廓が都市計画の「切り札」的なツールになっているという説明がありました。これらは同じことをおっしゃっているのでしょうか。

三文字：たとえば、高雄では市区改正計画によるグリッドパターンの端に遊廓が移されたのですが、その場所は港の反対側にあたります。高雄は当時、日本から東南アジアへの流通に必要な港湾だったため、大量の軍人や商船が寄港する都市でした。遊廓は船員などに需要があったため、あえて遊廓を港の反対側に移すことで、新規開発の市街地に都市の賑わいを誘導する働きがあったのではないかと推測しています。もともと遊廓が移された場所は完全な埋め立て地で、当初は商業などを誘致しようとしていたのですが、それが非常に難しかった。そこで都市計画によって遊廓を置くことで賑わいを生み、市街地を発展させた。このような理解から「切り札」という言葉を使いました。

山村：4章の立地パターンで、計画的に郊外に置くというのはよくわかるのですが、中心に遊廓を指定する事例もありますよね。さっき本論を見たら「余地なし」という理由でそのようにしたという旨が書かれていましたが、「余地なし」といいながら重要な中心部に指定しているのは、実際にはそこに既にいくつか遊廓的な商売があって、現状追認的に中心部を指定したと理解していいのでしょうか。

三文字：その理解で正しいと思います。もうひとつの要素としては、最初期には日本が台湾を統治しきれていなかったために、いわゆる「土匪」による強盗などの事件が多発していたということが関係します。本当は郊外に置きたかったのだけれども、中心部に置かないと治安が守れないという指定理由もありました。

青井：いわゆる「廓」的な物的構造をもたないことが台湾の遊廓の特徴だと理解しましたが、それを日本の内地と比較する議論はないのでしょうか。それから、「遊廓に土地を提供するのは誰なのか」という関係性をもう少し補足してもらえますか。

三文字：そもそも遊廓に「廓」があった理由は2つあると考えています。江戸期に日本の内地で構成された遊廓の「廓」は、中で売春業を営む女性が脱走しないためにつくられたというのが1つ目の理由です。台湾では制度上、明治になって売春業を営む女性は自由化されていたという建前でしたので、彼女らが「商売するのは自由」という建前の元では、囲うための「廓」をつくらなかったと考えられます。もうひとつの理由として、普通の市街から、性産業を隠す・分離するという理由で「廓」がありました。この観点でみると、じつは台湾でも川や緑地が同じ機能を担っていたので、「廓」はあったといえます。台北の事例だと、遊廓指定地の指定線をわざと表通りから15間（約27m）セットバックさせた場所があります。これは物理的な「廓」ではなく、表通りにはそういう商売を置かず、視線を遮ることで「廓」としたということです。次に、誰の土地であったのかということですが、これは中心部に残った既存市街地の遊廓と、新地開発の遊廓の2類型で大きく違います。中心部の土地は基本的に現地の人たちが持っていた土地ですので、内地人の遊廓経営者が土地・建物を借りて営業する形式でした。遊廓は非常に儲かる商売だったので、遊廓指定地になると土地代や家賃の相場が上昇するという、極めて投機的な状況が中心部の遊廓で起きています。新地開発の例では、基本的に埋め立てた土地だったので、造成事業者が遊廓を誘致した例がありました。

Licit Architecture〈道義的合法建築〉論

タイ王国バンコク都クロントイ70ライ地区を事例とした居住空間の現状および増改築による変容に関する研究

阿部拓也
Takuya Abe

芝浦工業大学大学院
理工学研究科　建設工学専攻
清水郁郎研究室

序章　はじめに

スラムは均質化した都市部に立地しながらも独自の居住文化をもつ。スラムを対象とした建築学の研究では、住宅の増改築などが指摘されている[1]。スラム独自の居住文化は、高密度集住や居住権の有無などの問題に対し、住民自ら対処せざるを得ない結果として生み出された。そうした実践は違法なこともある。しかしそれらこそ、スラムを特徴付ける要因である。

　本研究で提示する問題は、再開発が実施されたスラムにおいても、時に非合法であり、非合理にさえ見える住民の実践がなくならないのはなぜかで

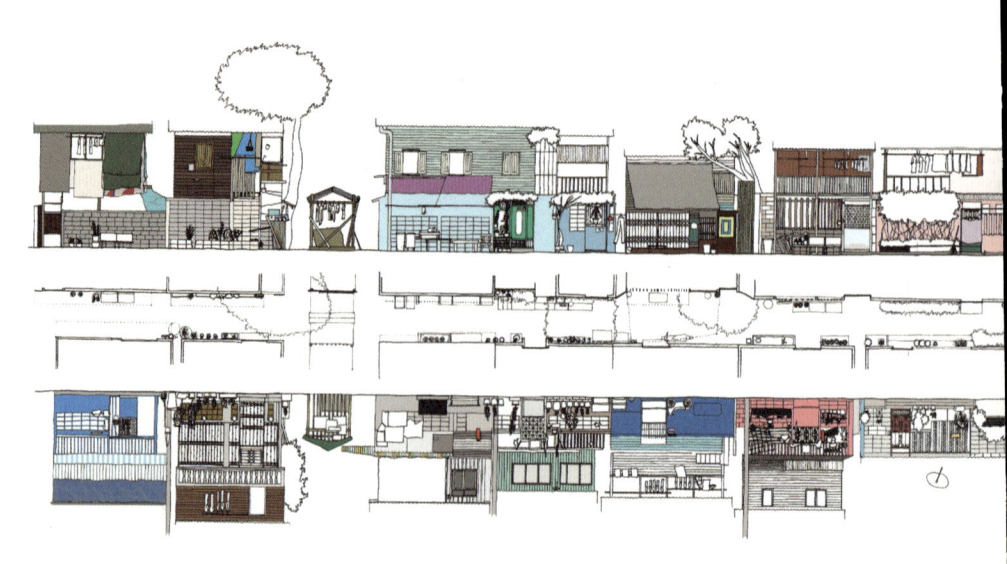

図3 ソイ13の路地立面図および路地平面図

ある。再開発を実施したスラムでは、インフラや敷地割、住宅建設に関するルールなどが整備された。しかしそこにおいても、住民はルールから逸脱した建築的実践を行う。

　この問いに対し、スラム居住者が行政から与えられた空間やルールを解釈し、「Licit／Illicit」として再構築するという仮説を設定する。「Licit／Illicit」とは、人類学における概念であり、「道義的な合法性／違法性」を意味する[2]。この「Licit／Illicit」の範囲内であれば、行政的ルールや国家法から逸脱

した実践も住民間で許容される。住民の実践は決して無秩序ではなく、あくまで住民間の許容できる範囲内で行われているのだ。

　本研究では「Licit／Illicit」を、「住民間で共有する道義的な合法性／違法性」として定義する。そし

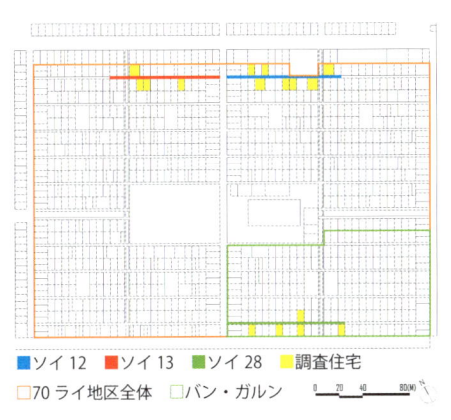

■ソイ 12　■ソイ 13　■ソイ 28　■調査住宅
□70 ライ地区全体　□バン・ガルン

図1 調査対象地

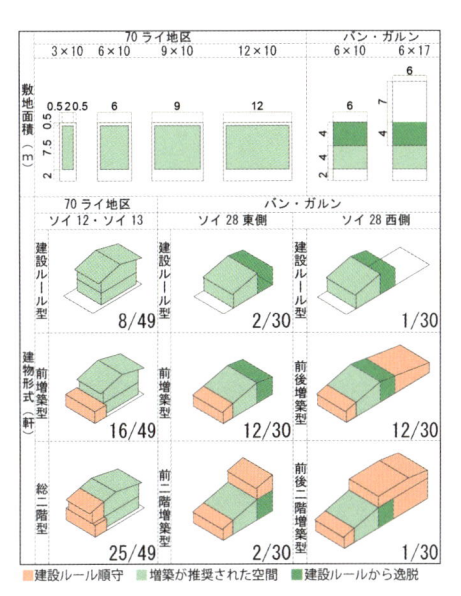

■建設ルール順守　■増築が推奨された空間　■建設ルールから逸脱

図2 70ライ地区における敷地面積および建物形式

て「『Licit／Illicit』の上に成立する地域固有の建築（群）」を「Licit Architecture（道義的合法建築）」と定義する。

本研究の目的は、タイ王国バンコク都クロントイ70ライ地区を事例として、「Licit／Illicit」が存在すること、70ライ地区の居住空間が、「Licit Architecture」として成立していることを明らかにすることである。

本研究で扱う資料は2016年9月10日から24日、2017年9月7日から30日までの現地調査で収集した（図1）。調査内容は、住宅の実測調査（17軒）、居住者への質問調査（19人）、路地実測調査（ソイ12・ソイ13は49軒、バン・ガルンは30軒）、70ライ地区全体地図の作成（用途、敷地面積、構造、階数）である。

1章　70ライ地区の成立とその背景

クロントイスラムは、タイ最大のスラムである。チャオプラヤー河沿岸にあるクロントイ港での労働を求め、地方から人々が流入し、港湾局所有の空き地を不法占拠することでクロントイスラムが形成された。1957年以降港湾局による立ち退きが多数実施され、住民が組織を形成し、抵抗した。結果として、港湾局に対し土地分有事業[*1]の実施および居住権を獲得した。

70ライ地区は、1985年のクロントイ再開発計画により開発された土地である。70ライ地区では、水・電気の供給や路地・水路・敷地割・建設ルールなどが整備された。70ライ地区の西側には、住民の中でも最貧困層が居住するバン・ガルン地区がある。

70ライ地区全体とバン・ガルンでは住宅の供給方式が異なる。70ライ地区全体では、居住人数に応じて、4種類の敷地が供給された（図2：敷地面積）。敷地のみ供給され、住宅の建設は居住者が行った。住民は、住宅を建設する際に港湾局に申請書を出さなければならず、建設ルールを順守せざるを得なかった。建設ルールの内容として、①敷地前面から2mのセットバック、②敷地両端および後方に0.5mバッファー・ゾーンを設けること、③3階建て以上の禁止がある。

一方バン・ガルンでは、敷地は2種類ある（図2：敷地面積）。敷地に加え、1階建ての長屋形式の住宅が建設された状態で供給された。供給された住宅は24m²の1室空間であり、住宅の後方4mの敷地に、増築が推奨されていた。バン・ガルンの建設ルールは、①路地際から2mのセットバック、②増築可能な範囲は、住宅から後方4mの部分のみ、③2階建て以上の禁止がある。本研究では、建設ルールを順守して建設された建物を、「建設ルール型」と定義する（図2：建物形式）。

2章　70ライ地区の居住空間の現状

70ライ地区全体とバン・ガルンでは、建物の形式が異なる。70ライ地区全体では、敷地面積は4種類であり、2階建ての1階コンクリート造2階木造が一般的である。一方バン・ガルンでは、敷地面積は2種類であり、1階建てのコンクリート造が一般的である。

路地では、70ライ地区全体とバン・ガルンからそれぞれソイ12・ソイ13（図3）、ソイ28を選定し分析を行う。現状では「建設ルール型」はほとんどない。住民は建設ルールから逸脱する増築もしくは建て替えを行う（図2：建物形式）。ソイ12・ソイ13では、敷地前面に増築を行う「前増築型」、路地際から2階建てがある「総2階型」が大半を占める。一方ソイ28では、「前増築型」、敷地前面および後方に増築を行う「前後増築型」、それぞれに2階を増築した「前2階増築型」、「前後2階増築型」がある。このように、建設ルールから逸脱した住民の建築的実践には、共通の形式がある。

ここで、ソイ12・ソイ13の「前増築型」（7軒）と「総2階型」（4軒）、ソイ28の「前後増築型」（3軒）と「前後2階増築型」（1軒）に着目し分析を行う。

住宅内部の空間を示す言葉として、ナイ・バーン（家の中）がある（図4：平面図）。70ライ地区の住民は、ナイ・バーンを起点に、ナー・バーン（家の前）、ラーン・バーン（家の後ろ）、ノーク・バーン（家の外）と住宅内外の空間を認識する。

住宅の空間構成は、立地や敷地面積ごとに異なる。ソイ12・ソイ13の敷地面積60m²の住宅では、1階に敷地前面からナー・バーン、広間、ホーン・ナム

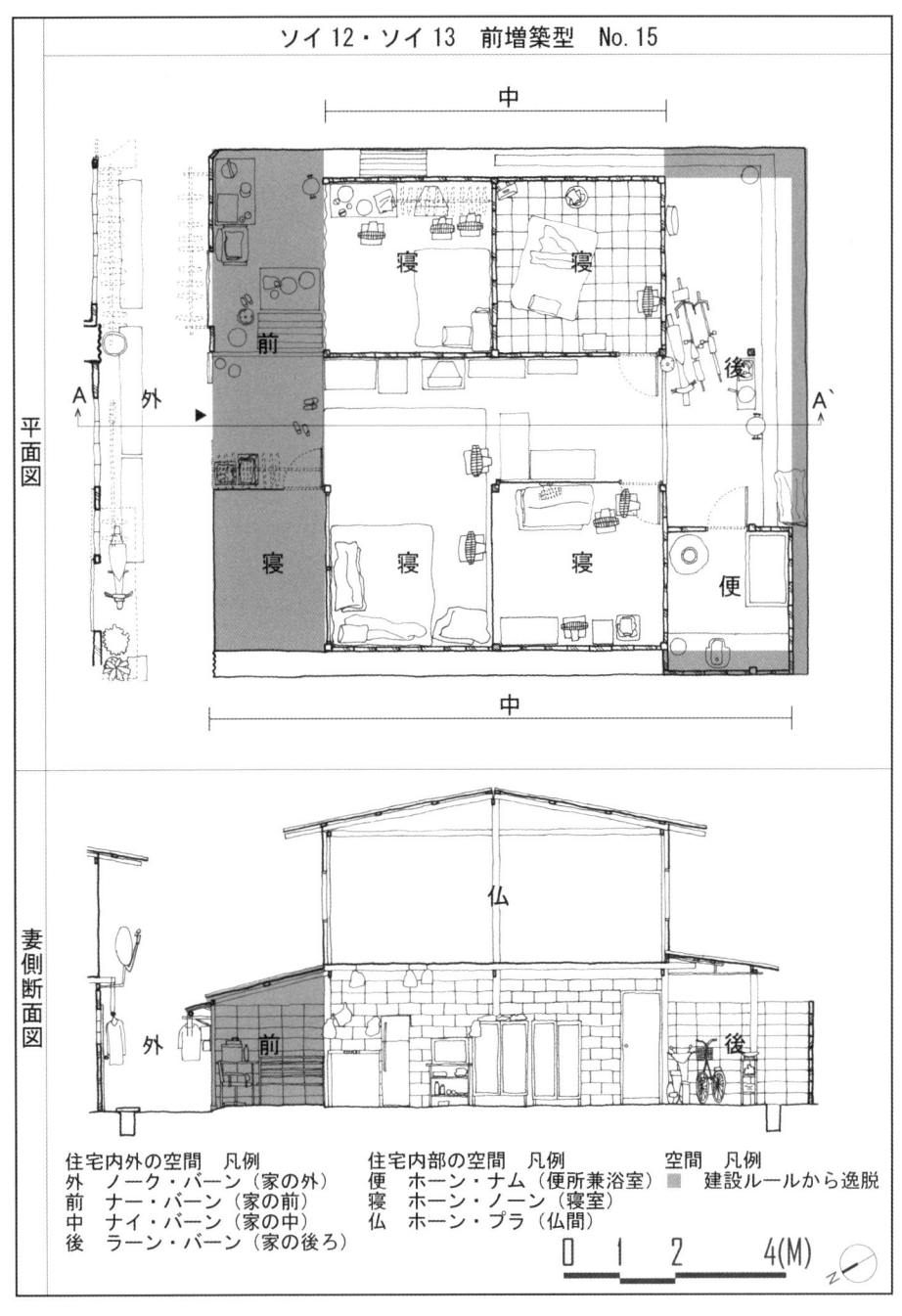

ソイ12・ソイ13 前増築型 No.15

平面図

中

寝 / 寝 / 前 / 外 / A / A`/ 後

寝 / 寝 / 寝 / 便

中

妻側断面図

仏

外 / 前 / 後

住宅内外の空間　凡例
外　ノーク・バーン（家の外）
前　ナー・バーン（家の前）
中　ナイ・バーン（家の中）
後　ラーン・バーン（家の後ろ）

住宅内部の空間　凡例
便　ホーン・ナム（便所兼浴室）
寝　ホーン・ノーン（寝室）
仏　ホーン・プラ（仏間）

空間　凡例
■ 建設ルールから逸脱

0　1　2　　4(M)

図4 各階平面図／妻側断面図

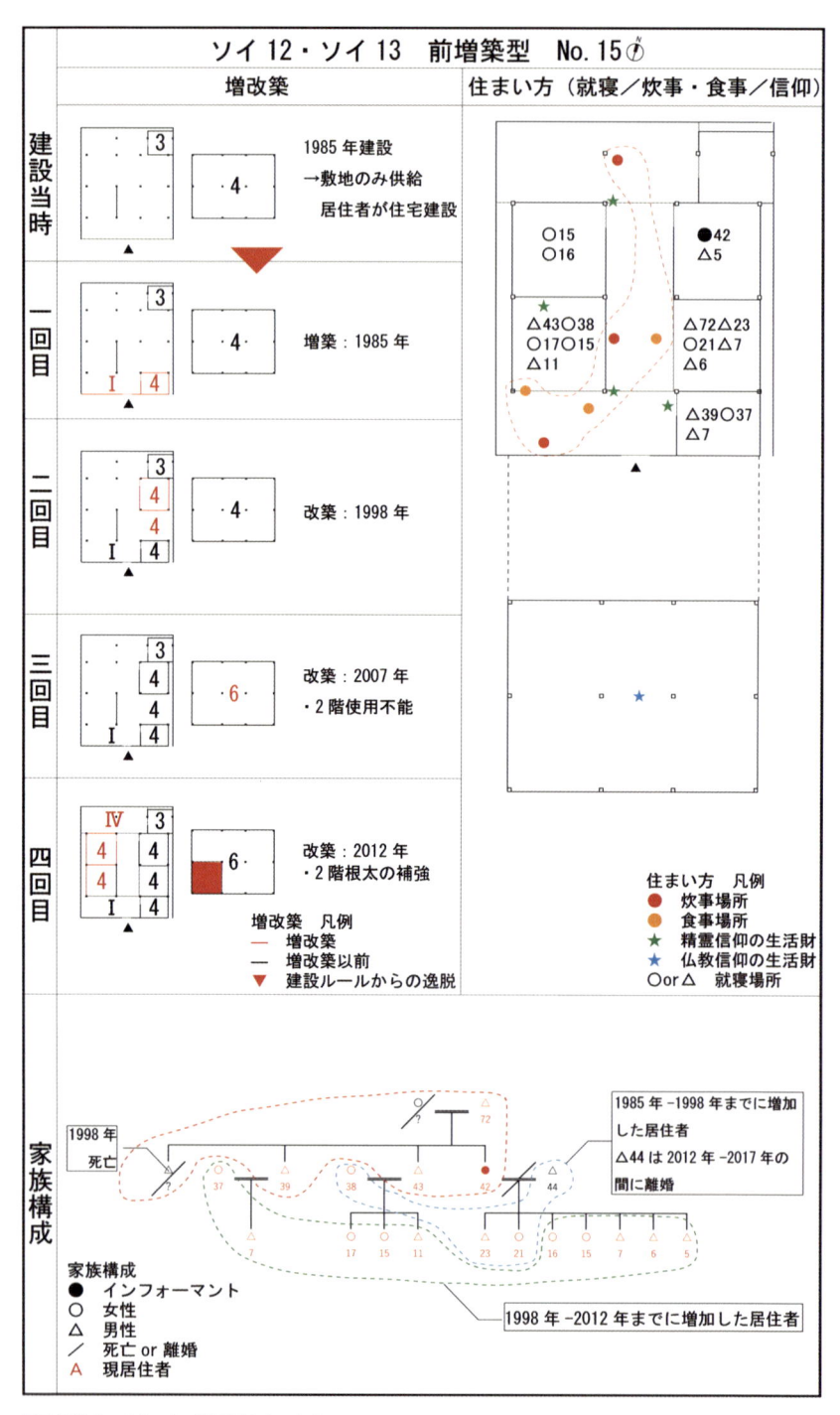

図5 居住者の住まい方／増改築による変容

凡例：
移住時（2002年）
増築1回目（2002年）
増築2回目（2005年）
沼
建物

0　2　4　8(M)

図6　増築による住宅の変容と土地の占領（ソイ28、No.10）

（便所兼浴室）およびホーン・クルア（炊事場）の順に空間を配置することが多い。敷地面積が90m²になると、それらの空間に加え、ホーン・ノーン（寝室）を配置する。2階にホーン・ノーンやラビアン（テラス）、ホーン・プラ（仏間）を配置することは共通している。ソイ28の住宅では、敷地前面からナー・バーン、広間、ホーン・ナムおよびホーン・クルア、ホーン・ノーン、ラーン・バーンの順に空間を配置する。

70ライ地区の住宅の空間構成の中で、建設ルールから逸脱している空間は、2つある。1つは、ナイ・バーンから独立した空間であり、ナー・バーンやラーン・バーン、ラビアンが当てはまる。もう1つは、ナイ・バーンを拡張した空間であり、広間やホーン・ノーン、2階の増築などが当てはまる。特にバン・ガルンの2階は、路地際からセットバックした位置に増築されている（図2：建物形式）。この位置に2階を増築すると、路地の庇が視線を遮り、2階は地上から見えなくなる。バン・ガルンの2階の増築は建設ルールから逸脱する実践である。しかし住民間では許容されているのである。

70ライ地区の住宅は、立地ごとに構造および材料が共通する（図4：妻側断面図）。ソイ12・ソイ13の住宅は、軸組構造であり、1階柱および壁にはコンクリート、2階床組、2階柱梁、小屋組みには木を使用する。一方ソイ28では、ナイ・バーンは、コンクリートブロックの壁構造である。ナー・バーンやラーン・バーン、2階の増築部は、木の軸組構造である。

70ライ地区の住宅は、建物形式だけでなく、空間構成や構造および材料にも共通点がある。これは、住民間で共有された住宅モデルが存在することを示している。

3章　居住者の住まい方

70ライ地区の住民は複合家族[2]が多く、就寝場所の確保が問題となる（図5：家族構成・住まい方）。居住人数に対し、ホーン・ノーン数が不足している場合、複数人で就寝することで対処する。

居住者は、1つの行為を1つの空間のみで行うことはほとんどない。たとえば、炊事に必要なコンロや調理台、シンクなどはナー・バーンやラーン・バーン、冷蔵庫などは広間にあることが多い。このように居住者は1つの行為を、住宅内の至る場所で行う。この結果、それぞれの空間は、さまざまな用途で活用されることになる。

建設ルールから逸脱して建設された空間は、日常生活を維持するうえで重要な役割を果たす。住民は、ナー・バーンやラーン・バーンで、炊事・食事、洗濯・乾燥、信仰など就寝以外の行為を行う。これらの空間が多様な行為を許容するからこそ、限られた居住面積に対応することが可能となる。

70ライ地区では、精霊信仰および仏教信仰を同時に信仰する。精霊信仰に関する生活財は、祠や札などがあり、ナイ・バーンの外側にある。一方仏教信仰に関する生活財は祭壇などがあり、ナイ・バーンにある。

70ライ地区の住民が信仰を行う理由は生活を豊かにするためである。祠の整備や、仏像に多額の費用をつぎ込むのも、精神的な安定を得るためである。70ライ地区の住民にとって、物理的な居住環境の改善に加え、信仰による精神的な安定も重要なのである。しかし信仰の程度は、居住者によってさまざまであり、信仰も生活を豊かにするためのひとつの選択肢に過ぎないといえる。

4章　増改築による居住空間の変容

ソイ12・ソイ13およびソイ28では、増築を最初に行う（図5：増改築）。増築は住宅建設後もしくは移住後1年以内に行うことが多く、増築を複数回に分けて行うことは少ない。最初の増築の段階で既に建設ルールを逸脱し、現状の建物形式へと移行する。

70ライ地区の住民間では、建蔽率100％までの増築は許容されている。なぜなら、住宅の存在自体が土地の範囲を保証するからだ。住民にとって、土地の権利を持つか否かは日常生活において重要ではなく、その場所に住宅が存在するか、その住宅の所有者は誰かが重要視されている。もし建蔽率100％まで増築を行わなければ、No.10のように住宅の範囲を拡大されてしまう可能性がある（図6）。

70ライ地区の住民は、建設ルールから逸脱する増築を行うが、自身の所有する土地の範囲を逸脱す

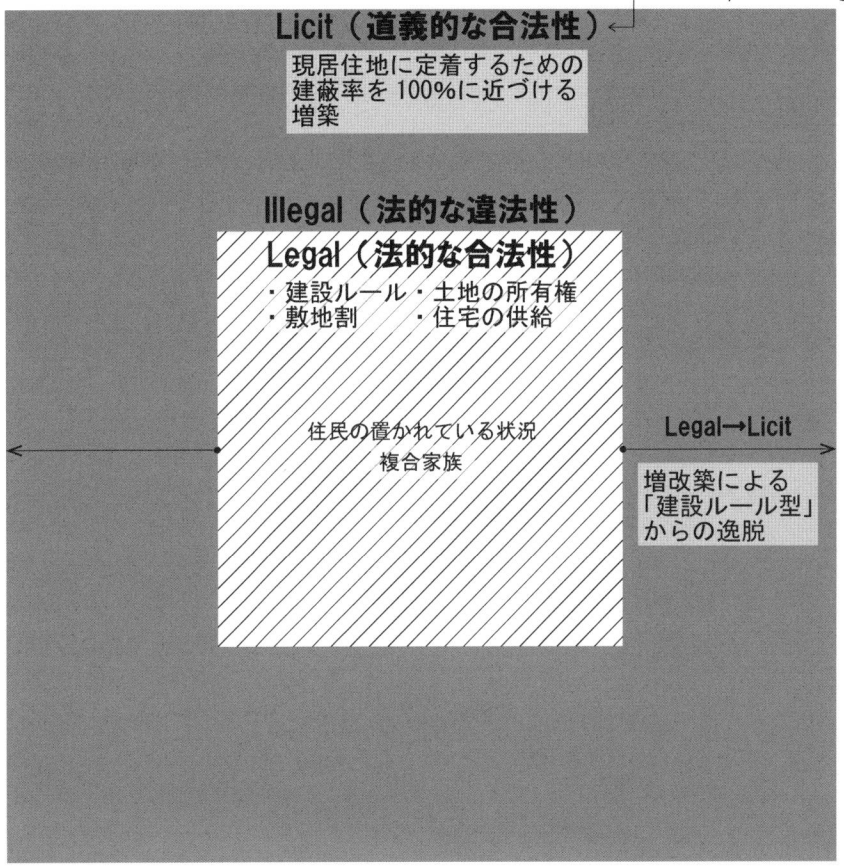

Illicit（道義的な違法性）
他者の土地に住宅の範囲
を拡大する増築

建物を通して住民間で
Licit/Illicit を共有

Licit（道義的な合法性）
現居住地に定着するための
建蔽率を 100%に近づける
増築

Illegal（法的な違法性）
Legal（法的な合法性）
・建設ルール ・土地の所有権
・敷地割　　 ・住宅の供給

住民の置かれている状況
複合家族

Legal→Licit
増改築による
「建設ルール型」
からの逸脱

図7 70ライ地区における「Licit／Illicit」の概念図

ることは少ない。図6のNo.10のように、他者の土地を侵略することは、住民間で許容されていない。

　ソイ12・ソイ13では増築後に改築に移行する。改築は、これ以上の増築が許容されないとき、居住者の変容に対応するために行う。改築の背景には、居住者の自然増や社会増、生業の変化などがある。

　増改築は、現居住地に留まり続けるための実践である。増改築が行えない場合、居住者の転出により対処することになる。しかし増改築により住宅を変化させることで、居住地を移動する必要がなくなる。実際に、居住者の居住歴は平均で29.9

年であり、70ライ地区流入以降居住地を移住したのは調査した14軒中4軒のみである。このように、現居住地に留まり続けるために、建設ルールから逸脱した増改築が必要不可欠だったのである。

5章　おわりに

70ライ地区における「Licit／Illicit」および「Licit Architecture」とは何か（図7）。70ライ地区では、行政により再開発が実施され、敷地割や土地の所有権、建設ルールなどが整備された。住民は建設ルールに従い、住宅を建設した。しかし住民

は、建設ルールから逸脱する増築を行う。この増築は、「Licit」の範囲内で行う。70ライ地区における「Licit」とは、建蔽率を100%まで近づける増築である。建蔽率100%以上の増築は、住民間で許容されていない。つまり70ライ地区における「Illicit」とは、他者の所有する土地の範囲に住宅を拡大することである。

「Licit／Illicit」の概念は、建物を通して共有される。70ライ地区の「Licit／Illicit」は言語化されているわけでない。70ライ地区の住民はその場にある建物を通して「Licit／Illicit」を共有する。建物自体が「Licit／Illicit」を示す指標となっているのだ。建物に「Licit／Illicit」が反映されることで、「Licit Architecture」は成立する。

「Licit Architecture」は都市部における地域固有の新たな建築となる可能性がある。70ライ地区は、空間や制度が整備されたという点では、我々の居住する都市と同様である。にもかかわらず、70ライ地区独自の居住文化をもつ。これは、住民のルールから逸脱する建築的実践により生み出されたものである。均質化した都市部において、独自の居住文化を形成する要因は、自然環境でもなければ、慣習法でもない。行政から与えられた空間やルールから逸脱する建築的実践をどのように道義的合法の範囲内で行うかが重要となるだろう。

[註]
＊1 土地分有事業とは、既存のスラムをクリアランスし、土地を居住地用と開発用の2つに分け開発する事業である。
＊2 複合家族とは、血縁の関係がある世帯に加え、親戚が同居する世帯を指す。

[参考文献]
(1) 布野修司『カンポンの世界——ジャワの庶民住居誌』PARCO出版局、1991年
(2) W. Schendel, I. Abraham, *Illicit Flows and Criminal Things: States, Borders, and the Other Side of Globalization*, Indiana University Press, 2005

出展者コメント —— トウキョウ建築コレクションを終えて

Q 修士論文を通して得たこと

スラムにおける合理性は既存の建築学の考え方では捉えられません。もしスラムにおける合理性を自分の言葉で表現できたならば、既存の建築学の考え方を覆すことができるのではないか。結局その目標は完全とは言えないまでも、少しは達成できたと思います。

Q 修士修了後の進路と10年後の展望

70ライ地区で住宅のリノベーションを行います。私は現地に滞在し、リノベーションの設計、施工を担当します。10年後の展望など考えられない進路ですが、修士論文の対象地で設計、施工が体験できる一生に一度の機会を有効に活かせたらと考えています。

審査員コメント

林：結論だけ聞くと、道義的というのは他人の土地に入らずに建蔽率100%を超えてなければいいように聞こえました。そこだけだとある意味で当たり前すぎるような気がするのですが、結論はそれ以外には見出せなかったということなのでしょうか。

阿部：一番簡略化したものがそのモデルということではあります。あとは、ルールから逸脱するということは、ルールがなければ何も始まらないのですが、今回の研究では、70ライ地区では3つのルールしか見出すことができなかったわけです。そこから逸脱するには高層化、もしくは延床面積の拡張しかなかったので、それしか見出すことはできなかったのかというご指摘は、70ライ地区においては確かにそうだと思います。

林：景観とか文化的なことによる、道義的なことはあまりなかったということでしょうか。

阿部：僕の研究では、そこには着目していませんでした。

青井：Illicitな増築などが起こってしまった実例がありましたが、Legal か Illegal かという軸なら法的な罰則などが働くのに対して、Licit か Illicit かという軸では隣人や共同体による制裁などがあるのでしょうか。

阿部：もともと、LicitとIllicitということ自体も住民間では言語化されているものではありません。そこを建物から読み取るしかないということです。そのため、逸脱しても住民間で何もすることはできないですし、制裁というものはない。だからこそ建蔽率100%まで増築しなければ他者に侵略されてしまうということを提示しました。

中島：最初に、こういったスラムの話というのは、Legal ／ IllegalかLicit ／ Illicitかは別として、建物の増改築ということに議論が集中しがちであるという説明がありました。ならばなぜ、この研究でもまた建物の増改築だけを見るのか、というところが少し気になりました。Licit ／ Illicitという

のは、建物だけではなく、環境というか、このスラムの人たちのもつ共通の領域感や、空間に現れるルールに面白みがあったりするのではないかと直観としては思いました。プライベートとパブリックしか描けないみたいな説明がされていましたが、中間に位置するコモン的な空間の話についても触れたり、あるいはそういったコモン的空間が欠如するということならば、それ自体も指摘してもいいのかなというところです。

最後に、結論は建蔽率100%だけなのかみたいな議論になったのは、建物の増改築だけを見ているというか、そこだけでまとめてしまったというのが原因ではないでしょうか。質疑の中でアクティビティ調査などもじつはやっているという話があったので、もう少し生活環境全体でのトータルな議論でLicit ／ Illicitについて論じられれば、より面白かったと思います。

横浜戦後復興における防火帯建築の理想

官僚技術者内藤亮一と街区型建築群の面的開発に着目して

古谷優実
Yumi Furuya

明治大学大学院
理工学研究科　建築学専攻
青井哲人研究室

序章

0-1 研究背景

横浜市は1952年、GHQによる接収解除遅延から同年に施行された耐火建築促進法に基づき、防火建築帯造成事業を復興事業の一貫として推進、不燃都市建設を掲げた。1958年の防火建築帯指定状況図から街区を囲むように防火建築帯が造成されたことが確認できる（図1）。なお、同事業は全国で実施されたが、横浜の事業は、①密度、②形態、③区分所有、④構造躯体の位置の4点において極めて特異であったといえる（図2）。これは既存都市をキャンセルし、更地からの近代都市建設を夢見た近代主義的思考をもうかがわせ、戦後復興の最中、更地となった横浜に街区型建築による都市計画を実現しようとした、当時のテクノクラートらの計画理念があると考える。

0-2 既往研究との立ち位置

同事業に関する研究は、他都市を対象とした諸研究[1]を始め、横浜事業では、建築計画の河合正一による住環境を対象とした入居実態に関する研究[2]、藤岡泰寛による入居実態の変遷に関する研究[3]、中井邦夫による現状の空間構成要素に関する論文[4]、建築史の速水清孝による本事業の中心人物とされ

る内藤亮一に関する研究[5]等があげられる。これらの研究は、当時の主導者らが有していた思想と計画理念、理想として描いた具体的都市像と街区型配置の関連性について掘り下げて研究されてはいない。また既往研究では、「中庭型」の用語が用いられるが、本研究では建築街区としてその形態を捉えており、「街区型」の表記を用いる。

0-3 研究目的と方法

本研究の目的は、以下の3点に集約できる。

①防火建築帯事業に秘めたであろう都市計画理念を明らかにすること。

②外圧により押しつぶされた戦前都市計画への悔恨と同事業との因果を検証する。

③都市計画への市民精神向上を測った地方自治の動向を明らかにすること。

　他方で、多くを語らぬ当事者らの考えを炙り出すため、中央、地方行政、市民という3つの異なる立場を多元的に交差させて検証する必要がある。そのために、①組織間での具体的やり取り、②横浜市の事業推進手法、③事業の中心人物である官僚技術者・内藤亮一の思想背景の3項目を明らかにする。

図1 昭和33年度横浜市防火建築帯造成状況図[所蔵：横浜市立中央図書館]

1章　主要組織間の役員変遷

1-1 法整備

1952年に耐火建築促進法、1961年にそれを継承した防災建築街区造成法、1962年に区分所有法が制定される。防火建築帯造成事業とは、「防火建築帯」と呼ばれる帯状地域を道路沿いに指定することで、耐火建築による土地の高度利用および都市の防火壁的効果を目途とした事業であり、これは耐火建築促進法の廃止と共にその役目を終え、線から面、すなわち後の「防災建築街区」へと事業対象範囲が拡大した。

1-2 横浜市政下における助役および　　建築局長の経歴と兼任配置

1951年市長選挙により市長が社会党・石河京市から保守派・平沼亮三に交代すると、復興事業へ向けた政策方針は、郊外における貧困層向け厚生住宅建設から、接収解除跡地の復興政策とした耐火建築への融資に重心が移る。平沼を含め、横浜市長と横浜商工会議所会頭は代わるがわる務められており、横浜財界人の市政への影響力は多大なのものであった。

　平沼は防火建築帯造成事業を円滑に展開していくための下地づくりとして、当時建設省に所属していた内藤亮一を市建築局長に招くことで、中央とのパイプを確保した。防火帯事業を受けもつ建築防災課長には内藤と旧知の仲だった村井進が着任しており、変動する融資状況と法整備を横浜事業に優位に働くようもち込んでいたと推察される。さらに、助役の田中省吾、船引守一両名と局長の内藤を主要関係組織の理事として兼任させ、元建築局長・長倉謙介を横浜市建築助成公社の初代局長に置くことで、推進母体となる横浜市を中心に組織間の結束を高めていたと推察される。

2章　「多角的住宅」耐火建築の建設推進

2-1 市会議事録

平沼市政は「不燃都市」建設の実現を最大の目標として、鉄筋コンクリート造のアパートが公共性を有した「防火壁」であり、住宅供給、財政難をともに解決する「多角的住宅」[6]であると主張することで、厚生住宅建設を推奨する市会社会党一派の反対を制して政策を進めた。

2-2 横浜商工会議所の動向

横浜商工会議所が関係各所に提出した耐火建築に

関する陳情・要望書は、①固定資産税等、接収対象地および解除地における土地・建物に対する税金の免除、②民間金融機関に対する融資援助の要請、③耐火建築融資枠の緩和の3傾向に分けられる。共通して資金的な支援を求めたものであり、耐火建築建設自体への批判はなく、平沼市政の併存アパート推進に賛同していた。

3章　官僚技術者・内藤亮一
──事業推進人物らの思想背景
3-1 都市計画と建築／地方自治／市民意識
内藤の経歴には、常に建築行政と住宅問題を往来した様子が伺える。論考[7]を紐解くと、内藤の目指した地方行政には、住宅等一般建築物を「都市構成の一分子」として思考する都市計画のあり方と、都市計画への市民意識向上が根底にあったと予想する。

3-2 都市美的視点の導入
内藤の初赴任先である30年代前半の大阪府警察部建築課は、官僚技術者内に都市美運動が胚胎した時期と重なる。部署内での勉強会が盛んだったことから、内藤が都市美と接点をもつ機会は大いにあった。事業推進を共にした村井は鳥取事業での美観欠如を強く反省しており、その影響も強くあったと考えられる。

3-3 戦前までの中庭型ないし
街区型集合住宅への共通認識
都市の主要構成要素として住宅建築を捉えていた

内藤の住宅観念を捉えたい。大正元年から終戦までに『建築雑誌』『都市公論』に寄稿された論考をもとに都市計画と建築、住宅問題の変遷を分析、街区型計画との関連を考察する。その結果、論考内容の傾向は、①各分野欧米事例分析が占める1920年代、②鉄筋コンクリート造アパートメント批判と日本の風土に合わせた日本式住居を模索する1930年代前半、③都市計画的視点を反映した1930年代後半以降に分割できる。街区型集合住宅には、時代を経るなかで、ハウジング的計画視点のみでなく都市計画的視点が新たに導入されていることが予想され、単一の敷地および建築から、都市建築としての建物配置および街区形状を模索した〈建築街区〉へと昇華したと考える。

4章　プロパガンダとしての「美観」
4-1 防火建築帯と都市美運動の相関性
防火建築帯と都市美運動の両方に関連した人物として、石川栄耀があげられる。石川にとっての都市の「美観」とは、人の賑わいある、生ける都市像にあった。その手段たる盛り場計画は商店街建築建設に用いられる防火建築帯と強い親和性を有しており、都市美と防火建築帯の相関性は個別的広がりを見せたといえる。

4-2 「美観」の出現とその意義
防火建築帯造成前後の市街地の実状について、バラック等仮設建築、市内を流れる大岡川に設置され

No.	受賞年度	建築物名称	階数	用途
コ-1	1953(S28)入選全5件	竹内写真店	3/0	店舗付個人住宅
コ-2	1954(S29)入選全5件	京浜ビル	10/1	事務所
コ-3	1954(S29)入選全5件	キニアビル	3/0	店舗付住宅
コ-4	1955(S30)入選全6件	昭和堂		商店
コ-5	1955(S30)入選全6件	勉強堂書店		商店
コ-6	1956(S31)入選全12件	有隣堂ビルディング	4/1	商店
コ-7	1957(S32)入選全11件	浜志まん喫茶店	2/0	商店
コ-8	1957(S32)入選全11件	吉町第一名店ビル	4/0	店舗付併存アパート
コ-9	1958(S33)入選全9件	弁天通3丁目第二ビル（県公社本社）	6/1	店舗付併存アパート

図3 防火帯建築の評価コメントの傾向

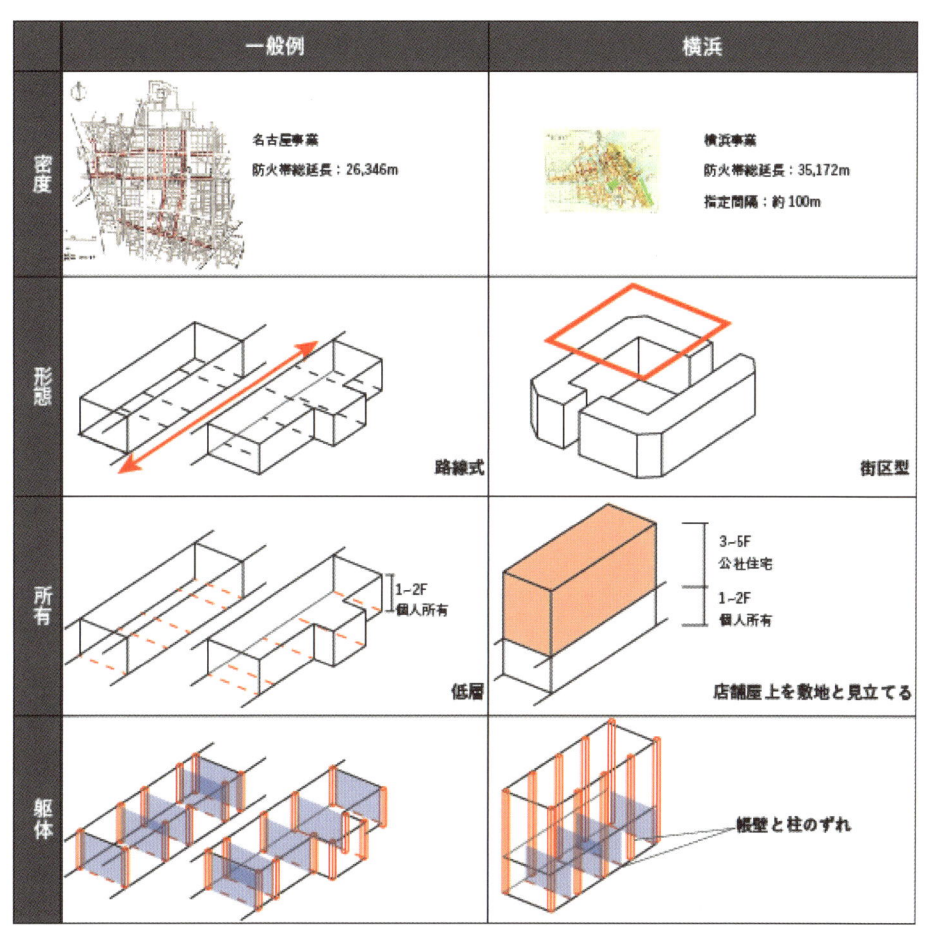

図2 横浜事業の特異点

コメント抜粋
実用的で明快な点標準的
八階建の大ビルディング
共同ビル式の店舗、繁華街にふさわしいスマートなデザイン、狭い敷地に合理的に建てた点
商店街の街かどを適切に利用した明るい建築、設計と建築材料の利用、将来の商店建築の格好の模範
隣接の建物との調和、土地の合理的活用、市内の美観に寄与
耐火構造の書店建築、容姿は清新にして温雅、施工また細心かつ周到、他の範とするに足る
ショップフロント表現も室内の意匠も極めて優雅、気品が高く、顧客に親しまれる、機能上への充分の考慮
中心街の繁栄と美観に貢献、大胆な企画と優れた設計並びに施工、他の範となる
近代的なビル、用意周到な企画と洗練された設計並びに優れた施工、共同ビルの象徴、関内の繁栄に貢献

た自由労働者向け水上ホテルによる都市衛生問題解決と美観向上が市の課題となっていた。

　同事業において「美観」という言葉が最初に登場したのは、内藤着任直後の第48回神奈川都市計画地方審議会である。内藤による論考[8]および助成公社の広報文では「国際都市の玄関口」としての美観を強調しており、行政からみた「美観」とは、海外来訪者を意識した権威ある街並みとして"近代的"で"統制"のとれた街並みが念頭にあった。さらに都市復興への市民意識向上という点で、戦前都市美運動における愛市心を育成する植樹祭や道路祭に代表する啓蒙活動と相通じるものがある。

4-3 建築コンクールの開催

内藤は都市計画への市民の積極的関与の契機として、昭和28年より横浜市主催の建築物表彰事業(通称、建築コンクール)を展開している。同事業最大の

	■横-1	■横-2	▨横-3	■横-4
	(写真)	(写真)		(写真)
名称	原ビル(弁三ビル)	県公社本社ビル(原第二ビル)		馬車道会館
所在地	中区弁天三丁目四五・四七番地　太田町三丁目三三番地	弁天通三丁目四八番地　太田町三丁目三五番地	中区弁天通り三丁目	中区住吉町五丁目五七番地
敷地面積	三百八坪	三百九十五坪	四百六十三坪	八十四坪
階数	三階建	四階建	三階建	二階建
開口	三十三間	電車通側二十一間半　弁天通側十八間半		十四間半
奥行き	九間			六間
建築主	原寿枝	原寿枝	神奈川興業　明治生命　五十嵐貿易　松浦吉松	野田義一　吉川政義　磯尾庄蔵　清水隆
建築主住所	弁天通三丁目四八番地	弁天通三丁目四八番地		南区井土ケ谷仲町二三番地　中区野毛町一丁目一三番地　茅ケ崎市五丁目五六五番地　戸塚区戸塚町七七番地
状況図の記載	3	3	3　※「井沢医院」として同地に確認	3
助成公社史「耐火建築融資一覧」	3	3	3	3
住宅公社「事業一覧」	3	3	1	1
建設地	中区弁天通3丁目48	中区弁天通3丁目48-1	中区弁天通三丁目37	中区住吉町5-57
実階数	地上4階	地上6階/地下1階	地上3階/地下1階	地上三階建
建築主	原良三郎	原良三郎	井沢昌吉　松浦満枝	野田義一　吉川政義　磯尾庄蔵　清水隆
設計者	創和建築設計事務所	創和建築設計事務所		
施工者	大林組	三木組	宮内建設(株)	(株)竹中工務店
事業年度	昭和28年度	昭和31年度	昭和31年度	昭和28年度
着工年月日	1954年1月29日	1957年2月13日		
竣工年月日	1954年8月6日	1958年3月12日		
建築面積(㎡)	1019.00	830.583	128.54	263.60
延床面積(㎡)	3459.17	4751.080	289.31	849.29
建物間口(m)	74.95	86.5	12.13	57.44
1階店舗区画数	15	13	3　※『中区明細地図』より判断	)　※『中区明細地図』より判断
備考	住宅公社併存	住宅公社併存　※実施事業詳細は前傾【表4-1】と同一	対象敷地に類似する事業「井沢医院」を確認、その詳細を上記に記入	住宅兼店舗

※作成元
「まず八街区を申請　ハマ市横築共同建物の融資」(『神奈川新聞』 昭和28年10月10日) 記載の融資確定が濃厚とされていた住所
「昭和33年度横浜市防火建築帯造成状況図」(横浜市立中央図書館所蔵) 上での有無
『横浜関内地区の戦後復興と市街地共同ビル』、公社史、公文書記載の詳細情報
『昭和34年度版中区明細地図』にて所在地の確認
建設市に申告したとされる6件のうち、昭和33年横浜市防火建築帯造成状況図に記載があったのは原ビル及び県公社本社ビル、馬車道会館の2件のみだった。
公社史に記載された融資物件一覧、公文書にも住所がなく、耐火建築として実現した痕跡は無い。

目的は、低調なスタートとなった耐火建築の申請を促進させることであった。公共、商業に限らず、住宅が積極的に選定され、横浜市中区を所在地とする防火帯建築は8作品、うち併存アパートは2作品が入選した。『神奈川新聞』に掲載された各評価コメントを分析すると（図3）、将来建設される建築物の模範として、近代建築における機能的な美の追求が評価基準に強く反映されていたことがわかる。

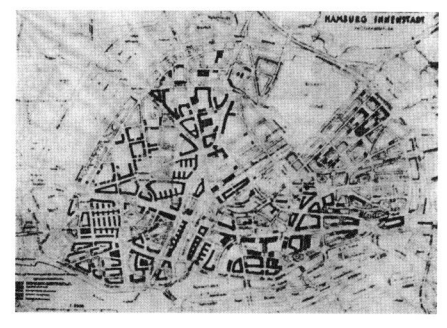

図4 ハンブルグ復興計画

模-5	模-6	模-7
若葉ビル		永田ビル
中区若葉町三丁目四三番地	中区若葉町三丁目二八番地	若葉町二丁目三八番地
九十三坪	九十三坪	八十五坪
四階建	四階建	
九間		十間
十間		九間
若林星一 堀富次郎 吉田順慶 金子寿？ 本多福太郎 山田実 小宮米吉 本多明之	前田哲男 宮下？和 稲垣雅之 若林星一	永田久雄 横溝政敏 飯塚新吾
南区通町二丁目二六番地 逗子町仲町六〇四番地 南区日出町二番地 同町真金町一丁目七番地 同区大橋町二丁目三八番地	葉山町堀内一四五番地 金沢区六浦町二九番地 南区通町二丁目三九番地 同町二六番地	中区曙町五丁目六七番地 南区？町二丁目一九九番地 同町一丁目八番地
1	1	1
1	1	1
1	1	1
	住宅付共同店舗	店舗付共同住宅

図5 模範街区造成事業一覧

申請当初の事業計画情報　融資耐火建築調に記載のある類似物件（実現した模範街区）
竣工後の事業情報　融資耐火建築調に記載のある類似物件
融資耐火建築調に記載の無い物件

4-4 市民における「美観」の意味

市民における「美観」の意味を考察するため、耐火建築全体に抱いていた印象を新聞記事から分析する。商業者視点では鉄筋コンクリート造共同建築に対し、その先進的技術への憧れが見受けられ、設計者および建築主が再建に向け個別に設計している様子が伺える。『神奈川新聞』には郷土性に触れた見出しも度々使用されており、市民の「美観」の意義には"戦前の横浜"像がひとつの基準にあったと同時に、"先進的"な横浜像が内包されいていたことがわかった。つまり、市民にとっての"近代的""文化的"という表現は"先進的"という意味で用いられており、市はこの意味の違いを利用して「美観」にプロパガンダとしての意義を見出していた。他方で、記事に掲載されている商店街建築には接収を免れた野毛地区を所在地とするものも多く、具体的指標のひとつになったことも想定される。

5章　街区型の形状に関する理念
5-1 〈雛形〉ハンブルグ復興計画

村井は『建築雑誌』に寄稿した耐火建築に関する論考内で、横浜事業について触れており、その中ではハンブルグ復興計画（図4）は建設省より提示された街区型計画の雛形であることのみが記載されていた。同復興事業について記された論考は見つかっていないが、戦後の視察記録[9]から、雛形となる着眼点として、高層化による空地獲得を可能とした面的開発と、街並み形成の外観設計に焦点を当てていたと推察できる。

5-2 〈理想型〉模範街区造成事業

耐火建築促進法施行とほぼ同時に起案された模範街区造成事業は、住宅金融公庫による特別融資制度プロトタイプの試験運用が目的にあった[10]。建設省に申告した7件のうち、実現は3件のみ、残りのうち1件は縮小され実施、3件は耐火建築事業としては実現しなかったことを明らかにできた（図5）。各事業の共同建築主には1名ずつの割合で、横浜経済界の有力者の氏名が確認でき、原良三郎が直接建設依頼を受けたように、市当局が有力者を選抜して参加依頼をしていた可能性が高い。事業が頓挫した理由は、①立地条件（若葉町）、②共同建築主数、③建築主と土地所有者の不一致の3点と推測される。なお、若葉町は接収解除が早かったものの、周辺地域の解除が遅延し、かつ虫食い状に進んだため、再建の目処が立たなかったことが要因と考えられる。

　模範街区造成事業のうち、原ビル、住宅公社本社ビルは横浜市より協力を仰がれた原良三郎と行政側である住宅公社による建設計画であり、「模範街区」の定義を考察するうえで、テクノクラートの計画理念が最もよく現れている事例だと予想される。両建物の1階平面図（図6）を分析すると、建物背面に上層部共同住宅への専用階段が配置されている。街区内部（図7）には車庫等が配され店舗バックヤードとしての風貌を見せるが、車庫屋上に渡された階段および渡り廊下から、立体的中庭として成立している。また、街区を貫通するよう通路が通されており、隣接する原ビルにも同様の計画が読み取られることから、計画理念上は一体的に捉えられていた

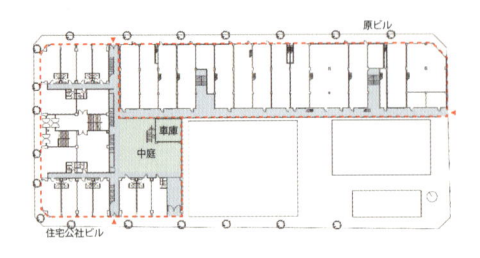

図6 原ビルおよび住宅公社ビル配置図兼1階平面図

図7 竣工当時の街区内部

ことが伺える。

5-3 〈成熟期〉山田町団地開発

山田町計画団地は、事業主が公社住宅単体であったことに加え、昭和33年以降の事業であったことから、横浜の防火帯造成事業において成熟した集大成の事業と位置付けられる。初期併存アパート事業に比べ特筆すべき点は、街区内部のコモンスペースのデザインがされている点、上層部併存アパートの板状配置にある。

5-4 〈転換期〉1958年策定
横浜市都心部再開発計画試案

市当局が横浜国立大学教授・河合正一に依頼した市街地再開発試案には防火建築帯から離れた計画内容が求められた。同案では高層化による空地の確保、歩車分離、コミュニティの単位形成、均一な住環境の確保を目標とし、新法規に備えた新たなマスタープランおよび地区計画への見地が見いだせる。それは、かつて同潤会アパートのような景観形成を意識した都市型アパートメントではなく、田園都市計画等郊外団地計画へと計画の視点が移ったといえる。

結章

本研究より明らかになった知見は以下の通りである。

①事業推進

平沼市政下での事業展開に向けた主要組織への役員兼任配置による体制の下地づくりがあった。とくに平沼は商工会時代に関連した横浜財閥人を介して、市民に対する独自の事業展開を試みていた。さらに、事業を推進するうえで反対勢力が含まれる市会には「多角的住宅」、市民向けには「美観」と各実利に合わせた2通りのプロパガンダを用意していた。

②不完全燃焼した戦前都市計画の理念噴出

接収解除による更地の獲得は、関東大震災より続く宿願たる不燃都市、近代都市への大規模刷新が望まれた。統制の取れた都市計画、都市型住宅の造成の実現に加え、都市計画への市民意識の向上実現を目標としていた。このように、街区型の面的造成に託された計画理念とその手法は、不完全燃焼に終わったと考えられる戦前都市計画の悔恨の噴出口となっていた（図8）。さらに、都市計画への市民参加を誘発する地方自治を中心とした社会体制のあ

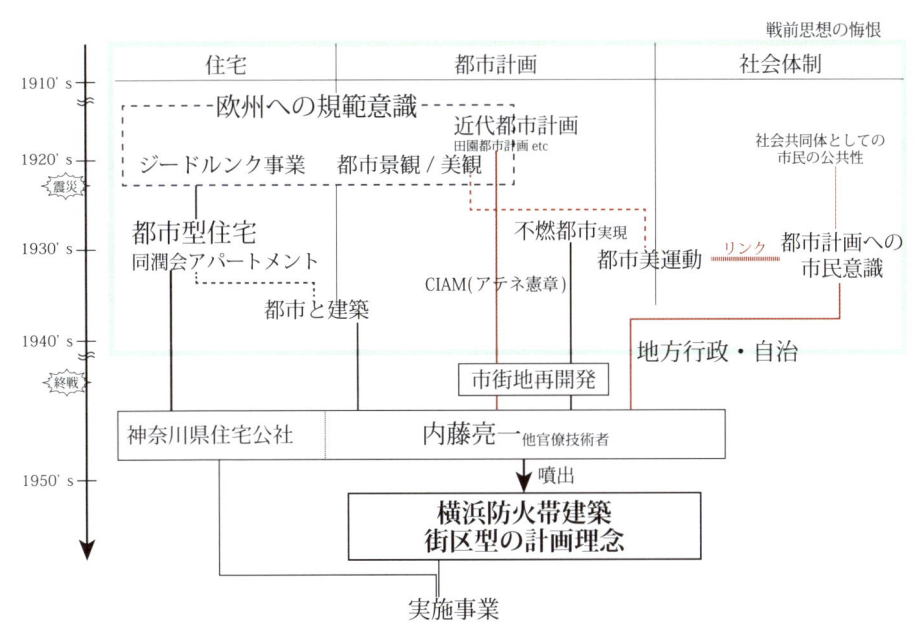

図8 計画理念の形成過程

りようが本事業では、積極的に推進されていたことがわかった。

③都市における街区型ないし中庭型配置の理念

街区型をめぐる理念については、行政、住宅公社、市民の3つの視点から論じられる。

(a)行政(横浜市建築局)

市建築局の理想型・模範街区事業から街区内部に対する配慮は少なからず存在したが、市当局が街区型造成に託した最大の理念は、都市の威厳を象徴する景観の形成、つまり外観の美しさに重点が置かれていた。

(b)神奈川県住宅公社

行政側が理想型とした初期事業・模範街区(原ビル、住宅公社ビル)と、成熟期の集大成に位置付けられる山田町団地事業を比較から、その理念には街区型の低層部を踏襲しつつ居住環境への配慮が如実に現れている。住宅公社の街区型に対する視座とは、行政側の示す権威ある都市の美観に終始するものではなく、むしろ都市型住宅としての居住環境の確保にも向けられていた。

(c)商工会を代表する市民側

商工会、商店街組合に代表する市民側の助力は共同ビル実現に大きく貢献した一方、都市美の基準は戦前の街並みにあった。よって街区ごとの建設への意志は無く、伊勢佐木町、福富町商店街に見られるようなアーケード式、線状の建設方針におさまったことがわかる。

[参考文献]

(1) 初田香成「沼津本通防火建築帯について──都市不燃化運動の地方都市における事例研究」『学術講演梗概集. F-2,建築歴史・意匠 2006』pp.333-334、2006年7月31日 など

(2) 河合正一「足貸脚部商店群の実態調査──横浜市における足貸アパートの研究(1)」『日本建築学会論文報告集』60(2)、pp.377-380、1958年 など

(3) 藤岡泰寛「長期経過した下駄ばき住宅における住商空間の変容 その1」『学術講演梗概集. E-2,建築計画II,住居・住宅地,農村計画,教育 2005』pp.357-358、2005年 など

(4) 中井邦夫「横浜の防火帯建築における空所の構成」『日本建築学会計画系論文集』80(708)、pp.323-330、2015年 など

(5) 速水清孝「内藤亮一の経歴と建築士法に対する主張」『学術講演梗概集. F-2,建築歴史・意匠 2005』pp.231-232、2005年7月31日

(6) 横浜市市史資料室編『横浜市会議事録』横浜市、第1号、p.227、1955年3月1日

(7) 内藤亮一「建築基準法施行一年──その回顧と展望」『建築行政』vol.2 no.1、1952年1月

(8) 内藤亮一「接収解除地を中心とする建築復興計画について」『新都市』7(10)、pp.93-97、1953年10月

(9) 伊東五郎「歐洲の住宅事情」『新都市』4(12)、1950年12月

(10) 横浜市建築助成公社『横浜市建築助成公社20年史』横浜市建築助成公社、p.42、1972年

出展者コメント ── トウキョウ建築コレクションを終えて

Q 修士論文を通して得たこと

とにかく手を動かして行動し、あらゆることに興味を持ち続ける探究心を培うことの重要性を学びました。本研究最大の制約だった、資料不足を補うという点においても、常に手を動かし続けることで新たな切り口を得ることができたと思います。

Q 修士修了後の進路と10年後の展望

大学院卒業後は、組織設計事務所の意匠設計部に就職しました。建築設計に携わるものとして、まずは設計における知識を思う存分吸収しつつ、最終的には市街地を中心とした集合住宅の面的開発に携わりたいと思っています。

審査員コメント

山村：不完全燃焼した戦前都市計画の理念の噴出というのは面白い結論だと思います。この結論は具体的に一連の流れを見ていく中で推察されたという理解でいいのでしょうか。

古谷：はい。事業推進人物らの思想背景の部分で取り上げている内藤の論考などの変遷を見たうえで判断を行いました。

中島：図1を見ると確かに横浜の関内の部分には、街区型に見える部分があります。けれども、全体がそうではなく、路線型に見えるところもあり、一様ではないですよね。街区のスケールなどによって、街区型・路線型どちらともとれるような気がするのですが、プランの読み込みはどういうふうに行なっているのでしょうか。全部一様に街区型と呼んでいいのかという疑問があります。

古谷：街区型と述べるうえで、理由としては外からの見え方や、まちなみ・景観というところをひとつの視点として街区型という風に論文では呼んでいます。

中島：しかし、外側からの見え方だと、路線型・街区型の両方とも、路線に面して建物が続くという形式は一緒だと思うのですが、どうでしょうか。

古谷：私の中での定義になってしまうのですけれども、路線型というのはあくまでも1本の道に重点を置いてそこから栄えていく、アーケード状に配置するといった形式なのですが、あらゆる方向・複数の路線に対して指定をしているという点で、街全体として見れば街区型というふうに呼べるのではないかと考えています。

永井：タイトルと結論にある、「テクノクラートの理想」という言葉なのですが、結局のところ何を指しているのか、もう少しわかりやすく教えてもらうことは可能でしょうか。

古谷：テクノクラートは、一般に事務官僚や官僚全体を指す言葉として用いられています。加えて今回の論文では、横浜市の市長や商工会の人物といった面々も登場してくるのですが、そういった人々を総括してテクノクラートという言葉を使用しています。また、理想という言葉の主体という点では、たとえば内藤亮一や、本事例では直接関係はないのですが石川栄耀のような、技術官僚、建築家、都市計画家といった人たちの理想として述べています。さらに、ここにおける理想というのは、当時のヨーロッパに対する規範意識や憧れといったものです。海外の都市計画における共同体の形や社会体制がそのまま表出したかのような建築のフォルムや街並みというものを日本においても築きたい、という点で理想であったと考えています。

しなやかな部材の大変形を応用した可変形態の設計手法

澁谷達典
Tatsunori Shibuya

東京大学大学院
新領域創成科学研究科　社会文化環境学専攻
佐藤淳研究室

第1章　序：背景と目的

計算機の発達により建築表現も拡大し、複雑な形状の設計が可能になりつつある。曲面建築はその代表的な例であるが、その成形法のひとつに、部材のしなやかさを積極的に利用し、弾性範囲内で大きく曲げて組み合わせることで立体成形する手法がある。部材を小径にして大変形を利用する構造で、軽量化ができるため、型枠のような一時的な資材や建設期間などを削減できる優位性があり、高強度な材料の開発が進んだ現代において、有効な手法であると考えられる。また、部材の変形性能を可変機構に応用し、環境に対してアダプティブな構造として扱うことも可能で、部材がしなやかさをもつからこそ可能な新しい建築表現が期待できる。

　以上の構法による静的な建築事例は多く見られるが、その特性を可変形態へ応用した事例は、建物

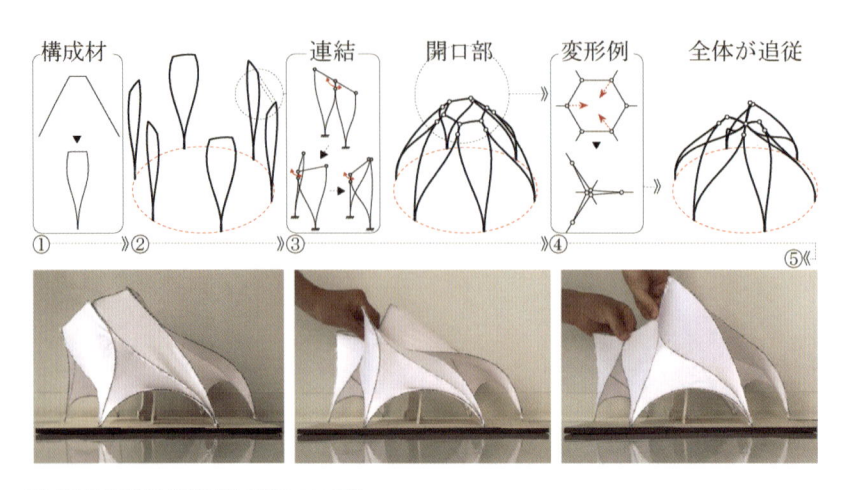

図1 提案する架構の構成原理と変形のメカニズム

のファサードの部分的な開閉動作への応用にとどまり、構造体全体が複数の形状に変形可能な提案はきわめて少ない。そこで本研究は部材の曲げ変形を利用し、構造体全体が複数の状態に変形できる架構の実現を目標とし、①架構の基本構成の提案、②形態シミュレーションシステムの構築とその精度の検証、③実施設計への実践的応用と実現可能性の検討を行う。

第2章　しなやかな可変構造と材料
2-1 可変構造
一般的な可動機構は、ヒンジ部の回転動作によるものが多く、物体を大きく変形させる場合に有効であるが、限られた方向にしか変形を許さない。他方、弾性体の変形を利用したコンプライアントメカニズム（以下、CM）という可動機構の場合、その変形性能は材料特性に大きく依存するが、多方向に変形できるポテンシャルをもつ。

2-2 基本構成
そこでCMを構造部材に適用し、回転動作と組み合わせることで多様かつダイナミックに変形可能な形態を考え、以下の基本構成を提案する。①しなやかなフレームの両端部を束ね、②環状に配置する。③隣り合うフレーム同士を部材軸周りに回転可能なヒンジとして連結し、上部に開口をもつ架構を構成

する。④開口部分の開閉動作とそのパターンに応じて、部材がCMとして機能し、全体形が変化する。⑤さらに空間を覆うために、膜との複合構造を提案する（図1）。

2-3 しなやかな材料
部材の弾性変形を積極的に利用した構造体においては、材料の選定が非常に重要になる。弾性範囲内で部材を曲げたとき、部材が湾曲する程度を示す曲率Φは、円形断面の場合、曲げによる最外縁応力度σ、弾性率E、部材半径rを用いて、次のように表せる（式1）。

$$\Phi = \frac{\sigma}{E \cdot r} \quad \cdots\cdots (式1)$$

ここから、同断面の部材で比較すれば、材料強度が大きく弾性率が小さいほど、部材がたわみやすいことがわかる。とくに本研究では、主にFRP（繊維強化プラスチック）を扱うが、鉄や木材などと比べ弾性率に対する強度の割合が大きく、可変構造への応用可能性がある[1]。

第3章　シミュレーション
3-1 位置ベース物理シミュレーション
部材の挙動を再現し設計するため位置ベースの物理シミュレーションツールであるKangaroo2（以下、K2）およびK2Engineeringを用いたモデリン

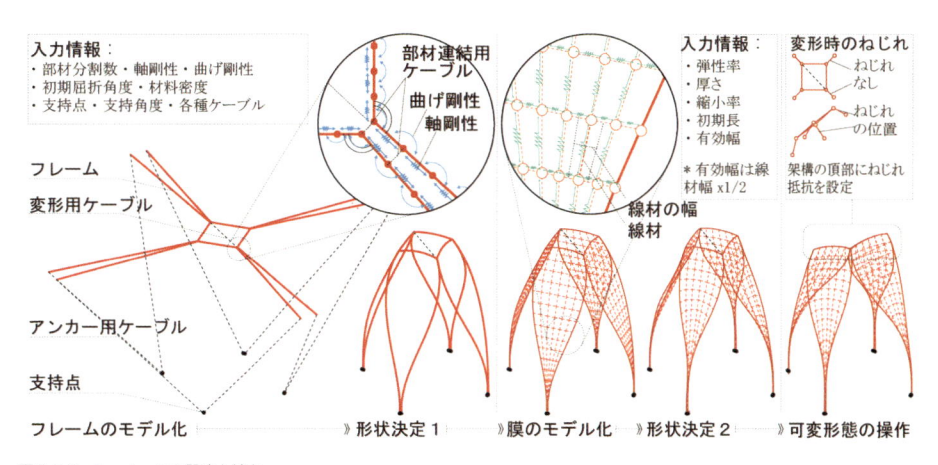

図2 シミュレーションの設定と流れ

グ手法を構築する[2]。K2では解析対象の各節点に動作を制御するn個の制約を与え、各制約G_jとその強さw_jを与え、それらの条件にしたがって節点位置$P_{i,cur}$とその他の節点位置の関係を評価し新しい位置を$P_{i,new}$へ更新する（式2）[3]。このステップ繰り返し、全節点の移動距離が十分に小さくなると、収束し、シミュレーションが終了する。

$$P_{i,new} = P_{i,cur} + \frac{\sum_{j=1}^{n} w_j \cdot G_j}{\sum_{j=1}^{n} w_j} \ \cdots\cdots (式2)$$

3-2 モデル化と形状決定

図2にシミュレーションの流れを示す。以下、各ステップにおける設定の解説を加える。

〈フレームのモデル化〉

曲げ変形の対象となるフレームのモデルは、平面上に環状配置し、任意数に分割したモデルから形状決定プロセスを開始する。各線分の両端点の距離および隣り合う線分間の角度に拘束を与えるため、部材の断面情報と弾性率をもとに、軸剛性・曲げ剛性、および線分間の目標角度を与える。また、部材脚部の支持位置と支持角度を設定する。部材間の連結部および部材脚部と対応する支持点にケーブルを配置し、目標長さを0に設定し、フレームに強制変位を与えると、形状が決定する。

〈膜材のモデル化〉

フレームモデルを生成した後、膜材としてグリッドメッシュを生成する。各方向の各線分に対して目標縮小率を設定し、弾性率・断面積・入力時の線分長さをもとに張力を与える。なお、膜の有効幅は、メッシュの分割ピッチの1/2とした。

〈可変形態の操作〉

生成した架構の形状を変形させる際は、開口部にあらかじめ設定したケーブルを縮め、操作を行う。このときフレーム頂部にねじれが発生するため、その抵抗を再現する設定を加える。ただし、その強さ（Cp. str）の適切な値が現状不明であるため次章で確認する。

第4章　検証

4-1 検証の概要と目的

シミュレーション精度を検証し、フレーム頂部のねじれ抵抗の強さを定めるため、小模型を用いた比較検証を行う。フレームにGFRP（ガラス繊維強化プラスチック）、膜材に2方向伸縮生地を用い、4フレームからなる小模型を製作する。上部の開口が開いた状態（typeA）と、閉じた状態（typeB）の、それぞれについて膜なし、膜ありの計4状態において解析との対応を確認する。

4-2 部材の製作

〈GFRPの製作〉

使用する材料は、無アルカリガラスのストランドを束ねた直径2mm程度ロービング（以下、ガラス繊維）を補強材とし、母材にオルソフタル酸系不飽和ポリエステル樹脂（以下、樹脂）、硬化剤にMEKPO、コーティングに、樹脂・空気硬化剤（パラフィン）・MEKPOの混合溶液を使用した。

　製作工程はまず、ガラス繊維を固定枠に配置し、繊維が透明になるまで樹脂を全体に浸透させる。次

図3 GFRP製作工程（左：繊維の配置、中：樹脂の塗布、右：仕上げ）

に繊維を70-100回程絞り、余分な樹脂を除去したのち、空気中で硬化させ、研磨とコーティングを施す（図3）。

〈材料特性〉

製作したGFRPの性能を曲げ試験で検証し、その平均である弾性率21.9GPa、降伏曲げ応力度229MPa、比重1.9を解析に採用する。

〈試験体〉

製作した4フレームともに短辺250mm、長辺1,000mm、屈折角度132°、直径4mmである（図4）。各フレームの部材径については、0.5mm前後のばらつきが見られたが解析時には無視する。

〈膜の製作と性能〉

伸縮させる前の3Dメッシュを平面展開し、長手方向に70%、短手方向に80%縮小した形状を生地から切り出す。生地の幅方向を膜の長手方向とした（弾性率は縦方向4MPa、幅方向2MPa、厚さ0.5mm）（図4）。

4-3 実測方法と検証方法

対象模型のフレーム上に記した実測点の座標を計測する。実測点は各部材の短辺中央、長辺200mm毎、および部材連結部両端の44カ所（typeBでは42カ所）とした。実測した座標から3次スプライン補間により小模型のフレーム形状を近似的に再現し、3章で示した方法で行ったシミュレーション結果と比較する。比較方法は、実測結果と解析結果における各フレームの短辺と長辺をさらに細かく分割し、2線上の対応し合う分割点間の距離を誤差として計測する。各辺における最大誤差を抽出し、その平均、標準偏差、最大値を評価し精度を確認する。なお長辺は50分割、短辺は10分割とした。

4-4 検証結果

検証結果を図5、図6に示す。まず、typeAの膜なしモデルでは誤差の辺毎の最大値の平均が15.5mmと小さく、ばらつきも1.5mmと小さいことから、部材にねじれがほぼ発生しない場合における再現度の高さがうかがえる。次に、Cp.str＝500とし、typeBの膜なしモデルを検証したところ、誤差が小さくなり、フレーム頂部のねじれも再現されていることが確認された。続いて、同じ抵抗値を膜ありモ

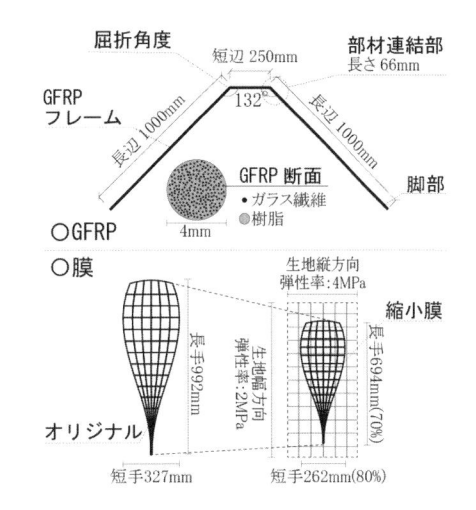

図4 製作部材（GFRP・膜）

デル2形状に適用し、検証を行った結果、typeA、typeBともに膜なしの場合よりも誤差、ばらつきが大きく表れた。理由としては、2方向に同時に膜を引っ張った時の膜の正確な復元力の強さが解析に反映されていないことが考えられるが、小模型の全体のスケールに対して3%程度の誤差であるため、おおむね再現されているといえる。

第5章　実践

5-1 設計

解析の実践的応用と本架構の実現可能性検討のため仮設構造物の設計と製作を行った。長さの異なる6フレームにより構成される10m²程度の空間を目標とした。部材に発生する曲げ応力度が、降伏曲げ応力度229MPa以下であることを評価基準とし、寸法の調整を行い、最終形状を決定した。最終的なフレーム寸法は、直径9mm、最長3.68m、最短2.30m、屈折角度120°で、膜は1方向伸縮膜（弾性率は縦方向5MPa、幅方向19MPa、厚さ0.3mm）の幅方向を膜の長手方向とし、長手92%、短手85%の伸縮率を与え、代表的な4タイプの形状を確認したところ、全て基準値を満たすことが確認された（図7）。今回は屋内を想定した計画であったが、参考としてCFDを用いた風解析から曲

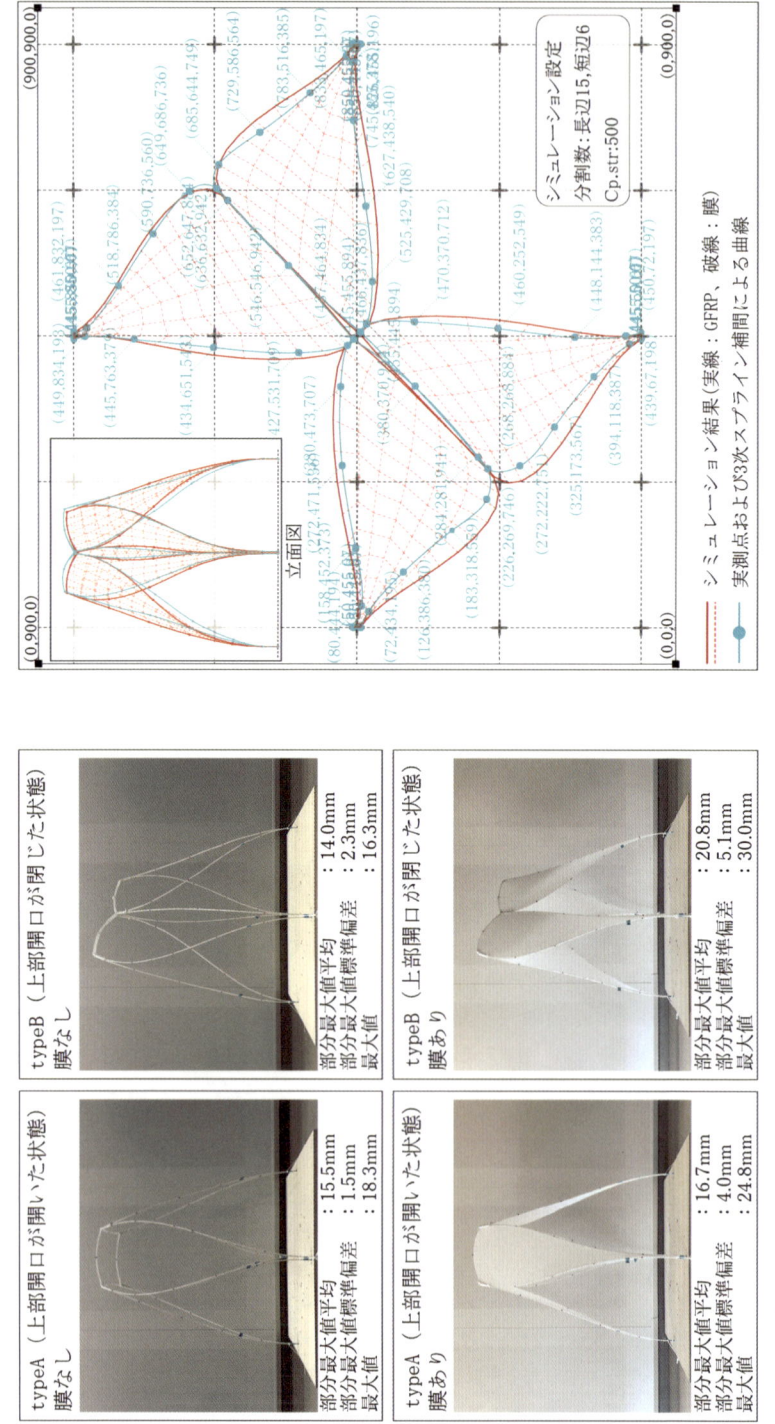

図6 実測とシミュレーションの比較例（typeB膜ありモデル）

図5 検証の対象模型の4状態および誤差の計測結果

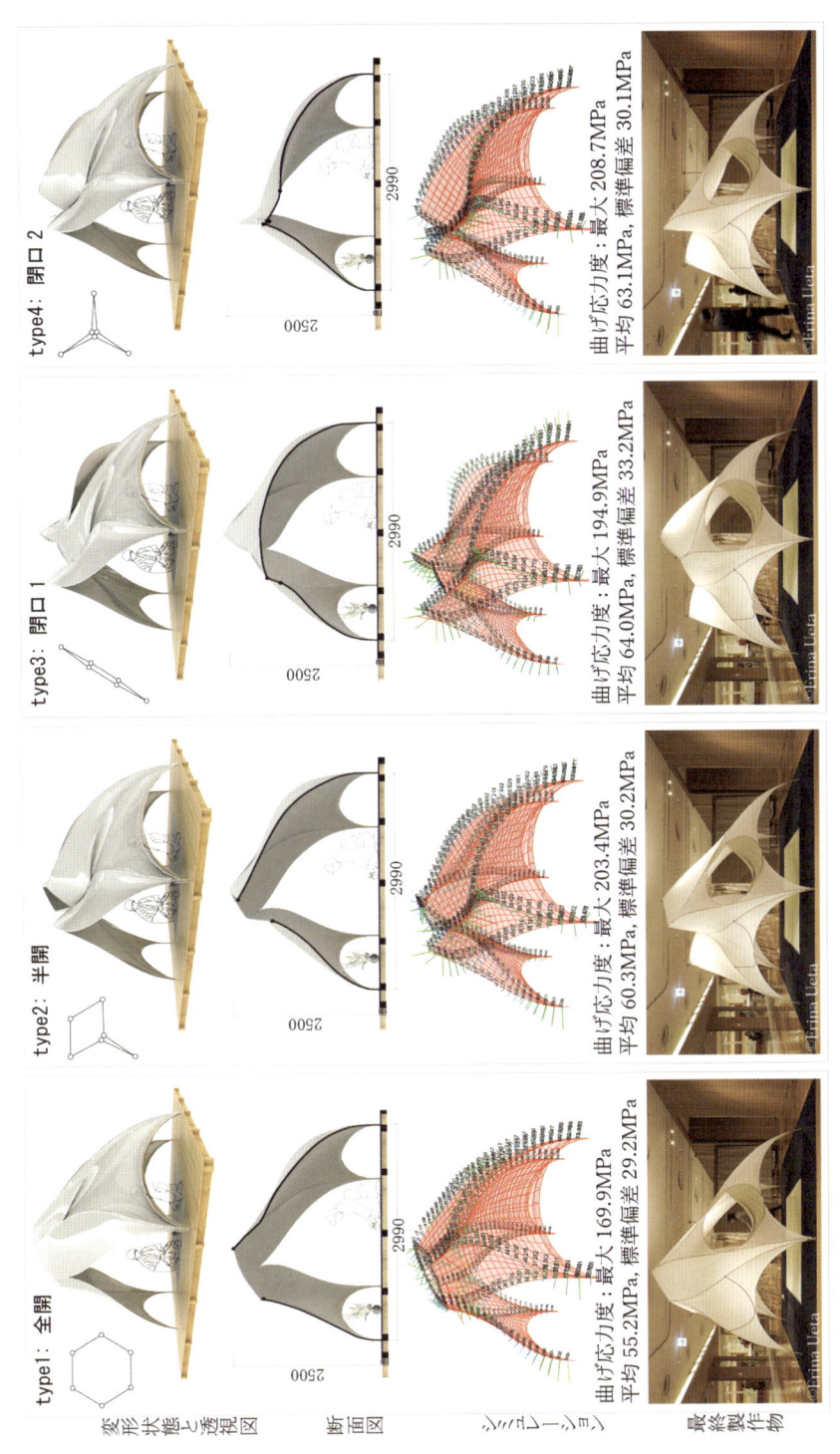

type1: 全開　type2: 半開　type3: 開口 1　type4: 閉口 2

変形状態と透視図

断面図

2500　2990

シミュレーション

type1: 曲げ応力度：最大 169.9MPa 平均 55.2MPa、標準偏差 29.2MPa

type2: 曲げ応力度：最大 203.4MPa 平均 60.3MPa、標準偏差 30.2MPa

type3: 曲げ応力度：最大 194.9MPa 平均 64.0MPa、標準偏差 33.2MPa

type4: 曲げ応力度：最大 208.7MPa 平均 63.1MPa、標準偏差 30.1MPa

最終製作物

図7 変形タイプごとの、形態のイメージ、断面図、シミュレーション結果、最終製作物［下4点｜撮影：椿田絵里菜］

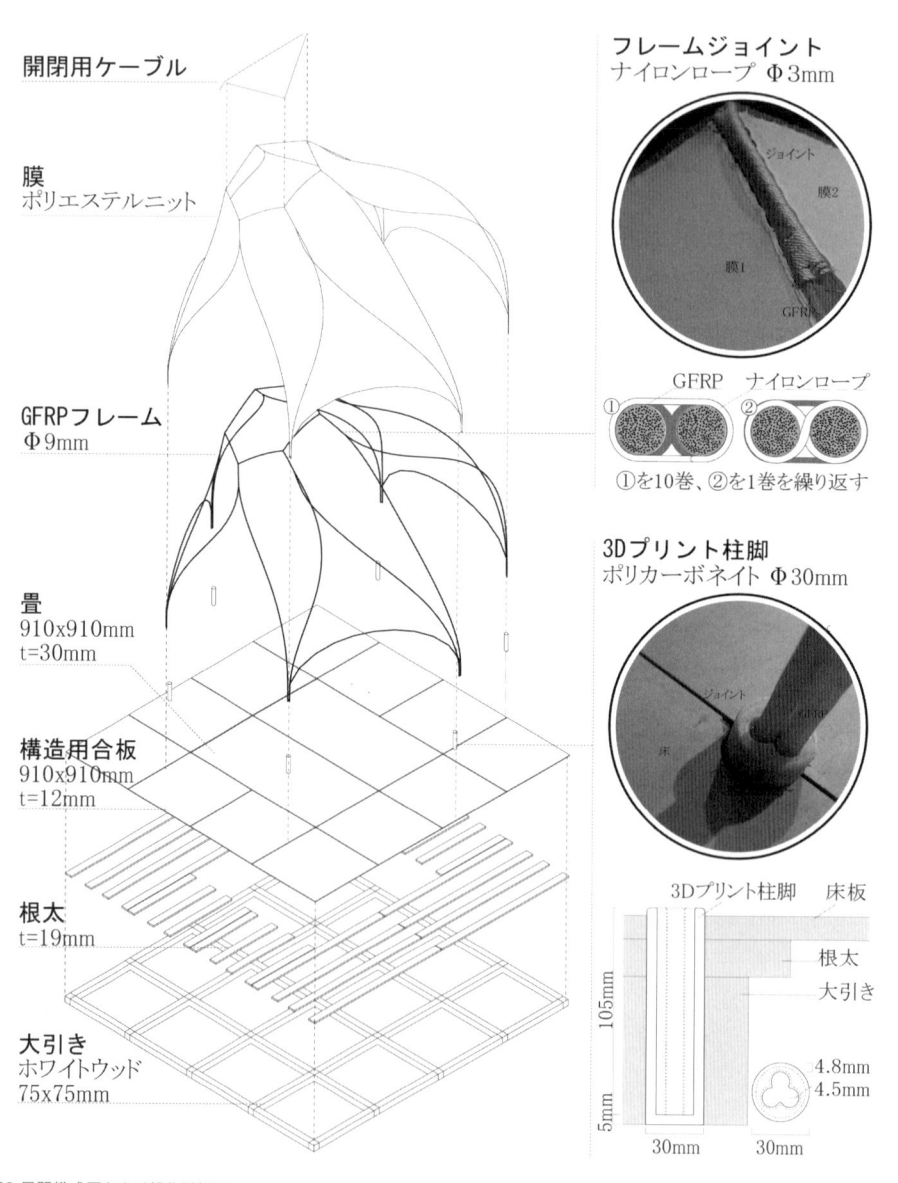

開閉用ケーブル

膜
ポリエステルニット

GFRPフレーム
Φ9mm

畳
910x910mm
t=30mm

構造用合板
910x910mm
t=12mm

根太
t=19mm

大引き
ホワイトウッド
75x75mm

フレームジョイント
ナイロンロープ Φ3mm

ジョイント
膜2
膜1
GFRP

GFRP　ナイロンロープ
① ②
①を10巻、②を1巻を繰り返す

3Dプリント柱脚
ポリカーボネイト Φ30mm

ジョイント
床
GF30

3Dプリント柱脚　床板
根太
大引き
105mm
5mm
30mm　30mm
4.8mm
4.5mm

図8 展開構成図および部分詳細図

面に作用する風圧を抽出し、それを入力した構造解析を行い、どの程度の風圧に耐えられるかを検討した。構造解析は初期曲げを考慮しない解析だが、風速5m/s相当の風圧に対する変形量が僅かであることから、初期曲げを考慮しても大きく変形しないことが予想される。

5-2 製作と画像比較による誤差の検証

製作物の構成図を図8に示す。製作は、プレファブリケーション（GFRP・膜・ジョイント部材の製作とユニット化）と建方（土台の設置・ユニットの設置と連結・開閉ケーブルの設置）の流れで行い、問題なく完成に至った。フレーム間のジョイントは、ナイロン紐で連結し、脚部のジョイントは、土台とGFRPの間に3Dプリントしたジョイント材を用いることで精度の高い接地を試みた。また、今回は、外部から開閉操作を行えることが条件として提示されたため、上部開口を開閉するためにケーブルを配置し、それを外側から縮める（あるいは開放する）ことで架構を変形させる仕組みとした。

　製作物の精度については、図9に示すように製作した架構とシミュレーション結果を重ね合わせると、おおむね一致している様子がわかる。しかし、解析結果が一部、製作物よりも膨らみのある挙動を示した。これは、前述した膜のモデル化および製作誤差が原因として考えられる。

5-3 空間利用

本製作物は実際に銀座三越に展示され、茶席として利用された（図7、図10）。上部開口が開いた開放的な空間や開口が閉じた落ち着いた空間など複数の形状で点前が行われ、限られたスペースでも空間の包み方をダイナミックに変えることで異なる雰囲気の空間が得られた。

第6章　総括

本論文では、CMと回転動作を取り入れることで複数の形状に可変な架構の構成方法を提案した。また3Dモデリングシステムを構築し、模型との比較検証においては膜のない状態のモデルと膜を追加したモデルのいずれの場合においてもシミュレーションでねじれの拘束を与えることで近い結果を得られ

た（図5）。さらに、実施物との画像比較でも、シミュレーションとのおおむね良い一致が見られたが部分的に膨らみ具合の誤差が目立つ部分もあり、膜のモデル化の設定法に改善の余地があると考えられる（図9）。最後に実践的に本システムを利用し、小規模の構築物の設計・製作・空間利用を通して、その有用性と本架構の可能性を提示した。

　今回は、ケーススタディとしてひとつの構成方法からなる架構について研究を行ったが、今後、異なるタイポロジーやプロポーションのスタディを重ねていくことで、空間デザイン的な可能性が広がると考えられる。解析的な側面からは、モデル化の再検討に加え、屋外利用のためにはさまざまな外力を加味した検討がなされる必要がある。また本架構は、材料特性に大きく依存するものであり、材料性能の向上により大規模化の実現も近づいてくる。以上のように、空間デザイン・構法・構造・材料といった建築物の解像度を横断しながら研究・設計を進行することが今後の展開においても重要であることを指摘したい。

［参考文献］
(1) J. Lienhard, *Bending-Active Structures: Form-Finding Strategies using Elastic Deformation in Static and Kinematic Systems and the Structural Potentials Therein.* Doctoral Thesis. StuttgartUniversity. 2014.
(2) D. Piker, *Kangaroo 2.0 Release notes.* 2015.
(3) C. Brandt-Olsen, *Calibrated Modelling of Form-active Structures.* Master thesis. Technical University of Denmark. 2016.

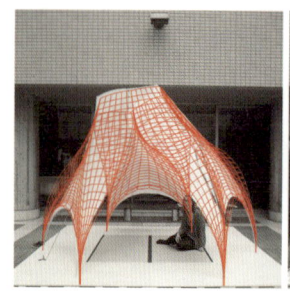
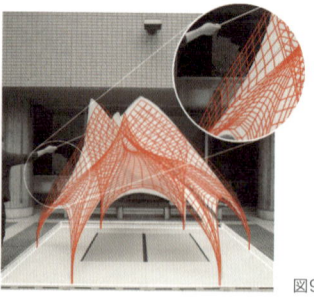

図9 シミュレーション結果と実物の重ね合わせ

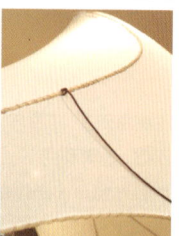

図10 展示の様子と点前の様子［上・右下｜撮影：植田絵里菜］

出展者コメント —— トウキョウ建築コレクションを終えて

Q 修士論文を通して得たこと

材料——構造——制作——空間デザインという解像度を横断しながら、ひとつの構造物をみることで、発展性のあるアイデアを発見できたことが大きな成果です。

Q 修士修了後の進路と10年後の展望

隈研吾建築都市設計事務所で意匠設計の仕事をしています。あらゆる素材と向き合いながらエンジニアリングとデザインから生まれる建築の可能性について考えていきたいです。

審査員コメント

澁谷：デザイン的なテーマとして「自由な建築」を考えていました。既存の建築は大きくて重く、動かないことが前提とされていますが、構造体を軽くし、変形可能にすることで人と外環境のあり方を変える、構造体自体が人と環境をつなぐインターフェースになるようなものを目指して設計しました。

永井：論文の主題は直接は膜と関係がなさそうですが、骨組みだけではなく膜と複合したものを扱われているのはなぜでしょうか。膜を使うと、張力の影響で骨組みに変形を生じるので、それが解析誤差の大きさに出ていると思います。まず茶室を実際につくるプロジェクトが先にありきだったという気もするので、そのあたりの経緯を教えていただけますか。

澁谷：ご指摘の通りです。当初の構造的なアイデアはGFRPというしなやかな材を用いて成り立つ、アダプティブな架構を考えていましたが、茶室を設計するプロジェクトに応用するにあたり、空間を覆う必要があったので、膜を追加したというのが実際の経緯です。膜はフレーム形状の変形にも追従できる必要があったため、今回は伸縮性のある生地を扱っています。膜によってどのように形状が変化するか、変形してもたるまないかどうかなどの挙動をシミュレーションで検証したうえで制作しています。

永井：では、膜と弾性体のフレームの複合的な構造を解析することが目的ではないわけですね。

山村：非常に素人的な質問で恐縮ですが、材料によるのかもしれませんが、この構造はどれくらいの大きさのものにまで適用できるイメージでやられているのでしょうか。

澁谷：今回の研究で実際に取り扱ったのは、小さい模型のスケールと、茶室のスケールです。さらにスケールの大きい構造に関しては、詳しく検討していないので具体的にはわかりませんが、本架構は材料の特性に大きく依存するので、たとえば、カーボンファイバーというさらに強い材料を使うと50mくらいのスパンまでいけるかなという印象を受けますが、実際は複雑なので、今後、さまざまな外力に対して耐えれるかどうかを確認していく必要があります。

川添：膜が入ることとフレームだけでやることでは、意味が異なってきますよね。膜という素材の柔らかさも、全体の挙動や形態に関連していると思います。そのあたりを、今後の展望を含め補足していただけますか。

澁谷：架構に対して膜がどのような影響を与えているかは研究としては解明できませんでしたが、膜のテンションの入れ方によって架構としての強度が変わるのは明らかです。今後はそのあたりを追求したいと考えています。また、大規模化するためには、膜の影響を見ることはもちろんですが、フレームの強度が非常に重要になってきます。今回扱ったGFRPは、弾性率に対し強度が高く曲がりやすい素材で、他の材料・木材と比べても高い性能があります。今後フレームのサイズをスケールアップしていく過程で、フレームの断面形状も大きくなりますが、曲がりにくさは断面の径の4乗に比例します。そのため、単純に断面形状を大きくしても成立しませんので、より強い材料が必要になります。なので、どのように架構を構成していくのかというジオメトリの側面と、膜を含め、どういった材料を選定するのかという側面を複合的に検討していくことが求められてくる考えています。

民間信仰組織の都市空間史

近代浅草における〈地域稲荷〉の変容

中井希衣子
Kiiko Nakai

明治大学大学院
理工学研究科　建築学専攻
青井哲人研究室

序章

本研究では、〈地域稲荷〉を「近隣住民など、地域自治組織が運営（＝所有・管理）に関与している稲荷小社」と定義する。現代の〈地域稲荷〉の多くは、近世江戸社会において広汎に浸透した民間信仰が震災や戦災で焼失するたびに近隣住民によって再興・維持されたものである。近隣住民による民間信仰組織は、近代以降主要な祭祀主体となり、〈地域稲荷〉の無名さゆえに近代の流動性とともに変容（＝生成・淘汰・再編）してきたと考えられる。本研究は、鎮座する土地種別と祭祀者が1対1で結びついていた近世社会が解体された後の近代（＝明治初期から昭和初期の約70年間）における〈地域稲荷〉と民間信仰組織の変容について、以下3つの論点から実態解明を試みる。

　①流動化と固定（明治初頭〜大正期）：近世固定社会の解体後、人口構成の再編と地縁的再定着による信仰組織の発生。②行政の論理（明治初頭〜昭和初期）：神社のみを「国家ノ宗祀」とした神道政策上における〈地域稲荷〉の位置づけ。③災害と復興（大正末期〜昭和初期）：関東大震災後の帝都復興事業下における〈地域稲荷〉や信仰組織の情況。

　また、以上のような近代的外力による〈地域稲荷〉

と信仰組織の変容は、都市空間に圏域やネットワークとして表出し可視化される。なお本研究は、〈地域稲荷〉の物言わぬ無名性と歴史上記述されにくい民間信仰組織の解明という民衆史的問題意識をはらんでいる。民衆史分野は豊かな研究蓄積があるものの、近代の信仰組織に関してはおおむね地方民俗史に限られ、都市空間との相関や組織の内部については未解明の点が多い。以上より本研究では民衆社会の都市史を〈地域稲荷〉から検討し、普遍的存在である〈地域稲荷〉について近代的ダイナミズムを踏まえた構造的視角を得ることが狙いである。

1章　前史
──宗教民俗としての稲荷信仰

稲荷信仰の起源から近世における信仰の浸透について前史として把握した。稲荷信仰は紀元前後の農民祭祀が起源とされ、その後伏見稲荷の創建や真言密教との融合を通し信仰圏域を拡張した。しかしそれらの宗教組織と結合する一方、元来の民間信仰的側面も根強く維持され、主体のない素朴な祭祀が継続された。農耕神・漁業神・商工業神など信仰機能が重層化し、民間による祭祀の自在性や主体の無名性を獲得していったといえよう。

また近世江戸社会における民間信仰の興隆を通し〈地域稲荷〉は流行神的性格を帯び、近代町内社会に受容される基盤を獲得した。当時の祭祀担い手像は1「他宗教型（別当寺僧侶や修験者）」（7社）、2「屋敷住民型」（5社）、3「町人型」（1社）の3つに類型され、同時に鎮座する土地種別に結びついていたことが分かるが、一方で19社のうち不明が6社あり、内5社は次章の明治期神社行政史料に一切掲載がないものであった。

2章　明治期神道政策と祭祀の担い手像

2-1　小社に関する法整備

明治初期の一連の神社政策は、神社神道だけを「国家ノ宗祀」とし、神仏分離、公認／非公認神社の分類、氏子域の整備による住民と氏神鎮守の再編成などを試みた。慶応4（1868）年の神仏分離令により別当寺の神社管理が廃止されたほか、公認神社の定義と把握のための神社の台帳「神社明細帳」の作成、さらに運営基盤獲得のための神社整理などが着手された。その中で〈地域稲荷〉のような膨大にある小社の制度上の扱いについては、議論が難航していたことが当時の官庁布達などから分かる。そして明治9（1876）年以降は「明細帳」に登載のない非公認神社としての「邸内社」も、個人祭祀の範疇であれば維持が可能であった。つまり、公認／非公認、個人／共有という2つの基準で、明治初期の〈地域稲荷〉には以下の選択肢があったといえる。（1）国家公認神社として申請し祭祀を維持する。（2）公認神社に合祀する。（3）個人祭祀としての範疇で信仰する。（4）祭祀自体を廃止する。そして現在の浅草〈地域稲荷〉は、明治初期に（1）「公認神社化」または（3）「個人祭祀」のいずれかを選んだ可能性が高く、（1）「公認神社化」を選んだ〈地域稲荷〉は当時の行政史料に確認される。

2-2　行政上の位置づけ

明治初期の神社行政史料のうち、浅草の神社が掲載され、かつ氏子など町内の把握ができる公文書5点から、当時の公認神社である〈地域稲荷〉について検討した（表1）。そして検討にあたり要となった「氏子域」と「兼勤」の概念は、前者が官庁に把握・設定されていた信仰領域を指し、後者は専属神官が不在の〈地域稲荷〉を近隣郷村社の神官が兼務する体制を指す。そしてこの「兼勤」制度の背景には、専属神官の不在という状況がある。明治2（1869）年には近世の別当寺僧侶が復飾し浅草〈地域稲荷〉の専属神官になっている社が複数社あり、〈袖摺稲荷〉は復飾後の姓を「袖摺」と名乗っている。このように別当寺僧侶が復飾し〈地域稲荷〉のような小社の社号を自身の姓とする事例は少なからずあり、新吉原内に祭祀され明治5（1872）年に合祀された「明石」「榎本」等の稲荷社も同姓神職の存在が確認される。またその「社号」についても検討の余地がある。明治5年以前は〈地域稲荷〉の社号が「感応稲荷社」など「個別名」＋「稲荷社」・「大明神」だが、以降には「稲荷神社」に統一されている。つまり近世までは神道と融合せず素朴な民間信仰だった〈地域稲荷〉が、社号の変換を通して神社行

図1　扇稲荷（台東区浅草橋）

図2　嬉の森稲荷（台東区花川戸）

政上に位置づけられたことがわかる。

2-3 祭祀主体の実態

前節の神社行政上の位置づけとは異なり、明治初頭における〈地域稲荷〉の具体的な信仰者像を実証する。近世まで別当寺領地や屋敷住民に祭祀されていた〈地域稲荷〉は、明治維新後それらの廃止と解体によって祭祀の担い手が転換する。そして明治11（1878）年の郡区町村編成法施行以前の「町」が法的基盤をもち独立した行政末端機構として機能していた時期における祭祀の担い手像には、「町総代」「氏子・世話人総代」「旧別当寺僧侶」が想定され、「町総代」は旧世来の地主であったのに対し「氏子・世話人総代」は多くが地権者であった。また、「旧別当寺僧侶」は明治5（1872）年には行政上その職務が排斥されていたが、その後昭和初期に帝都復興院が作成した「補償金調書」からは彼らの後裔の近隣居住が確認されるため、排斥後も近隣住

民として町内鎮守の稲荷に継続的に関与した別当寺僧侶は少なからず存在していたと考えられる。

3章　地域社会への結合と関東大震災

3-1 町内会論争

本節では〈地域稲荷〉の主要な運営基盤となった町内会について社会学分野の論争を整理した。

3-2 町内会としての信仰組織

境内記念碑や各種史料の照合より、当時の浅草〈地域稲荷〉の信仰組織と町内会役員は近似する傾向にあった。役員などが祭祀に関与していた町内会は19社のうち15社あり、換言すれば町内会の設置は多くの〈地域稲荷〉における運営基盤の獲得といえよう。しかし現在の町内会関係者らへの聞き取りでは、町内会の設置や当時の運営については、空襲による史料の焼失などでほとんど把握されていなかった。一般に旧東京市内の町内会は大正12（1923）

番号	稲荷名称	①触下緒社由緒	②氏子町名同人員調帳	③諸社格調并請書	④-1郷社明細簿	④-2村社明細簿	⑤神社明細帳	合計掲載数
1	袖摺稲荷神社	○		○	○		○	4
2	合力稲荷神社	○	○	○	○			5
3	箭弓稲荷							0
4	寶珠稲荷神社	○		○		○	○	4
5	元吉出世稲荷大明神	○		○		○		3
6	感應稲荷神社	○	○	○	○		○	5
7	無事富稲荷神社							0
8	嬉の森稲荷							0
9	孫三稲荷神社				△			△
10	黒船稲荷神社			○	○		○	3
11	廣澤稲荷社							0
12	掃取稲荷神社			○		○	○	3
13	小丸山稲荷神社							0
14	清川・梅森稲荷神社							0
15	加賀美稲荷神社			○	○		○	3
16	久米森稲荷神社			○	○			2
17	扇稲荷神社				△			△
18	篠塚稲荷神社		○	○		○	○	4
19	石塚稲荷神社	○		○		○	○	3

表1 研究対象とした浅草〈地域稲荷〉19社

年の震災後に約7割近くが設置されたが、浅草は比較的早く、大正初期以降漸次発足している。先述の15社に該当する14の町内会においても、不明1カ町を除いた計13カ町のうち10カ町が大正2（1913）年から震災以前の間に設置を済ませている。ここから、主たる設置目的が震災後の防災自治というより親睦などであると思われ、さらに14の町内会のうち5つに祭礼中心の前身組織があった（ただし不明3つ）。つまり、町内自治の一端に〈地域稲荷〉の管理運営が含まれていたと考えられる。以上の検討から、信仰組織の主体者、つまり町内会役員の具体像や属する社会層などの実態把握について、以下の①〜⑥の作業を進めた。

①市街化の把握：町内会設置は町内の発展と深く関係するため、市街化時期を江戸期の土地種別や昭和8（1933）年『浅草区史 行政編（上）』、さらに戸数・人口数の変移や明治30年代の町内商工業者数によって検討する。②町内会内部の把握：史料から各町内会の設置経緯と役員名を把握し、①の商工業者と照合する。③有力者の把握：史料から旧浅草区の有力者と個人史を把握し、①商工業者や②主導者・役員と照合する。④祭祀者の把握：石碑などの境内設置物にある寄附者リストから実際の祭祀関係者を把握し、①〜③と照合する。⑤地権者の把握：大正元（1912）年調製「東京市及接続部地籍台帳・地籍地図〈東京〉」内の地権者を上記の人物と照合する。⑥情景の把握：『風俗画報』や『古老がつづる下谷・浅草の明治・大正・昭和（1〜8）』（台東区教育委員会、1987年）の回顧録をもとに、当時の町内情況を把握する。

以上の作業を通して、町内の発展時期とそれに伴う町内会設置の主導者像が把握された（図3）。そし

て先述のように信仰組織の主体者と町内会役員が近似する傾向にあるため、これら（a）〜（c）の各人物が町内会設置後の〈地域稲荷〉の祭祀者のタイプに近いと見なされる。またこの類型は、既往の町内会史研究に類似した型が見受けられ、その背景に明治20年代の「町の動揺」などがとらえられていたがここでは割愛する。そして、前章で述べた非公認神社としての「邸内社」も町内会が設置された大正年間には町内での祭祀が確認された。これは、当時神社行政の主管であった内務省神社局が組織を弱体化させ統制が加減されたため、〈地域稲荷〉が再び公的な性質を帯び、町内会の設置と相まってその祭祀体制が確立されたと考えられよう。当時の非公認神社として例を1つあげると、〈孫三稲荷〉は戦前の神社行政史料に掲載がないが、大正期にはすでに町内鎮守として子供たちの遊び場になっている。そして境内記念碑から、大正7（1918）年の町内会設置後は社の運営を町内会役員が担っていたことがわかる。この町内会の前身には「実業同志会」という組織があり、その担い手として上記の町内会役員にあたる町内有力商店の主人の存在があった。彼らの多くは地方出身者で、明治20年代に上京し酒商など旧家商店の養子となった後家業を継ぎ、祭祀にあたっていたと見られる。つまり先述類型の（a）と（c）の混合型といえよう。また役員の多くが浅草区議会など政治の道へ参入していることから、町内会運営は支持基盤の獲得という背景があったと見なされる。

3-3 関東大震災と帝都復興事業

浅草地域は震災の被害が甚大で、浅草寺周辺の繁華街や住民らの長屋と同様、ほとんどの〈地域稲荷〉が焼失した。町民らは震災直後からバラックの

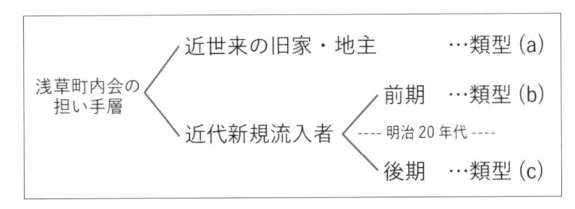

図3 浅草町内会の設置担い手層に関する類型

建設をはじめ、復興に向け気運を高めていった。その後の土地区画整理事業により大正末年から昭和5（1930）年にかけ換地や建物移転が行われている。当時の市街を記録した史料に、復興院作成の「建物移転補償調書」「移転計画図」がある（図4）。

当史料からバラックの再配置計画や建物所有者・借家人・同居人とその職業が把握できる。図中の現況線は、震災後わずか3、4年後におけるバラック建設状況を示し、史料の残存状態上十分に空間が復原された計7地域すべてにおいて〈地域稲荷〉社殿の再建が確認された。さらにそのうち4地域には近隣に町会長や総代所有の集会所などが設置され、その立地と無縁に〈地域稲荷〉が町内の中心的な位置づけのもと復興されていた。また再建された6社には神社行政上非公認の社も含まれ、集団的な信仰を禁じられていた社が公的に設置されていたことが分かる。このように、震災や区画整理による物理的な変動に対しては、むしろ町内自治の必要性から組織が強固になるなど、浅草の町内社会は比較的維持され安定を保っていた。

しかし一方で、昭和7（1932）年から漸次着手された町名改廃により、副次的に町内会の組織変更が行われた。図6はその一例であるが、当地は旧朱引線のすぐ内側に位置するため当時大幅に整理され、（A）の120戸を残したほかは4カ町に分裂している。その後の町内会は新町域に適応してそれぞれ再組織され、〈地域稲荷〉の鎮座地は残された120戸の町内会とは町域が異なっている。そして現在の社が、3つの町内会（図中斜線部）によって維持運営されていることから、昭和初期の町名改廃によって〈地域稲荷〉の信仰組織であった町内会が分裂し、その後は社の存在する（3）の新町内会のみで運営するのではなく、旧町域が展開した4つの町内会のうち鎮座地に近い3つの町内会によって維持運営されたと考えられよう。以上の実証から、町内会設置による〈地域稲荷〉支持基盤の確立と、制度的改変による町内会の解体・信仰組織の再編が確認された。

結章　本研究の成果

これまで都市における〈地域稲荷〉の信仰組織や祭祀の担い手像については、近年の祭祀実態に関する分析か、または近世江戸社会における土地種別によって大まかに把握されていたが、近世社会が解体された後の近代都市空間における信仰組織、担い手像については不透明なままであった。本研究ではその不透明なつなぎ目を、流動と固定／行政上の論理／災害と復興という3つの論点から明らかにし、町内会以外の信仰圏域に関する実証の限界を抱えつつも、近代社会における〈地域稲荷〉と信仰組織の具体相が解明された。信仰組織の変遷について得られた知見は以下のように整理される（図7）。

近世固定社会では別当寺など3つに分類された〈地域稲荷〉の担い手が、近代流動社会における人口構成や空間の再編とともに大幅に転換され、その後は総代や町内有力者などの個人を中心に維持されていった。そして流動社会の再固定により〈地域稲荷〉と「町内」という地域社会が結合し、住民の流出入など微細な変化を内包しつつも「町」という圏域の固定によって組織体制が維持され、町内会は無名な〈地域稲荷〉にとって確固たる運営基盤となった。また神社行政上は、社格や兼勤制度を介して把握されていたものの、その水面下では旧別当寺僧侶の町内定住や邸内社の町内共同財産化など、町内社会における〈地域稲荷〉の維持体制が構築されていたといえよう。そしてその組織は震災を契機に町内自治の必要性から一度強固になるが、震災後の町名改廃により分裂し再組織されていたものが現在の祭祀体制へと帰結していたことが確認された。また一方では、町内会など諸集団が関与しない〈地域稲荷〉は上記の実証に該当せず今後の課題とされたが、このようにすべてを統制しきれない側面こそ、民衆の有機的な姿を描くことの真髄ではないだろうか。

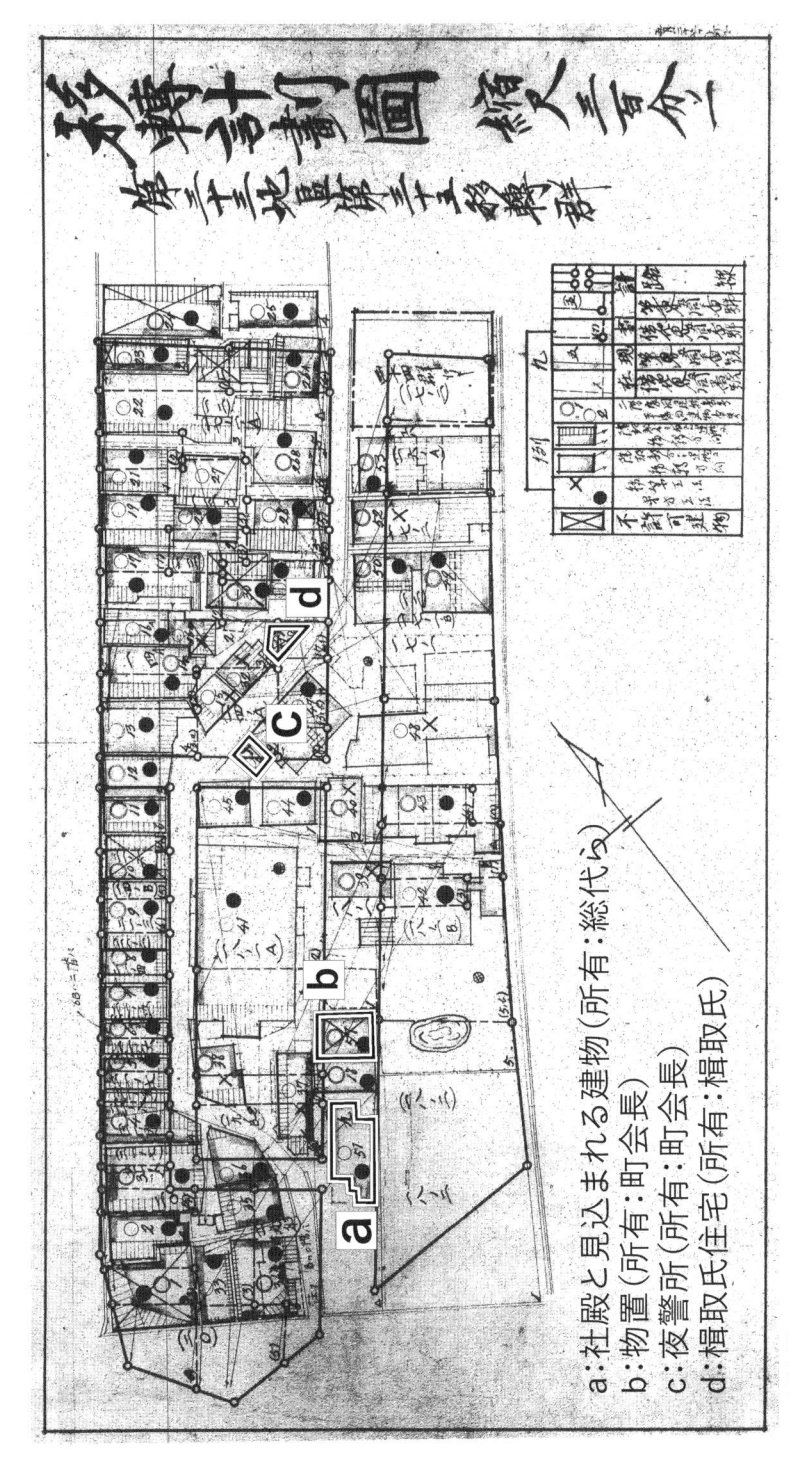

a：社殿と見込まれる建物（所有：総代ら）
b：物置（所有：町会長）
c：夜警所（所有：町会長）
d：楫取氏住宅（所有：楫取氏）

図4 〈楫取稲荷〉の周辺部分［「移転計画図」所蔵：東京都公文書館内田文庫］に筆者追記

論文展

191

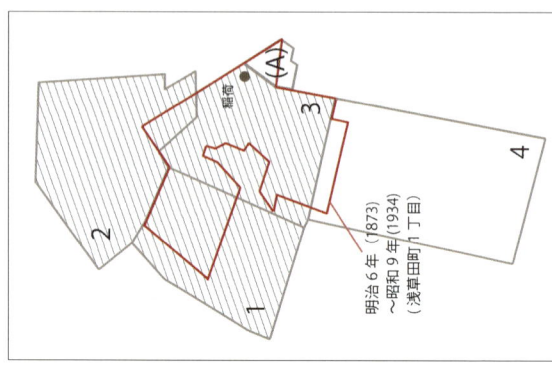

図6 〈合力稲荷〉近隣町内会における組織分裂図

図5 〈地域稲荷〉のある浅草町内会における組織の分裂・再編・維持

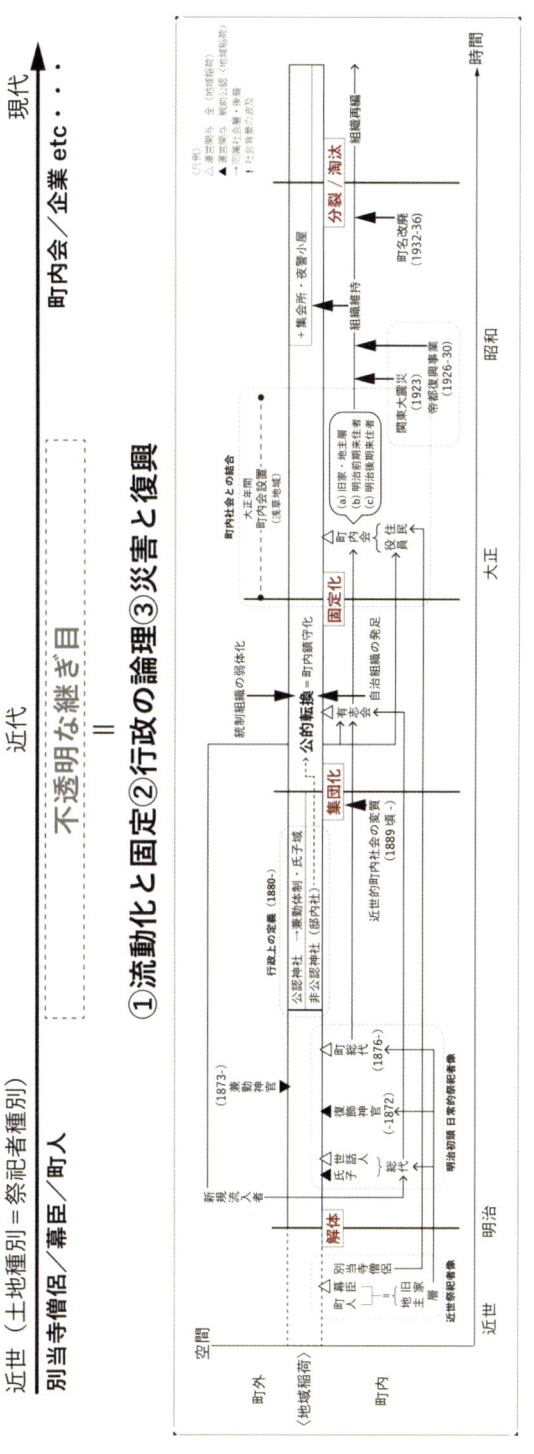

図7 〈地域稲荷〉の信仰組織の変容

[参考文献]

(1) 近藤喜博『古代信仰研究——稲荷信仰論』角川書店、1963年

(2) 直江廣治(編)『民衆宗教史叢書第三巻 稲荷信仰』雄山閣、1983年

(3) 石井研士『銀座の神々——都市に溶け込む宗教』新曜社、1994年

(4) 加藤紫識「台東区の稲荷信仰——本法寺・熊谷稲荷を中心に」台東区教育委員会(編)『台東区文化財調査報告書 第44集 台東区の絵巻1 熊谷稲荷縁起絵巻』2012年

(5) 小南弘季「神社領域論——明治東京の氏子域に関する研究」『日本建築学会計画系論文集』82巻735号、2015年

(6) 松山 恵『江戸・東京の都市史——近代移行期の都市・建築・社会』東京大学出版会、2014年

(7) 田中 傑『帝都復興と都市生活空間——関東大震災後の市街地形成の論理』東京大学出版会、2006年

(8) 宮田 登『江戸の小さな神々』青土社、1989年

(9) 大森恵子『日本宗教民俗学叢書——稲荷信仰と宗教民俗』岩田書院、1995年

(10) 河村忠伸『近現代神道の法制的研究』弘文堂、2017年

(11) 大岡 聡「東京の都市空間と民衆生活」中野隆生(編)『都市空間と民衆——日本とフランス』山川出版社、2006年

(12) 玉野和志『近代日本の都市化と町内会の成立』行人社、1993年

(13) 倉沢 進、秋元律郎『都市社会学研究叢書2——町内会と地域集団』ミネルヴァ書房、1990年

(14) 小木新造『東京庶民生活史研究』日本放送出版協会、1979年

(15) 浅草区史編纂委員会(編)『浅草区史 行政編 (上)(中)』1934年

(16) 『大東京自治半世紀』日ノ出新聞社、1939年

(17) 『浅草人物史』実業新聞社刊、1913年

出展者コメント —— トウキョウ建築コレクションを終えて

Q 修士論文を通して得たこと

あらゆる対象に誠実であり続けること。

Q 修士修了後の進路と10年後の展望

建築界隈の書籍編集者になります。おもしろいことや議論すべきことから目を逸らさず、10年後も元気でやっていたらいいな〜と思います。

審査員コメント

中島：近世的結合から近代的結合の間を、「社会の固定と流動」「行政の論理」「災害と復興」という3つの視点で見ることができる、ということを最初に述べられていましたが、本当にその3つだけなのかという点に疑問があります。たとえば、近代と現代のつながりを考える際には、戦争であったり、戦後における戦前とはまったく異なる規模での人口流入などのファクターが考えられます。町の環境の変化もそのひとつで、とくに浅草の場合だと戦前までは職住近接的な構造がありました。それが失われていく過程も含め、もっといろいろな要素が他にもある中でなぜその3つを挙げたのか。もう少し補足していただけますか。

中井：3つの論点の妥当性については、当初はもっと混沌とした状態で研究を進めており、論文趣旨が理解されやすいよう論文の提出一週間前ぐらいに整理し、発表上は体系化したというのが本当のところです。この3つの論点についてより丁寧な説明をすると、①の「社会の流動化と固定」が基底にあり、そのうえに②の「行政の論理」や「震災」という変動が位置づけられると思っています。基底となる流動化という背景のうえに乗っかってくる要素として加えるべきものはもっとたくさんあると思います。

川添：この場は歴史系の発表会ではなくて、いろいろな分野の人がいます。そこで重要になるのは、自分の問題意識をどうやって外部の問題系に接続するかということだと思います。たとえば、我々のように計画をする側の人間に、この研究はどのような意味をもたらすものになるとお考えですか。発表では語り尽くせていなかったと思うので、この場で少し補足をしていただきたいです。

中井：地域稲荷の歴史研究を、これからの社会・都市計画上にどう位置づけるかということは、研究を通して悶々と考えていたことです。それは歴史研究をなぜやるのかということにもつながるのですが、正直に言うとまだはっきりとした答えが全然出せていません。とはいえ、地域稲荷という存在が近代社会において磁場として作用していたからこそ、近隣住民が集団化し、ある種の共同体が組織されていたことが明らかになったことから、現在残っているものの周辺にも同様の作用が起こっているという仮説を導くこともできると思います。他には具体的な話になりますが、稲荷の制度上の扱いが宗教法人になっている場合、境内に町内会の集会所を併設する際に社殿として申請すれば、免税の対象になるといった恩恵が住民側にもあり、法整備とうまく連携した町内社会の組織の仕方があり得るのではと考えています。

現代建築作品における
相対的大空間の性格

山本晃大
Akihiro Yamamoto

東京工業大学大学院
総合理工学研究科　人間環境システム専攻
柳澤潤研究室

1章　序

石を積んで建物を造る。そこまでは、これまでに重ね
てきた大小の経験が納得させてくれた。だが、ここで
は、石は「内面を造る」ためだけに積まれているらし
かった。いや、内面の緊張感そのものが、世界最大と
いわれるあの穹窿を支え、またそれと並行して、この
内面を覆う外壁を積ませている、そう私には思えた。
野球のドームを空気でふくらませようとする現代人
とは異なって、この神殿を設計した人間、あるいは人
びとは、ある必然的でほとんど抽象的といいたくなる
ような内面の緊張感を計算し、それで強大な穹窿を
支えさせることを考えついたかのようだった。

　　　　須賀敦子「リヴィアの夢──パンテオン」[*1]

この文章では、パンテオンと野球のドームが、「内
部」の体験において異なることを示唆しているが、本
研究は時代や地域だけでなく建物の用途、規模、構
造も異なるこの2つの建築を、須賀が脈絡なく比較
していることに注目したものといえる（図1）。

　ローマのパンテオンや東京ドームなどにみられる
ような「極大な空間」が世界各地、時代を問わずに
みられる。このような、建築における「極大な空間」
は、多くの人々を包容する空間、あるいは、機能を

複合する空間として、地域や時代を超えて成立して
きた普遍的な空間といえる。これまで、多くの建築
家、建築理論家たちが、「極大な空間」や空間の「極
大さ」に注目しており、建物の用途や規模を問わず
応用できる、「極大な空間」と隣接空間との相対的
な関係性に、とくに価値を見出している。これらは、
際限なく広がる都市空間と、囲われることで成立す
る建築空間の狭間に位置する「極大な空間」を通し
て、身体から外部環境までの大きな秩序の中に建築
が位置づけ直されることを意図しているといえる。
本研究は、隣接空間との相対的な関係性の中で定
義される「極大な空間」を「相対的大空間」（以下、
GS）と定義し、注目するものである。明確な建築様
式のない現代において、多様化した建築構成の広が
りの中にGSの展開を見出し、その構造の一端を明
らかにすることを目的とする。

　これまで、アトリウム空間、大架構空間などの絶
対性による大空間を主題にした既往研究がある。こ
れらに対し、本研究は、相対的な比率によって定義
されるGSを対象とすることに研究の独自性があり、
表現・接続形式からGSの性格を明らかにするもの
である。研究資料は、日本建築専門誌の代表のひと
つである『新建築』を対象とする。本章の構成として

図1 パンテオン（左）と東京ドーム（右）

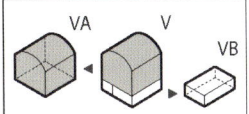

・空間Aの気積VA/空間Bの気積VB≧5
　空間A＝建物の中で一番目に気積の大きい空間
　空間B＝建物の中で二番目に気積の大きい空間
・天井面を有し、柱・壁といった物理的な建築要素により明確に
　その空間の境界が規定されているもの。
・建物が一つのヴォリュームとして規定される。

図2 GSの定義

	1980-1984	1985-1989	1990-1994	1995-1999	2000-2004	2005-2010	2011-2017	計
体育館系	1	◎10	◎12	★◎14	◎7	◎4	1	49
劇場系	◎2★	7	4	4	0	3	2	22
事務所系	◎2	2	★6	3	2	2	1	16
美術館系	1	2	3	3	3	★◎4	0	16
図書館系	◎2	2	1	3	2	★◎4	★4	18
教育施設	0	1	2	4★	4	0	★4	15
商業施設	1	2	2★	5	1	3	1	15
宿泊施設	◎2★	3★	3★	3	1	1	1	14
行政施設	1	0	1★	3	2	2	1	10
工場系	0	0★	3	1	2	1	2	9
宗教施設	◎2	2	1★	3	0	0	1	9
公民館系	0★	2★	2	0★	2★	2	1	9
保育施設	0	1	0	1	1	0★◎5		8
福祉施設	0	1	1★	2★	2	0	0	6
展示施設	1	0★	3	1	1	0	0	6
クラブハウス	0	1★	1	1	0	0	1	5
居住施設	0	0★	2	1	0	1	0	4
交通施設	0	0★	1★	1	0	0★	1	3
医療施設	0	0	0	0★	1	0	0	1
計	15	36	48	53	31	27	26	

GS外の隣接空間：(168) 分割（○）、(177) 床欠き（△）、(152) 独立（×）、(42) 架構（◇）
GS内：(150) 入れ子（■）

図3 GSと建物の関係
（★は建物主要用途毎の最大のもの、◎は年代区分毎の最大のものを表す）

は、2章においてGSの定義とその傾向を捉えたうえで、3章においてGS自体の表現形式、4章でGSと内部・外部空間との接続形式を捉え、5章において表現・接続形式の構成類型の重ね合わせにより、現代建築作品におけるGSの性格を捉える。

2章　GSの定義とその傾向

内部空間、もしくは内部化された空間の大きさを捉える尺度として「気積」[*2]を導入し、従来の絶対性を重視した大空間に比べ、相対性という概念も含んだ大空間として、GSを定義すると（図2）、研究資料より222作品が選定された[*3]。抽出された222作品

197

表1 各部位に対する輪郭操作と輪郭変形部分

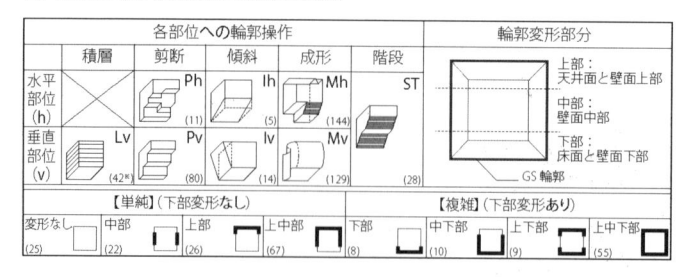

	各部位への輪郭操作					輪郭変形部分
	積層	剪断	傾斜	成形	階段	
水平部位 (h)	✕	Ph (11)	Ih (5)	Mh (144)	ST (28)	上部：天井面と壁面上部 中部：壁面中部 下部：床面と壁面下部 GS輪郭
垂直部位 (v)	Lv (42*)	Pv (80)	Iv (14)	Mv (129)		

【単純】（下部変形なし）　　　　　　　【複雑】（下部変形あり）

変形なし (25)	中部 (22)	上部 (26)	上中部 (67)	下部 (8)	中下部 (10)	上下部 (9)	上中下部 (55)

表2 GS内部要素の種類と配置される位置

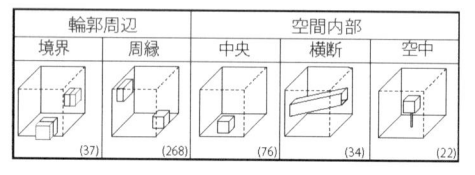

平面要素	立体要素			輪郭周辺		空間内部		
	ヴォリューム	縦動線	構造	境界	周縁	中央	横断	空中
P (117)	Sv (111)	Sf (84)	Ss (137*)	(37)	(268)	(76)	(34)	(22)

表3 GS輪郭形状とGS内部要素の配列

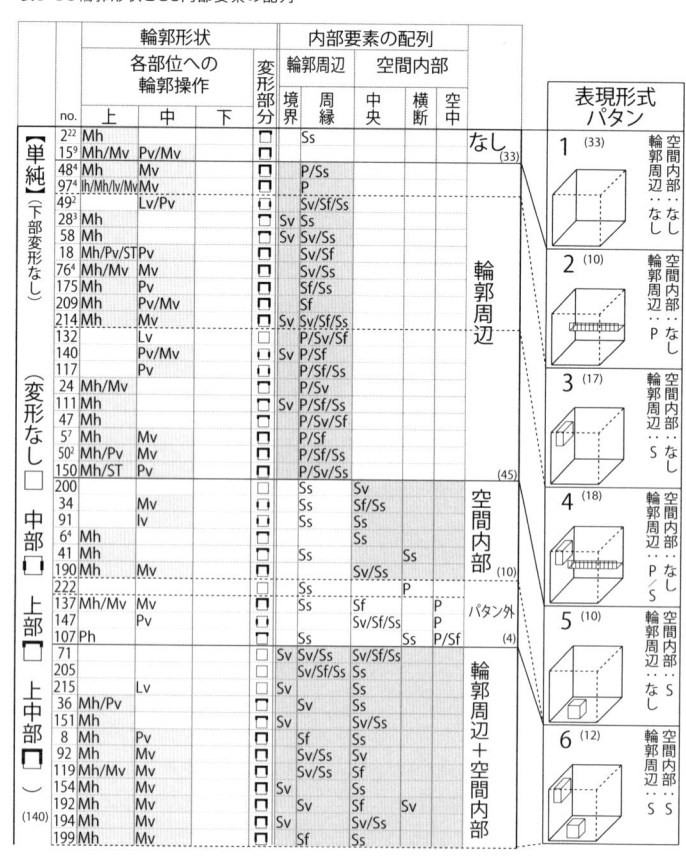

	no.	輪郭形状			変形部分	内部要素の配列						表現形式パタン
		各部位への輪郭操作				輪郭周辺		空間内部				
		上	中	下		境界	周縁	中央	横断	空中		
【単純】（下部変形なし）	2²²	Mh					Ss				なし (33)	1 (33) 輪郭周辺…なし／空間内部…なし
	15⁹	Mh/Mv	Pv/Mv				Ss					
	48⁴	Mh	Mv				P/Ss					
	97⁴	Ih/Mh/Iv/MvMv					P					
（変形なし）	49²		Lv/Pv				Sv/Sf/Ss				輪郭周辺	2 (10) 輪郭周辺…P／空間内部…なし
	28³	Mh				Sv	Ss					
	58	Mh				Sv	Sv/Ss					
	18	Mh/Pv/STPv					Sv/Sf					
	76⁴	Mh/Mv	Mv				Sv/Ss					
	175	Mh	Mv				Sf/Ss				3 (17) 輪郭周辺…なし／空間内部…S
	209	Mh	Pv/Mv				Sf					
	214	Mh	Mv				Sv/Sf/Ss					
	132		Lv				P/Sv/Sf					
	140		Pv/Mv			Sv	P/Sf					
	117		Pv				P/Sf/Ss					
	24	Mh/Mv					P/Sv				4 (18) 輪郭周辺…P／S／なし
	111	Mh					P/Sf/Ss					
	47	Mh					P/Sv/Sf					
	5⁷	Mh	Mv				P/Sf					
	50²	Mh/Pv	Mv				P/Sf/Ss					
	150	Mh/ST	Pv				P/Ss			(45)		
中部	200					Ss	Sv				空間内部 (10)	5 (10) 輪郭周辺…なし／空間内部…S
	34		Mv			Ss	Sf/Ss					
	91		Iv			Ss	Ss					
	6⁴	Mh					Ss					
	41	Mh				Ss		Ss				
	190	Mh	Mv				Sv/Ss	Ss				
上部	222					Ss		P			パタン外 (4)	
	137	Mh/Mv				Ss	Sf		P			
	147		Pv				Sv/Sf/Ss		P			
	107	Ph				Ss			P/Sf			
上中部	71					Sv/Ss	Sv/Sf/Ss				輪郭周辺＋空間内部 (140)	6 (12) 輪郭周辺…S／空間内部…S
	205					Sv/Sf/Ss	Ss					
	215		Lv			Sv	Ss					
	36	Mh/Pv				Sv	Sv	Ss				
	151	Mh				Sv	Sv/Ss					
	8	Mh	Pv			Sf	Sv/Ss	Sv				
	92	Mh	Mv			Sv/Ss	Sv					
	119	Mh/Mv	Mv			Sv/Ss	Sf					
	154	Mh	Mv			Sv/Ss	Sv/Ss					
	192	Mh	Mv			Sv	Sf	Sv				
	194	Mh	Mv			Sv	Sv/Ss					
	199	Mh	Mv			Sf	Ss			(140)		

198

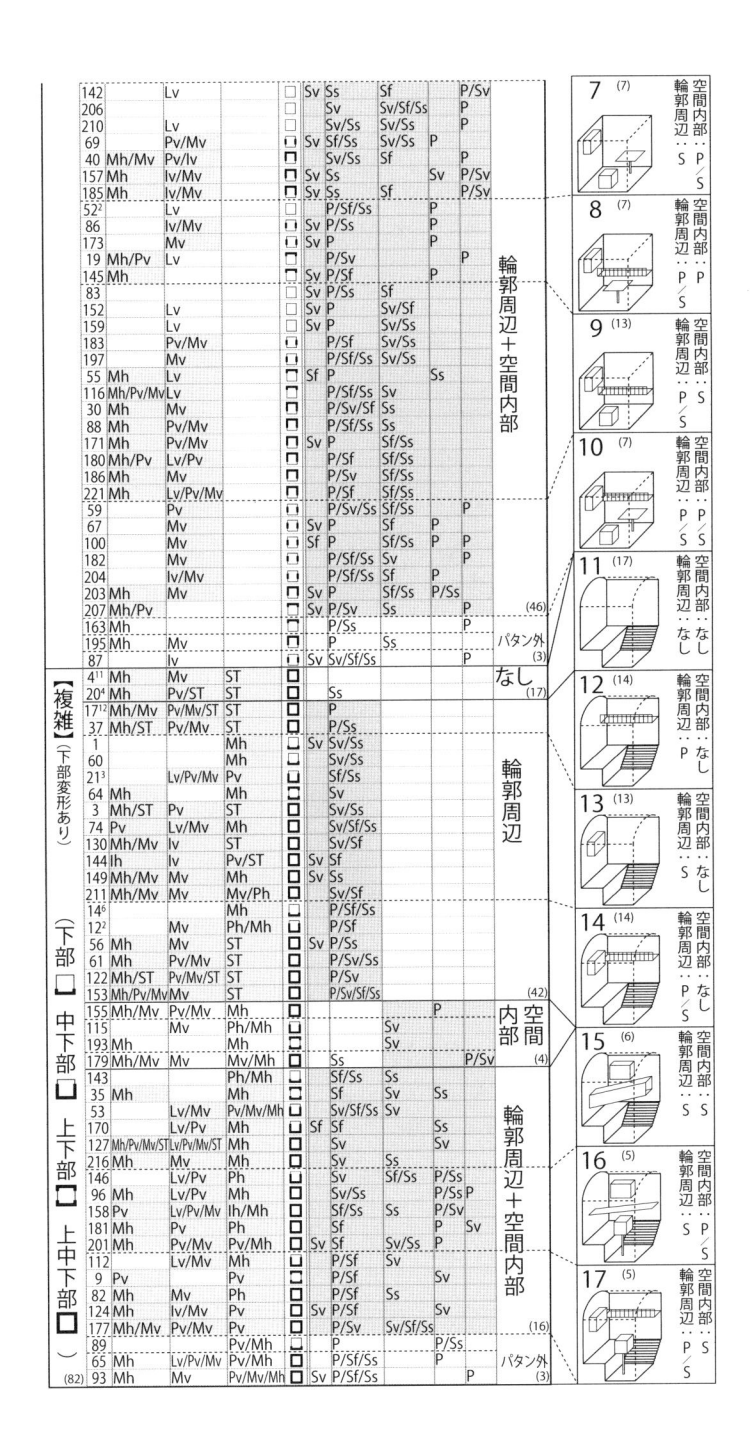

右側図の注記：

7 (7) 空間内部…P／輪郭周辺…S

8 (7) 空間内部…P／輪郭周辺…P

9 (13) 空間内部…S／輪郭周辺…P

10 (7) 空間内部…P／P／輪郭周辺…S

11 (17) 空間内部…なし／輪郭周辺…なし

12 (14) 空間内部…P／輪郭周辺…なし

13 (13) 空間内部…S／輪郭周辺…なし

14 (14) 空間内部…P／S／輪郭周辺…なし

15 (6) 空間内部…S／輪郭周辺…S

16 (5) 空間内部…P／S／輪郭周辺…S

17 (5) 空間内部…P／S／輪郭周辺…S

左側表の区分（縦書き）：

輪郭周辺＋空間内部 (46)

パタン外 (3)

なし (17)

【複雑】（下部変形あり）（下部 □ 中下部 □ 上下部 □ 上中下部 □）

輪郭周辺 (42)

空間内部 (4)

輪郭周辺＋空間内部 (16)

パタン外 (3)

(82)

No.							
142		Lv		□	Sv	Ss	Sf	P/Sv
206				□		Sv	Sv/Sf/Ss	P
210		Lv		□		Sv/Ss		P
69	Mh/Mv	Pv/Iv		□	Sv	Sf/Ss	Sv/Ss	P
40	Mh/Mv	Pv/Iv		□		Sf		
157	Mh	Iv/Mv		□	Sv	Ss		Sv	P/Sv
185	Mh	Iv/Mv		□	Sv	Ss	Sf		P/Sv
52		Lv		□		P/Sf/Ss		P
86		Iv/Mv		□	Sv	P/Ss		P
173		Mv		□	Sv	P		P
19	Mh/Pv	Lv		□		P/Sv		P
145	Mh			□	Sv	P/Sf		
83				□	Sv	P/Sf	Sf	
152		Lv		□	Sv	P	Sv/Sf	
159		Lv		□	Sv	P	Sv/Ss	
183		Pv/Mv		□		P/Sf	Sv/Ss	
197		Mv		□		P/Sf/Ss	Sv/Ss	
55	Mh	Lv		□	Sf	P		Ss
116	Mh/Pv/Mv	Lv		□		P/Sf/Ss	Sv	
30	Mh	Mv		□		P/Sv/Sf		
88	Mh	Pv/Mv		□		P/Sf/Ss	Ss	
171	Mh			□	Sv	P	Sf/Ss	
180	Mh/Pv	Lv/Pv		□		P/Sf	Sf/Ss	
186	Mh	Mv		□		P/Sv	Sf/Ss	
221		Lv/Pv/Mv		□		P/Sf	Sf/Ss	
59		Pv		□		P/Sv/Ss	Sf/Ss	P
67		Mv		□		P	Sf	P
100		Mv		□	Sf	P	Sf/Ss	P	P
182		Mv		□		P/Sf/Ss	Sv	
204		Iv/Mv		□		P/Sf/Ss	Sf	P
203	Mh	Mv		□	Sv	P	Sf/Ss	P/Ss
207	Mh/Pv			□	Sv	P/Sv	Ss	
163	Mh			□		P/Ss		
195	Mh	Mv		□		P	Ss	
87		Iv		□	Sv	Sv/Sf/Ss		P
4	Mh	Mv	ST	□				
20		Pv/ST	ST	□		Ss		
17	Mh/Mv	Pv/Mv/ST	ST	□		P		
37	Mh/ST	Pv/Mv	ST	□		P/Ss		
1			Mh	□	Sv	Sv/Ss		
60			Mh	□		Sv/Ss		
21		Lv/Pv/Mv	Pv	□		Sf/Ss		
64	Mh		Mh	□		Sv		
3	Mh/ST	Pv	ST	□		Sv/Ss		
74	Pv	Lv/Mv	Mv	□		Sv/Ss		
130	Mh/Mv	Iv	ST	□		Sv/Sf		
144	Ih	Iv	Pv/ST	□	Sv	Sf		
149	Mh	Mv	Mh	□	Sv	Ss		
211	Mh/Mv	Mv	Mv/Ph	□		Sv/Ss		
14			Mh	□		P/Sf/Ss		
12		Mv	Ph/Mh	□		P/Sf		
56	Mh	Mv	ST	□	Sv	P/Sf		
61	Mh	Pv/Mv	ST	□		P/Sv/Ss		
122	Mh/ST	Pv/Mv/ST	ST	□		P/Sv		
153	Mh/Pv/Mv/Mv		ST	□		P/Sv/Sf/Ss		
155	Mh/Mv	Pv/Mv	Mh	□				P
115		Mv	Ph/Mv	Mh	□			Sv	
193	Mh		Mh	□			Sv	
179	Mh/Mv	Mv	Mv/Mh	□		Ss		P/Sv
143			Ph/Mh	□		Sf/Ss	Ss	
35	Mh		Mh	□		Sf	Sv	Ss
53		Lv/Mv	Pv/Mv/Mh	□		Sv/Sf/Ss	Sv	
170		Lv/Pv	Mh	□	Sf	Sf		Ss
127	Mh/Pv/Mv/ST	Lv/Pv/Mv/ST	Mh	□		Sv		Sv
216	Mh	Mv	Mh	□		Ss		Sv
146		Lv/Pv	Ph	□		Sv	Sf/Ss	P/Ss
96	Mh	Mv	Mh	□		Sv/Ss	P/Ss	P
158	Pv	Lv/Pv/Mv	Ih/Mh	□		Sf/Ss	Ss	P/Sv
181	Mh	Pv	Ph	□		Sv/Ss	Ss	
201	Mh	Pv/Mv	Pv/Mh	□	Sv	Sf	Sv/Ss	P
112		Lv/Mv	Mh	□		P/Sf	Sv	
9	Pv		Pv	□		P/Sf		Sv
82	Mh	Mv	Ph	□		P/Sf	Ss	
124	Mh	Iv/Mv	Pv	□	Sv	P/Sv		
177	Mh/Mv	Pv/Mv	Pv	□		P/Sv	Sv/Sf/Ss	
89			Pv/Mh	□		P		P/Ss
65	Mh	Lv/Pv/Mv	Mh	□		P/Sf/Ss		
93	Mh	Mv	Pv/Mv/Mh	□	Sv	P/Sf/Ss		P

を建物主要用途と隣接空間との構成[*4]から整理すると図3のようになる。

3章　GSの表現形式

本章では、GSの各部位に用いられた操作から導き出される輪郭形状とGS内部を構成する要素の配列との関係から、表現形式パタンを導く。まず、輪郭形状については、各部位への輪郭操作として8種類見出され、それらが輪郭のどの部分に用いられたものかに注目し、輪郭の変形部分を抽出した。下部を変形する場合、上部や中部も併せて変形するものが多いことから、輪郭形状を【単純】と【複雑】に大別した

（表1）。平面要素（P）と立体要素（S）からなる内部要素の配列については、内部要素が配置される位置を［輪郭周辺］と［空間内部］に大別し、全資料に対して、要素の種類と配置される位置を検討した（表2）。最後に、輪郭形状と内部要素の配列との関係を総合して整理すると、表現形式パタン（1〜17）を得た（表3）。輪郭形状が【単純】と【複雑】どちらにおいても、［輪郭周辺］と［空間内部］どちらにも要素を配置しないもの（パタン1、11）に最も多くの事例がみられた。輪郭形状が【単純】の場合、［輪郭周辺］のみ要素を配置するもの（パタン2、3、4）と、［輪郭周辺］＋［空間内部］に要素を配置するもの（パタン6、

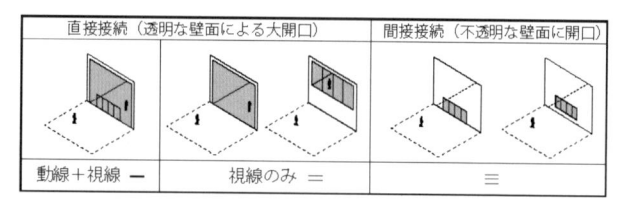

図4 GSと接続される建物内外の空間

図5 メインエントランスの位置　　　図6 接続の種類

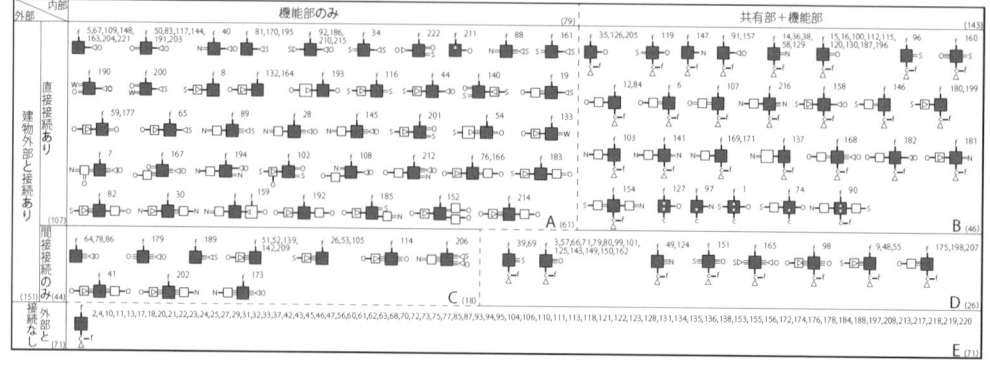

図7 GSと建物内外との接続

7、8、9、10）が多くみられたのに対し、輪郭形状の場合、[輪郭周辺]のみ要素を配置するもの（パタン12、13、14）が際立って多くみられた。

4章　GSと建物内外の空間との接続形式

本章では、GSと周辺の空間との接続を検討することで、GSが建物内部から外部までのつながりの中で、どこに位置づけられているのかを捉える。GSを中心として、建物内外の接続される空間（図4）、メインエントランスの位置（図5）、接続の種類（図6）を記した接続図を全対象において作成し、GSと接続される建物内外の空間の組み合せと接続の種類をもとに、接続形式を整理した。

　GSの領域的な広がりを限定する隣接建物（W）と接続されるものは3事例のみであり、建物外部の空間は、街路（S）、広場（O）、自然環境（N）、建築化外部（□）などの広がりを延長する場所に対して[建物外部と接続あり]、または[建物外部と接続なし]という2種で大枠を捉えることができる。さらに[建物外部と接続あり]の場合、その接続の種類によって、[直接接続あり][間接接続のみ]の2種で捉えられる。また建物内部の機能部と動線的にも視線的にも接続のないGSは本資料ではみられないため、建物内部は[機能部のみ][共有部+機能部]の2種で捉える。最後に、建物外部との接続の種類と建物内部の空間の種類との関係を検討することで、接続形式パタン（A〜E）を得た（図7）。[建物外部と接続なし]（パタンE）が最も多くみられ（71事例）、建物外部と[直接接続あり]建物内部と[機能部のみ]（パタンA）が次に多くみられた（61事例）。このことから、GSが建物内部の奥に位置づけられ建物外部と接続しないものと、GSが外部と直接接続し、建物外部と内部の機能部をつなぐ役割を担うものの対極的な2つのパタンに事例が集中していることがわかる。

5章　GSの構成類型とその性格

本章では、3章で導いた表現形式パタンと4章で導いた接続形式パタンとの関係から、GSの構成類型を導くとともに、類型間を比較検討することで、その性格を捉える。《表現形式パタン》を縦軸、《接続形式パタン》を横軸としたマトリクスを作成し、資料数の多いまとまりとして18の類型を得た（表4）。また、建物主要用途、隣接空間との構成、メインエントランスの位置、GS最大高さ、GS延床面積*4を作品番号とともに記した。

　輪郭形状が【単純】では、建物外部と[直接接続あり]のうち、類型①⑥⑦⑨⑩⑫はGSが共有部としての役割も担うものである。このうち、類型①⑥⑦は要素を配置しない、もしくは[輪郭周辺]のみ要素を配置することで、気積を確保しているのに対し、類型⑨⑩⑫は[空間内部]に立体要素（S）を配置することで、気積を埋めているものといえる。さらに、類型②⑪は共有部を介してGSにアプローチするもので、類型②に該当する事例はいずれも体育館系の競技室である。建物外部と[間接接続のみ]もしくは[建物外部と接続なし]の類型③④⑤⑧は、共有部を介してGSにアプローチし、要素を配置しない、もしくは[輪郭周辺]のみ要素を配置することで、気積を確保しているもので、体育館系の競技室や宗教施設の礼拝室に適用されることが多い。

　輪郭形状が【複雑】では、建物外部と[直接接続あり]の類型⑮⑱のように、共有部を介してGSにアプローチするものとGSから共有部にアプローチする外部的なものがみられ、類型⑮が立体要素（S）を[輪郭周辺]に配置するのみに対し、類型⑱は加えて[空間内部]に要素を配置することで気積を充たしているもので、全ての事例で床欠き（△）がみられた。[間接接続のみ]の類型⑯はGSが共有部としての役割も担うもので、[輪郭周辺]のみ要素を配している。さらに[建物外部と接続なし]の類型⑬⑭⑰は要素を[空間内部]に配置しないことで、気積を確保するもので、体育館系の客席と競技室の一体となった空間や劇場系の客席と舞台の一体となった空間として用いられるものが大半である。

　またGSの規模に関しては、輪郭形状【複雑】に高さと延床面積の大きい事例が集中する傾向がみられる。この全体的な傾向の中で、類型⑥におけるno.76や類型⑮におけるno.103は、類型内で特異な事例といえる。

　以上、各類型の特徴について説明した。これらよ

り、表現形式において、建物の中で相対的に大きな気積を有するGSに対し、その気積を確保し《空洞性》を強調するか、逆に要素をGS内に配置することで気積を埋め《充填性》を強調するか、という性格の対比と、接続形式において、建物内部の奥に配される《内奥性》としての位置づけと、建物内外の間に配される《媒介性》としての位置づけという対比が成立している。これにより、GSの性格の中に、空間表現と建物内外との接続からみた場合の2つの対比軸を導くことができた。

　最後に、【単純】と【複雑】の類型をそれぞれの対比軸上にプロットし、輪郭形状によるGSの性格の傾向を検討した（図8）。内奥性として位置づけられるGSは、輪郭形状にかかわらず空洞性を強調するものに類型が集中している。また、媒介性として位置づけられるGSは、【複雑】輪郭形状では少数なのに対し（2/6類型）、【単純】輪郭形状では多くの類型が集中している（7/12類型）。以上のように、輪郭形状によって、GSの性格に傾向がみられた。

6章　結

これまで、アトリウム空間、大架構空間などに分類

表4　GSの構成類型

されていた大空間を、相対的大空間という枠組みで捉え直し、その性格の検討を行った。その結果、現代建築作品におけるGSの性格は、表現形式の《空洞性》と《充填性》との対比と、接続形式の《媒介性》と《内奥性》との対比の重なりによって捉えられることを示し、さらに輪郭形状によるGSの性格の傾向を明らかにした。

　この傾向の中で、輪郭形状にかかわらず、媒介性として位置づけられるものには、建物主要用途に偏りのない類型が集中し、内奥性として位置づけられるものには、建物主要用途に偏りのある類型が集中している。これらの類型は、GSの構成類型と建築の制度的な類型との間にみられた一致であり、建築家や建築利用者に通底する集団的な無意識といえる。また、建物主要用途に偏りのない類型が集中する【単純】輪郭形状で媒介性として位置づけられるもののうち、類型②は体育館系のみである。また、建物主要用途に偏りのある類型が集中する【複雑】輪郭形状で内奥性として位置づけられ、空洞性を強調するもののうち、類型⑯は多様な建物主要用途がみられる。これらは、GSの構成類型と建築の制度的な類型との間にみられた差異であり、GSを再定義しようとする建築家の試みといえる。

[註]
＊1　須賀敦子『時のかけらたち』pp.12-13、青土社、1998年
＊2　ここでの「気積」とは、室内の空気の総量のことである。
＊3　研究の性質上、GS規模による傾向を明らかにすることも重要であると考え、GSの最大高さ(高:17m以上、中:9-17m、低:0-9m)、延床面積(広:1,300m²以上、中:500-1,300m²、狭:0-500m²)に関しては、事例数が均等になるように3分類し、情報として付記した。
＊4　規模が大きく異なることから、建物体積が2,000m³未満の作品と住宅作品は対象としない。

凡例

□建物主要用途
体:体育館系
劇:劇場系
事:事務所系
図:図書館系
美:美術館系
教:教育施設
宿:宿泊施設
行:行政施設
工:工場系
宗:宗教施設
公:公民館系
保:保育施設
福:福祉施設
展:展示施設
交:交通施設
医:医療施設
ク:ゴルフクラブ等

□隣接空間との構成
○:分割
△:床欠き
×:独立
#:架構
■:入れ子

建物外部と接続なし

凡例　173　屋.　△＝高.広
資料no.　建物用途　隣接空間　最大高さ　延床面積
メインエントランスの位置

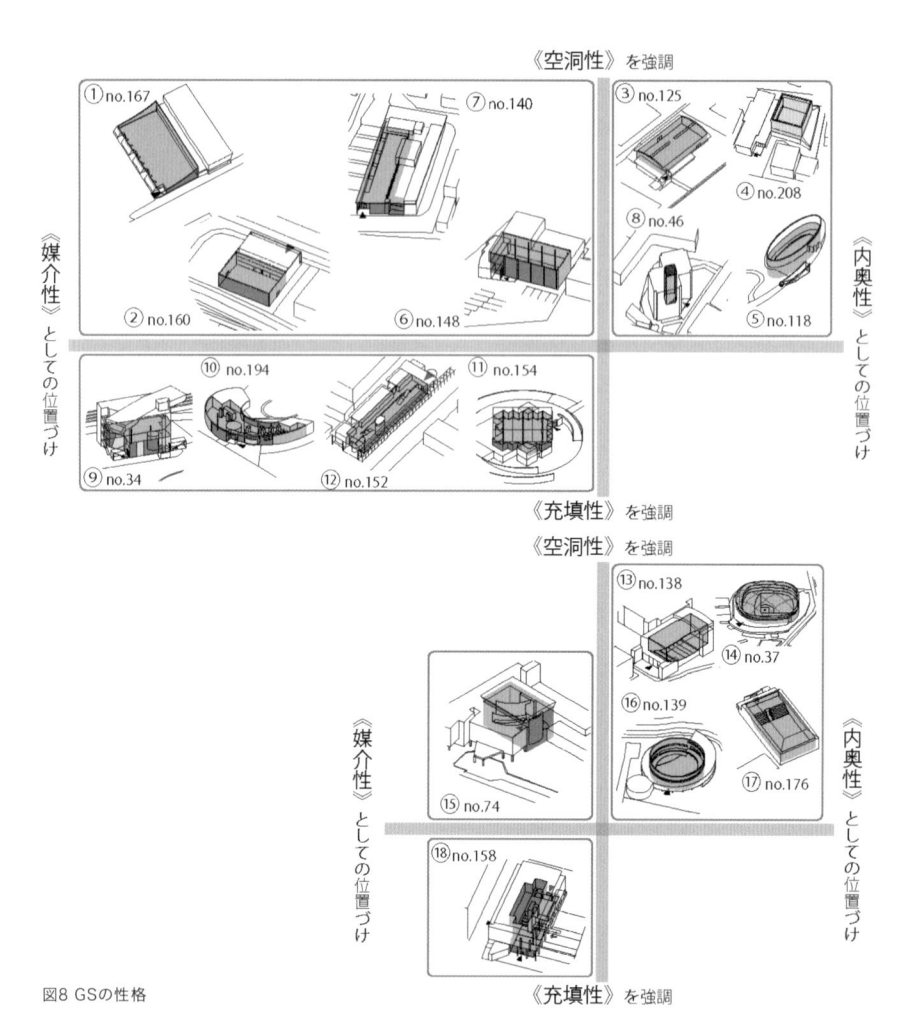

図8 GSの性格

出展者コメント ── トウキョウ建築コレクションを終えて

Q 修士論文を通して得たこと

長い時間をかけ基準となるものと、結果的に差異として現れるものについて考えていました。

Q 修士修了後の進路と10年後の展望

都内の個人設計事務所に勤めています。10年後も謙虚な姿勢で設計に向かい、建築に対して真摯でいたいと思います。

審査員コメント

青井：一般的に「大空間」というと、エントランスホールやアトリウムのようなものか、主目的をもつ劇場や体育館のようなもののいずれかに分類されると思うのですが、あなたが定義する「相対的大空間」は、そうした先入観では捉えられない、いずれとも異なる大空間があることを見出すための枠組みと思えばいいのですよね。

山本：はい、大きく言えばそうです。ほとんどの事例がやはりエントランスホール的なものか、ホールや体育館の競技室・舞台・客席になるのですが、その間のものも少ないながらありました。また、エントランスホールのような体育室や、体育室のようなエントランスホールといったものも見られました。そういった事例が見出せて良かったと思っています。加えて、主目的をもつか否かの問題は、4章の接続形式の話で、その目的に対してどのように空間を表現しているのかということを3章で分析しています。

川添：「相対的な大きさ」という着眼はとても面白いのに、結局のところ絶対的な指標になってしまっている気もします。たとえば、空間の気積の比が1：5と1：6ではどのような効果の差が生まれるのかというところまで踏み込んでほしい。方法論としては構成論に回収されすぎて、自分が発見したものの面白さを伸ばしきれていない感じがしました。

永井：相対的に差がある場所を移動したときに実際にどう感じるのか、どれだけ魅力的な空間に感じるのかといったことを如何に言えるのか、というところまで突っ込むと良かったですよね。

中島：絶対と相対という話がありましたが、実際にできた論文は大規模公共施設論であるように見えます。だけど相対性という観点からすると、本来なら住宅でも分析ができる可能性があったはず。

青井：大きく言うと計画論をなぞっているのですが、そこからどう逸脱するかがじつは面白いところ

です。最後のまとめ方は計画論の言葉をできるだけ使わないようにしており、ある種の努力の跡が見られますが、もっと意匠論の方へ、つまりは設計者・建築家の方法論や美学の方へ議論を展開できたと思います。そういう意味では、住宅を外してしまったのは可能性を狭めている気がします。住宅もさまざまな空間のつくり方が蓄積されているから、同じ方法で分析すればとても豊かな世界が見えるかもしれません。

山村：アーバンデザインでも「空間の大きさを一度しぼって、少し膨らませ、またぎゅっとしぼり、解放する」といったシークエンスをデザインする方法があります。アーバンな空間だとより線形でシークエンスがはっきりするので、そういうものに応用するとまさに「相対的な大きさ」の良さがかなり出てくるのではないかと思いました。

伊豆大島土砂災害被災世帯の再定住プロセスに関する研究

筒井健介
Kensuke Tsutsui

東京大学大学院
工学系研究科　建築学専攻
大月敏雄研究室

1章　研究概要

1-1 研究の背景

伊豆大島（行政区は東京都大島町）は東京から120kmの距離に位置する、総面積90.76km²、人口7,911人（2017年9月末現在）の島である[1]。

この島の中央には活火山の三原山（標高758m）が位置しており、これまでの噴火によって山の斜面には水はけの悪い火山灰が堆積し、年間平均2,800mm以上の降雨や台風が数々の土砂災害を引き起こしてきた[2]。

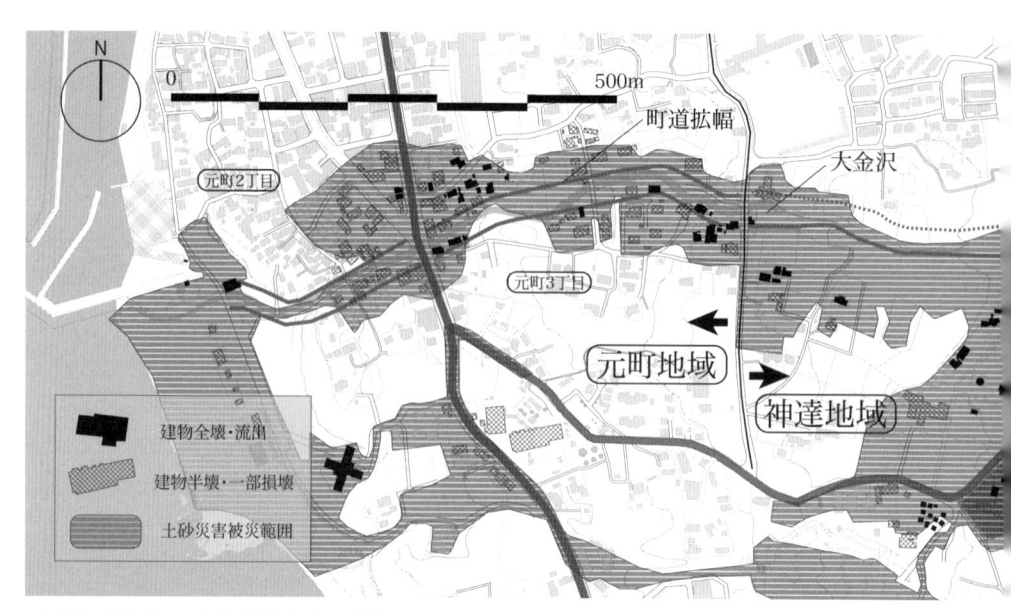

図1 2013年伊豆大島土砂災害の被災地域と被災家屋の分布

2013年伊豆大島土砂災害は10月16日に台風26号による豪雨で発災した。人的被害は死者36名、行方不明者3名、重軽傷者22名であり、被災した一部損壊を含む179世帯のうち全半壊は合わせて92世帯となった[1]。

1-2 既往研究と本研究の位置づけ

土砂災害後の復興に関する研究に、安部(2016)[3]の1972年の天草の土砂災害を扱うものがある。この災害により、原形復旧が原則とされてきた土砂災害後復興に改良復旧の思想が導入されたとしている。しかし、それによる集団移転がもたらす単線型の復興は、結果的に住民の心理的な充足感を少ないものとしたと考察している。

被災後の転居・住宅定住を扱う研究として、木村ら(2004)[4]は、阪神・淡路大震災の被災者約900人にアンケート調査を行い、被災者が避難所・親類宅・集合住宅など、すまいを転々としている様子を記録している。

本災害は、発災から4年以上が経っており被災世帯のすまいが安定していることと、防災集団移転などの大規模な住宅移転政策が実行されず世帯ごとのさまざまな再定住プロセスの形態が生じ得たこと

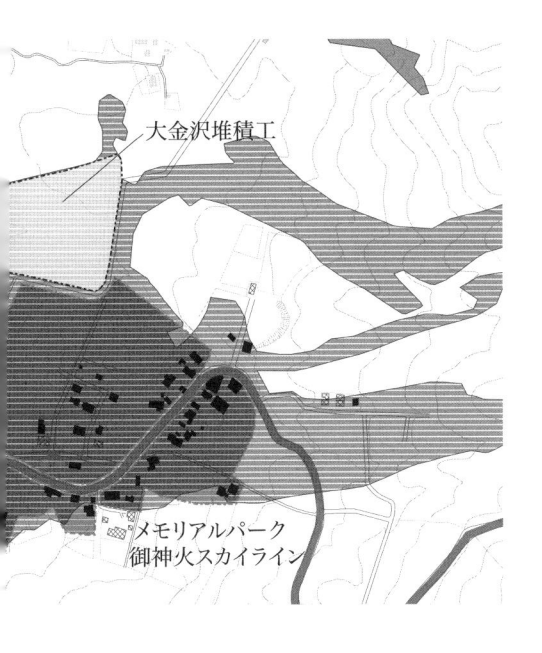

大金沢堆積工

メモリアルパーク
御神火スカイライン

が特徴的であるため、災害復興の研究分野において重要であると考える。

1-3 研究の目的

以上を踏まえ、本研究では被災世帯の再定住プロセス(転居・住宅定住の経緯)と各世帯が利用できる人やモノの有無を含めた世帯属性との傾向を明らかにし、複線型の復興のありようを考察する。また同時に、被災世帯の個別の事情に焦点を当てることで、現状の災害復興計画の住宅供給問題において新たな視座を得ることを目指す。

2章　土砂災害の被害範囲と復興計画

2-1 被災地域の概観

被災地域を図1に示す。土砂災害により大金沢(河川)沿いに土砂が流出し、山側の神達地域はほぼ全域が、海側の元町地域は元町2・3丁目が被災した。現在、復興計画として神達地域にはメモリアルパークの建設が予定されており、大金沢周辺は河川の拡幅および両岸の町道整備に向け、被災者を含む土地所有者から土地の買取が進められている。

2-2 被災地域の土地の成り立ち

元町地域は、古くからの住宅や商店、町役場などの公共施設が集積する地域である。神達地域は、1986年の三原山噴火に前後して、元町地域から三原山登山道入り口までをつなぐ自動車用道路・御神火スカイラインが整備され、宅地開発が加速した比較的新しい住宅地である。

宅地が神達に求められた要因には、元町中心部で土地や住宅を求めるには血縁や知人の紹介が無いと難しいということが挙げられる。伊豆大島の人々は家や土地に対する愛着が強く、先祖から伝わる土地を知らない他人の手に渡したくないという傾向が強いと言われる。また、伊豆大島では子どもが高校を卒業すると就職や職人仕事の修行、進学などのために東京や静岡に出て行く傾向が強いが、島に残された親世代の中には、子どもの帰省やUターンのために、空き家になっても住宅を手放さない傾向もある。神達地域は、元町地域より安価に、しかも広い土地が手に入ることもあり開発が進んだ背景がある。

2-3 行政の復興計画

発災後の行政の対応を図2に示す。仮設住宅は発災の3ヶ月半後に入居を開始し、以後、2016年度内まで使用された。各住宅の建設数と立地は図3、表1に示しており、いずれも元町市街地からは離れた場所にある。

3章　被災世帯の属性と再定住プロセス

3-1 調査概要

本研究では、まず被災地域の土地の成り立ちについての概観を得るため、行政担当者を含む、一帯の事情に詳しい方への聞き取り調査を行い、さらに郷土史[2][5]を参照した。土砂災害被災者の中で動向が把握できた被災世帯は、全壊・半壊した92世帯のうち43世帯であり、島外に転出した1世帯を除いて、被災後も島内で生活を続けている。

　その中から計19件の被災世帯に世帯構成や年齢層、さらに、頼ることのできる親類や友人の有無・被災した住宅以外に居住可能な別住宅などの有無を含む、世帯属性について聞き取りを行った。また、現在の住宅にいたる「再定住プロセス」に関する聞き取りを行った。図4に被災した世帯の属性を上部にまとめ、その下に時間経過ごとのすまいを示している。

3-2 調査対象世帯の概要

図4に示すように、調査対象の19世帯の世帯主の年齢は30代から90代までいるが、本研究では、30〜50代までを若年世帯とし、それ以上を高齢世帯とする。

　また定住先が早期に決定している①〜④と⑲を除いた⑤〜⑱において、定住住宅する直前のすまいにいる期間を「準備期」、それ以前の期間を「避難期」とする。さらに再定住プロセスにおけるすまいの種類を3つに分類した。親類宅や世帯が使用できる別住宅を「家族資源」、賃貸住宅や知り合いの紹介の住宅などを「地域資源」、教職員住宅などの行政が用意するすまいを「制度資源」とする。

　これらを踏まえ、4、5、6章では避難期・準備期・住宅定住各フェイズでの再定住プロセスを考察する。

4章　避難期の転居行動

避難期の被災世帯の主な転居先とそれを決定づける世帯属性を図5に示す。

4-1 親類宅に身を寄せた世帯

親戚宅に身を寄せた世帯は、頼ることのできる親類がいた世帯のうち、⑤以外の12世帯である（⑥、⑫、⑬は近隣に住んでいた親類もともに被災している）。このうち若年世帯は親世代の家に身を寄せ、高齢世帯は兄弟や子世代の家に身を寄せている。

　しかしこれらの事例のうち準備期までに⑦、⑧、⑨、⑩は賃貸住宅に、⑮は教職員住宅にも転居しており、また⑩、⑰は親類宅を転々としていることから、親類宅に長期滞在することの困難さがうかがえる。

4-2 親類宅以外に身を寄せた世帯

〈別住宅〉

①は経営・所有している店舗の住居スペース（かつて母が住んでいた）が空いていたためそこを利用している。⑤は被災した住宅の隣の離れは被災せず居住できたため親類宅には行かず、住宅再建までそこに住んでいる。

〈友人宅〉

⑥は頼れる親戚も被災していたが、空いた別荘などの友人宅を転々とした。東京の友人宅では店舗の復旧のためにさまざまな資材を買い集めていたという。⑲は子が島外にいたが、復興の説明会に参加するために、島内にとどまり、近隣住民のコミュニティの友人の好意でその家に身を寄せ、その後、職場の空いている部屋を利用した。

〈避難所など〉

⑪は高校卒業から50代まで島外に出ていたことなどから、すぐに頼れる友人がおらず、避難所に身を寄せ、その後、賃貸住宅を遠戚に紹介され借りた。

4-3 小結

避難期の転居行動はまず家族資源を頼って行われるが、気まずさなどの理由から安定したものにはならない。

　また、制度資源は家族資源や地域資源を持たない世帯にとってもセーフティネットとして機能している。

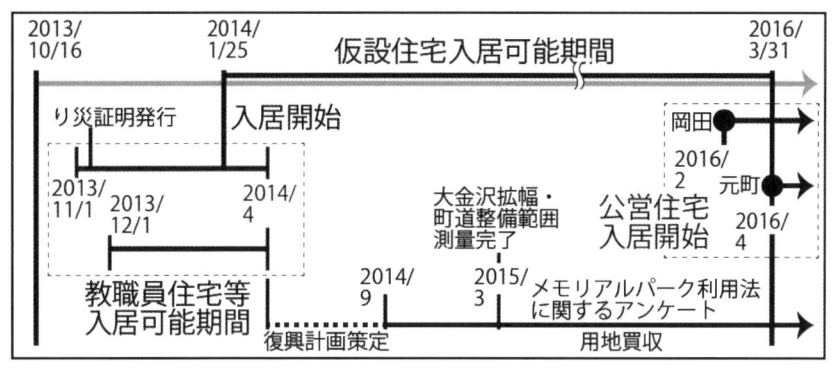

図2 発災後の時間経過ごとの行政の反応

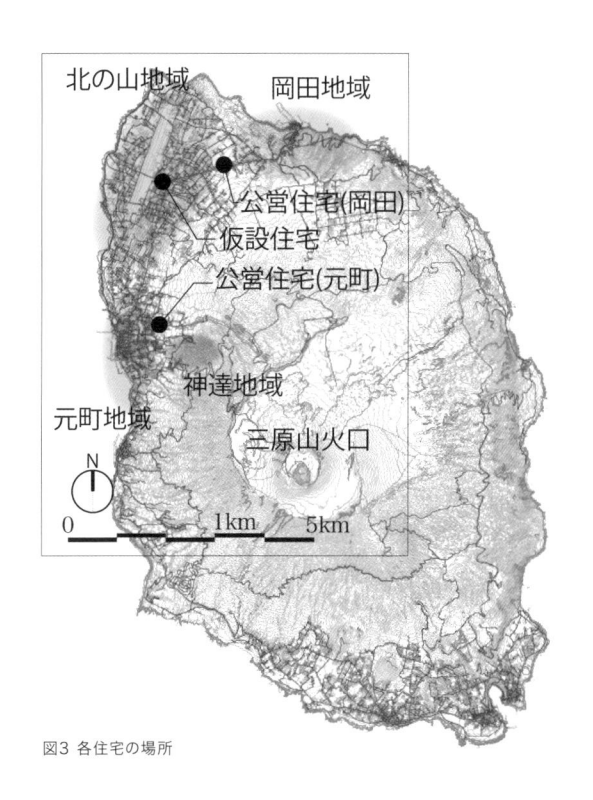

図3 各住宅の場所

仮設住宅建設数	
1DK	15戸
2DK	25戸
3K	6戸
計	46戸

公営住宅（岡田）建設数	
単身用	2戸
家族用	8戸
計	10戸

公営住宅（元町）建設数	
単身用	8戸
家族用	6戸
計	14戸

表1 仮設・公営住宅の建設数

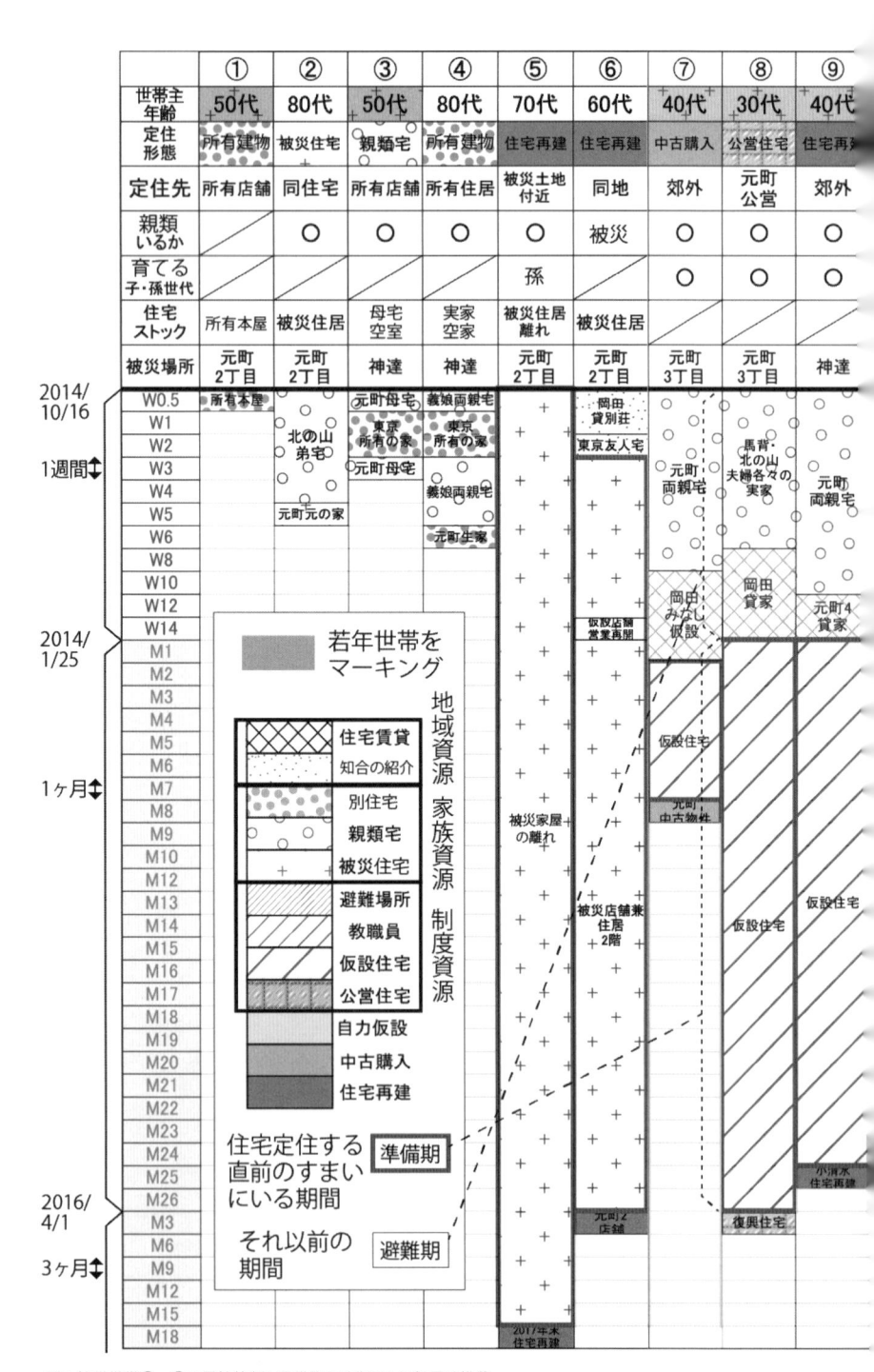

図4 被災世帯①〜⑲の属性情報と発災後の時期ごとの転居の推移

⑩	⑪	⑫	⑬	⑭	⑮	⑯	⑰	⑱	⑲
70代	60代	40代	80代	40代	40代	80代	60代	70代	70代
営住宅	公営住宅	住宅再建	公営住宅	自力仮設	住宅再建	住宅再建	住宅再建	住宅再建	賃貸住宅
元町公営	元町公営	店舗:同地 住居:郊外	元町公営	同地	所有土地(元町3丁目)	被災土地付近	郊外	所有土地(別集落)	市街地
○		被災	被災	○	○	○	○	○	島外
	○				○		孫		
元町2丁目	元町3丁目	元町3丁目	元町3丁目	元町2丁目	神達	元町3丁目	神達	神達	元町3丁目

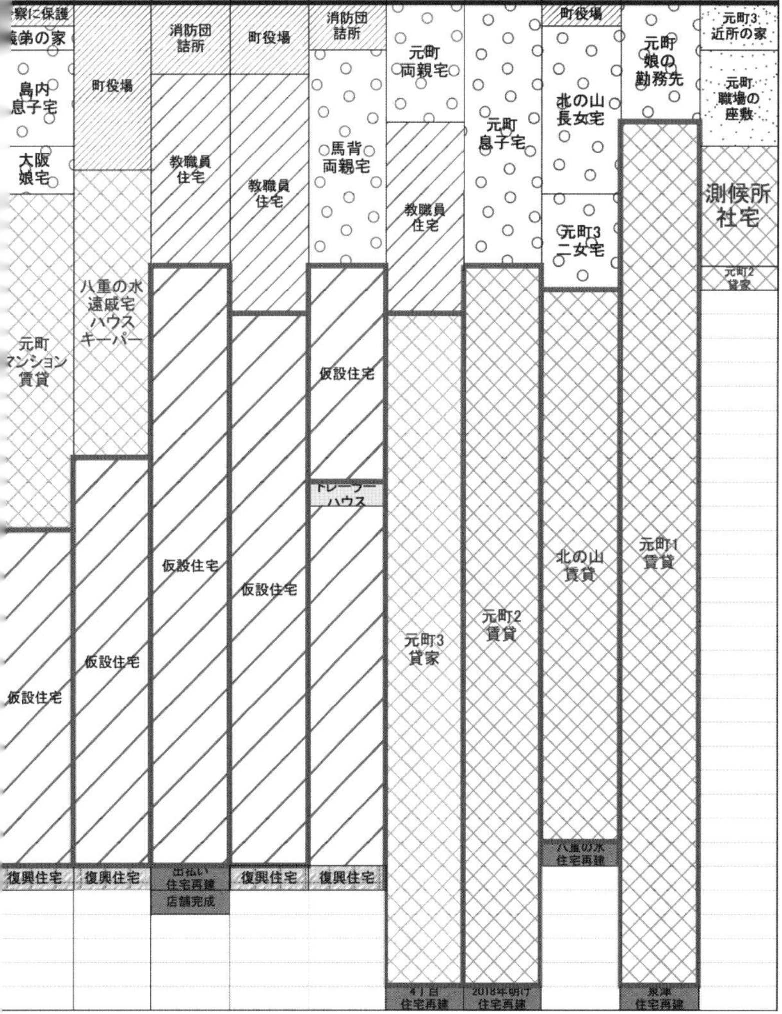

⑩
察に保護 弟の家
島内息子宅
大阪娘宅
元町マンション賃貸
仮設住宅
復興住宅

⑪
町役場
八重の水 遠戚宅 ハウスキーパー
仮設住宅
復興住宅

⑫
消防団詰所
教職員住宅
仮設住宅
出払い住宅再建 店舗完成

⑬
町役場
教職員住宅
仮設住宅
復興住宅

⑭
消防団詰所
馬背両親宅
仮設住宅
トレーラーハウス
復興住宅

⑮
元町両親宅
教職員住宅
元町3貸家
4丁目住宅再建

⑯
元町息子宅
元町2賃貸
2018年明け住宅再建

⑰
町役場
北の山長女宅
元町3二女宅
北の山賃貸
八重の水住宅再建

⑱
元町娘の勤務先
元町1賃貸
祝津住宅再建

⑲
元町3近所の家
元町3職場の座敷
測候所社宅
元町2貸家

論文展

211

5章　準備期の転居行動

準備期の被災世帯の主な転居先とそれを決定づける世帯属性を図6に示す。

5-1 仮設住宅に転居した世帯

若年世帯は6事例のうち⑮をのぞき、すべて行政の用意する仮設住宅に当初から入居している。

高齢世帯の⑩、⑪は仮設住宅に途中から入居している。⑩は賃貸住宅に1年ほど住んでいたが、歩行機能に障害が生じ階段の昇り降りに困難が生じたため仮設住宅に入居している。⑪は知人の家を維持・管理するという名目で借りていたが、貸主が代替わりして関係性が継続されなくなり、賃料が値上がりしたため仮設住宅に入居した。

⑬も高齢世帯だが、近隣に住む3世代に渡って被災したため、被災直後から行政の復興の方針にすべて従おうと決め、仮設住宅に入居している。

5-2 賃貸住宅とその他に転居した世帯

〈賃貸住宅〉
仮設住宅に入居せず賃貸住宅に入居している事例は高齢世帯の8事例中、3事例（⑯、⑰、⑱）あり、インタビューの結果、これらの世帯は、戸建で広い、主に木造の住宅での生活に慣れており、仮設住宅での生活に抵抗があったことが賃貸住宅を選択した理由として有力なことがうかがえた。また、前述の⑩、⑪も、トラブルにより途中から仮設住宅に入居しているが、それ以前には賃貸住宅に住んでいたことから、やはり高齢世帯が仮設住宅を敬遠している傾向があることがわかる。⑰は漁業に使う道具のための倉庫が仮設住宅では確保できず、賃貸住宅に入居することになった。若年世帯でも⑮は乳幼児がおり、当初は仮設住宅入居の申請をしていたが、実家の近くの賃貸住宅が空いたため、子育てをしやすいと考えそちらを選択している。

〈被災住宅〉
⑥は被災した住居の2階部分は無事だったため、1階で経営する店舗の復旧作業をしつつ住んでいた。

〈別住宅〉
⑤の別住宅での居住は前述の通りである。

5-3 小結

準備期の転居行動は、若年世帯は仮設住宅を、高齢世帯は賃貸住宅を利用する傾向が強い。しかしその中には、乳幼児がいる若年世帯は子育てにより適した住環境を求め賃貸住宅に、高齢世帯ではトラブルがあった世帯が途中から仮設住宅に入居しており、制度資源があるうえで、地域資源が存在することが複線型の復興を担保していることがわかる。

6章　住宅定住に至る経緯

被災世帯の主な定住先とそれを決定づける世帯属性を図7に示す。

6-1 住宅を再建した世帯

世話をする子・孫がいる世帯は⑧を除いたすべての6事例（⑤、⑦、⑨、⑫、⑮、⑰）が住宅再建をしている。中でも⑦は乳幼児がいたことから住宅再建を急ぎ、知り合いの紹介で元町地域の外縁部に中古物件を購入した。

子・孫はいないが住宅を再建した世帯は、⑥、⑯、⑱の3事例ある。⑥は住宅の隣にあった店舗も被災しており、馴染みの客が離れないよう、同地に店舗兼住宅を再建した。⑯は世帯主が自分の葬式は自分の土地で挙げてほしいという思いがあることから住宅再建を決意したという。⑱は避難期に住んでいた借家に定住するつもりでリフォームもしていたが、貸主とのトラブルがあったため退去し、実家の土地があった別集落の、修理中の倉庫に急遽住居機能をつけ、結果的に住宅再建をするに至った。

6-2 公営住宅に入居した世帯

公営住宅に入居した5世帯（⑧、⑩、⑪、⑬、⑭）はすべて、準備期に公営住宅にも入居している。

〈若年世帯〉
⑧は小学生の子どもが2人いるが、公営住宅が子どもが通う小学校に近いこともあり、今のところ再建する予定はないということであった。⑭は公営住宅に入居はしているが、倉庫としての利用が主であり、生活実態としては、災害後に購入したトレーラーハウス（店舗として使用）で主に寝起きしている。これは被災した店舗兼住宅があった土地に設置しており、今後の災害への不安から移動ができ、かつ安価であることから選択したという。

〈高齢世帯〉

⑩、⑪、⑬は生業がない点で共通しており、彼らの生活再建は、経済基盤や別住宅がなく行政に頼らざるを得ない状況下で行われたものであったことがうかがえる。⑩は、避難期に身を寄せていた島外の娘宅の空いている部屋に定住するつもりで、ベッドなどの家財道具を買い始めていたが、島外に出た子ども達にとっての故郷を残したいという思いから、大島に戻る決心をしたという。⑪は、資産を残す親類がおらず、土地や墓の処分をしつつ公営住宅で余生をすごすつもりであるという。

6-3 その他の定住先の世帯の傾向

早期に住宅定住をした①〜④と⑲は住宅再建も公営住宅への入居もしていない。①は前述の通り、所有店舗の住居スペースを利用していたが、子がおらず、将来閉業することを予定していた中で、今後の

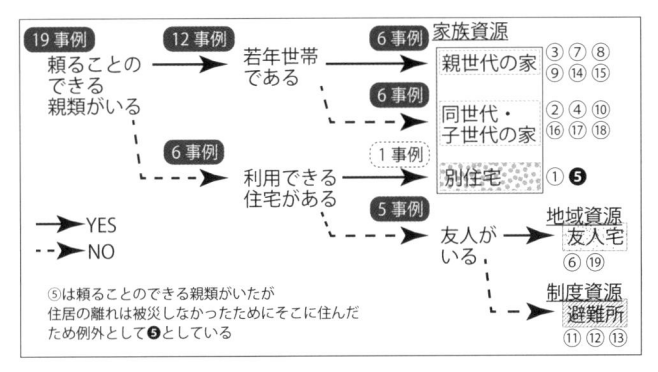

図5 避難期の主な転居先を決定づける世帯属性

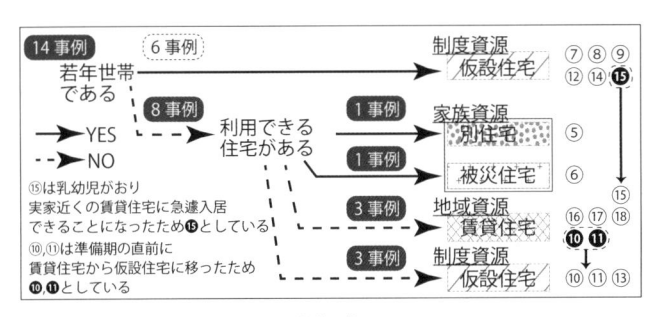

図6 準備期の主な転居先を決定づける世帯属性

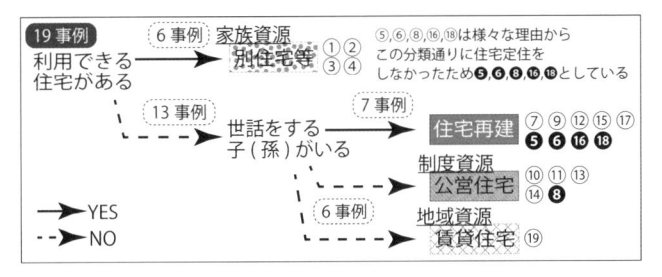

図7 住宅定住先を決定づける世帯属性

災害への危機感もあったことから、現状のすまいを変化させることは想定していないという。②は被害が床上浸水だったため、住宅の修理期間中だけ弟の家に身を寄せていた。③は妻方の母の経営する別の旅館の住居用スペースの一室が、島外で暮らす姉世帯が帰ってきたときのために残されていたため、それを譲ってもらい、高齢の母の介護も必要なので、旅館業を引き継ぎながら定住している。④は空き家となっていた生家が、仏壇があることから綺麗に維持されていたのでそこに定住した。

また、調査対象世帯の中で唯一、賃貸住宅に住宅定住をしている被災世帯⑲は、息子が将来的に帰ってくるのであれば住宅再建も考えたがそうではなかった。さらに自動車の免許を持っていないため、元町中心部から離れた復興住宅での生活は難しいと判断し、なおかつ妻が働いていることから、元町中心部の空き家になっていた住宅を借りている。その住宅は、紹介される際に所有者と、既存の家具や写真アルバムなどの家財道具をできるだけ動かさずに生活する約束をしており、夫婦だけの暮らしでもあるので、5部屋ほどある間取りの一部だけを使用して暮らしている。

6-4 小結
被災世帯の住宅定住先は、利用できる住宅があるか、世話をする子・孫がいるかによって大きく分類されるが、住宅定住は避難期・準備期と異なり、経済事情や世帯の将来設計といった部分に左右される部分が大きいため、画一的な分類をすることは難しい。

しかし全体として、住宅や土地の資産を持っていたものとそうでないものの格差が、再定住プロセスを経て、より顕在化していることがわかる。

7章　結論：複線型の復興の発現
本災害における被災世帯の復興では、制度資源がセーフティネットとして機能しており、そのうえで、被災世帯はそれぞれのニーズを基にして家族資源や地域資源を活用していることがわかった。また、世帯の中には、個別の事情により優先して活用する資源が異なることで、再定住プロセスが多様になっていることもわかった。

このように伊豆大島土砂災害は複線型の復興が実現されているといえ、今後の災害復興の新たな可能性を示唆している。

［参考文献］
（1）大島町防災対策室（編）『平成25年伊豆大島土砂災害記録誌』大島町防災対策室、2017年3月
（2）立木猛治『伊豆大島志考』第三版、伊豆大島志考刊行会、1973年
（3）安部美和「天草市倉岳における水害被害と集団移転：制度整備の過程と現在のくらし」『熊本大学政策研究』Vol.7、pp.75-86、2016年
（4）木村玲欧、林 春男、立木茂雄「阪神・淡路大震災以後の被災者のすまい再建における決定とその規定因に関する研究」『地域安全学会論文集』Vol.2、pp.15-24、2000年
（5）大島町史編さん委員会（編）『東京都大島町史 民俗編・通史編』東京都大島町、2001年

出展者コメント —— トウキョウ建築コレクションを終えて

Q 修士論文を通して得たこと
災害復興への知見や今後発生する災害への高い意識。また、人々にいろいろな人生模様があること。そして、定性的な調査から得られた情報を分析・整理していくうえで、切り口を決め、情報の解像度を変更していくこと。

Q 修士修了後の進路と10年後の展望
研究や活動を通して、経済の循環から社会構造の把握を試みたいと感じ、経営・会計コンサルタント会社でビジネスのノウハウを学ぶ。10年後は、まちづくりや災害復興の分野でその知見を還元できればと考えている。

審査員コメント

青井：私の見方では、単線型の復興の極にあったのが阪神・淡路大震災です。一方で、歴史的に見るとさまざまな複線型の復興というものが常にあります。東日本大震災では量的な問題もあり、避難から復興への経路が多様化し、結果として、複線型復興のツールがはっきりと出揃ってきました。これらをどう組み合わせていくかが今後の課題になります。その意味で、筒井さんのような研究はとても大事だと思っています。この研究では再定住プロセスにどのようなバイアスがかかることで多線化が生じるのかがテーマとなっていますが、本論では隠居慣習や土地所有感といった文化的なバイアスについても書かれていますよね。その部分についてもう少し説明していただけますか。

筒井：たとえば、70-80年前にはすでに柳田國男が伊豆大島型隠居慣習について指摘しています。息子などが同じ敷地内に家をつくることにより土地相続をしていく。そうして近所の住人がほぼ血縁関係になるということが起きています。50年前の伊豆大島元町大火でも、被災した10人が集まれば7人が親類だからフォーマルな避難をしなかったといいます。本研究の調査でも他の地域に移らず親類宅に身を寄せるケースが多く、血縁がかなり強いバイアスになっていると考えています。

中島：現象としてはよく記述された論文なのですが、気になるのはこの結果からどのような復興のモデルが示唆され得るのかということです。「このケースではモデルの前提条件がこのような内容であったがゆえに、このような複線化が成功した」という観点での考察が必要だと思います。

筒井：それについては私自身も感じていたことで、研究の手法としては、他の研究で行われている「あなたはこの家に住んでみてどうでしたか」といった評価方法は採用せず、あくまで現象自体を追いました。そのためご指摘のような結論になっています。具体的な展望を言えば、空き家の流通というアイデアがあります。現在の伊豆大島では不動産流通がまったく機能していないのですが、空き家の管理を通じて地域資源を流通させることで、より状況にマッチした複線型復興を行なえるのではないかと考えています。また仮設住宅を倉庫としてのみ使っている世帯もあり、そうした部分から、今後供給される仮設住宅の新たなあり方を見出せるのではないかと思います。

青井：伊豆大島の特殊性や地域性を、枠組みとしては記述しているものの、結論としては省いてしまった印象を受けました。

永井：その結果、「島の住民には親族が多い」といった一般論に近いことが書かれている部分も多い。再定住プロセスの多様性が、住民の心理にどのように影響を与えているか。実際問題として、住民の方々は満足しておられるのか、不満なのか。そうしたことについてもう少し踏み込んで考察してほしいと思いました。

川添：複線型復興という面白い概念を膨らませたまま、かつ今回の方法論が複線型復興の何を明らかにし、どのように再定義すべきかをもっと問うてほしかったですね。ユニークな概念と方法論のギャップを埋めると、さらに発展性のある論文になると思います。

林：住民はさまざまな制限のもと、限られた選択肢の中で避難などを選択していると思います。その条件をより明らかにしていくと、行政でも展開できるモデルにつながり得るのではないでしょうか。

建築の生産と意匠からみた ベトナム現代建築における 地場素材の集合に関する研究

宇佐美喜一郎
Kiichiro Usami

宇都宮大学大学院
工学研究科　地球環境デザイン学専攻
安森亮雄研究室

1章　序
1-1 研究の背景と目的

現在ベトナムでは、1986年のドイモイ（刷新）政策以後、急速な経済発展とともに、都市開発や大規模建築の建設により建築資材は高騰し、外国の建設企業も参入している。その一方で、住宅等の小規模な建築や若手設計事務所による建築作品では、地場素材を使用し風土や環境、経済に配慮した建築デザインが国際的に注目されている。そこでは、建築単体のデザインだけでなく、素材の流通から施工までの生産に関与することで、地場素材の「集合」*¹としての建築デザインが実践されている。そこで本研究では、ベトナム現代建築における建築単体から素材の生産と流通、建設過程まで含めた地場素材の集合としての建築デザインを明らかにすることを目的とする。

2章　建築作品の概要と地場素材の種類
2-1 建築作品の概要と分析方法

本研究では建築雑誌『ARCH+』の若手ベトナム建築家特集号*²*³にて掲載された建築作品と、ベトナム建築家協会が主催する国内の主要な建築賞であるNational Architecture AwardとSpec Go Green Awardを受賞した建築作品で、分析に必要な設計図書が入手でき、現地にてインタヴューの許可が得られた11の設計事務所、43作品を対象とした（表1）。建築作品の所在地は国内最大の経済都市であるホーチミン市に多くみられる（図1）。建築作品の用途は住宅が多くを占め、次いでカフェやリゾートなどの商業施設、地域交流施設、教育施設がみられた（表2）。構造は大部分が鉄筋コンクリート造で、竹造や石造、煉瓦や土造に竹や木の屋根を併用する構造もみられた（表3）。分析方法はまず建築作品の設計施工方式と、地場素材の生産地域と流通経路を分析し建築作品の生産の傾向を抽出、次に素材の使用部位を分析し建築作品の意匠の類型を導き、この2軸から地場素材の集合の仕方を見出す（図2）。

2-2 地場素材の種類

建築作品に使用されている主要な地場素材には、多くみられた自然素材の中でも、竹が多くを占め、産業素材では焼成煉瓦が多くみられた。竹型枠の打放し仕上素材等の現場施工による素材もみられた（表4）。特質な種類では、タムボンという肉厚で曲げ強度に長ける竹、カクタンアンドと呼ばれるアジア広範囲に生息するキク科の植物がみられた。

No	作品名	設計事務所名	掲載	竣工年
1	RESORT IN HOUSE	ALPES Green Desing and Build	NA	2016
2	A21 HOUSE		AR+	2012
3	SAIGON HOUSE		AR+	2015
4	THE CHAPEL		AR+	2014
5	THE NEST	A21 STUDIO	AR+ NA	2013
6	THE TENT		NA	2015
7	PAGODA		AR+	2015
8	9SPA		NA	2015
9	BES PAVILION		AR+	2013
10	BLOOMING BAMBOO HOME	H&P	AR+	2011
11	SRDP-IWMC-OFFICE		AR+ NA	2014
12	TOIGETATION		AR+	2014
13	F-Coffee	LVHQ	AR+ NA	2014
14	House O		AR+	2014
15	Naman Spa	MIA DESIGN STUDIO	NA	2015
16	ANH HOUSE		AR+	2013
17	APARTMENT HOUSE IN BINH THANH	Sanuki Daisuke architects	AR+	2016
18	HEM HOUSE		AR+	2015
19	LT HOUSE		AR+	2016
20	TERMITARY HOUSE	TROPICAL SPACE	AR+	2014
21	TERRA COTTA STUDIO		AR+	2016
22	Nothingness house	V architecture	AR+	2012
23	GENTLE HOUSE		AR+	2012
24	BINH THANH HOUSE		AR+ NA	2013
25	Bin duong school		AR+	2011
26	Binh House		SA	2016
27	DIAMOND ISLAND COMMUNITY CENTER		AR+	2015
28	FARMING KINDERGARTEN	VoTrongNghia Architects	AR+	2013
29	HOUSE FOR TREES	Headquarters	AR+	2014
30	S HOUSE 1		AR+	2013
31	S HOUSE 2		AR+	2014
32	Wind and Water Bar		NA	2011
33	STUCKING GREEN		AR+	2011
34	FPT UNIVERSITY ADMINISTRATION	VoTrongNghia Architects	AR+ SA	2014
35	Nanoco Panasonic Showroom	Ha Noi Office	AR+ SA	2016
36	SON LA RESTAURANT		NA SA	2014
37	Bottle Sail		AR+ SA	2014
38	Cam Thanh Community House		AR+ SA	2015
39	Jungle flower		AR+ SA	2016
40	Lang Dat/土の村	1+1>2	NA	2016
41	Residential for office worker in Laocai		NA	2016
42	SUOI RE VILLAGE COMMUNITY HOUSE		AR+	2011
43	TA PHIN COMMUNITY HOUSE		AR+	2012

表1 建築作品リスト（43作品）。表中の記号は掲載された雑誌と賞の種類を示す

（AR+：ARCH+、NA：National Architecture Award、SA：Spec go green Award）

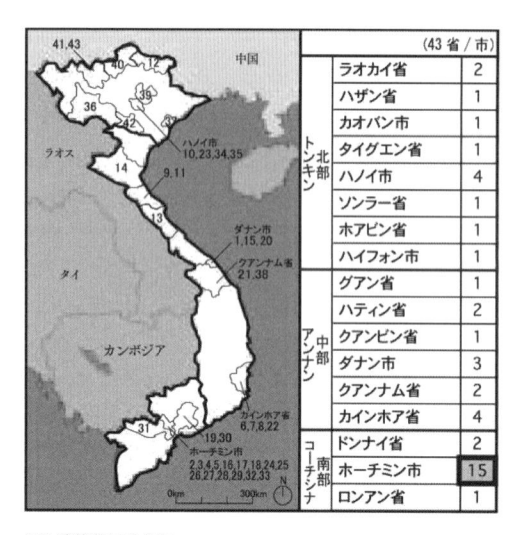

	(43省/市)	
北部トンキン	ラオカイ省	2
	ハザン省	1
	カオパン市	1
	タイグエン省	1
	ハノイ市	4
	ソンラー省	1
	ホアビン省	1
	ハイフォン市	1
中部アンナン	グアン省	1
	ハティン省	2
	クアンビン省	1
	ダナン市	3
	クアンナム省	2
	カインホア省	4
南部コーチシナ	ドンナイ省	2
	ホーチミン市	15
	ロンアン省	1

図1 建築作品の分布

表2 建築作品の用途(43作品)

住宅(19)	個人住宅	10
	住宅兼設計事務所	3
	低所得者向け住宅	3
	アパート	2
	週末住宅	1
商業(8)	カフェ	3
	リゾート施設の客室棟	2
	リゾート施設内のスパ棟	1
	リゾート施設の休憩場	1
	レストラン	1
地域(5)	少数民族の地域センター	4
	市民の地域センター	1
教育(5)	幼稚園	2
	学校の共用便所棟	1
	大学(事務棟)	1
	中学校	1
その他		6

表3 建築作品の構造

RC造(25)	RCの屋根	23
	Sの屋根	1
	竹の屋根	1
S造		6
竹造		4
石造+木造		2
土造+竹の屋根		2
煉瓦造(4)	竹と木の屋根	2
	竹の屋根	1
	木の屋根	1

表4 地場素材の種類(116素材)

自然素材(自)(68)																		産業素材(産)(39)			現場施工の素材(施)(9)		
竹材(竹)(31)			木材(木)(17)					石材(石)(7)			植物(植)(13)								煉瓦(煉)(30)	セメント(セ)(9)		型枠(型)(3)	煉瓦(煉)(3)	セメント(セ)(3)
タムボン(タ)	チュクサオ(チ)	ルオン(ル)	ソンダオ(ソ)	チョウチ(チ)	マツ(マ)	メランティ(メ)	ユーカリ(ユ)	花崗岩(花)	凝灰岩(凝)	石灰岩(灰)	ヴィオト(ヴ)	カクタンアンド(カ)	ココヤシの葉(コ)	ニッパヤシの葉(ニ)	ライスツリー(ラ)	様々な種類の植物の混合(V)		焼成煉瓦(焼)	テラコッタ孔ブロック(テ)	セメントタイル(セ) / プレキャストブロック(プ)	木型枠の打放し仕上素材(木型)	土壁仕上の日干煉瓦(土) / 現場の土で造られる煉瓦(E)	現場テラゾ洗い出し(テ) / 現場打設のブロック(現ブ)
(6)	(8)	(17)	(1)	(9)	(1)	(3)	(3)	(5)	(1)	(3)	(3)	(4)	(3)	(1)	(2)	(3)		27	(3)	(6) (3)	(1)	(2) (3)	(1) (3)

地場素材の定義として敷地の隣接市や省の範囲にて生産が確認できた素材とした。またインタヴューを通し、広範囲で分散する民族の建築様式や河川や山地等の地形との関係がわかり、遠方地であっても生産地に民族や地形との関係がみられるものを対象とした。

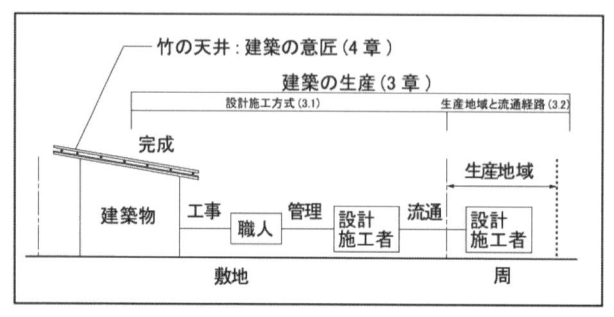

図2 分析モデル

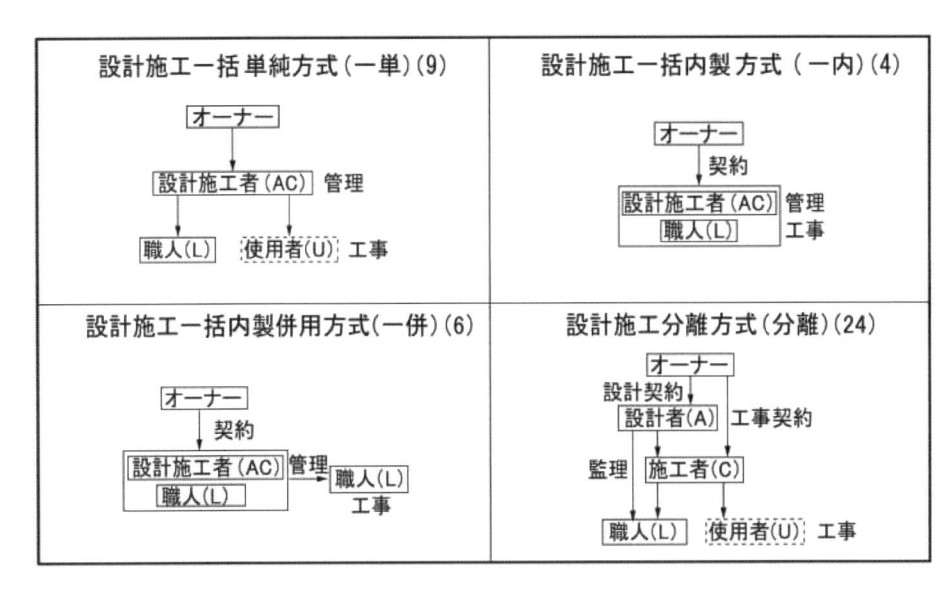

表5 設計施工方式（43作品）

敷地周辺（周）	43
区内（区）	3
市/省内（省）	46
隣接市/省（隣）	6
敷地遠方（遠）	6

表6 素材の生産地域（104地域）

工場及び製作所（F）	41
建築資材の商社（S）	20
設計施工者（AC）	31
地元の職人（L）	8
建物の使用者（U）	4

表7 素材の流通経路（104地域）

凡例
A: Architect
F: Factory
C: Constructor
U: User
L: Local artisan
S: Supplier

3章　地場素材を用いた建築の生産

3-1 設計施工方式

設計施工方式について4種類の方式に整理できた（表5）。工事を下請の職人が従事する設計施工一括単純方式（一単）、設計施工者が育成する組織内の職人が工事をする設計施工一括内製方式（一内）、さらにそれらの併用による設計施工一括内製併用方式（一併）や、設計施工分離方式（分離）がみられた。

3-2 生産地域と流通経路

素材の生産地域（表6）は建築作品が所在する敷地周辺と市／省内で多くみられた。素材の流通経路は、工場および製作所を起点とするものが多くみられ、次いで設計施工者によるものが多くみられ、建築物の使用者が流通に関わるケースもみられた（表7）。

3-3 地場素材を用いた生産方式

設計施工方式と素材の生産地域、流通経路をあわせて建築作品を分析し、地場素材を用いたベトナム現代建築の生産方式を導き出した（表8）。

　まず設計施工一括単純方式では、設計施工者が職人や建物の使用者とともに、敷地周辺で産出された素材を調達し工事をする方式がみられる①、設計施工一括内製方式では、隣接省で産出した素材を設計施工者内の職人が素材を調達し、処理や加工後に流通させ設計施工者による技術指導のもと、設計施工者内の職人が工事をする②、設計施工一括内製併用方式では、素材の生産地域と流通経路がさまざまで、他の組織の職人と設計施工者内の職人があわせて工事をする③がみられた。さらに設計施

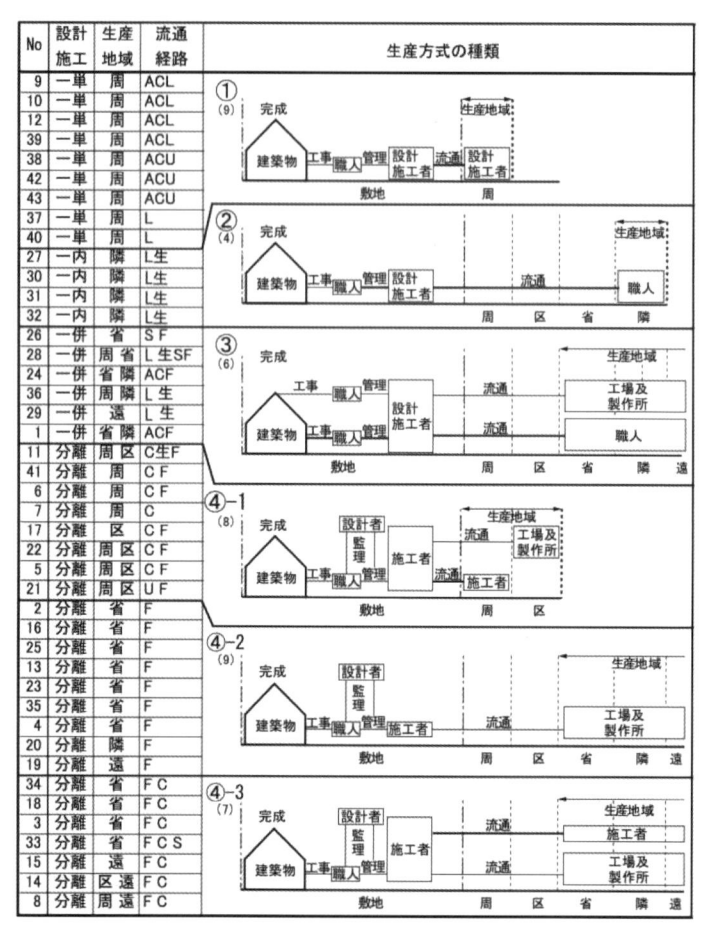

No	設計施工	生産地域	流通経路	生産方式の種類
9	一単	周	ACL	① (9)
10	一単	周	ACL	
12	一単	周	ACL	
39	一単	周	ACL	
38	一単	周	ACU	
42	一単	周	ACU	
43	一単	周	ACU	
37	一単	周	L	② (4)
40	一単	周	L	
27	一内	隣	L生	
30	一内	隣	L生	
31	一内	隣	L生	
32	一内	隣	L生	
26	一併	省	SF	③ (6)
28	一併	周省	L生SF	
24	一併	省隣	ACF	
36	一併	周省	L生	
29	一併	遠	L生	
1	一併	省隣	ACF	
11	分離	周区	C生F	④-1 (8)
41	分離	周	CF	
6	分離	周	CF	
7	分離	周	C	
17	分離	区	CF	
22	分離	周区	CF	
5	分離	周区	CF	
21	分離	周区	UF	
2	分離	省	F	④-2 (9)
16	分離	省	F	
25	分離	省	F	
13	分離	省	F	
23	分離	省	F	
35	分離	省	F	
4	分離	省	F	
20	分離	隣	F	
19	分離	遠	F	
34	分離	省	FC	④-3 (7)
18	分離	省	FC	
3	分離	省	FC	
33	分離	省	FCS	
15	分離	遠	FC	
14	分離	区遠	FC	
8	分離	周遠	FC	

表8 生産方式の分類（43作品）
表中の表記は表5-7に準ずる。太線は組織内での流通を示す。

工分離方式では、敷地周辺から区内で生産した素材を、施工者あるいは工場および製作所が流通させ、施工者の管理のもと下請の職人が工事をする④-1、④-1と工事に従事する人は類似するが、敷地の区を超えた地域の工場および製作所で生産された素材が流通する④-2、④-2と生産地域は類似するが、施工者が素材の流通に関与する④-3がみられた。大部分の生産方式で、設計施工者や施工者が素材の流通に関与するケースがみられ、設計施工一括内製方式や設計施工一括内製併用方式では流通範囲が広く、設計施工者が建築の生産全体に関わることが確認できた。

4章　地場素材による建築の意匠

4-1　地場素材の使用部位

地場素材は建築作品のさまざまな部位で使用される。そこで建築作品における地場素材の使用部位を検討する。竹では、素材を使用する部位のうち天井が多くみられ、ついで木材、石や、植物では壁をつくるものが多くみられた。石では、内部と外部の両面をつくるものが大部分を占めた。植物を外部の壁全体に使用するものも多くみられた。焼成煉瓦や、プレキャストブロック、テラコッタ孔ブロックといった産業素材を外部の壁に使用し、現場での型枠、煉瓦の生産、セメントを用いた、現場施工の素材を外部の

素材 \ 部位	自然素材						産業素材				現場施工の素材					
	竹材		木材	石材		植物	煉瓦		セメント		型枠		煉瓦		セメント	
	内部 (22)	外部 (8)	内部 (8)	内部 (6)	外部 (7)	外部 (16)	内部 (21)	外部 (9)	内部 (5)	外部 (3)	内部 (4)	外部 (0)	内部 (0)	外部 (5)	内部 (0)	外部 (3)
床(F)(9)	2	1	0	0	0	0	0	0	5	1	0	0	0	0	0	0
壁(W)(67)	3	2	0	6	7	7	21	9	0	2	2	0	0	5	0	3
天井(C)(23)	17	0	4	0	0	0	0	0	0	0	2	0	0	0	0	0
屋根(R)(18)	0	5	4	0	0	9	0	0	0	0	0	0	0	0	0	0

表9 地場素材の使用部位

壁に使用するものも多くみられた。煉瓦を内部の壁で使用するものも多くみられた他、わずかであるが型枠を用いた素材を内部の壁で使用するものもみられた（表9）。素材の使用範囲は大部分で建築物の全体での使用がみられた。

4-2 地場素材による建築の意匠

前節での分析をもとに、素材ごとの使用部位と他素材との組み合わせ種類から6つの類型を見出した（表10）。

　まず、竹を天井全体で組み立てる竹天井型と、植物であるヤシなどの茅葺屋根を組み合わせた竹天井・植物屋根型がみられた。竹天井型の多くは、複数種類の竹を組み合わせて架構をつくるものや、インテリアとしての使用が多くみられた。竹天井・植物屋根型は、単一種類の竹を主要構造部で使用するものが多くみられ、屋根の茅は設計者の出身民族で種類等が異なる。植物で外壁全体を覆い緑化する植物外壁型ではカクタンアンドを使用するものが多くみられた。石を壁の全体に使用する石内外壁型では、花崗岩によるものが多くみられ、産業素材外壁型では、焼成煉瓦で外壁全体を覆うものが大部分を占めた。現場施工素材外壁型では、現場打設のブロックで外壁全体を覆うものが多くみられ、わずかであるが、現場テラゾ洗い出しや竹型枠等の打放し仕上素材を使用するものもみられた。

　主な特徴として、地場素材を、建築物の部位の全体で使用するものが多く、煉瓦を壁全体で使用した彫刻物のような作品も多くみられるが、煉瓦を透かして積層させたり、凹凸をつけて積層させることで内部空間に通気を与えたり日陰を生む、煉瓦による環境配慮を意図した意匠も確認できた。竹を使用

したものでは、竹の種類に応じて屋根形状にも特徴がみられ、ドーム型の屋根では肉厚タムボンの使用がみられ、片流れや寄棟、切妻屋根ではルオン、インテリアの天井ではチュクサオと呼ばれるタムボンよりも肉薄でさらに細く軽い種類の竹が使用される。ボールトの屋根形状ではルオンが使用されているが、竹を曲げるために炙って使用している。

5章　建築の生産と意匠からみた　　地場素材の集合

3章と4章で導き出した結果をもとに、生産方式と意匠の類型の2軸から、地場素材の集合の仕方として、6類型を見出した（表11）。設計施工一括方式では、竹天井型の意匠の類型が、設計施工者が敷地周辺で調達、流通させた竹を設計施工者の管理のもと地元下請けの職人が組み立てることでつくられている類型Iがみられた。この類型には現場施工の素材が外壁全体で使用されているものも多くみられ、現場施工の素材で使用する土なども設計施工者が行っている。竹天井植物型の意匠の類型が、設計施工者内の職人が隣のエリアで調達と生産した竹と植物を、設計施工者の管理のもと、設計施工者内の職人が組み立てることでつくられている類型IIと、現場施工素材外壁型の意匠の類型が、設計施工者内の職人と工場および製作所が、さまざまな生産地域から流通させた現場施工素材に使用する材と、焼成煉瓦のような一般的な産業素材を組み立てることでつくられている類型IIIがみられた。設計施工分離方式では、産業素材外壁型の意匠の類型が、工場および製作所、施工者あるいは使用者が素材を流通させ、煉瓦のような一般的な産業素材と、

表10　地場素材による建築の意匠類型（43作品）

表中の表記は、表4.9に準ずる。表中の部位における「外」は外部、「内」は内部を、「全」「ドーム」は部位の全体、一部を示す。また、素材の積み方における「平」は平積み、「凹」は凹凸表現、「透」は透かし積みを示す。

竹天井型 (9)
- ・複数種類の竹によるもの／インテリアでの使用もある
- ・竹の天井

竹天井・植物屋根型 (5)
- ・竹の天井と植物の多重屋根
- ・主要構造部で単一種類の竹を使用

植物外壁型 (7)
- 植物による外壁全体の緑化

石内外壁型 (3)
- ・石でできた内外壁

産業素材外壁型 (9)
- ・煉瓦等の産業素材が外壁全体で使用される
- ・内部でも使われ使用されることもある

現場施工素材外壁型 (6)
- ・竹型枠の打放し
- ・土・素材や現場の土で造られる煉瓦等の素材が外壁全体で使用される

類型外 (4)

No.	主要構造	竹 部位	竹 種類	植物 部位	植物 種類	石 部位	石 種類	産業素材 部位	産業素材 種類	産業素材 積み方	現場施工 種類	現場施工 積み方	屋根形状
12	煉瓦造	BPC全	チ・ル										
10	竹造	F.B.C全	チ・ル										
37	竹造	F.B.C全	チ・ル					W外全	土				片流れ
40	土造	P.B全	ル					W外全	土				零棟
39	S造	C全	チ					W外全	E				ボールト
30	RC造	C全	タ										片流れ
23	RC造	C全	タ										
16	RC造	C全	タ										
27	複合造	BPC,R全	タ	R全	ヴ						W外全	土	ドーム
32	竹造	BPC,R全	タ	R全	ヴ						W外全	土(E)	ドーム
36	土造	BPC,R全	ル	R全	ヴ								陸屋根
42	土造	BPC,R全	ル	R全	ヵ						W外全	土	片屋根
38	複合造	BP,R全	ル	R陸	ラ								切妻
33	S造			W外全	V	W外全	花	W内全	焼	平凹透	木型	平凹凸	
31	RC造			W全一	二			W外全	焼				
15	RC造	C一	タ	W全一	V	W外全		W外全	焼				
5	S造			W全一	ヵ			W外全	焼				
14	RC造			W全一	ヵ			W内全	焼				
6	石造		コ			W内外全	花	W内全	焼	平凹透			
8	石造		コ			W外全	花	W外全	焼	平透			
26	RC造		コ			W外全	花	W外全	焼	平凹透			
22	RC造							W内全	焼	平			
21	RC造	C一	チ					W外全	焼	平凹透			
20	RC造							W外全	焼	平透			
13	RC造							W外全	焼	平			
35	RC造							W外全内	デ	平			
17	RC造							W全内	焼	平			
24	RC造							W全一	ブ	平			
25	RC造							W全一	焼	平	木型		
28	RC造										W外一	現C 平	
34	RC造										W外一	現C 平	
11	RC造										W外一	現C 平	
18	RC造										W外一	テラ 平	
29	RC造										W外一	竹型 平	
43	煉瓦造					W内全	花				W外一	E 平	
2	RC造												
3	RC造												
4	S造												
7	S造												

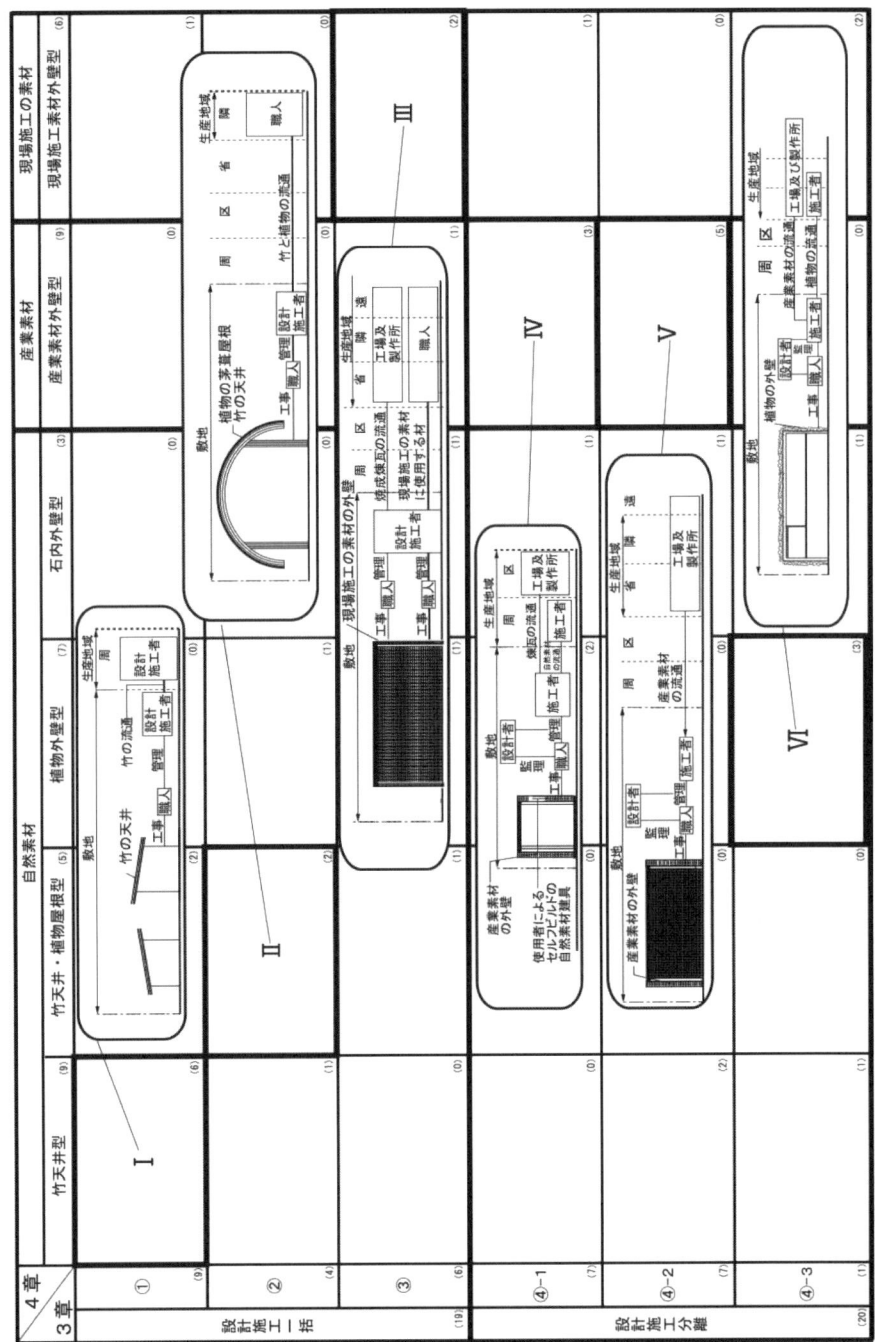

表11 建築の生産と意匠からみた地場素材の集合の類型

敷地周辺で採れた自然素材を組み立てることでつくられている類型IV、同じく産業素材外壁型の意匠の類型によるものが、広範囲で工場および製作所から流通される産業素材の煉瓦のみで組み立てられ、外部と内部の壁全体で使用されるものが多い類型Vがみられた。インタヴューでは、これらの類型群は非常に低予算によるものであり、特別でない産業素材を建物全体に使用することで、施主の予算を守ることができると述べていたのが印象に残った。植物外壁型の意匠の類型が、施工者が敷地周辺で調達、流通させた植物などの自然素材と、工場および製作所から流通した煉瓦を組み立てて使用する類型VIがみられた。

6章　結

本研究ではベトナム現代建築を、地場素材の集合として、生産や流通、建設過程から建築意匠を通して地場素材の集合としての建築デザインを建築の生産と意匠からみることで6つの類型を示した。その結果それぞれの類型に特徴的な地場素材の集合の仕方を明らかにした。建築デザインを、それらを構成する素材の収集源である建築家をはじめとした人と、素材の生産や組み立ての技術、産地や流通源といった場所性の交わりから生み出すことは、21世紀の建築家の大きな役割であり、このような建築デザインの研究は、他の地域における地域資源を扱う建築作品に転用できると考え、地域性を有する建築作品における地場素材の集合を抽象的に図示し、混沌とするベトナム現代建築の中に共通する型を見出すことは、ベトナムだけでなく長い歴史や民族史をもつ地域における現代建築の持続に寄与するものであると思う。

[註]
*1 「集合」とは、部材の組立、物や人の集合体を意味するフランス語を語源としたassemblageから導き出された単語であり、素材の集合と組立による建築の生産の概念を意図している。
*2 *Arch+*, vol. 226. Arch+ Verlag. 2016
*3 *Arch+*, vol. 227. Arch+ Verlag. 2017

[参考文献]
(1) 能作文徳、他7名「藤村記念堂におけるモノ・技術・人の連関(1)――人・モノ・技術の連関からみた建築作品」『日本建築学会大会学術講梗概集(九州)』2016年
(2) 『SD』1996年3月号、鹿島出版会、1996年
(3) 権藤智之、他5名「ベトナムにおける建築生産システムに関する研究その1――ハノイ市のチューブハウス躯体チームの実態調査」『日本建築学会学術講演梗概集(関東)』2015年
(4) 村松 伸、山名善之、岩元真明、市川紘司「社会の課題から東南アジアの建築を考える」『10+1 web site』2016年10月号、LIXIL

出展者コメント —— トウキョウ建築コレクションを終えて

Q 修士論文を通して得たこと

タイポロジーや構成学は建築作品を素材の集合による建築デザインとして明らかにすることにも有用であると実感したが、これをどのように展開するか考えています。現地調査の結果を纏めるのに苦労した。研究室のメンバーに感謝致します。

Q 修士修了後の進路と10年後の展望

10年後までに、まずはTOKYOを拠点に私のオフィスを設立させたい。またベトナムを始め東南アジアをさらに開拓し友人らと事業を共有して、幸せに生きたい。その展望の実現につながる進路だと思うので、この数年は努力します。

審査員コメント

中島：地場素材の定義なのですが、ベトナムの伝統的建築に使われてきた素材かどうかということとは必ずしも関係がなく、現地で生産されていれば現代的素材であっても地場素材に含まれるということでしょうか。

宇佐美：はい。現地で生産されているものを指しています。

中島：あくまで地理的な範囲での定義であって、伝統的かどうかとは相関はあっても因果関係はないということですね。

宇佐美：ただし地場素材は特定の市・省だけでなく、その隣の市・省などの範囲でも用いられることが特徴といえます。国内の例でいえば宇都宮の地場素材として大谷石が有名ですが、栃木県内の他の市や隣の茨城県でも大谷石が使われています。

中島：伝統の要素を地場の中でどのように捉えるのかという観点に対して、ニュートラルな立場をとっている印象をもちました。たとえば素材の使い方についていえば、それが伝統に基づいたものなのか、新しい技術によって可能となった使い方なのか。そのような技術的存立の背景を含めて議論できたら良いのですが、素材が使われている現象の整理にとどまっていて、やや応用が利きにくいと感じました。

青井：近年、事物と人間をフラットに捉えるアクター・ネットワーク理論をベースとした研究が多方面で取り組まれていて、建築学でも事物の集積として建物を考えるアプローチがわりと一般化しつつあります。正田さんや宇佐美さんの研究もその流れにキャッチアップするものだと思います。正田さんの論文は、近代以降の事例がイタリアでは排除されているので見えてこないのですが、ベトナムではそういう事例も普通に入ってくるため、インダストリアル・ヴァナキュラー的なことも踏まえて考えることができれば、作家の方法論になり得る点が面白いと思いました。

川添：たとえば、一方の軸では伝統素材を、他方の軸では近代素材をそれぞれ使用し、その組み合わせによってどのようなデザイン・ボキャブラリーを生み出せるかということにまで言及できると、設計論に発展できるかもしれません。

永井：現在のベトナムではまだ大規模に産業化された製品があまり使われておらず、地場素材やそれに近い素材を用いることが社会的には当たり前の状況にあるため、まだ目立った特徴が出てきていないのだと思います。時代が少し早いというか、もう少し住宅産業全体が高度発展化したときに大きな違いが出てくるのかもしれません。

イタリアのスローフード生産にみられる資源の活用のための建築

正田智樹
Tomoki Shoda

東京工業大学大学院
理工学研究科　建築学専攻
塚本由晴研究室

1章　序

イタリアでは1980年代から、ファストフードや食のグローバル化に対抗したスローフード運動やアグリツーリズモが盛んになり、農業地域の活力は再生され、地域ごとの食文化や伝統的な食品生産が守られてきたが、これは都市計画、建築計画の分野では戦後のチェントロ・ストリコを中心とする復興計画から都市と田園の風景を一体的に計画するテリトーリオへと移行した時期に重なる。それは建築理論にもエコロジカルな転回を迫るものといえる。そこで本研究では、エコロジカルなビジョンを体現する建築を求め、イタリアのスローフード運動により保護された伝統的食品の生産地を対象に、身の回りの自然を活用する物理的なしつらえとその配置を検討し、食品生産を通して地域固有の風景を形成する資源の活用のための建築のあり方を明らかにすることを目的とする。

2章　研究対象と方法

スローフード生産には治具[*1]を用いて原材料を一定の位置に固定することで、身の回りの自然である光、熱、風などを利用する工程がある。こうした治具をエコロジカルな治具（以下、エコジグ）と呼ぶこと

とし、各工程におけるエコジグが、地形に応じて適切に配置されることで得られる全体を、資源の活用のための建築と呼ぶ。各生産地に特有な地域の風景は、こうした資源の活用のための建築によって形成されているといえる。

対象とするのはスローフード運動[*2]によって保護された伝統的食品生産[*3]のうち、実測調査および生産者へのインタビューが可能[*4]であった23事例である。食品は、ワインや、チーズ、生ハムなどがあり、イタリア半島の全域にわたって生産地が分布している（表1）。原材料と生産工程、その平面的な広がりと標高に加え、平地や斜面地といった生産地の地形的特徴と、海や川、湖といった水源の有無をまとめて表2を得た。身の回りの資源である自然要素には光、熱、風、冷気、湿気、水がみられた（表3）。それらの資源を活用するためのエコジグの種類を工程ごとにまとめた（表4）。エコジグの配置を、標高と、高、中、低の斜面地の中での配置、空中、地上、地下の地面との位置関係から捉え（表5）、これらのエコジグを事例ごとにまとめて検討し、生産地の範囲全体の広域断面図[*5]を作成した。

分析例（図1）のカレマ村のワイン生産では、栽培、圧搾、発酵・熟成という工程のうち、栽培、

No	食品名	制度
01	カレマ村の赤ワイン	S.F.P.
02	マカン村の牛チーズ	S.F.P.
03	コアッゼ村のヤギと牛チーズ	S.F.P.
04	ヴァルキウセラ村の牛チーズ	D.O.P.
05	ボルミダ渓谷の赤ワイン	S.F.P.
06	トレントの貴腐ワイン	S.F.P.
07	ヴェローナ山の牛チーズ	S.F.P.
08	ヴェローナの米	I.G.P.
09	カリッツァーノの乾燥栗	S.F.P.
10	ヴェッサリコのニンニク	S.F.P.
11	ジベッロのクラテッロ	S.F.P.
12	モデナのバルサミコ酢	D.O.P.
13	モデナの白い牛チーズ	S.F.P.
14	パルマのプロシュット	D.O.P.
15	コロンナータのラード	I.G.P.
16	ヴェスビオ山のトマト	D.O.P.
17	アマルフィの紡錘状のレモン	I.G.P.
18	サラチナの貴腐ワイン	S.F.P.
19	ネブロディの黒豚	S.F.P.
20	ネブロディのカチョカヴァロ	S.F.P.
21	マドニエのカチョカヴァロ	S.F.P.
22	アルカモのメロン	S.F.P.
23	トラパニの海塩	S.F.P.

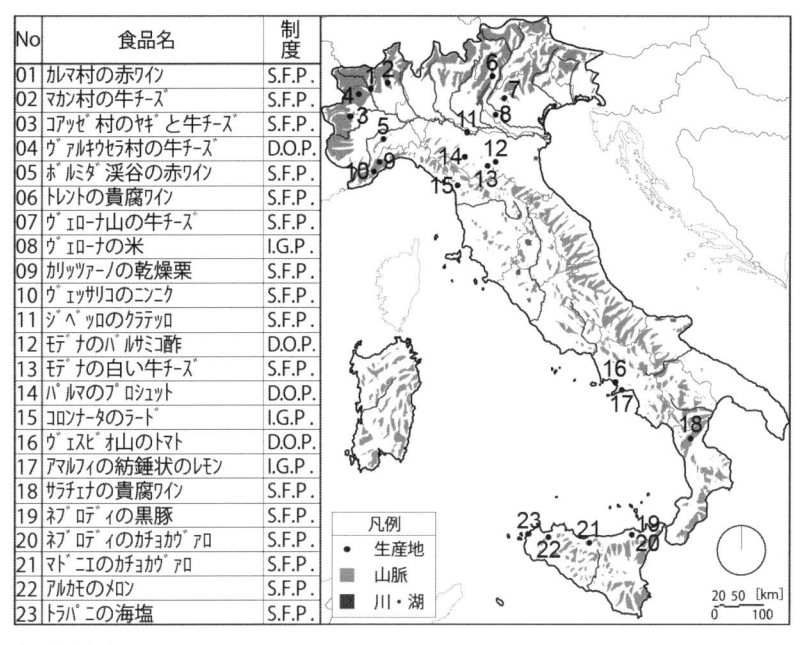

凡例
・ 生産地
■ 山脈
■ 川・湖

20 50 [km]
0　　　100

表1 研究事例
（S.F.P.：Slow Food Presidiの規定する伝統食品生産を保護するための制度。／D.O.P.、I.G.P.：欧州連合の
EU法が規定する食料品の原産地名認定・保護のための制度）

原材料	No	生産工程					生産地の範囲 平面[km]	生産地の範囲 標高[m]	生産地の地形的特徴
葡萄（ワイン、バルサミコ酢）	01	栽培	圧搾	発酵	発酵・熟成		0.7	300-600	斜、-
	05	栽培	圧搾	発酵	発酵・熟成		0.2	410-470	斜、遠(海)
	12	栽培	圧搾	発酵	発酵・熟成		0.3	250-300	斜、-
	06	栽培	乾燥・発酵	圧搾	発酵	発酵・熟成	0.3	250-300	斜、遠(湖)
	18	栽培	乾燥・発酵	圧搾	発酵	発酵・熟成	6	350-620	斜、遠(海)
野菜・果物（栗、ニンニク、トマト、メロン、レモン）	09	栽培	乾燥		燻煙		0.2	560-700	斜、-
	10	栽培	乾燥				0.1	600-650	斜、遠(海)
	16	栽培	乾燥				0.1	200	斜、遠(海)
	22	栽培	乾燥				0.3	520	斜、遠(海)
	17	栽培	皮むき		混合		0.3	100-170	斜、遠(海)
乳（チーズ）	02	飼育	搾乳	成形	塩漬け	発酵・熟成	0.5	670	斜、近(川)
	03	飼育	搾乳	成形	塩漬け	発酵・熟成	10	650-1500	斜、-
	04	飼育	搾乳	成形	塩漬け	発酵・熟成	5	530-680	斜、-
	07	飼育	搾乳	成形	塩漬け	発酵・熟成	25	70-1000	斜、-
	13	飼育	搾乳	成形	塩漬け	発酵・熟成	19	180-880	斜、-
	20	飼育	搾乳	成形	塩漬け	発酵・熟成	0.1	550	斜、遠(海)
	21	飼育	搾乳	成形	塩漬け	発酵・熟成	0.1	660	斜、遠(海)
肉（生ハム、ラード）	11	飼育	解体	塩漬け	乾燥・発酵	発酵・熟成	0.1	350	平、遠(川)
	14	飼育	解体	塩漬け	乾燥・発酵	発酵・熟成	470	0-350	平、遠(海)
	19	飼育	解体	塩漬け	発酵・熟成		0.2	500-550	斜、遠(海)
	15	飼育	解体		発酵・熟成		90	0-550	斜、遠(海)
籾(米)	08	栽培	乾燥	籾摺り	精米		5	30	平、近(川)
海水(塩)	23	集水	濃縮	乾燥	挽く		0.3	0	平、近(海)

表2 原材料、生産工程および生産地の範囲、地形的特徴（各生産工程のうち、エコジグがみられる工程を網掛けで示す）

発酵・熟成にエコジグが用いられている。斜面の高い位置で石積みの段々畑をつくることで水はけを良くし、木梁のパーゴラで葡萄を支えることでより多くの日光を当て、風通しを良くしている。また、標高の高いこの地域では木梁を支える石柱が、昼間に蓄えた熱を夜間に放射することで冷気から葡萄を守る。これは風、光、熱、水を活用するエコジグである。斜面の下では地下にある鉄筋コンクリート造の熟成室で湿気と冷気を保つことで、木樽の中にあるワインを熟成させる。これは冷気、湿気を活用するエコジグである。

3章　エコジグによる資源の活用

スローフード生産の工程には原材料の種類を超えて共通する目的がみられるため、全事例の分析結果を工程ごとにまとめ、エコジグによる資源の活用のされ方の広がりを示す（表6）。

栽培は、斜面地に配置される木梁や鉄線のパーゴラが葡萄や果物などの作物の風通しと日当たりを良くする。さらに、石積みの段々畑が、水はけを良くし、石柱や石積みが熱を蓄える。乾燥では、斜面地に配置される庇や窓のある室が、吊るされた、あるいは棚に置かれた、野菜や果物を日陰で風に晒し、水分を蒸発させる。そのうち海からの風を活用することが多い庇下での乾燥は期間が短いのに対し、室の内部の湿度を開閉式窓やガラリ窓によって調節するものは期間が長い。乾燥の工程の中で、期間の長いものは干竿が多くみられた。一方、特徴的なものとして、瓦が山積みの塩の上に置かれ、埃や雨から守られながら乾燥されるものもみられた。乾燥・発酵では、水源を向いた斜面地に配置され、窓のある室が、干竿に吊るされた葡萄や肉を、一定期間冷気と湿気を含んだ風に晒し、水分を蒸発させながら菌の繁殖を促す。発酵・熟成では、地下にある鉄筋コンクリート造の室と、窓のある室が、長期間冷気と湿度を一定に保ち、原材料の中で菌の繁殖を促す。窓のある室の多くが海や川を向いた斜面地の高い位置に配置されることで、風に含まれた冷気と湿気を取り込む。そのうち、煉瓦造の室や、砂利が敷かれる室は、室内の湿度を高く保つことで、菌の繁殖を促

し長期間熟成させる。また、発酵・熟成で用いられる干竿、棚、樽の多くが木製なのは、加工された原材料の水分が調節に役立つからである。また事例は少ないが、特徴的なものとして、塩を挽く工程では海風が風車を回す動力として活用され、石臼で塩を挽く。米を精米する工程では水車が動力として活用され、精米機を動かす。

以上より、エコジグには、冷気、湿気を活用する窓のある室、太陽光を活用する鉄線や木梁のパーゴラ、熱を活用する石柱や石積みなどのパーゴラ、風を活用する庇など、資源とエコジグの種類の一定の対応がみられた。

4章　資源の活用のための建築

前章で検討したエコジグが地形に応じて配置されることで、資源の活用のための建築が成立する。地域固有の風景をその内側から実践し、維持していることを捉えるために、本章ではひとつの生産地にある複数のエコジグの種類と配置、生産地の地形的特徴、活用される身の回りの資源の組み合わせから、スローフード生産にみられる資源の活用のための建築の特徴を述べる（表7）。

ワインの生産では栽培、発酵・熟成にエコジグが用いられ、ワイン1では、斜面の高い位置で石積みの段々畑にパーゴラが架けられることで、葡萄により多くの日光が当たり、風通しがよくなる。また、石積みや石柱に太陽からの熱が蓄えられたり、鉄線を風が吹く方向に対して垂直に張ることで、絡んだ葡萄の蔦に海や湖から吹く熱を含んだ風が通り抜け、栽培が行われている。斜面の低い位置では窓のある室や地下室によって冷気や湿気が活用され、発酵・熟成が行われる。これに対して、ワイン2では、斜面の低い位置に鉄線のパーゴラが張られることで、日光が当たり、風通しが良くされ、栽培が行われ、斜面の高い位置では乾燥・発酵、発酵・熟成が行われている。果物・野菜の生産では栽培、乾燥にエコジグが用いられ、果物・野菜1は斜面の高い位置か中腹の庇の下で原材料が風に晒され、乾燥される。その後、窓のある室に移動させて再度乾燥が行われるものもある。風と冷気が活用され、原材料が干竿や木

光	熱		風	冷気		湿気	水
	放射	対流		遮熱	対流		

表3 身の回りの資源
（熱は太陽の放射と大気の対流、冷気は放射された熱を遮る遮熱と大気の対流に分けられる）

工程	エコジグの種類
栽培	パーゴラ(木製,鉄製,石柱)、石積、水田
乾燥	室、窓(開閉,ガラリ,ガラス無)、庇、干竿(木,鉄)、棚(木)、網棚、箱(木)、重し(瓦)
乾燥・発酵	室、窓(開閉,ガラス無)、干竿(木,鉄)、網棚
発酵・熟成	室(RC,レンガ,砂利,大理石)、窓(ガラス無)、水路、干竿(木,鉄)、棚(木)、樽(木)、箱(大理石)
集水	アルキメデ ィアンスクリュー、風車
濃縮	塩田
挽く	風車、臼(石)
精米	水車、精米機

表4 各工程におけるエコジグの種類

斜面地の中での配置			地面との位置関係		
高	中	低	空中	地上	地下

表5 エコジグの配置

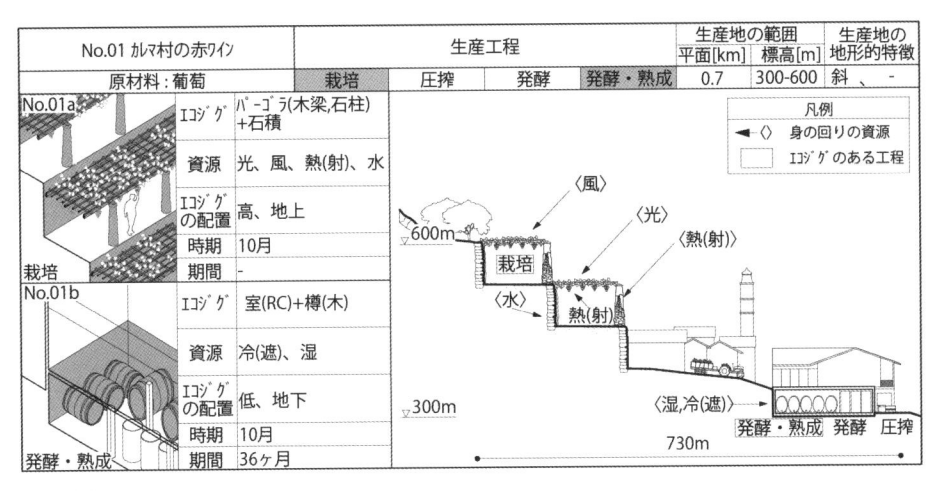

図1 分析例

棚を用いて庇の下に置かれることで、果物、野菜が干されている風景が見える。これに対して、果物・野菜2は窓のある室が斜面地に配置されることで、窓から室内に風が吹き込み、網棚に置かれた果物が乾燥される。果物・野菜3は海を向いた、斜面の高い位置の石積みの段々畑にパーゴラが架けられることで、レモンに日光があたり、海からの風に晒され栽培される。次に、チーズの生産では発酵・熟成にエコジグが用いられ、チーズ1は斜面地の下、または中腹で、地下室や窓のある室で冷気と湿気が活用されている。チーズ2は地下の室で活用する冷気や湿気が、牛の飼育に適さないため、牛舎を遠くに設けている。生ハムの生産では乾燥・発酵、発酵・熟成にエコジグが用いられ、海や川から吹く湿気を含んだ風が窓から取り入れられ、地下室によって冷気と湿気が活用されている。それらは煉瓦、大理石などの素材によって湿気が保たれている。米の生産では栽培、乾燥、精米にエコジグが用いられ、近くの川から

工程	No	原材料	資源	エコジグ	生産地の地形的特徴とエコジグの配置[m]					時期(月)	期間(ヶ月)
栽培	08a	籾	水	水田	平、近(川)、	30	、 - 、	地上		9	4
	12a	葡萄	風,光	パーゴラ(鉄線)	斜、 - 、	270-300	、高、	地上		10	-
	18a	葡萄	風,光	パーゴラ(鉄線)	斜、遠(海)、	350	、低、	地上		9	-
	17	果物	風,光,水	パーゴラ(木梁)+石積	斜、遠(海)、	100	、中、	地上		7	-
	01a	葡萄	風,光,熱(射),水	パーゴラ(木梁,石柱)+石積	斜、 - 、	300-600	、高、	地上		10	-
	06a	葡萄	風,光,熱(流),水	パーゴラ(鉄線)+石積	斜、遠(湖)、	250-300	、中、	地上		9	-
	05a	葡萄	風,光,熱(流,射),水	パーゴラ(鉄線)+石積	斜、遠(海)、	410-470	、高、	地上		9	-
乾燥	22a	果物	風,冷(遮)	庇+箱(木)	斜、遠(海)、	520	、高、	地上		8	0.5
	16	野菜	風,冷(遮)	庇+干竿(鉄)	斜、遠(海)、	200	、高、	地上		8	4
	10	野菜	風,冷(遮)	庇+棚(木)	斜、遠(海)、	600	、中、	地上		7-8	1
	08b	籾	風,冷(遮)	室+窓(開閉)	平、近(川)、	30	、 - 、	地上		9	5-6
	10	野菜	風,冷(遮)	室+窓(ガラス)+干竿(鉄)	斜、遠(海)、	620	、高、	地上		8	6-8
	22b	果物	風,冷(遮)	室+窓(ガラス無)+干竿(木)	斜、遠(海)、	520	、高、	地上		8	3.5
	09	果物	風,冷(遮)	室+窓(ガラス無)+網棚	斜、 - 、	560	、低、	地上		9	1
	23c	海水	風,冷(遮)	重し(瓦)	平、近(海)、	0	、 - 、	地上		10-3	6
乾燥・発酵	11a	肉	風,冷(流),湿	室+窓(開閉)+干竿(鉄)	平、遠(川)、	350	、 - 、	空中		11-1	5-6
	14a	肉	風,冷(流),湿	室+窓(開閉)+干竿(鉄)	斜、遠(海)、	350	、中、	空中		年中	4
	18b	葡萄	風,冷(流),湿	室+窓(ガラス無)+干竿(鉄)	斜、遠(海)、	620	、高、	地上		9	0.7
	06b	葡萄	風,冷(流),湿	室(木)+窓(開閉)+網棚	斜、遠(湖)、	250	、低、	空中		9	7
発酵・熟成	14b	肉	冷(遮),湿	室(RC)+干竿(木)	斜、遠(海)、	350	、中、	地下		年中	12
	02	乳	冷(遮),湿,水	室(RC)+棚(木)+水路	斜、近(川)、	640	、低、	地下		3-11	3
	04	乳	冷(遮),湿	室(RC)+棚(木)	斜、 - 、	530	、低、	地下		3-11	4
	03	乳	冷(遮),湿	室(RC)+棚(木)	斜、 - 、	670	、低、	地下		3-10	3-5
	01b	葡萄	冷(遮),湿	室(RC)+樽(木)	斜、 - 、	300	、低、	地下		11	36
	06c	葡萄	冷(遮),湿	室(RC)+樽(木)	斜、遠(湖)、	250	、低、	地下		4	48
	07	乳	冷(流),湿	室+窓(ガラス無)+棚(木)	斜、 - 、	70	、低、	地上		5-9	24
	13	乳	冷(流),湿	室+窓(開閉)+棚(木)	斜、 - 、	770	、高、	地上		年中	24
	05b	葡萄	冷(流),湿	室+窓(二段開閉)+樽(木)	斜、遠(海)、	410	、中、	空中		10	6-12
	18c	葡萄	冷(流),湿	室+窓(ガラス無)+樽(木)	斜、遠(海)、	620	、高、	地上		9	24
	11b	肉	冷(流),湿	室(レンガ)+窓(開閉)+干竿(鉄)	平、遠(川)、	350	、 - 、	地上		年中	18
	19	肉	冷(流),湿	室(レンガ)+窓(開閉)+干竿(木)	斜、遠(海)、	500	、中、	地上		年中	24
	20	乳	冷(流),湿	室(レンガ)+窓(開閉)+干竿(木)	斜、遠(海)、	500	、中、	地上		12-6	6
	21	乳	冷(流),湿	室(砂利)+窓(ガラス無)+干竿(木)	斜、遠(海)、	660	、中、	地上		12-6	6
	15	肉	冷(流),湿	室(大理石)+窓(開閉)+箱(大理石)	斜、遠(海)、	550	、高、	地上		5-9	9
	12b	葡萄	冷(流),湿,熱(流),	室+窓(開閉)+樽(木)	斜、 - 、	270	、高、	空中		10	144
集水	23a	海水	風	風車+アルキメディアンスクリュー	平、近(海)、	0	、 - 、	地上		10	-
濃縮	23b	海水	風,熱(射)	塩田	平、近(海)、	0	、 - 、	地上		7-9	-
挽く	23d	海水	風	風車+臼(石)	平、近(海)、	0	、 - 、	地上		3-	-
精米	08c	籾	水	水車+精米機	平、近(川)、	30	、 - 、	地上		5-9	-

引き込まれた水を活用して米が栽培され、窓のある室で籾（もみ）が乾燥され、水路によって建物に引き込まれた水で水車が回され、精米機が動かされ、米が精米される。塩の生産では集水、濃縮、乾燥、挽くにエコジグが用いられ、多方向から風が吹く海沿いの平地に風車が配置され、海水が汲み上げられ、海水が結晶になるまで塩田で濃縮され、収穫した結晶が山積みにされて、雨や埃がかからないように瓦がかけられて乾燥され、風車によって石臼で塩が挽かれる。

これらより、生産地の範囲が狭く、斜面地のワイン1、果物・野菜3は栽培、発酵・熟成にエコジグが用いられるため、斜面地に石積みの段々畑やパーゴラが広がる風景が形成される。一方、果物・野菜2、チーズ1ではエコジグが栽培に用いられず、乾燥、発酵・熟成のみに用いられるため、室のある風景が形成される。果物・野菜1は乾燥の庇のみにエコジグが用いられ、特定の季節に、庇下に乾燥している野菜がみられる風景が形成される。塩、米では塩田

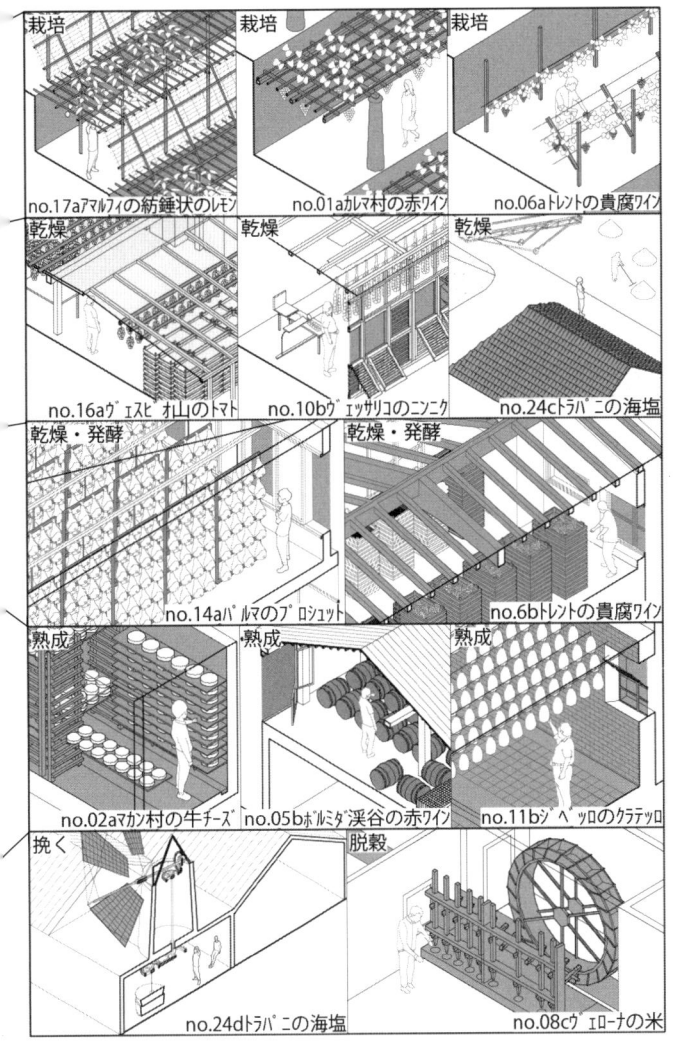

表6 エコジグによる資源の活用

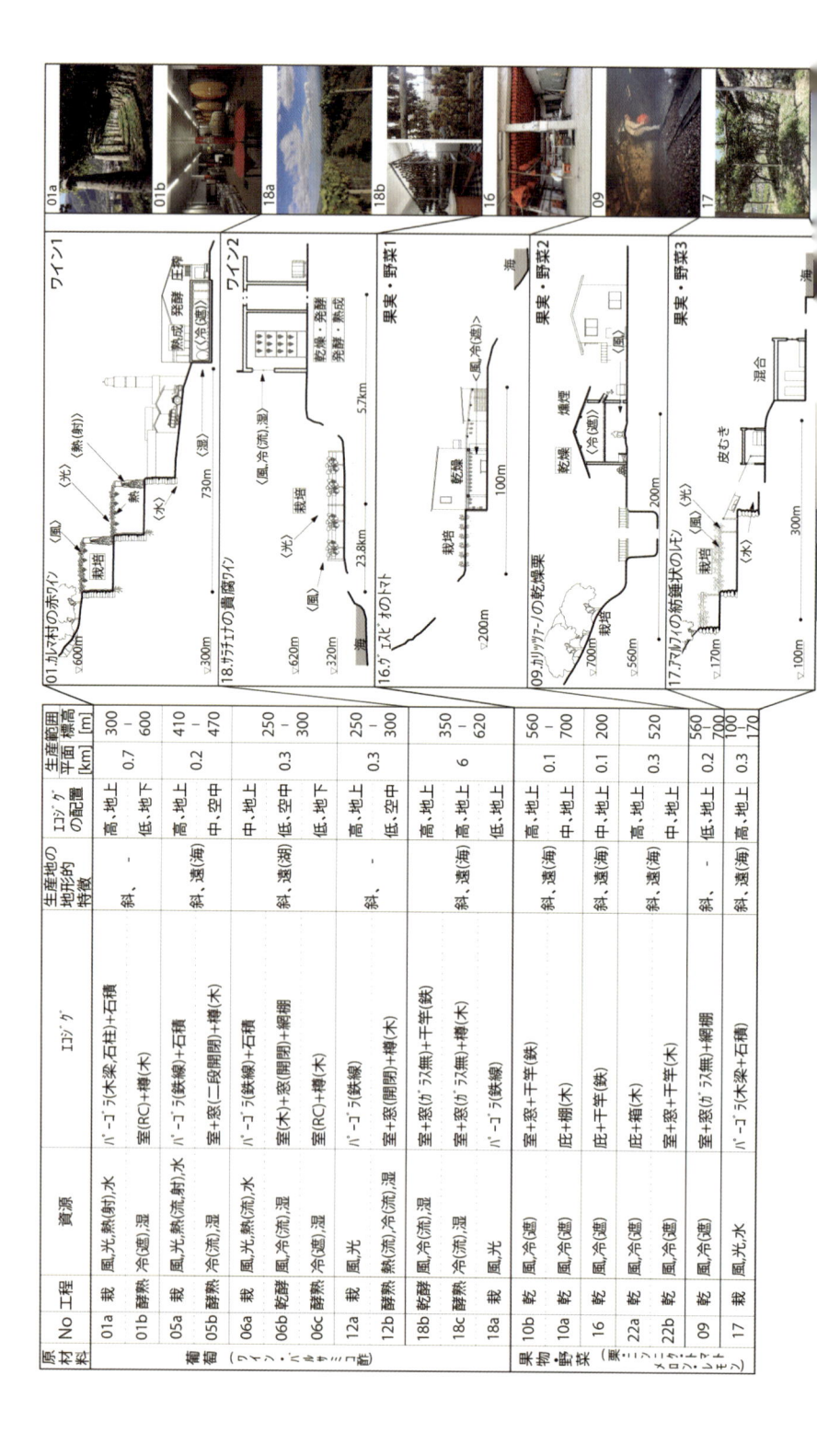

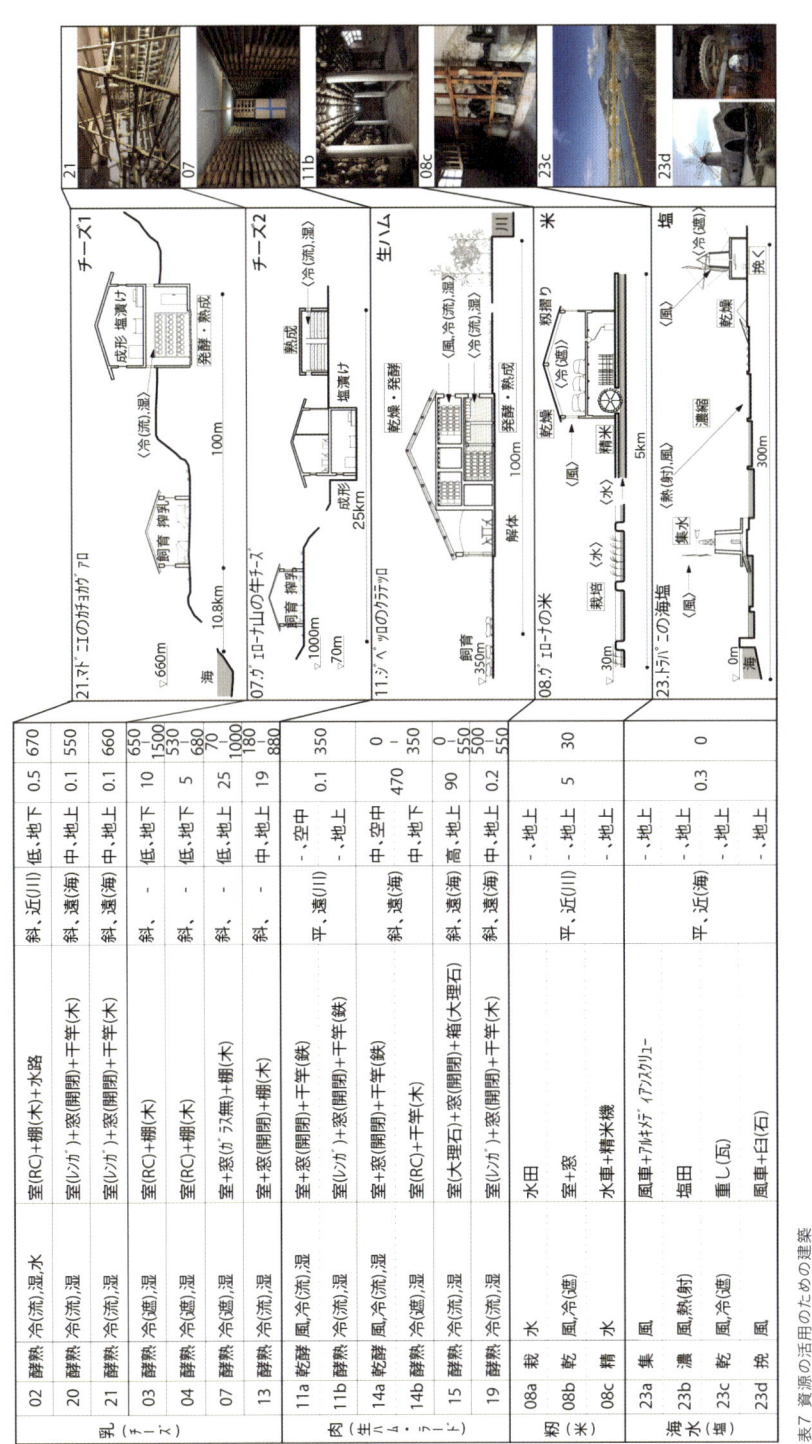

表7 資源の活用のための建築
(工程を以下のように省略した。栽：栽培、乾：乾燥、乾燥：乾燥、発酵：発酵、酵熱：酵熱、発酵：発酵・熟成、集：集水、濃：濃縮、挽く：挽く、精：精米)

や水田など平面的な広がりのある風景が形成され、ワイン2やチーズ2は生産地が広くに展開する風景が形成される。

5章　結

以上、イタリアのスローフード生産にみられるエコジグとその配置によって得られる全体を資源の活用のための建築として定義し、工程ごとに原材料、身の回りの資源、エコジグ、およびその地形への配置を検討することで、活用される資源とエコジグの種類に一定の対応を見出した。さらに、複数のエコジグの種類と配置の関係を原材料ごとに検討し、資源の活用のための建築が形成する地域固有の風景の一端を明らかにした。

［註］

*1 機械工作の際、刃物や工具を加工物の正しい位置に導くために用いる補助工具（『大辞林 第三版』三省堂、2006年）。

*2 1986年ローマのスペイン広場にマクドナルドが開店した際に行われた反対運動をきっかけに、ワインと食を専門とするジャーナリストのカルロ・ペトリーニが設立。

*3 Slow Food Presidiの事例が紹介されている本の最新版である参考文献（1）に掲載されている243事例と2016年12月に更新されたPDO、PGIの最新リストに掲載される291事例から選定。

*4 2016年10月と2017年1月に中央アペニン山脈でイタリア中部地震が発生した影響からUmbria、Marche、Abruzzo、Lazio州は対象から除く。

*5 都市計画家パトリック・ゲデス（1854-1932）は生物、植物学を研究した後、地域、都市学へも展開し、各地域にある鉱山や森林といった資源と人々の職業の関係を「流域断面図（Valley Section）」で示した。本論ではValley Sectionを参照し、広域断面図を描いた。

［参考文献］

（1）*Guida ai Presìdi Slow Food: Per scoprire i prodotti che raccontano l'Italia, le osterie che li cucinano, mangiare e dormire dai produttori.* Slow Food Editore. 2014.

（2）陣内秀信、高村雅彦（編）『水都学Ⅲ 特集 東京首都圏 水のテリトーリオ』法政大学出版局、2015年

（3）後藤 治、二村 悟『食と建築土木』LIXIL出版、2013年

出展者コメント ── トウキョウ建築コレクションを終えて

Q 修士論文を通して得たこと

修士論文を書くにあたって、仮説を立て、イタリアへ留学し、フィールドワークを行い、意見をまとめるプロセスを通して、さまざまな知識や本、人々に出会うことができた。指導担当の塚本先生をはじめ、研究室の皆様や、スローフード協会の方々、生産者の皆様に深く感謝したい。

Q 修士修了後の進路と10年後の展望

改めて日本の食品生産をみてみると、エコジグが多く見られる。それらを新しい環境装置としての建築として理解を深めることで、機械化されてしまった工程に再び、エコジグを設計することで、食品生産に価値をつけ、地域の風景を継承することに貢献していきたい。

審査員コメント

林：スローフードというテーマは非常に面白いですね。環境工学的な視点からいうと、そもそも気候と生産物には関係があるはずで、気候が変われば同じ自然資源でも生産方法は当然変わると思います。現代であればそのような気候によって生じる違いを、設備によって補うこともできる。そのような選択肢もあり得る中で、現代のイタリアの生産者はあくまでも旧来からのやり方を踏襲しているのでしょうか。また、そのような旧来の風景が次第に変わりつつある事例はありますか。

正田：伝統的な生産方法を行うことがスローフードの規定書で定められているため、本研究では現在でも技術を継承している地域に限定して事例を選定しています。風景の守られ方はケースによりけりですが、たとえばアマルフィの別荘地帯のレモン栽培では、別荘の住人とは別にレモンの組合的なものをつくった人たちが畑を管理する仕組みで景観が維持されています。他には住民が自らワイン生産などを副業的に行なう事例もみられました。

中島：林先生のご質問にもつながりますが、我々の専門の視点から見ると、生産にまつわる文化的景観ということでは、カルチュラル・ランドスケープ論の中でこの種の議論は既にたくさんなされている気がします。その辺りはどのくらいフォローされているのでしょうか。

正田：カルチュラル・ランドスケープについての論文は何篇か読みました。都市計画としてカルチュラル・ランドスケープを扱っているものはあり、どのような制度によって風景が守られているのかという議論がなされています。しかし、そこに内在している人々の営みがどのように建築の空間をつくり、それが反復することによって風景が形成されるというような実践から風景を語る議論はなかったように思います。

中島：カルチュラル・ランドスケープという視点から見ると、「どのように維持されているのか」を問う

ことが大事です。近代化によってどんどん変容してきた生産方式が、スローフード運動によって元に戻ったり、復元されたりするような動きもあったことを考えると、時間軸を入れて議論しなければ本当の面白さが見えてこないのではないかと思います。現象として「現在の状態はこうだ」ということはわかるのだけれど、それがどのように変化してきたのかを問う視点です。研究を進めていく中で、そのような時間軸を意識する局面はありましたか。あるいはそれに関するエピソードなどがあればぜひ教えてください。

正田：時間軸を踏まえた方がいいということについては、論文を書き終わったあとに気づかれた部分が大きいのですが、それに関するエピソードは1つあります。私は今、日本のスローフードの団体に関わっているのですが、スローフードとして食品を登録するには「昔の方法に戻したら登録できます」というかたちになっているのです。その工程はどうしようもなく機械生産になってしまう部分もあるのですが、少しでも自然との関わり合いを大事にして、戻せるところは戻しているという現状があります。ですので、時代とともに食生産を行う工程内に機械と自然を活用する生産のハイブリッドがみられます。その過去の例を追っていくことによって、形成されてきた風景をさらに分析することはできたかもしれません。

中島：本人の実践的な関心としては、時間軸に対する意識はおもちだということですね。

コンピュータ数値制御三軸加工機を用いたセルフビルドによる内装下地構法の開発研究

中村協央
Kano Nakamura

明治大学大学院
理工学研究科　建築学専攻
門脇耕三研究室

1章　はじめに

1-1 研究の背景

2000年代半ば以降、デジタルファブリケーション（以下、DF）[*1]の認知度は着実に向上し、個人での利用も特別ではなくなってきた。生産方式も、工場での少品種大量生産モデルから、個人による多品種少量生産モデルへの転換が展望されるようになり、FabLab[*2]をはじめとした工作施設は全国的な展開を見せている[(1)]。近年ではDF機材の大型化により出力寸法が拡大したことで、世界中で3Dプリンターやレーザーカッターなどを用いた建築技術の研究・開発が数多くなされている。

　一方、日本の建築産業構造が既存ストックを活用する方向へと転じたことで、「リノベーション」という言葉の認知度が高まった。職人不足による工費上昇、ならびにインターネットの浸透によりノウハウを容易に習得可能になったことなどから、構造躯体に関係しない工事を居住者自身で行うDo-It-Yourself（以下DIY）の広がりも顕著で、DIYを前提とした中古住宅の売買も多く見られるようになった[(2)]。以上のように、建築生産過程の末端を一般消費者に開こうとする動きがあると同時に、個人がDF機材を使用する機会も増えている中で、建築生産に

おいてのパーソナル・ファブリケーション[*3]の活用方法を探る意義は大きい。

1-2 先行・関連研究および実例

コンピュータで数値制御された（Computerized Numerical Control）三軸加工機（以下、CNC加工機とする）を用いた建築工事は先行事例が多く、英国の建築家Alastair Parvinらによるプロジェクト「Wikihouse」、慶應義塾大学SFC小林博人研究会による「ベニヤハウスプロジェクト」などが主要な事例として挙げられる。2者に共通するのは、CNC加工機を用いて部材加工を行うことで、接合・組立は素人によって行うことが可能となる、という点である。ただし、これらの事例は構造体の組立に主眼をおいているものであるため更地に建築することが前提であり、既存躯体に対しての内装施工に応用する想定はなされていない。

　また、DFを用いた建築工事を試みた研究として、石田ら[(3)]では3次元スキャナを用いた既存躯体計測と、そのデータを用いた間仕切り壁の設計・施工を試みられているが、デジタル化されたのは入力工程であり、出力工程においてDFは活用されていない。

1-3 研究の目的

本研究は、CNC加工機の使用によって内装工事の

セルフビルド化を支援しようとする研究である。内装工事の中でも特に構造形式が鉄筋コンクリート（以下、RC）造である場合、内装部材は不陸のある躯体表面と取り合うため施工に高度な技術を要する場合が多い。そこで今回はRC造の内装工事に着目することとし、CNC加工機を活用することでRC造の内装構法を簡易化することを主な狙いとする。

したがって本研究は、躯体の計測から部材の設計、部材加工、躯体への据え付けまでに至る一貫した設計・施工手法の開発、ならびにCNC加工機の導入がセルフビルド化に及ぼす効果の検証を目的としている。

2章　実施した鉄筋コンクリート造改修実験に関して

2-1 実験の目的

前述の通り、本研究は内装工事におけるCNC加工機の導入効果を明らかにすることが目的である。そ

図1 既存床面

図2 施工後床面

のためCNC加工機を用いて施工した場合と、CNC加工機を用いず在来構法で施工した場合の2者間で比較が必要であろう。よって本実験は、定量的に比較可能な工数・費用・精度に着目した施工記録を採取することが目的である。

2-2 立案した計画の概要

施工実験として居室の改装を行った（図1、2）。対象居室は神奈川県川崎市の複合施設内のオフィス（図3）である。室面積は7.55m²、仕上げ後の天井高は最高点で2,540mm、最低点で2,410mmである。実験前の状況は、天井および東面・北面壁は仕上げ済、その他はスケルトン状態であった。新設部はLGS下地の上12mm針葉樹合板仕上げ、床面は全面RC造躯体現し、壁面はコンクリートブロック造モルタル仕上げ、一部仕上げの剥離が見られた。床および壁の凹凸が激しく、機能性・意匠性ともに改善されることが望まれた。与件として水平垂直がとれてかつ平滑な床・壁を新設すること、そして床をなるべく低く仕上げることが求められた。また可能な限り低予算での実施を望まれたため、今回新設した壁および床表面は比較的低価格である針葉樹合

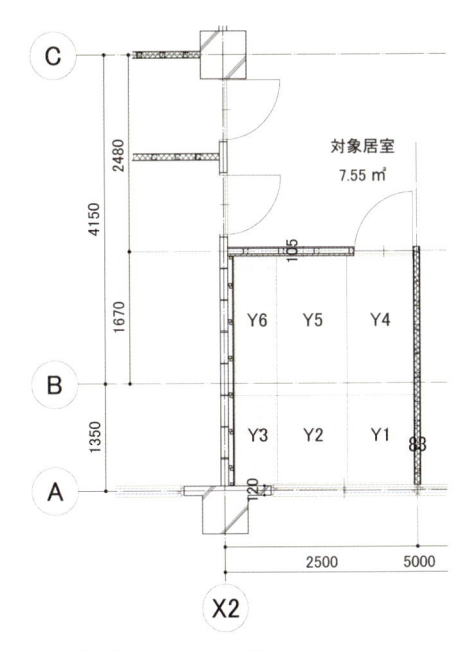

図3 対象居室平面図・床パネル割付

237

板で仕上げることとした。

2-3 記録および記録整理方法

本研究では当該改修工事について工程調査を行った。調査対象は現場計測から設計を経て加工、据え付けまでの全工程である。詳細な工程及び各作業に要した時間を直接観察法によって計測した。ストップウォッチを使用し、工具類の持ち替え、部材の持ち替えを主な区切りとして作業内容および時間を記録した。

2-4 床面の施工に関する実験記録

2-4-1 床パネルの設計

既存の床面モルタルを撤去したと思われる痕跡があり、全体的に不陸および凹凸があった。今回の改修では床面の不陸・凹凸を3次元計測し、得られた3次元形状をCNC加工機によって合板表面に削り出す手法を考案・援用した。24mm厚の構造用合板を材料として用い、上部12mmは切削せずに完全な板として残し、下部12mmはグリッド状に構成し接地するような構成とした。これは接地面をグリッ

ド上に限定することで、切削誤差によるガタツキを防ぐためである。グリッドはパネルのたわみが無いよう十分に強度を持つピッチとし、三六判（910mm×1,820mm）を32等分するグリッドを基本とした（図4）。躯体に対する固定方法は、施工時間の短縮と固定後の安定性を考慮し、コンクリートビスとウレタン系接着剤の併用とした。論文中では当構法を便宜上「CNC床パネル構法」と呼ぶこととする。6枚のパネルにより構成し、パネルの目地が既存壁面の目地と一致するように計画し、墨にパネル端部を合わせるように施工することとした。壁際の納まりは計測・加工・施工の各工程で誤差が蓄積することを見越し、設計上では2mm縮小させ逃げを取った。

2-4-2 居室の3次元計測

3次元スキャナは図5の性能のものを用いた。3次元スキャナの特性上、計測対象とスキャナの距離に応じて精度が変化し、近いほど高い精度で点群を取得できる。より正確な床面の3次元形状を取得するため、4回に渡って計測した後、3Dモデリングソフト[4]

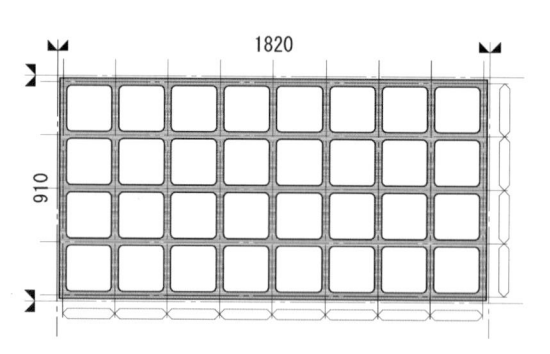

図4 床パネルの標準モジュール

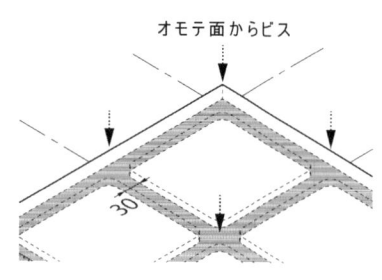

オモテ面からビス

3次元スキャナ性能表

計測範囲	0.6〜130m
測定精度	±2mm
測定レート	122,000点/秒 〜976,000点/秒
レーザー照射間隔	0.19 mrad
スキャニング範囲	鉛直方向：0〜300° 水平方向：0〜360°

CNC加工機性能表

加工可能範囲	±0.05mm
加工精度	3.05m×1.52m×0.15m
加工速度	15.24㎡/分 〜18.288㎡/分

図5 3次元スキャナおよびCNC加工機の性能

を用いて点群データの合成を行った。

2-4-3 床パネルの切削および据付け

CNC加工機は図5の性能のものを用いた。加工に用いた刃物の直径は、1/4インチ（6.35mm）、1/2インチ（12.7mm）の2種類である。1/4インチビットで切削をすると切削時間が膨大となるため、時間短縮のため一部1/2インチビットを用いた。切削後、据付けにあたってコンクリートと接する部分は腐敗のおそれがあるため防腐剤を塗布した後、丸1日乾燥させた後にウレタン系接着剤を塗布し床に固定した。ウレタン系接着剤はパネルのグリッドの中心線をなぞるように、1mあたり15ml程度の要領で塗布した。

2-4-4 材積の記録

部材取りは図6のように行った。購入した24mm針葉樹合板6枚のうち平均約70%を使用した。さらに3次元的に削り出しているため、70%のうち約20%は木粉として廃棄している。したがって実質施工した材料は購入分の約56%である。防腐剤は接地面

に約450ml塗布、固定用のウレタン系接着剤は約920ml塗布し、コンクリートビスは43点打設した。

2-4-5 精度の記録

設計時に定めた施工基準面からの誤差を計測した。設計時に設定したパネル目地寸法d0および内面壁仕上面からの逃げd1（図7）について実測を行った。その結果を図8に示す。パネル目地部分はd0=0mm、壁際はd1=2mmとして設計したが、±2mm前後の誤差が確認された。一方でパネル上面の傾斜はおよそ2/1000〜4/1000であり、ほぼ品質に問題がないとされる数値であった[5]。

2-5 壁面の施工に関する実験記録

2-5-1 壁面木下地の計画

30mm×40mm角のアカマツ角材を用いた在来構法壁下地を計画した。壁面は仕上げ剥離による凹凸が見られたため、2m定規を用いて大まかな不陸確認を行い、最も突出した部分から3mmの逃げを取った位置を基準面とした。後々の解体を考慮しビスによる固定とし、壁面上端・右端に関してはそれ

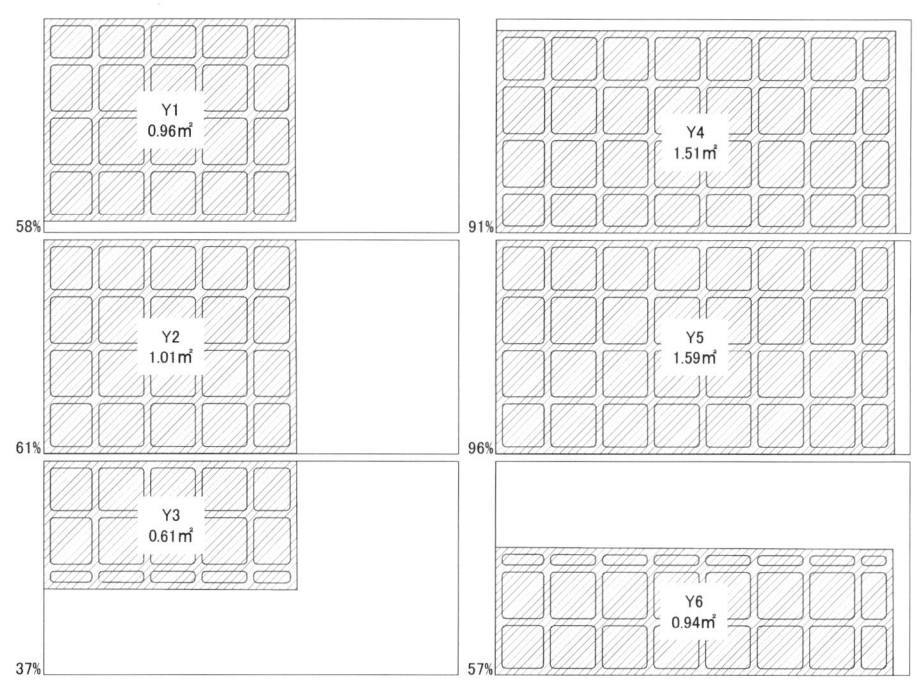

図6 床パネル材料取り図

ぞれ天井、北側壁のLGS下地に対して固定し、下端・左端はコンクリート躯体に対して固定することとした。仕上げ材を三六判の針葉樹合板とするため、上端と下端の間に455mm間隔で胴縁を施工し、胴縁の位置は天井仕上げの目地位置を基準とした。胴縁の振れ止めとして、約250mmの胴縁受を胴縁の中程に配置しコンクリートブロック壁面に固定する計画とした。

2-5-2 壁面木下地の施工
施工時の納まりの考え方は基本的に製作面押えで

ある。手順は大きく3つに分解でき、①壁面4周に周る部材(図9:F1～F5)によって面を定め、②それらを定規として胴縁(図9:F6～F11)を配したのち、③東側壁面を押さえる胴縁受(図9:F12～F17)を施工する。

2-5-3 材積の記録
発注した30mm×40mm×3mアカマツ角材10本のうち約90%を施工に用いた。固定用にコーススレッド52本、コンクリートビス40本を使用した。F3・F5には防腐剤を約70ml塗布している。

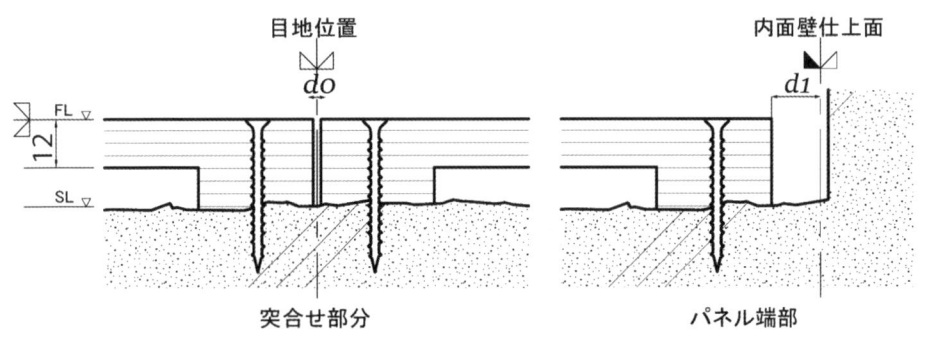

図7 床パネル断面と組立基準面

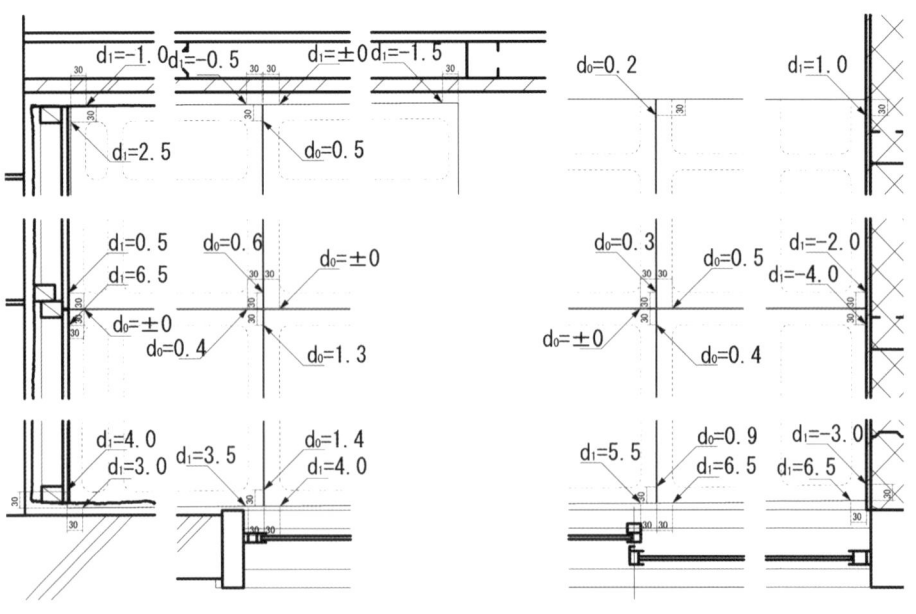

図8 床パネル施工誤差

2-5-4 精度の記録

仕上げの12mm針葉樹合板が施工完了した状態で、レーザー墨出し器を用いて不陸の検査を行った。壁面下端を基準とした垂直面に対する面の出入りを観察したが、壁面中央部に1mm程度の突出が見られた程度でほぼ垂直が保たれていた。

3章　CNC加工機の導入効果の考察

3-1 工程についての比較と考察

前章の実験で得られた記録を作業分類した。記録の結果はスプレッドシートにまとめたうえで『作業能率測定指針』[4]に則って作業を分類（図10）し、使用した工具についても作業ごとに記録した。床作業に関してはCNC加工機による加工時間が膨大であることは勿論だが、図10の①bにあたる付随作業、②の付帯作業が増加している（図11）。これはCNC加工

機を動かすうえで発生した作業が影響していると見られ、「DFのための手作業」が発生したことを意味している。また使用工具ごとで作業を分類すると作業時間の内訳は図12のようになり、材料の固定に用いるインパクト、振動ドリルは共通して高い割合を示したが、墨出し、ケガキなどの計測作業、及び加工に用いる工具が床面の施工では使用率が低い。これは計測・加工の作業がDFに置き換わり、現場合わせの作業が少なくなったことを意味している。

3-2 精度についての考察

施工後に確認できる誤差を分類すると、①計測誤差、②加工誤差、③施工誤差に分けられる。在来構法の工程で計測に用いた巻尺・指矩は目盛が1mm単位であることから測定精度は約±0.5mm、加工に用いた丸鋸の切り幅が1mmであることから、加工誤差は約±0.5mmで発生すると考えられる。施

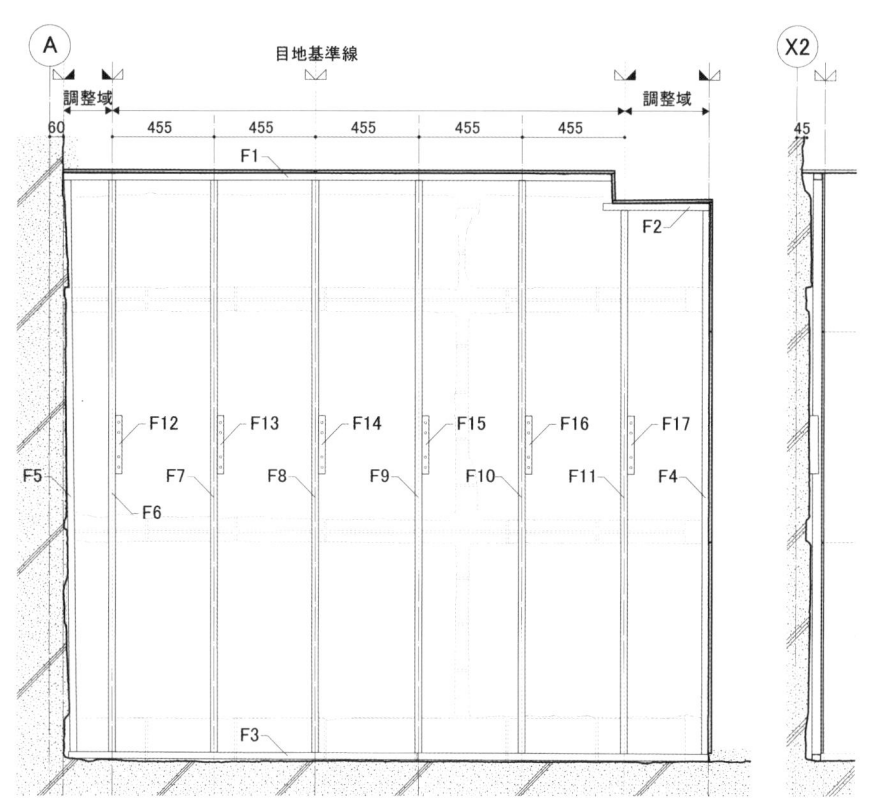

図9 壁下地立面図・断面図

工段階での微調整によりそれらの誤差は吸収されるはずであるが、施工精度に直接関係する墨線の幅1mmや、基準面合わせに用いた2m定規の微弱な曲がりなどが影響して、最終的な誤差の発生に至っているものと考えられる。

CNC床パネル構法の誤差は、前章で述べたように3次元スキャナの計測誤差±2mm、CNC加工機は加工誤差±0.05mmに加えて刃物の太さによる加工限界の影響がある(図13)。接地部分に2mmの隙間が観察された(図14)のもこれらの誤差の蓄積が要因と考えられるが、基準値以上の水平が保たれていることを考慮すると、ここで発生した誤差

を吸収する役割としてウレタン系接着剤が働いている可能性がある。また正確な確認はできなかったが、施工後の床仕上げ高さはデータ上で指定した基準面よりも高くなっていると推測される。

3-3 コストについての比較と考察

購入した材料は大きく①使用分、②未使用分、③廃棄分に分類できる。使用分と廃棄分を合わせた費用を材料費とし、材料費を見付面積で割った値で比較したところ、平米あたり約1.8倍床のほうが高かった。この差は24mm合板と接着剤の使用が主に影響している。また、実費は発生していないが、使用した3次元スキャナおよびCNC加工機に関して同一

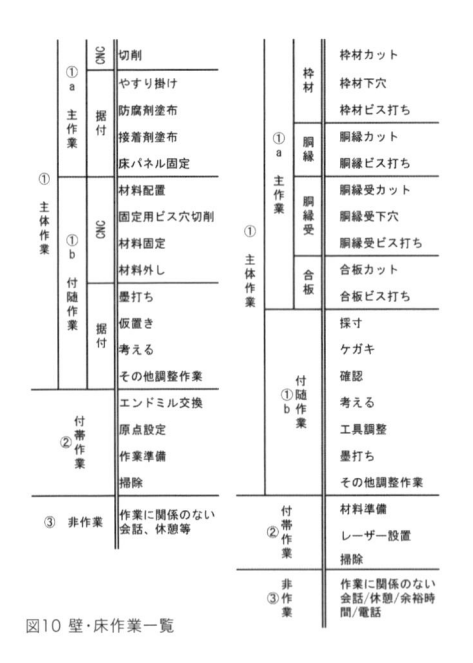

図10 壁・床作業一覧

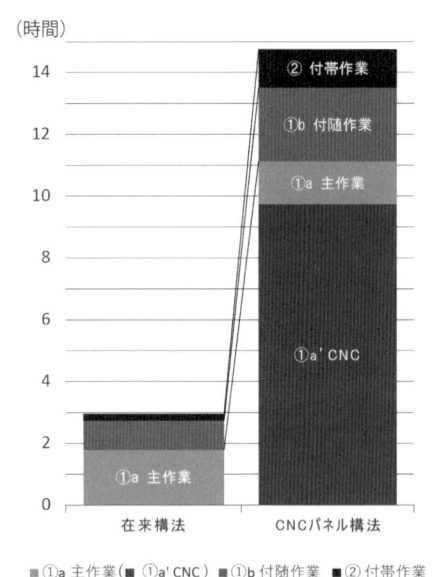

図11 作業内容比較

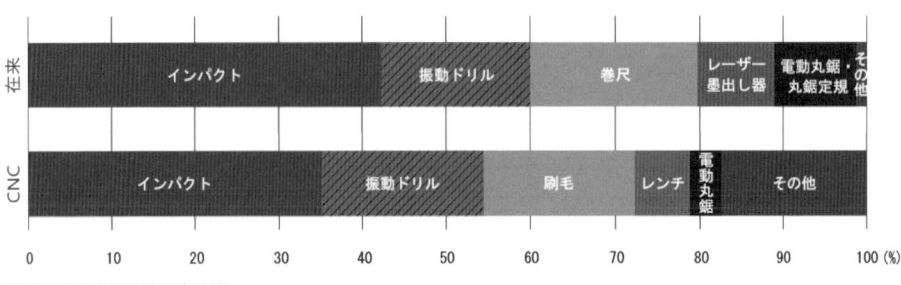

図12 工具の使用時間割合比較

機材の貸出料金の相場を参照し、参考使用料金を割り出したところ、CNC加工機は約50,000円、3次元スキャナに関しては約90,000円と極めて高額となった。いずれの機器も普及度は低く、とくに3次元スキャナに関しては一般消費者の実用までには程遠いことは明らかである。

3-4 在来構法による床の試設計と考察

同一条件下で在来構法を用いた施工をおこなった場合を想定し試設計を行い、前述の実験結果と比較した。在来構法のうち、乾式二重床構法と、湿式

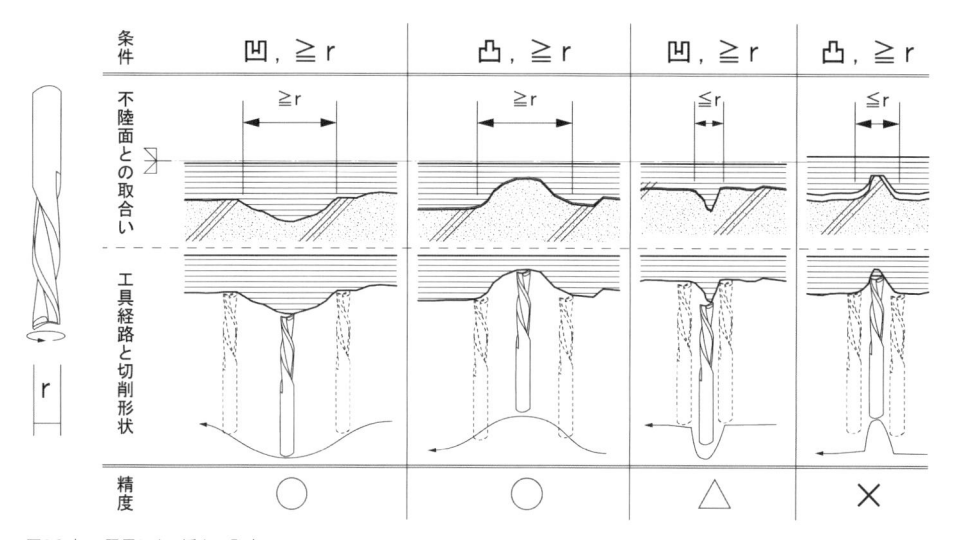

図13 加工限界による浮きの発生

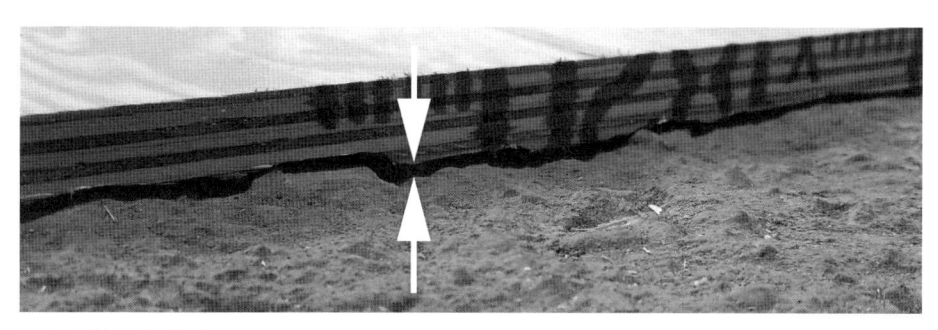

図14 床パネルの不陸追従

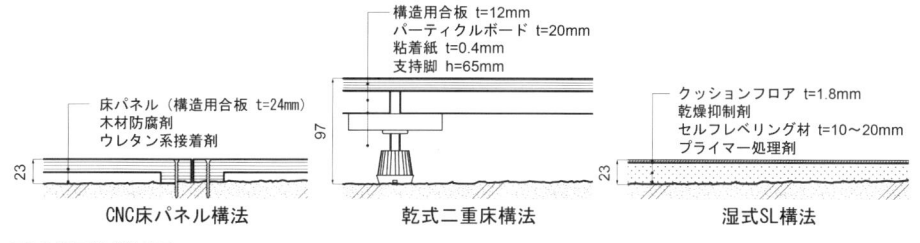

図15 断面構成比較図

セルフレベリング（以下、SL）構法の2種を比較対象とした。3者の工程を比較すると、養生まで含めると乾式二重床構法が短工期で1日、湿式SL構法が最も長く9日。コストを概算すると、材料費のみで比較すれば湿式SL構法が最も安く、乾式二重床構法が最も高くなった。前述の通りCNC加工機と3次元スキャナの費用を考慮すればCNC床パネル構法が最も高くつく。仕上がりを比較すると、湿式SL構法が最底床で23mm程度、乾式二重床構法は床束によるが3者の中では最も床仕上げ面が高くなる（図15）。ここから分かるのは、CNC床パネル構法は底床仕上げや、部品の少なさ、材料費の低さに優位性が認められるものの、膨大な加工時間と使用機器の特殊性には課題があることである。

4章　結論

CNC加工機および3次元スキャナを用いた床施工を実施・分析し、DFを用いた内装施工手法を提案した。工数、精度、コストに焦点をあて在来構法との比較をすることで、内装工事におけるCNC加工機および3次元スキャナ導入の有効性、ならびに導入にあたっての問題を示した。また床と壁の施工を詳細に記録分析したことで、構法の違いによって生まれる作業内容や使用工具の差異を記述したことも成果であるといえる。

　実験によりCNC加工機の一定の有効性を示せたが、あくまで推論的であるため、複数回の実験に基づいた実証が必要である。しかし機器固有の精度や極めて高い価格など、技術発展によって大きく変化すると考えられる要素が多いこともわかった。また工程分析により、据付け時の構法が一部簡易化したことを確認できたが、セルフビルドの可能性を評価するためには多様な属性の被験者による施工実験を含めた定性調査を行う必要がある。

[註]
*1 デジタルデータをもとに創作物を制作すること全般を指す。
*2 デジタル・アナログ問わず多様な工作機械を備えた市民工房、およびそのネットワーク。
*3 Neil Gershenfeld（MIT Media Lab）により提唱された概念。コンピュータ、ネットワークを用いた個人によるものづくり全般を指す。
*4 Robert McNeel & Associates社Rhinoceros 3D 5.0 SR14を使用。
*5 平成12年建設省告示第1653号「住宅の品質確保の促進等に関する法律（品確法）」第70条の規定に基づく「住宅紛争処理の参考となるべき技術的基準」を参照。

[参考文献]
（1）総務省情報通信政策研究所『「ファブ社会」の展望に関する検討会報告書』2014年6月
（2）（株）リクルート住まいカンパニー『リノベーション・DIYに関する意識調査』2014年12月
（3）石田航量、嘉納成男、五十嵐 健、藤井裕彦、大澤雄司、酒本晋太郎、冨田裕行「内装部材のプレカット化のための3次元レーザースキャナーを用いた計測と生産設計の手法に関する研究」『日本建築学会計画系論文集』78（688）、2013年6月
（4）日本建築学会『作業能率測定指針』丸善、1990年2月

出展者コメント —— トウキョウ建築コレクションを終えて

Q 修士論文を通して得たこと

わからないけどやってみる精神と、モノの性質を読み取る勘が得られたように思います。つくって、失敗して、またつくる、その繰り返しは何よりもの財産です。

Q 修士修了後の進路と10年後の展望

建設会社の意匠設計部門で働きます。具体的な展望はありませんが、10年後もなお、つくっては壊して一喜一憂する、モノに近い人でありたいと思っています。

審査員コメント

永井：3次元スキャナで計測する際には完全に面的にスキャンできるわけではないので、機器による測定点のピッチと、コンクリートの表面の凹凸のピッチの相性が問題となると思います。そうした相性の良し悪しというのはありますか。

中村：機器としては三脚の上に置いて、くるっと回る方式の3次元スキャナを使っていますので、おしゃる通りに、完全に面的にスキャンできるわけではありません。そのために相性の確認というのは行っています。さらに計測した後のデータ処理も精度を一定に保てるように工夫していますが、その詳細は細かくなってしまうので、本論に書いて発表では省いています。

青井：基本的には今後はファブリケーションの技術を使って、かつてクリストファー・アレグザンダーが夢想したように、デザインという行為が一般の人に開かれていくという状況にあります。そこに向かっていく過渡期の状況を、実証実験的にやってみたという試みだと思います。そういう意味では、今の過渡期の現実があまりにも炙りだされてしまったというすごく面白い研究ですね。

川添：やっぱり、まだまだデジタル・ファブリケーションというのは合理的ではないんだということが、すごくよくわかる研究です。しかし、できないこと、無理があること、やったけど合理的じゃなかったこと、それらを隠さずに謙虚に出している姿勢が、研究者としては正確でちゃんとしています。大変好ましいと思いました。

青井：非常に実践的で、自分がやったことなんです、と主張できる内容なのですが、デジタル・ファブリケーションはまだ合理性を獲得できる段階ではないという現実を集合知として私は提供します、という感じが僕はすごくいいと思います。

永井：理論的には、この論文に書かれているようなことをできるだろうということはみんな知っています。そして、やってみるとやっぱりそうだよな、合理的ではないよな、というような内容です。けれども、実際にやってみた人はいないわけです。そして、やってみた結果を定量的に、時間とコストという指標で実際に比較したというのは、すごく価値のある研究だと思いますね。

　最後はコストや手間をどう削減していくかということについて、改善点やアイデアを述べられています。しかし、改善するとどんどん普通の工法になっていってしまう気がしました。そうではない方法で、今回の試みと普通になってしまうことの中間のアイデアがあると可能性がひらけると思います。

インフォーマル居住区の環境改善手法として現地介入する重要性の検証

ジャカルタ・チキニ地区での共用施設建設を通じて

平野 陽
Akira Hirano

千葉大学大学院
工学研究科　建築・都市科学専攻　建築学コース
旧 岡部明子研究室

1章　はじめに

1-1 研究背景・目的

途上国では、大都市中心部に流入する人口は増え続け、インフォーマル居住区対策のあり方が住宅政策の重要な論点となっている[1]。かつて、都市の劣悪な住環境のインフォーマル居住区を根絶しようと、専門家たちはこれらをクリアランスして郊外に再居住先を提供するなどのフォーマル化による対策を支持してきた。しかし、移転した住民の中に、再び都心部へ戻り、空き地をスクウォットして以前より劣悪な環境に住むことを選択する者が多数現れた。これは、インフォーマル地区を包括的に捉えた評価」について、当事者である住民と専門家の間に隔たりがあることを示している[2]。両者の隔たりを極力なくすべく、インフォーマルな仕組みを尊重した現地介入による環境改善が世界各地で試みられている。

　研究対象地のインドネシアのインフォーマル居住区は、1960年代にKIP（カンポン・インプルーブメント・プログラム）という住民参加型のボトムアップによる既存の環境改善をする活動が行われた。コミュニティが移動せず、専門家の介入による環境改善の稀な事例として注目された。しかしながら、現代はこの環境改善手法は選択されず、スラムと見なされる住環境や優れた立地条件からクリアランス型の再開発が行われている。世界の主流に逆行する手法を選択する中、既存環境に介入し改善することの優位性を再度、認識する必要がある。

　本研究ではインフォーマル居住区への住民と専門家の評価差を埋めるインフォーマルの仕組みを示すことにより、インフォーマル居住区の環境改善手法として現地介入する重要性を示す。

1-2 研究方法

ジャカルタのインフォーマル居住区において共用施設建設プロジェクトに携わり、現地介入による環境改善を実際に行った（第3章）。そして、当該地区での生活や建設過程で観察された「モノと労力の交換関係」をマルセル・モース『贈与論』（1925）の考え方から分析し、インフォーマル居住区に安定した生活をもたらしている「マネジメント方法（＝インフォーマルの仕組み）」を示す（第4章）。この仕組みの特性から、インフォーマル居住区の環境改善手法として現地介入の重要性を示す（第5章）。

2章 インフォーマル居住区と
対象地区の概要
2-1 インフォーマル居住区

インフォーマル居住区は土地利用の形態を示し、インフォーマル経済から派生した言葉である。インフォーマル経済とは、1960年代から急激に増えた都心部で行われる小規模零細商売を指し、企業などが属する経済圏のフォーマル経済と対比するために使われる。

　フォーマル居住区とは土地法制度、都市計画・建築規制制度のもとで正規に開発された居住区のことであり、インフォーマルな居住区とは、この過程に則らない、もしくは制度が変更され違法となっても、住民が占有している都市空間を指す。スクウォッター地区も土地の不正利用という点では同義だが、近代の都市制度が制定以降に他者の土地を近代以降に不正に占拠した場合にのみ扱われる。

　本研究が対象とする「インフォーマル居住区」は、「土地利用がインフォーマル、経済圏がフォーマル・インフォーマル。ただし、短期的に形成されたスクオッター地区は除外する」とする。

2-2 対象地区：カンポン・チキニ

対象敷地となるジャカルタの中心地に程近い高密度居住区、カンポン・チキニ（以下、チキニ）。「カンポン（Kampong）」とはオランダ植民地時代に形成された自然発生的な集落を原型とした居住地区である。チキニなどの都市域の拡大に伴い、都市内部に内包されたカンポンを「都市カンポン（Urban Kampong）」と呼び、多くがインフォーマル居住区に分類されている。急速な都市化に伴う人口流入により、高密度化し住環境が悪化している。採光や通風を取ることができない住居が多く、ほとんどの下水は河川に直接排水を行っている。しかし、伝統的な相互扶助（ゴトン・ロヨン）やイスラム教のつながりによって、濃密なコミュニティを形成しており、自治長が主体となったマネジメントを行っている（図1）。

3章　MCK 1st Floor Project
3-1 プロジェクト概要

カンポンには、トイレといった水回りがない家庭が多く、MCK（エムチェーカー）と呼ばれる公共水場がその役割を担っている。生活空間の延長として機能しており、衛生的な暮らしを可能にしている。

　本プロジェクトでは老朽化により機能していなかったMCKの改修に加え、2階部分に定期的に長期滞在する研究者と地域住民の共用施設の増築を行った（図2）。共用施設は将来的に、レンタルハウスに転用されることを想定しており、ここで得られる定期的な収入はコミュニティの運営や地区の修繕に当てられる。

3-2 持続可能な住宅モデルの提案

チキニの住宅は躯体にコンクリートやブロック、建具や屋根には木材が用いられている。ファサードや外部空間は住民のセルフビルドにより多彩で、居住

図1 カンポン・チキニの風景

図2 MCK 1st floor project

空間も生活の変化に伴い増改築される。

　カンポンの空間性、住民のもつ能力を活かし、既存の物的環境を大きく確変しない環境改善のために「環境ヴォイド」と「コアハウジング」を用いた住宅モデルを提案している。「環境ヴォイド」とは、住宅の背後に挿入された幅60cmほどの通風や採光を得るための狭い隙間である。床面積の要求から最小限に抑えられているが、赤道直下の太陽のため十分な採光を得られる。「コアハウジング」によって、「環境ヴォイド」は強固に規定され、ファサードは住民の意思や機能の変化に自由に対応される。また、新しい要素として屋根に鉄骨を使用した。購入しやすさに反して、扱われていない建材を使用することで、使用する建材の選択肢を増やし、模範的な施工手法を示すことを試みている。

3-3 コミュニティ主体の運営

躯体は地元の大工、屋根は他地域の工務店、建具はチキニの近場にある家具屋によって建設された。塗装などの専門性が少ない作業は地域住民と私が共同で行い、建設過程を共有することで使用方法の検討を行った。また、住民は余剰コンクリートやコンクリート型枠などの廃棄予定の材料を回収するかたちでも建設過程に介入した。それらは、道路補修、ベンチ作成などに使用され、共用施設建設によって対象敷地外の物的環境の向上にもつながっていた。

　建設から1年後の現在、建設に参加した住民がこの施設を運営している。催事の準備や地域運営の話し合いや子供の遊び場などに利用され、地域の生活空間の一部として機能している。

4章　観察された交換の検証
4-1 インフォーマルの仕組みと交換について
建設と滞在を経て、チキニでは多様な「モノと労力の交換関係」を観察できた。この複雑な交換関係こそが、インフォーマル居住区の生活の質を担保しているインフォーマルの仕組みだと考えた。

　交換と呼ばれる社会的相互作用は、これに従事する2人または2組以上の個人もしくは集団と、双方の間で移行されるモノや行為からなる。この交換行為に責任感をもたせる、xとyに価値を与え認証するのはAとBで従事する母体である（図3）。

　現代社会で交換するためのツールとして用いられるのは「通貨」である。しかし、文化人類学者であるマルセル・モースは通貨を用いず、「贈り物」の交換のみで社会的秩序を維持している社会を見つけ、当事者の交換関係を贈与交換と等価交換の2つに分けた[3]。

4-2 贈与交換と等価交換

贈与交換とは、AとBが与える、受け取る、返すという人格的行為に基づく関係である。贈与交換でやりとりされる「モノや労力」の価値に明確な基準は存在せず、目的は当事者間の人間関係を構築するためである。この交換を認証しているのは、当事者か参加しているコミュニティである。やりとりされる「モノや労力」は同価値でなく、非対称的である。この非対称な交換によって、AとBの関係は不均等になり、社会的地位に変化をもたらす（図3上）。

　等価交換とは、AとBが売る、買う、支払うという、非人間的行為に基づく関係である。等価交換でやりとりされる「モノや労力」の価値には通貨という明確な基準が存する。目的は当事者間でやりとりされる「モノや労力」の関係を権利の移行により決定することだ。この交換に秩序を与えているのは近代的な法律である。やりとりされる「モノや労力」は同価値であり、対称的であるので、交換を繰り返しても、AとBの社会的地位は法のもとで常に平等である。資本主義の社会は、等価交換が優位とすることで発達した（図3中央）

4-2 新しい交換「シェアリングエコノミー」

贈与交換はミクロな社会では優位であり、等価交換はマクロな社会で優位とされるが、SNSの発達によりシェアリングエコノミーという二つの域を横断し

ている交換が発達した。シェアリングエコノミーでは、個人が保有する遊休資産(ゆうきゅうしさん)(スキルのような無形のものも含む)の貸出しを仲介するサービスである。遊休資産のやりとりは贈与交換では頻繁に行われていたが、半匿名の個人が集まる緩く広域なデジタルコミュニティでも行われるようになっている。

この交換を認証しているのは、道徳、法律ではなく集まったレビューである。明確に数値化された評価によって、経済力や所属するコミュニティの異なる人々同士の交換行為を可能にしている(図3下)。

4-3 チキニで観察された交換の特性

建設、滞在で観察した交換された「モノや労力」の対象性と方向を調査し交換の特性を調べた(表1)。また、建材は交換の経路、つまり流通経路の調査を行った。その結果、以下の結果を得た。

(1)贈与が優位な交換では、「日常生活を不自由にさせない交換」「催し事を行う交換」の地域規模な交換があった。前者は、日々の暮らしで頻繁に行われている。たとえば、私が廃棄するモルタルを住民に無償で譲り、それを道路修繕に使われたことだ(図4)。また、修正を無償でした住民は地区運営の会議に積極的に参加しており、他の住民から信頼されるという返礼を受けていた。後者は月に2回ほど開催される宗教、自治長に関連する催しが行われる時に見受けられる(図5)。住民たちは目上の存在を祝うために「モノと労力」を捧げており、その結果、住民の社会的身分が明確にされていた。

(2)等価が優位な交換では、「東アジア及び東南アジアへ広がる交換」と「小規模経済の交換」を見出せた。前者は建材の経路より判明した。インドネシアは輸出用に規格品の建材を生産している。その建材がジャカルタ、インフォーマル居住区のチキニへと流通していた(図6)。後者はチキニで行われるインフォーマル経済を指す。インフォーマル経済はフォーマル経済と異なり、法律による認証を受けることができないため、コミュニティによる認証を受けて交換秩序が成り立っていた。また、ジャカルタの約半数がインフォーマル居住区にいることを考慮すると、前者のフォーマル経済と後者のインフォーマル経済は密接な関係を保持していると考えられる(図7)。

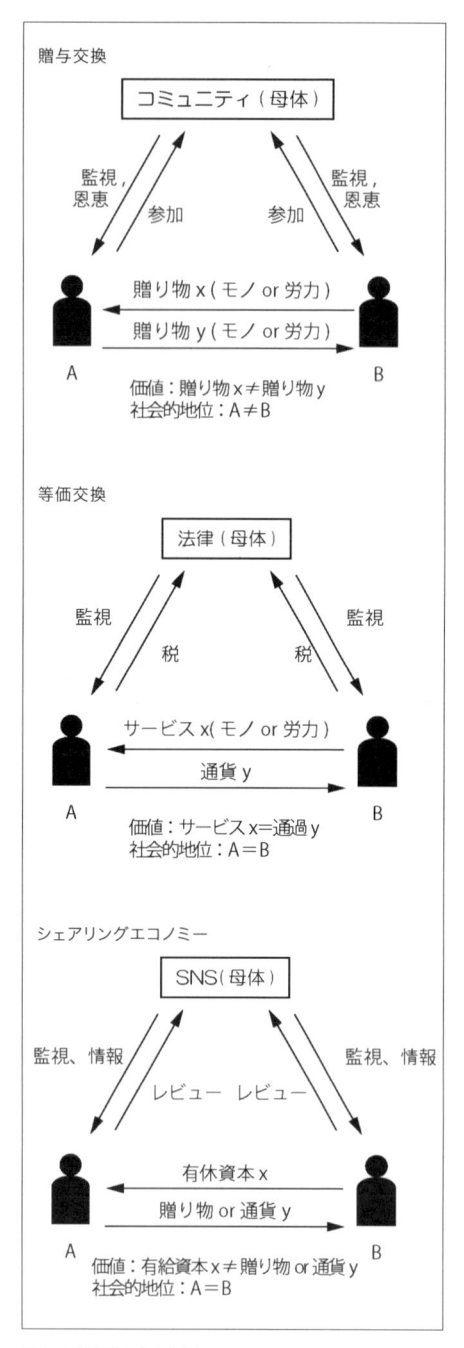

図3 交換関係を表した図

場面	贈与or財or労力	方向	贈与or財or労力	場所	対称性
建設前		←	建設の依頼をする	チキニ	×
	知識や時間を割く	→			
	建設費をコミュニティの代わりに負担する	→		チキニ	○
		←	3年間の使用を許可する		
建設中	モルタルが余ったので、近所のおじさんに贈る	→		MCK周辺	×
	コンクリートの型枠でベンチを作りあげる	→		MCK周辺	×
	廃材でスピーカーの補強をしてあげた	→		MCK周辺	×
	大工に給料を払う	→		MCK	○
		←	契約期間中、働く。		
		←	住民がコーヒーや水を贈る	チキニ	×
	店で建設材料を買うための金銭を渡す	→		チキニ外の店	○
		←	商品を売る		
		←	若者団体が塗装を手伝う	MCK	×
	余分なペンキや夜食を贈った	→			
		←	Nippon Paintからペンキを贈る	チキニ外	×
	スポンサーとして、ブックレットに記載する	→			
		←	使用済みのガラスを格安で譲る	チキニ外	○
	お金を渡す	→			
建設後		←	日本チームが不在時に若者団体が管理する	MCK	×
	イベント時にMCKを貸してあげた	→		MCK	×
イベント祭事		←	全住民の前でスピーチをさせてあげた	チキニ	×
	イベントに参加する	-	-	チキニ	-
ws	調査のため場所を貸してもらう	→		チキニ	×
		←	調査に協力してあげる		
結婚式	結婚式のため場所を貸してもらう	→		チキニ	×
		←	一緒に祝ってあげる		
日常		←	住民がコーヒーや水を贈る	チキニ	×
	お土産をあげる	→		チキニ	×
	商品を買うための金銭を渡す	→		チキニ	○
		←	商品を売る	チキニ	
		←	食堂のお母さんがおまけをあげる	チキニ	×
	毎日そこで食べる	→		チキニ	

表1 交換の一例（メガシティデザインラボ→住民、コミュニティ、会社）

図4 道路を修復する住民

図5 食事を提供する住民

4-4 新しい交換関係の構築

シェアリングエコノミーにより、新しい交換を見受けることができた。代表的な事例として、Go-jeck（ゴジェック）というバイクタクシーがある。以前はインフォーマル経済に属していたバイクタクシーがシェアリングエコノミーに属すことでフォーマル居住区の利用者を増加させ、所得を3倍にさせた。こういった変化は他の職種でも見受けることができる。フォーマル経済とインフォーマル経済は限定的な交換関係であったが、共通の認証システムが構築されることで成立した。

5章　考察

インフォーマル居住区の環境改善プロジェクトの一

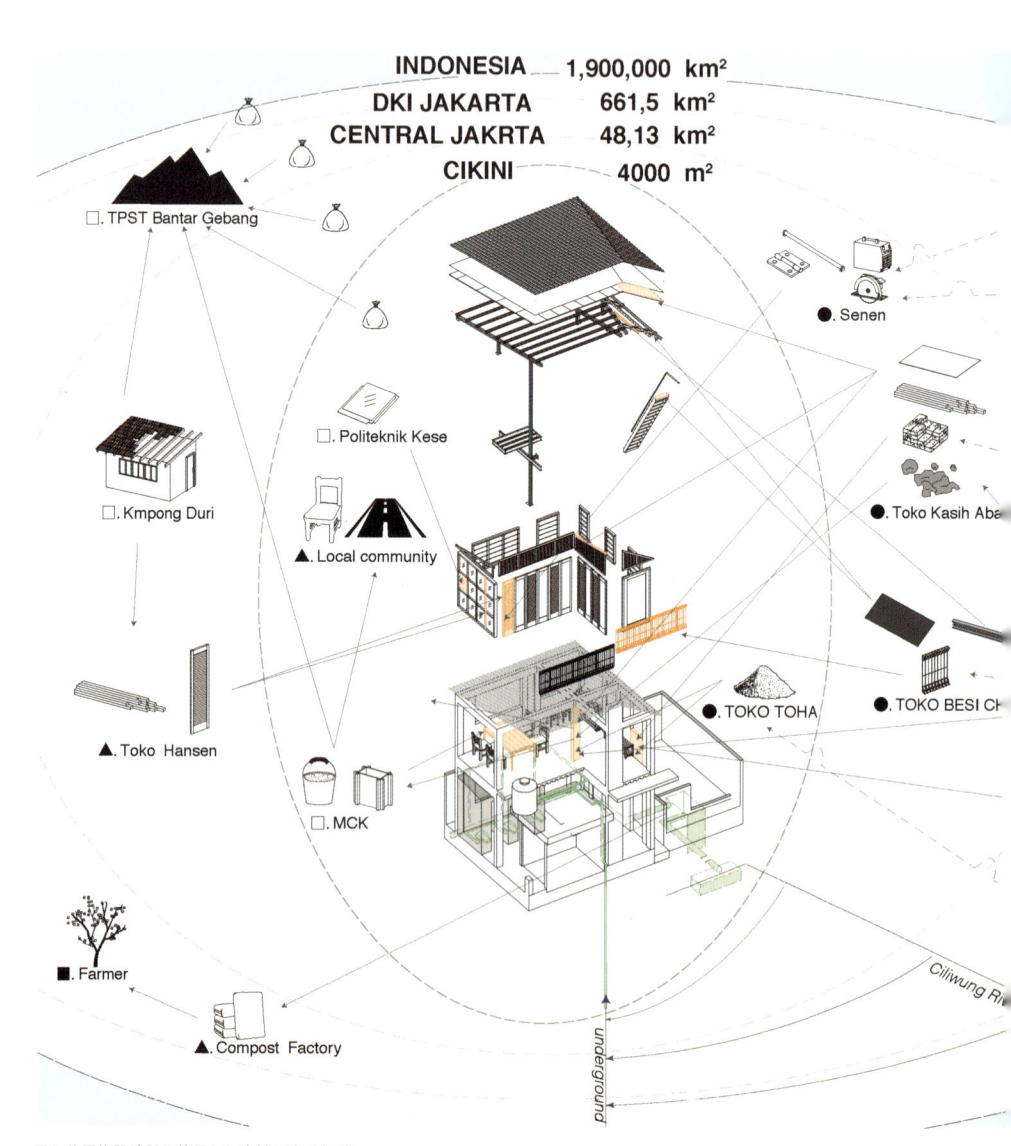

図6 共用施設建設に使用した建材の流通経路

環として実施した共用施設建設を通して、(1)都心のインフォーマル居住区では、カンポンで育まれてきたコミュニティ内の文化に支えられた贈与交換によりモノや労力が柔軟にやりくりされる様子が観察された。(2)都市ジャカルタの市場経済を基盤とした等価交換によってモノや労力を調達していることがわかった。これらが収入に比して安定した暮らし

を可能にするインフォーマルの仕組みだといえる。

このような都市カンポンに特徴的なインフォーマル居住区のマネジメントの仕組みの背景には、クリフォード・ギアーツが「インボリューション」と呼んだインドネシア独自の過程があるといえる[4]。19世紀の農耕社会(デザ)では一貫する人口増加に対して、「水田拡大ではなく、単位当たり産出高を増加させ、隣人と貧困を分かち合う」という手法をとった。この過程をインボリューションという。これが起きる都度、隣人同士は助け合い、「ゴトン・ロヨン」という相互扶助などの社会的秩序を生み出し、生活を保っていた。都市化が進むと、デザ住民は都市の仕事を選択したが、人口の大量流入をきっかけにして、都市でもインボリューションが起きた。そのため、都市化したデザでも伝統的なデザの社会的秩序への帰属を余儀なくされた。こういったデザが今日のカンポンとして都市に内包されている。

さらに、現代社会ではコミュニティ認証により成り立ってきた贈与交換の仕組みがSNS認証による不特定多数の個人間の交換、いわゆるシェアリングエコノミーへと発展しており、インフォーマル居住区は貧困地域でなくなる兆しがうかがえた。

6章　結論

本環境改善プロジェクトでは、通風や採光の改善などにローカルな知にはない専門家の寄与がありながら、自力建設過程で必要となるモノと労力の調達は、都市カンポンで一般的な贈与交換と等価交換の両方がコミュニティ主導で行なわれていた。再居住地にあらかじめ建設された社会住宅に住民が移転する場合には、コミュニティ主導の自力建設プロセスとはならないために、インフォーマルの仕組みを生み出す2種類の交換によるモノと労力の調達は起きない。他方、本プロジェクトのように、専門家が関与した共用施設のコミュニティによる自力建設は、インフォーマル居住区の環境改善手法として現地介入を選択することで、インフォーマルの仕組みが尊重され、環境評価が外部の専門家と当事者である住民の間で共有されやすい。そして、環境評価のギャップが解消されることで、環境改善と引き換

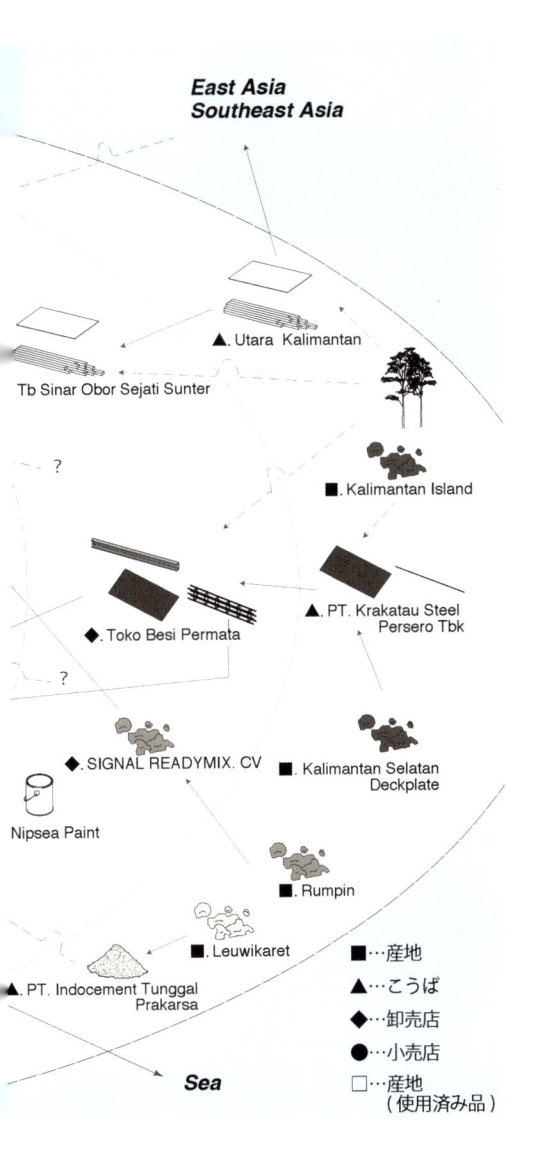

East Asia
Southeast Asia

▲. Utara Kalimantan

Tb Sinar Obor Sejati Sunter

?

■. Kalimantan Island

◆. Toko Besi Permata

▲. PT. Krakatau Steel Persero Tbk

?

◆. SIGNAL READYMIX. CV

■. Kalimantan Selatan Deckplate

Nipsea Paint

■. Rumpin

■. Leuwikaret

▲. PT. Indocement Tunggal Prakarsa

Sea

■…産地
▲…こうば
◆…卸売店
●…小売店
□…産地
　(使用済み品)

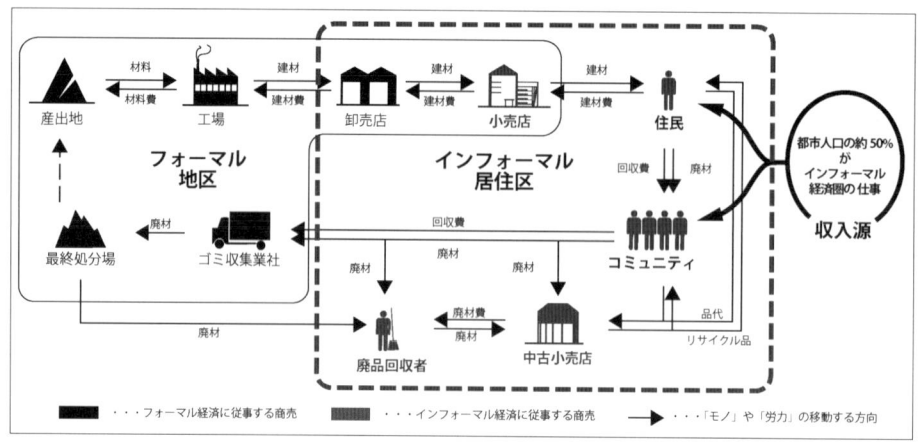

図7 体系化した建材の流通経路

えに失われるものが減って、改善後の環境に対する住民の不適応を軽減できる。また、建設を現地で行うことで交換関係をより活性化することができる。すなわち、現地介入によるインフォーマル居住区の環境改善は、その実効性が高いと考えられる。

[参考文献]

(1) UN-Habitat.(Ed.). *The Challenge of Slums: Global Report on Human Settlements 2003.* Earthscan. 2003.
(2) エイモス・ラポポート、大野隆造・横山ゆりか(訳)『文化・建築・環境デザイン』彰国社、2008年
(3) マルセル・モース、吉田禎吾・江川純一(訳)『贈与論』ちくま学芸文庫、2009年
(4) クリフォード・ギアーツ、池本幸生(訳)『インボリューション 内に向かう発展』NTT出版、2001年
(5) 村松 伸、岡部明子、他2名(編)『メガシティ6 高密度化するメガシティ』東京大学出版会、2017年
(6) 間苧谷 栄『現代インドネシア研究』勁草書房、1983年
(7) 伊藤幹治『贈与交換の人類学』筑摩書房、1995年
(8) 小川さやか『「その日暮らし」の人類学』光文社、2016年
(9) 布野修司『カンポンの世界』PARCO出版、1991年
(10) 総務省『平成29年版 情報通信白書』2017年
(11) 中西 徹『スラムの経済学・フィリピンにおける都市インフォーマル部門』東京大学出版、1991年

出展者コメント ── トウキョウ建築コレクションを終えて

Q 修士論文を通して得たこと

海外での物件で実施設計から施工管理を行い、少しタフになりました。このプロジェクトに関わってくださった方々、本当にありがとうございました。また、以前とは違う観点から物事を観察できるようになったと思います。

Q 修士修了後の進路と10年後の展望

組織設計事務所で働きます。10年後は建築と通信技術とを用いて、都市や地方の課題を解決したいです。

審査員コメント

永井：この研究での現地介入をする主体とは、つまりご自身のことを指されているのでしょうか。

平野：そうです。現地介入というのは研究者などの第3者が対象地区に直接入り込んで何かしらのアクションを起こすということで、今回の場合は自分がその主体となっています。

永井：実際に現地介入されたことが、そこで観察された「交換」にどのような影響を及ぼしたのでしょうか。単に「プロジェクトを通じてずっと観察していた」という状況ではないと思うのですが、今回の現地介入の重要性はどこにあったのかをお聞きしたいです。

平野：贈与交換は信頼関係がないと成り立たないものなのですが、本研究では私自身が現場に参加し、材料を運んだり、手伝いをしたりすることで、そうした信頼関係を実際につくることができました。その中で従来は表面化しにくい部分での贈与交換もしっかり観察・分析できたという意味で、現地介入が重要と考えています。

山村：私も地域経済のことをずっと研究しているので、個人的にはとても興味深く拝見しました。プロジェクトを通じてインフォーマルな経済の一部を回すことで、強化される部分もあるだろうなと私自身は好意的に見れば可能性を感じました。しかし、大事なのはここから何を学んで、それをどのように次の介入に活かしていくのかという視点です。たとえば、現代社会がもっている大きな問題のひとつに社会の分断があります。しかし、貧しくみえる場所のストラグルの中には、インフォーマルな形ではあるものの結合している部分もあり、そこから現代社会の分断の問題を考えるうえで学ぶべきところは確かにあると思います。ただし、問題はそれをどう解釈して次に活かすのかということです。それがこの研究の結論部で少し見えてくると良かったと思います。その意味でバイクタクシーの事例は示唆的です。インフォーマルな経済がフォーマル化

されていくことには危険も孕んでいるものの、可能性も見出されているわけです。バイクタクシーに対してフォーマルな方法で正面から介入したら、おそらく分断を招くでしょう。かといってインフォーマルな形を尊重しながら介入するだけで良いのか、あるいは少しだけフォーマルに寄せて組織化していくのが良いのか。そのあたりにアイデアがあれば、少しコメントをいただきたいです。

平野：シェアリングエコノミーがフォーマルになってしまうと、今までのインフォーマル経済の魅力がなくなってしまう危険性はありますが、参入しやすいというメリットもあり、既にどんどん数が増えているのが現状です。私の主観もかなり入っていますが、そうした状況のエリアに住む人たちは社会的な地位が低く、クリアランスの危険に日々さらされているという意識をもっています。彼らにとってバイクタクシーなどのシェアリングエコノミーは、SNS上だととても知名度が高く、そこに属することが彼らの自信やモチベーションにつながっているように見えます。その意味では可能性があると考えています。

全国修士論文展
公開討論会

審査員：
青井哲人（審査員長）／川添善行／永井拓生／
中島直人／林 立也／山村 崇（モデレーター）

開放系の
建築・都市を考える

山村：さきほど、審査員が今の時点で良いと思った論文を3つずつ選んで点を入れました。まずは点の入っているものをたたき台に、コメントと質問をしながら議論を進めたいと思います。まずは青井先生の選ばれた論文からはじめましょう。

青井：私は、三文字昌也さんの「台湾における遊廓立地の研究 1895-1945」(p.146)、正田智樹さんの「イタリアのスローフード生産にみられる資源の活用のための建築」(p.226)、阿部拓也さんの「Licit Architecture〈道義的合法建築〉論」(p.156)に点を入れました。

　三文字さんの論文は、周縁化される施設の都市計画史といったものですね。非常に力作です。

山村：三文字さんには、林先生と私も点を入れています。私としては植民地都市の都市形成の意図を、道路・公園・神社といった陽のあたる要素ではなく、遊廓というものから見るという着眼点の面白さに関心しました。1事例を深く扱うアプローチもあったと思いますが、それを網羅的かつ形而的に見ることで、結果として安定的な分析にもつながっているように思います。とくに立地分析は、静的に見るだけでなく、変遷をパターン化しているところも成功していると思います。全体的に資料価値も高く、労作だと思います。

林：私は環境工学や設備分野の代表という思いできたのですが、今回は残念ながらその分野の論文はありませんでした。分野的に理解できていない部分もあるかと思いますが、とくに気になった三文字さん、正田さん、山本晃大さんの「現代建築

作品における相対的大空間の性格」(p.196)の3名の論文に点を入れました。

まず三文字さんの論文に関して言うと、私が住む埼玉県川口市には、有名な性風俗の地帯がかつてありました。大学院の時に通っていた六本木にも猥雑なエリアがありましたが、再開発で今はなくなっています。現代社会では、性産業の立地も土地に縛られず、集まることもなくなっていると思います。そういった流れの中で、今後各種の娯楽というものが、都市の中でどうやって位置づけられていくと考えていますか。

三文字：私の論文は、たとえば飲み屋街や盛り場のような猥雑とされるものが都市の計画の中でどう位置づけられるか、ということに接続できると思っています。主題は、都市が拡大するときに遊廓がどう動いたかという話で、植民地台湾ではまとめて郊外に移すことで都市が動いていたという結論でした。しかし今後の日本では、縮退傾向にある都市の中で、煩雑なもの、残ったものにどう向き合うかということになります。まだシャープな答えはないのですが、集めて外に出すのではない、別の手法があるのだろうと思います。

青井：次に、正田さんの「エコジグ」の研究ですね。今の建築史・都市史の分野では、建物や都市だけでなく、その周縁もまとまりとして見る考え方、いわゆる「テリトーリオ」の概念が出てきています。非常に重要な概念ですが、その一方でどんどん建築が消えていくという状況を生みつつあります。そうした中で、建築的な構築性をつかまえる方法として、何かと何かを媒介する「治具」という概念を用いるのはすごく面白いと思いました。質問したいのは、これが何と何の間に入る媒介なのかということです。ともすると何でも「エコジグ」といえてしまうので、これは「エコジグ」とは言わないというものがあれば教えて下さい。

正田：何と何の間に入るのかについてお答えすると、エコジグは食と自然の間に入ることで、それ

らを結びつける食生産ができます。また、今回の論文では身の回りの自然を活用するための「エコロジカル」な「治具」として捉えることによって、産業革命以後の機械が導入されたことによって自然を活用しない食生産は対象としないようにしています。

山村：正田さんの論文は、林先生と中島先生も点を入れていますね。いかがでしょうか。

林：私はスローフードのことはそれほど理解していないので、何のためにやっている研究なのかが最初はよくわからなかったです（笑）。景観保存とか、伝統を守るという話が最後にあって、ようやくわかりました。今回の研究のさらに上位には、スローフードのための建築が景観全体に対してどういう要素になっているのか、ということがある気もしました。そのために、立地とエコジグを組み合わせたアプローチがあると、なお良かったと思います。

中島：私は梗概で読んだときも同じ3つに点を入れていて、今日の発表を聞いても変わらなかったのですが、正田さん、中井希衣子さんの「民間信仰組織の都市空間史」(p.186)、そして阿部さんに点を入れています。

正田さんの論文に点を入れたのは、治具という非完結型のものに着目したことで、建物を開放系のものとして捉えている点を評価しました。

都市に生成されるもの／残るもの

青井：最後の阿部さんの研究は「Licit ／ Illicit」という概念を用いた建築学的民族誌、あるいは都市人類学とでもいえる大変興味深い試みです。フィールドワークの没入度や密度もピカイチではないでしょうか。しかし、質疑応答でも話題になりましたが、他人の土地を侵略しなければ良いという結論だけでは、膨大なエネルギーを投入した

調査に対して見合っていない感じがします。潜在的に「Illicit」な行為を見出しながら、それをインタビューなどで精緻に後付けるといった作業をするべきなのかと思いました。

山村：続いて川添先生、お願いいたします。

川添：私も阿部さんと中井さん、そして澁谷達典さんの「しなやかな部材の大変形を応用した可変形態の設計手法」（p.176）を選んでいます。

　個人的には、場所の特性や場所ごとのあり方が、制度にフィードバックされるべきだと思っていて、建築基準法などはもう少しローカルになった方がいいと思っています。そういう意味で、阿部さんの論文の「Legal ／ Illegal」、「Licit ／ Illicit」というフレームは可能性のある視点だと思いました。また、とくに興味があるのは、「Licit」がどう醸成されるのかという点です。「Licit」というのは、ようは暗黙のデザインコードの生成だと思います。私は仕事で景観ルールをつくることもあるのですが、ボトムアップ的にデザインの価値観が生まれ、共有されていく点に非常に興味をもちました。

阿部：「Licit」の意識の生まれ方については、論文の結論としては得ることができませんでした。ですが、もともと建っているものを真似することで、ルールを共有したということはあると思っています。あとは、住民のほとんどが立ち退きの経験のある地区の出身であるという共通の背景も、「Licit」の意識の醸成に関係していると思います。

調査中に火事に出くわしたのですが、火事の2週間後に訪れると住宅がすでに再建されていました。なぜそんなに早く再建するのかと聞くと、住宅を建てないと立ち退きさせられてしまうというのです。つまり、建っている住宅が所有権の主張になるという「Licit」が、立ち退きの経験から生成されたのではないかと考えています。

山村：中島先生はいかがですか。

中島：少し違う視点からコメントをすると、こういったスラム研究では建物の増改築に議論が集中すると指摘をされているのですが、阿部さん自身もまた、建物の増改築のみを論じている点が気になりました。もう少し生活環境全体を見るようなトータルな視点から「Licit ／ Illicit」を論じると、より面白さがあったように思います。

川添：中井さんの「地域稲荷」を扱った論文も、非常に興味深く思って点を入れました。氏子域とも違いますから、データの集め方などには試行錯誤があったと思いますが、それが論文としての完成度に結びついているのが素晴らしいですね。都市の中の変わらない小さな粒を見つけて分析するという視点は非常に大事で、たとえば200年後の社会を考えるとしたら200年前からあるものを考える必要があると思うのです。しかし、近代化のプロセスを経た後ではそういうものはなかなかありません。そういった状況下で、地域にずっと残っており、くわえてその存在が周辺のコミュニティに再編を促していたりする「地域稲荷」という存在

は、非常に重要なものだと思いました。

中島：この論文は「民衆史」、「近世的結合」、「つなぎ目」といった用語の使い方が極めてプロフェッショナルで、しっかりと学術的な勉強をしていることがわかる、全体としてすごく面白い論文だと思いました。ただ、質疑でも言及しましたが、戦災や戦後を扱わなくていいのかという点は気になりました。対象とする期間について、どうして戦災・戦後は見なかったのでしょうか。

中井：高度経済成長期に地価が上昇することで境内や稲荷がどう扱われたかということを研究しているものなど、ある程度は既往研究で明らかになっている部分もあったため、戦後について今回は省いています。戦災については、とくに既往研究がないのですが、史料の制限など、私もまだそこまで及ばなかったというのが正直なところです。

素材が可能にするデザイン

川添：もうひとつ点を入れた澁谷さんの「しなやかな構造」に関する研究も問題意識として面白いと思います。木造近代建築を多く手掛けた「土佐派」というグループに山本長水さんという建築家の方がいます。屋根が木造アーチになっている高知県立中芸高校格技場という、建築学会賞もとったすごくいい体育館を在来木造で設計されていますが、そのアーチは木のしなりでできているのです。木は柔らかく本当はしなる素材なのに、硬い

ものだとみんなが勘違いしていて、集成材やCLTをつくって硬い木造ばっかりやってきた。でも、これからは柔らかい素材としてどんどん建築物に使われる時代になってくるという、山本さんのお話を思い出しました。

山村：あと、澁谷さんに入れているのは永井先生と私ですね。私は都市が専門ですので、構造についてはコメントできないのですが、都市景観の中に動く要素があったら素敵だろうと常々思っています。以前研究室で、若者のまち・原宿と、おじいちゃん・おばあちゃんのまち・巣鴨の人の動きだけ切り出して背景と人間を入れ替えるという映像実験をしました。映像を見せて質問をすると、背景に関係なくおじいちゃん・おばあちゃんが歩いていたら巣鴨に見えるという結果が出るのですが、それだけ私たちは動いているものから圧倒的な印象を受けています。動的な物というのはまちの中で非常に大事なのです。そこで、屋外空間にちょっと動くパビリオンのようなものが点在して、人の行為を誘発するような街並みがあったら素敵だろうなと、アーバンデザイン的観点から関心しました。永井先生はいかがでしょうか。

永井：私は澁谷さんの論文、宇佐美喜一郎さんの「建築の生産と意匠からみたベトナム現代建築における地場素材の集合に関する研究」（p.216）、中村協央さんの「コンピュータ数値制御三軸加工機を用いたセルフビルドによる内装下地構法の開発研究」（p.236）の3つに点を入れています。

澁谷さんの論文は、質疑では大規模化を考えておられるとのことでした。私も膜と柔らかい棒を組み合わせた構造を実際に使ったことがあるのですが、変形が大きいのでなかなか大規模化というのは難しいところがあると思います。でも、そういうところはわかっておられると思いますので、別の視点でお聞きすると、たとえばこの研究が建築デザインとか建築史にとってどんなインパクトがあるのかとか、研究の完成・ゴールとしてこんな可能性があるということを考えていればコメントもらえますでしょうか。

澁谷：研究のゴールに関しては、質疑で述べたように、やはり大規模化を考えています。たとえば、既存の大規模な可動建築にはスライド式の展開屋根を使った全天候型スタジアムなどがあります。しかし可動建築には、メカニズムが増えてくるとメンテナンス費用が膨大になるという課題があり、たとえば豊田スタジアムは2015年から開閉屋根の運用を停止しています。そういった状況に対して、材料の特性に着目して変形できるような機構・構造体を考えることで、より多様に空間の形を変えることができる大きい空間を考えていくことができるのではないかと思っています。

永井：次に宇佐美さんの研究ですが、途上国でどんな材料を使って、どんな建築デザインが生まれているのかは設計者としてすごく関心があることです。それを緻密に調べられていて面白かったです。お聞きしたいことは、設計施工の分離・一括、両方の方式が見られたという話でしたが、その方式の違いに応じて材料の使い分けがあるということが結論ということで良いのでしょうか。

宇佐美：設計施工一括方式では自然素材などの流通システムを設計者である建築家が構築し設計と施工が行われますが、設計施工が分離されている場合には、設計者が流通システムが整っているレンガなどの産業素材をローコストかつ品質も担保されているという観点からデザインに用いています。建築作品の表層だけみるとこれらのデザインには差異を感じますが、デザインの背景には生産の効率や安全性、素材の特性を優先した工学的な意図があります。

永井：中村さんの、床面を全部スキャンし、忠実に板を掘ってつくるというのはチャレンジングすぎたという印象ですね（笑）。合板とルーターの相性もかなり関係すると思います。もっと均質な材料による可能性も含めて、全部緻密にスキャンすることの意義というのはどう考えていますか。

中村：ゴムシートなどを使うことは、研究中も考えていました。ただ、今回合板を選んだのは、セルフビルドもテーマであったためです。流通量が多く、容易に手に入るということで合板を選択しています。また、全部スキャンすることもセルフビルドに関連します。セルフビルドではどれだけ工程から専門性を省けるかが重要ですが、スキャンをする際には、どこを基準点とするかといった場所決めにも専門性が必要とされます。この点に

対して、スキャン後のデータを変換・運用する部分が自動化される可能性は十分にあるということを考慮したうえで、全部スキャンするという方法をとれば判断を省けると考えました。

研究の先にあるもの

山村：では次に林先生お願いします。

林：私はあとは山本さんの論文についてですね。環境工学的には、空間の比を考えるときは、心理的な要素を捉えます。あえて天井を低くしてリビングを広く見せるといったデザインが分かりやすい例ですね。質疑では、アトリウムや劇場、体育館などの大空間が前提とされている空間以外のものを見出した研究であるとのことでした。そういった事例はまさしく、心理的な効果を狙って大空間を使っている事例だと思います。そこに環境工学との接点がありそうですので、次の段階ではぜひそこに突っ込んでいってほしいです。

山本：自分も空間認知に興味があって、心理的な要素について研究を進めていました。空間認知の論文を見ても、気積は空間の大きさを認知する重要な要素であるといわれています。そこを数値化して見られればということから、相対的大空間を気積の比から定めています。さらに、空洞性と充填性という対義事項でも、何をもって空洞性・充填性と感じるかというのは空間認知につながるところです。この点に関しては今後の課題であり、

この研究を展開していくうえで、ひとつの方向性であると考えています。

山村：中島先生には、投票した3名分のコメントをいただきましたので、最後に私からもコメントさせていただきます。私が選んで、まだ言及していない研究は、筒井健介さんの「伊豆大島土砂災害被災世帯の再定住プロセスに関する研究」（p.206）になります。

　日本のまちづくりや社会技術一般は、災害から立ち直る中で積み上がってきたところが大きいです。こういった研究は地味なのですが、確実に積み上げなければいけないと思っていて、そういった意味で1票入れました。

　私は団地関連でURと仕事をすることも多いのですが、こういった研究にURは興味をもつだろうなと思いました。団地はいろいろな住戸タイプがあるので、すでにその中での住み替えプログラムを動かしているところもあります。筒井さんの論文でいう「複線型のストーリー」が有効に働く可能性が、団地には大いにあります。そういったアイデアが含まれている論文であると思いました。

筒井：ハウジング・チェーンを扱うことによって、都市に潜在する資源を把握し、なおかつそれを使えるようにマネージメントしていくことで、今後の災害に対するレジリエンスを高めていくことは、私も必要性が高いことだと思っています。たとえば、伊豆大島には5部屋ある大きい家に2人の老夫婦が住んでいる家があります。大きい家な

ので部屋が余っている、でも知り合いにしか貸したくないという大家さんの意見に対して、家財道具を動かさないというような約束をして、住めるようになっている例があります。そういった、従来の賃貸関係・契約関係以上に、なんらかの緩い契約の形とかができていけば、もう少し複線型の可能性が広がっていくと思っています。

ローカルな関係性に見る地域的な法へのヒント

山村：では次にまだコメントがでていない平野陽さんの「インフォーマル居住区の環境改善手法として現地介入する重要性の検証」（p.246）と古谷優実さんの「官僚技術者内藤亮一と街区型建築群の面的開発に着目して」の（p.166）についても、ぜひコメントいただきたいと思います。

川添：平野さんの論文ですが、まずは10カ月も現地にいたということ、また、そのプロセスで単にプロジェクトの紹介になるのではなく、交換という概念を通じて新しい建築の切り口を見つけようとしたことは、ユニークだと思いました。

　もう少し補強をしていただきたいのは、新しい交換行為や交換社会が、いかなる新しい空間をつくり得るのかということです。

平野：現在、ジャカルタは建設ブームで、建設過程でたくさんの廃材が出ています。その廃材は現状では再利用されることなく廃棄されています。

一方で今回の研究からは、インフォーマル居住区やスラムにおいては、買うような性能・規格・品質の建築資材は必要なくて、フォーマル側で出た廃材などを利用するだけでも十分な成果が得られるということがわかっています。フォーマルとインフォーマルの側にそれぞれ50％くらいの人々が住んでいることを考えると、都市の廃材を再利用するという、新しい持続可能性に関与した新しい建築が提案できるのではないかと考えていました。発展性としては、たとえばSNSなどを用いて、フォーマル側から出た廃材をインフォーマル側でもある程度保証された状態で使うことができれば、もっと発展の可能性があると思っています。

青井：私も贈与論とか交換論という形で世界を捉えたことはすごく面白いと思っています。インフォーマルなものとフォーマルなもので2重に交換関係があって、それが連接しあって世界がつくられている。この論文はその中のインフォーマルなところについての話ですよね。贈与・交換は、何かあげたら返さなければいけないという原理ですが、決定的に返済不能の場合もあるということを本論で書かれていますよね。たとえば、火災を起こした場合は返済不能です。そうなると追放しかない。そういった極論や緊張によって交換系が成立しているという側面は、すごく面白い話だなと思うのです。連想したのは、近世の京都です。どこかで火事を起こすと、両側の建物を延焼防止のために共同体の名において壊し、復興の時には

共同体の名において復元する義務があったそうです。阿部さんの「Licit／Illicit」の議論にもつながりますが、共同体の中での関係性が何によって担保されているかというと、これだけはあってはならないという絶対的な臨界が、逆に日常の交換関係を支えているとも言える。

川添先生も法律をローカルにしていった方がいいとおっしゃっていましたが、慣習的な法、地域的な法というものへのヒントが、平野さんや阿部さんの研究にはあると思っています。

川添：私は古谷さんの論文は読み物として面白いと思っています。内藤亮一という人物は知らなかったのですが、その遍歴だけでも面白いと思いました。また、内藤亮一をひとつの核にしながら、美観の話、耐火建築の話といった、いくつかの論点で論理的構造が構築されて、最後の街区型の都市にたどりつくという論の構成そのものは、成立していると思います。

聞いてみたいところは、半分以上は専門外の議論になるトウキョウ建築コレクションという場において、歴史研究がどう現代的な意義をもち得るかということです。歴史系の研究室にいるから歴史の研究をする、という状況ではない場において、自分なりの言葉で研究をどう外部に接続しようとしているのかお話しいただきたいです。

古谷：単に感想になってしまうかもしれませんが、建築家に彼らの理念があるように、都市計画家や官僚の中にもこういう形状にしたい、こうい

う都市にしたいというような理念が存在していたということは、今回わかったことです。そして、これから社会に出て設計なりを行っていく中で、自分の中の理念を実現していくためにはどういう手法を取ればいいのか、事業の推進手法として実際にどう手を打っていくべきなのか、そういったプロセス的な部分を研究から見るということは重要なのではないかと考えています。

誰に伝えたいのか

山村：ひと通りコメントが出たところで、横断的な議論をできればと思います。外部に接続するというキーワードが出てきました。トウキョウ建築コレクションという場の性質、また今回のテーマ「解像度の横断」というところからも、そういった観点は評価の基準になり得るのかなと思います。審査員の皆さんは、今回どういった評価基準で審査されたのか、そういったことと絡めてコメントいただきたいと思います。

林：私は自分の専門分野の論文がなかったので、時間をかけたのだろうという努力点は勘案しました。また、最終的に目的に対して自分なりの結論を導いているか、それを自信をもってこの場で語れているかということも見たと思います。

私はCASBEEという基準の策定に関わっていたのですが、CASBEEを適用すると良い建築ができるのかとよく疑念を投げつけられました。でも、

CASBEEというのは社会全体の平均値を上げるためのひとつの物差しであって、多くの人にその目的が誤解されているのです。皆さんには、それぞれの研究がどういう目的をもち、どんな結論や成果を導けたのかを上手く説明できるよう、先人の経験を見て活かしてもらいたいと思います。

山村：やはり、そのあたりがきちんと説明として伝わったものは、評価できるということですよね。

林：目的に対してどういう研究をして、どういう結論を出したのか、そしてその目的は誰に1番伝えたかったのかが見える・感じられることが重要だと思います。

川添：設計をしているといろいろな人に会うので、建築業界の中にも目を配らないといけないし、一般の人にも話をしなくてはいけない。そうなると、同じスライドでも話し方って変わりますよね。やりたいことを伝えるためには、情報量が同じ人に対しては細かく説明しないとその良さは伝わらないですし、前提が全然違う人には解像度が高いままで話してしまうと本当に何も伝わらなくなってしまう。ですから、相手の顔を見ながら話すというのは建築家にとっては鉄則ですよね。

中島：まずは大前提として、皆さんが応募してきたということは最大の良いところです。表現したい、伝えたいという、そういう気持ちがある論文は良いですよね。そのうえで、伝えたいときに大事なのは序論と結論だと思うのです。序論が説得力をもって引き込まれるかどうかは重要です。とくに、トウキョウ建築コレクションだと分野外の人もいるので、社会や他の分野といったもう少し広いコンテクストの中で、自分の設定した問題をちゃんと言えるのか。いい論文になるかどうかは、そうした問題意識のレベルにかかっているのではないかと思います。そして中身は、しっかりとした実証性というか、技術的なところを含めて精緻にやる。でも、最後に結論で爆発してほしい。要約して終わりという結論が多いのですが、そこ

でようやく論が出せるのだと思います。そのあとの論の強さや広がりが、人に伝わる論文にするために大事なことだと思うのです。

山村：たしかに、論文ですので大いに論じてほしいですね。

永井：私の場合、中島先生のおっしゃるコンテクストとは少し違う見方になりますが、研究や分野の文脈を超えた要素というものも重要かと思っています。単純に、これまでのものより大きい・小さいとか、きれいだとか、そういう原理的な評価もこれからは大事だと思うのです。そういう意味では意義がわかりづらい論文がいくつかあったと思います。たとえば、筒井さんの論文は定住のプロセスがいろいろあることはわかった。でも、住んでいる人が結局満足しているのかそれとも不満をもっておられるのか、そこがちょっとわからない。だからその結論をどう活かすべきなのか見えない。山本さんの論文も、具体的に小さな空間から相対的に大きな空間に入った時にどんな感情の変化があるか、そこを突き詰めていくと良いと思いました。その意味では、中井さんの地域稲荷の論文は、小さいものを残していくということが都市にとってすごく良いことだとかなり理論的に言おうとしていて、それは確かにその通りだなと思いました。

論文をデザインせよ!

川添：私は、伝えるということの重要性はあったうえで、今回は論文展だから、やはり論文としてのクオリティを大事にしたいと思っています。今まで論文というのは、普通は学会に出して専門性の近い人に評価されました。その枠を外して論文のクオリティを議論する場というのは、おそらく日本ではここにしかないはずなので、クオリティを評価したいです。そして、論文のクオリティというのは、できあがっている論文そのものですよ

ね。どれだけプレゼンテーションが上手くても、できているもの自体があるわけだから、それが良い人をちゃんと評価したいと思います。

青井：川添さんのおっしゃったことを私なりにもうちょっと続けて言いますと、論文もやはりひとつの作品なのですね。「作品」という言葉が嫌われる傾向が若干ありますが、やはりその人がつくり上げてきた世界の凝縮という意味で作品です。そこには膨大なエネルギーや意思が投じられているし、それは本論を見れば伝わります。

それから私はもうひとつ、書き手を見つけたいという思いがあります。このトウキョウ建築コレクションの審査に参加するのは3回目ですが、最初と一昨年は書き手として今後ライバルになるかもしれないと思う人がいました。そういう人を見出したいという気持ちがあって審査にきています。そういうことも含めて、ある種の作品として論文を見たいところがあります。

しかし、たまたま近代の学問がつくり上げてきた専門分野の中だけで考えていると、やはり論文が作品になっていかないですよね。皆さんが序章で先行研究レビューをやるじゃないですか。こういう研究があるけど、ここのあたりはやられていないので私がやります、とかつい書いちゃいますよね。しかし、そういう書き方は分野の中での細分化がどんどん進むだけで、ほとんど生産性がないと私は思います。そうではなく、考え尽くされているかにみえることを違う角度で私はこう見ます、ということを言うために、そして先人の蓄積を批判的に継承するために先行研究レビューをやるわけですね。私は、今日のテーマである解像度というのを、そういうフィルターというか、見方を変える固有の「解像感」みたいなものという風にして考えています。つまり、顕微鏡の精度を、ガラスを改良することで光学的に良くするというよりも、機構を変えることで全然違う見え方にする。そういった顕微鏡の設計をすることが大事だ

と思うのです。

質疑のなかで、中島先生から論文がデザインされていることについて、やや批判的なコメントがありましたが、そういう意味では私はデザインするべきだという立場ということですね（笑）。そして独自の解像感にくわえ、さらに概念というか、言葉を与えるとパッとわかるところがありますね。「エコジグ」「地域稲荷」「Licit/Illicit」といった言葉ですね。パッと入ってきて、その世界を覗いてみたくなる。そういう方法概念ができている人たちを評価しています。

林：社会的な背景というものは最初に書くと思うのですが、最後の結論にも、今後のことをしっかり書いておく必要がありますよね。この結論がどう使えるのか少しわかりにくい、という指摘を受けた論文もありましたが、そこを本気で考え出すとまた違う切り口も出てくるのかなと思っています。これから皆さんが社会で活躍していく中で、自分がやった研究をどう社会に落とし込んでいくのかなというところを考えてほしいと今日改めて感じました。

山村：私も次第に理解が深まってきたように思います。その中で「解像度が高い／低い」だけではなく、もうひとつの要素もあるように思えてきました。それは、「抽象度が高い／低い」ということです。解像度が高まっても、同時に抽象度を上げる努力がされていれば理解できることもあります。そういう意味で言うと、いい抽象化ができているものは、別の分野でもすんなりと入ってくるのですね。言葉で抽象化する場合もありますし、図表で抽象化する場合もあると思います。しかしどちらであっても、そういうことができていると、読み手も、あるいは本人も解像度を不自由なく往復できるように思います。

といったところで、時間が来てしまいました。このあたりで全体討議については締めさせていただき、各賞の発表を行います。

外部をもたない世界理解と専門性への問い

青井：グランプリは選考にだいぶ難儀しました。最終的には論文というひとつの作品の完成度、ひとつの世界というものを描き切ったというところで評価されたのだと思います。大変な力作でした。「台湾における遊廓立地の研究 1895-1945」の三文字さんにグランプリを差し上げたいと思います。

　続いて青井賞は、「Licit Architecture〈道義的合法建築〉論」の阿部さんに差し上げたいと思います。討議の中でも述べましたが、ある対象に迫る時の「解像感」の設計のしかた、それを方法概念にしているというところを含めて評価しました。問題の指摘もあったと思いますが、可能性の大きさというところで選ばせていただきました。

川添：私は「横浜戦後復興における防火帯建築の理想」の古谷さんに、個人賞を差し上げたいと思います。トウキョウ建築コレクションという場では、大学での論文の発表とは違うことが求められます。その時、自分の専門性を開いていく必要があると私は思います。そうするといつも研究室の先生から言われている専門的な指導とは別な言葉で説明しなくてはいけない。その点で、自分の言葉でとお聞きした時に、きちんと自分の言葉で答えられた古谷さんを選ばせていただきました。

永井：「しなやかな部材の大変形を応用した可変形態の設計手法」の澁谷さんに永井賞を贈りたいと思います。ひとつは構造の論文の応募そのものが少なく応援したいということがあります。構造系の論文は他分野の審査員にわかってもらえないと思って出さない人が多いと思うのですね。そんな中で澁谷さんは、違う分野の人にもこの研究は面白いはず、役に立つはず、と考えて応募されたと思うのです。そして、実際の説明でも魅力的な可能性について言及してくれました。中村さんの

「コンピュータ数値制御三軸加工機を用いたセルフビルドによる内装下地構法の開発研究」も労作であり迷いましたが、現時点での応用性の高さという点で、澁谷さんの論文を選びました。

中島：私は論文なので思い切り自信をもって論じてほしいという点を重視しました。11個の論文の中で、一番自信をもって論じていると私が感じた「民間信仰組織の都市空間史」の中井さんに、中島賞を差し上げたいと思います。

林：林賞は、「現代建築作品における相対的大空間の性格」の山本さんに差し上げたいと思います。私は最初、こういう研究にはまったく興味がなかったのですが、最後の最後まで解像度を細かくしていったことで、環境計画との接点が見えたような気がしました。環境心理的な要素や環境工学の視点を入れて、さらに深堀りしていただくと、今度は環境計画に落とし込んでいける。そういう道が開けるのではないかと思います。

山村：山村賞は、「伊豆大島土砂災害被災世帯の再定住プロセスに関する研究」の筒井さんに差し上げます。華やかさはないかもしれませんが、こういった研究は確実に大切で、どんどん積み上げていかなければいけないテーマだと思います。一見地味なことをまじめに取り組んで、あるクオリティに仕上げてきたことに対して賞を差し上げたいと思います。おめでとうございます。

　最後に審査員長の青井先生、総括のコメントをよろしくお願いします。

青井：皆さんお疲れ様でした。大変充実した研究発表会になったと思います。もう少し学生の皆さんに発言してもらって、双方向な議論ができたらよかったのですが、さまざまな機会に引き続き議論できればと思います。私は先ほども言いましたが、トウキョウ建築コレクションの審査は3回目ですが、この場で出会った人がその後、友人になったり、研究の刺激を与え合う関係になったり、一緒に仕事している人もいたりします。今日

は雰囲気として「審査」という感じになった気もしますが、私たちも「学」あるいは「術」という世界の中で対等な立場にあると思っています。ですので、そういう形での出会いの場になっていればいいなと思います。

　私なりに11作品全部を見渡して、2つのことを思いました。まず1つ目は、近年は「外部をもたない世界理解」というものが共有されてきていると感じました。たとえば何か「対象」があり、それに対して外、あるいは上から専門家として外在的に関わる。そういった対象化のあり方が否定されてきて、「皆ひとつの世界の中に埋め込まれている」という世界の理解が共有されてきているという感じがしました。たとえば、正田さんの研究に見られるような事物のネットワークもそうですが、計画論、デザイン論、生成論、関係論のいずれにおいても「その中に設計者などの専門家も入っている」という世界観になっています。あるいはトップダウンに対して、ボトムアップがあるという方向に実践が向かったのはちょっと前の話ですが、ではその2つはどう関係づいて、ひとつの政治過程としての力学が働いて、集合的に意思がつくられ

ていくのか。三文字さんや阿部さんの研究はそういったタイプだったと思います。

　しかしそういった世界の認識・理解に変わってきたとき、反証的に「建築家とは何なのか」「プランナーとは何なのか」「専門家である私たちとは一体何なのか」という問いが出てくると思います。そして、専門家としての意思・理念というものは、一体どこにどう掲げればいいのだろうかという議論になってきます。古谷さん、山本さん、澁谷さん、あるいは中村さんの研究は、専門性への問い、意思・理念についての問い、そういうものを掲げていたのかと思います。この点が2つ目の思いです。

　「外部を持たない世界理解」と「専門性への問い」あるいは「意思・理念の掲げ方」というものは、お互いに関係し合っていて、そこに対する論点・気づき・疑問をみんなで共有できているのではないかという感じがします。ぜひ今後もこの出会いをきっかけにして、引き続き議論が盛り上がっていくといいかなと思います。

　以上を私なりの総評とさせていただきます。本当にお疲れ様でした。

デザイン展

テーマ:「スケールの横断」

デザイン展はトウキョウ建築コレクション始まって以来、初めての実施制作コンペ企画です。パブリックスペースは近年、建築のみならず都市開発からプロダクトデザインまでを横断的につなぐ、人間活動のプラットフォームとして着目されています。今回は展示会場である代官山ヒルサイドテラスの屋外空間をコンペの対象地とすることで、ある種完成された既存の屋外空間の可能性を探りました。

　本来パブリックスペースはすべての人に開かれた空間ですが、代官山のそれは敷居が高く、万人に開かれた空間とはいえません。今回はヒルサイドスクエアを「都市のリビング」とみなし、住人や来場者が生活の一部として空間を使うことを想定した建築、インテリア、アクティビティのデザインを募集し、選ばれた1作品を実際に制作、展示しました。

審査委員紹介

泉山塁威　Rui Izumiyama

東京大学先端科学技術研究センター助教／ソトノバ編集長。1984年札幌市生まれ。設計事務所、明治大学博士課程兼助手、助教を経て、2017年より東京大学先端科学技術研究センター助教。エリアマネジメントやパブリックスペース利活用及び規制緩和制度、社会実験やアクティビティ調査、タクティカル・アーバニズムの研究及び実践に関わる。

紫牟田伸子　Nobuko Shimuta

編集家／プロジェクトエディター／デザインプロデューサー。東京都生まれ。美術出版社、日本デザインセンターを経て、2011年個人事務所設立。「ものごとの編集」を軸に、企業や社会・地域に適切に作用するデザインを目指し、地域や企業の商品開発、ブランディング、コミュニケーション戦略などに携わる。主な著書に、『シビックプライド』（宣伝会議）、『シビックプライド2』（宣伝会議）、『シビックエコノミー』（フィルムアート社）がある。

元木大輔　Daisuke Motogi

DDAA/Daisuke motogi Design And Architecture代表／CEKAI／武蔵野美術大学非常勤講師。1981年埼玉県生まれ。2004年武蔵野美術大学造形学部建築学科卒業後、スキーマ建築計画勤務。2010年Daisuke Motogi Architecture（現・DDAA）設立。建築を軸に、幅広い分野を横断しながら、ブランディング、コンセプトデザインからディティールの設計までを一貫して手がける。

イバショテラス

立命館大学 理工学部
建築都市デザイン学科
学生団体 Clown

中村 魁、田辺勇樹

代官山ヒルサイドテラスは、建築家槇文彦氏の手によって、代官山の細長い傾斜地に展開された住居や店舗、オフィスからなる複合建築である。その文化施設や飲食施設など、パブリックスペースは敷居が高く決して誰もが気軽に立ち寄れるような場所ではない。そこで普段訪れることのない人々、地域の住民を含むこの場で消費者と化した人々のために、さびれた広場を新たなアクティビティによる「コミュニケーションの場」へと変化させる。あえて具体的なアクティビティを設定し、今までにない土地性を生み出す。それぞれのオブジェがもつ特性と動線を絡めることで、アクティビティがより豊かに生じる。

LAYOUT

4つの製作物を配置する。それぞれのオブジェの持つ特性と動線を絡めることで、アクティビティがより豊かに生じる。

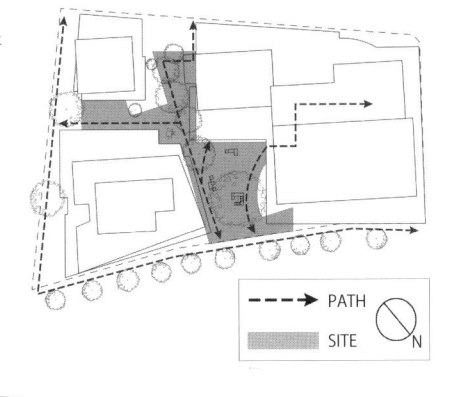

- --→ PATH
- ▨ SITE

N

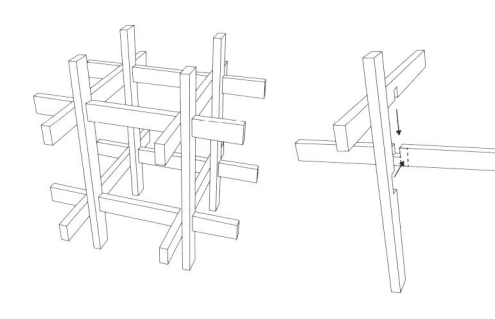

STRUCTURE

立体格子は架構式の日本建築に置いて最も一般的であり、シンプルな方法でさまざまな形を表現できる。それぞれは、相欠きによって接合する。

ACTIVITY

FormA 自然を体験する

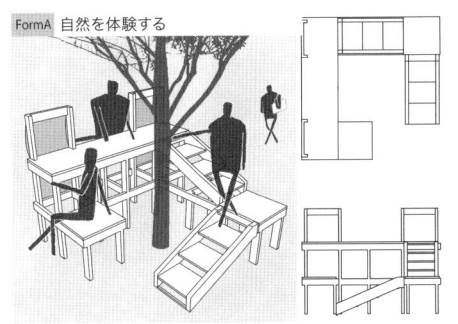

都会に暮らす人々は、木に触れる機会を失ってしまった。そこで、木に沿ってオブジェを製作し、木を触れながら上まで上がる。都会に木を感じる空間を生み出す。

FormB 遮断する

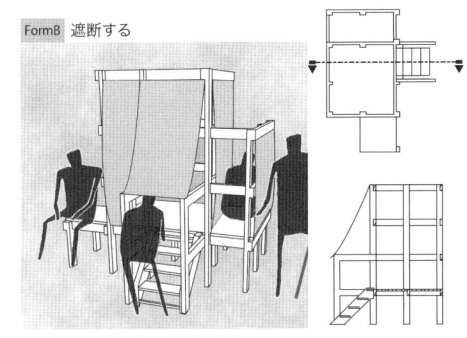

周囲から遮断することを中心にアクティビティを提案する。中心のヴォイド空間は瞑想するための空間であり、全面が半透明の布で覆われており周囲を遮断する。

FormC 主体的に行動する

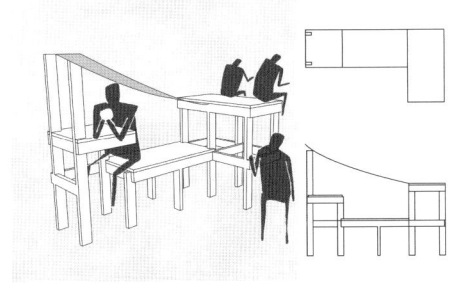

食事や勉強をしたり、主体的に行動するように促す。利用者が自分でものを持ち寄り、好きに行動することで利用者同士のコミュニケーションを今までにないものとする。

FormD 意思疎通を図る

一対一で向き合うボードゲームは子供の頃の無邪気な心を思い出させる。プレイヤーはゲーム中に観戦者とのコミュニケーションも可能。

つかの間

早稲田大学 建築展

石黒翔也、小川真平、徳田 華、中尾直暉、山川冴子、
山本拓海、小林 創、中島慶樹

かつて代官山の歴史を内包してきた古墳。現在残されているものは人々の目に触れることは少ない。一族の歴史が蓄積され記憶を内包してきた猿楽塚は2つ存在していたが、現在はそのうちの1つが取り壊されている。消費の空間である代官山という土地に壊された古墳を蘇らせることで、訪れた人々の記憶を内包する都市のリビングを形態する。ヒルサイドスクエアに再び現れる古墳は、この地の歴史を継承し、新たな記憶を蓄積していく存在となる。さらに、かつて権力の象徴と意味づけられていた古墳を解体する。それは、権力を分散させ平等性を主張する現代に適応する形となる。平等性を示し古墳の形態を解体させる操作が、偶発的に人々に新たな空間利用をもたらすリビングとなり、多様な交流を促す。

古墳の内包性

新たな古墳は訪れた人々の生活の断片を内包し、それらが瞬間的に居合わせる場になる。

古墳の解体

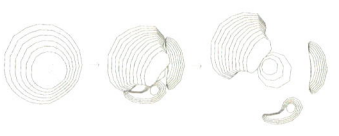

蘇らせた記号的な古墳を解体することで、断片に機能を付加させるとともに、その空隙が交流空間となる。内包性を保ちつつ解体したこの形態は、古墳時代への適応である。

構造

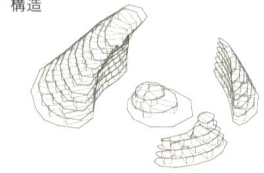

20mmの合板と200mm角の角材を交互に積み上げる。角材の隙間に植栽を施し、周囲の景観に埋没させる。

PHASE 0

立命館大学 理工学部
建築都市デザイン学科
学生団体 Clown

古川祥也

このヒルサイドスクエアは3面が建築で1面が旧山手通りに面したコの字型の敷地だ。しかし現状はコの字型がゆえに閑散とした空間となっている。「奥への誘引」という槇文彦が意図した設計が活きていない状態となっている。その本来の意図を暗に具現化し、この空間が活きたものとなるような計画を目指す。この敷地を通る動線に沿う形で細長いプレートを配置する。ゆるやかに傾斜するプレートはさまざまなアクティビティのグラデーションを生む。またこのグラデーションがプレートの先へ先へ、空間の奥へ奥へと訪れた人々を引き込む。槇文彦が望んだ「奥への誘引」を引き出すきっかけとなるような交流を促す。

diagram

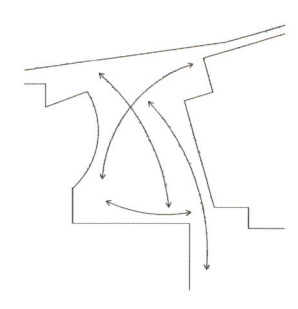

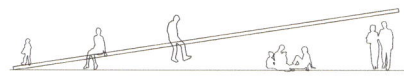

▲プレートはゆるやかな傾斜をもつように設計する。用途を限定しないことで、利用する人と高さによってさまざまなアクティビティが生まれる。このグラデーションが先へ先へと人々の歩みを進ませる。

◀3面が建築でそれぞれに出入り口があり、動線が複雑に絡まっている。またコの字型のため通りから人が入りづらい。そこで動線に沿うように対象を配置し、人々が通る生きた空間とする。

デザイン展 公開審査会

家具とアクティビティの関係

泉山:どの案に関しても、一次審査を経て今日に至っているわけですが、前回に比べてブラッシュアップされて良くなっていると感じました。全体として言えるのは、代官山というまちにどんな人が来て、どういう時間帯に行動して、何をするのかということを実際に観察するなり想像するなりしていただきたかったです。

　まず「イバショテラス」（p.270）は個々のファニチャーと人のアクティビティの関係は良いと思いつつも、空間のレイアウトデザインができているともっと良くなったと思います。あとは、それぞれのアクティビティを見ていった時に、なぜ代官山で「くぐる」のかとか、あるいは他の動作をするのかという設定を知りたいです。

紫牟田:泉山さんのコメントにもありましたが、代官山という場所に一体どんなファニチャーを置いたら、何が起こるのか、ということを考えるべきだと思います。単に空間を埋めるものとしてファニチャーを選び、それをどうつくるか考えるような発想の順序が、もうこ

れからは通用しないんだと思います。

　「イバショテラス」は、いろいろな種類の要素が入っているからこそ、みんなが楽しいのではないかという発想のように見えました。「ファニチャーをつくらなきゃ」というところから離れて、多くの要素を取り除いてシンプルさを突き詰めたほうが良かったのではないでしょうか。不織布にしても、それ自体はすごくケミカルで都会的なものですが、これを中途半端にぺらぺらさせると雑な感じを与えてしまい代官山とはかけ離れてしまう。私がこの案に求めていたのは、要素が少なくてもダイナミックなものだと思います。ダイナミックというのは、人の居場所を機能分解していくことではない気がします。

元木:全体的な印象は僕も似ています。全て家具だなという感じ。それを置くことでどうなるのか、みんななんとなく言及はしているものの、ここに来た人が物珍しさ以外でどうやってこれに接してくれるのか、やや疑問が残ります。

　「イバショテラス」は、工法とアクティビティの話に関係性がないので、噛み合っていないというか、どち

らが重要なのかがわからない。行為自体が楽しいとか、ここで瞑想したら気持ちいいよ、みたいなことを提案したいのであれば、瞑想をするための場所に特化したほうがいいと思うんです。でもこれはどうやってつくるかがメインになってしまっている。もちろんコストの問題やつくりやすさというのは付いて回りますけど、相欠きすることとアクティビティはつながりませんよね。ただ、工法的なものだけで違う印象を与えることができるという意味で、階段が時折でてくるのは良いなと思いました。赤瀬川原平さんが発見した超芸術トマソンという概念に「純粋階段」というただ上がって降りるだけの階段が出てくるのですが、上った先に何があるわけでもない。用途はないけれどまちで見つけた変なものが、じつは芸術たり得てしまっているのではないかという考え方です。そういう、よくわからないけれど、そこにあることで明らかに場所の意味が変わってくるようなものに、注目する手もあったように思います。あとは「なぜ瞑想するのか」みたいなツッコミは絶対言われるんだから説明しておいた方がいいんじゃない?(笑)

イバショテラス(中村): 代官山で瞑想している人を見たことがないので、ここでは起きないようなアクティビティをいかにつくるかというところから瞑想にたどり着いたのがひとつです。もうひとつは、周りの環境も車が通ったりしてうるさい印象だったので、圧倒的に遮断しないとできないような空間をつくってみようということで瞑想を選択しました。

元木:「遮断」というキーワードに引っかかったのだとしたら、カーテンが1つあって、くぐれば向こう側にいけるけど、明らかにそこに結界的なものがあるような、試着室とか電話ボックスのようなものが置いてあるだけでいいじゃないですか。そういうのが、じつは相欠きの話とちゃんとリンクしていると、ここになぜこれがあるのかが形を見て一発でわかると思います。それを形の力やデザインの力で提案してほしいなと思いますね。

泉山:「自分がここで瞑想したかった」と言ってくれた方が説得力があったのではないかと思います。ここで

働いている人とか、住んでいる人とか、誰かを設定してからアクティビティを想定しないと、きっとそれは生まれないと思うんですね。多目的が無目的だという話と一緒ですよね。

紫牟田: 自分がここでこんなことをしてみたいというのが実現して、その良さが伝播していくことが、公共空間のセオリーです。気持ち良さそうに瞑想してる人たちを見て、私もやりたいというのが連鎖すればいい。あと、ほとんどすべてのプロダクトや家具デザインが陥りやすいのが、「みんながそう思っているはずだ」という誤解。置いてあるものに対してみんなが良いと思っているだろうというのは何の根拠もないんですよね。「自分がこうしたいと思ったからつくる」というのも大事だと思いました。

実感を共感へと変える

泉山:「つかの間」(p.272)に関しては、最初の案(図1)は実現できるのか疑問でしたが、今回はかなり現実的なところに落ち着きましたね。ただ、なぜ古墳を復活させなければならないのか。もちろん歴史としてこの場所に古墳があったというのは理由のひとつだと思いますが、それだけでは弱い。古墳が復活することで、この場所にどういう価値が生まれるのかを言わないと、共感が生まれないのではないか思いました。

紫牟田: 私も1回目のものは造形的に面白かったので、もしあれが本当にできるんだったらコストがかかっても見たいと思ったのですけれども、スケールダウンしてしまいましたね。たとえば、前方後円墳のような古墳は盛り土にしていることが大事で、形状を真似することが必ずしも正解ではないと思います。つまり、形ではなくて盛っていることがモニュメントなのだから、じゃあ何を盛るといいのかを逆に考えて、このテラスの上に少し緩やかな高低差をつくったりしたら、ローコストにもできて面白かったのではないでしょうか。古墳に目をつけたのは良かったけど、もう少し深堀りしてもいいかなと思います。

元木: お墓ですからね、古墳って。言葉尻だけをとる

と、人が集まるところにお墓をつくりますとなりますが、そういうことではないですよね。何らかの理由があって古墳がいいと思ったはずなので、なぜなのかをもう少し考えてみた方が良いと思います。

つかの間(中川)：なぜ古墳なのかという理由については、この土地にある歴史的な遺構というのが一番大きな力をもっていて、その遺構のもつ価値を再認識するという意味で選びました。そして、古墳自体が何かを内包している空間であること、内外の境界面を意識させるものであること、ランドスケープに埋没するような景観の一部と成り得るものであるという3点に注目して、それ以外のものを読み替えるということを設計の主軸としました。

元木：なぜ歴史を再認識するのか、歴史を再認識するとどんな良いことがあるのか。少なくともチームとして古墳の何を魅力と思っているのか、実感を伴ったプレゼンテーションだったらより良かったですよね。

紫牟田：古墳に思いを馳せるのは良いことなのかもしれないけど、これを見ても古墳に行きたいという気持ちにならなかったら、思いを馳せにくい。そんな関係が問題かなと思いました。

泉山：建築が昔より建たない時代だからこそ、いかにクライアントに良さを伝えていくかが重要ですからね。僕がクライアントだとしたら、何百万円かかってもつくる価値があれば出します。だから形のデザインに対しての意味はもちろん、コンテクストやストーリーも大事ですが、共感を得られないと、結局あまり伝わってないのと一緒です。やはり、その場所で何かアクティビティを起こすことが必要だと思うので、それも考えられると良かったですね。

場をいかにデザインするか

泉山：「PHASE 0」(p.273)は、かなり変化したので新しい目で見ていました。前回と共通してたのは、場所で変動する高さによってアクティビティも変わる、という部分ですよね。確かに身体寸法からアクティビティは変わると思いますが、もう少し実験していれば、高さをグラデーション化することで現実的にどんな変化が起こるのかわかると思います。

紫牟田：1つの構造で実現可能にするには材質などをよく考える必要があるように思いました。でも実際に線を引くというのか、一カ所に留まらないで、外に外に線をもっていこうというのはとても良いアイデアだと思います。もっと面白い線の引き方も探れたのではと思うところもありますが、奥のほうまでもっていこうとする意欲と黄色のカラーリングは、私は割と評価しています。視覚的にも新しいことが起きそうな予感がしました。

元木：これも同じで、黄色というのは一番目立つところですし、理由を書くべきでしたね。あと僕は針金の模型(図2)の方がいいなと思ってしまいました。針金のように簡単に曲がるもの、あるいはプールのレーンを分けている浮きのように簡単に動かせて、さらにそれに座れたりひっかけられるような自由度があるものを想像していました。でも、ブラッシュアップした案が模型と現実の折り合いをつける作業に見えてしまった。有機的なまま形にする方法もあったのかなと思いました。

PHASE 0(古川)：黄色にしたのは、緑の補色であり目を引くという理由です。あと最初に元木さんが

図1 「つかの間」一次審査案、パース。

図2 「PHASE 0」一次審査案、針金模型。

「どの案も家具だ」とコメントされていましたが、僕は設計のときから家具ではなくて空間をつくらないといけないと考えていました。ですが、僕たちが実際つくるのは「もの」なので、そこに矛盾を感じます。ブラッシュアップした案で、微妙に高低差があることで、中央が囲まれたような空間になるという結果に落ち着きました。でもこれは審査委員の方々がおっしゃっている空間を設計することとまた違うように思うのですが、ご意見を伺いたいです。

泉山：空間をつくるんじゃなくて場をつくることを考えれば良いと思います。木材で構造物をつくるだけではなくて、クッションやプランターを置くだけでも場をつくれるといえるのではないでしょうか。ものをつくることでしか解決できないというトリガーを外すだけで、全然違ったのかなと思います。あと奥へ行かせたいのであれば、展示会場までこれが伸びていけばもっと面白かったね、と一次審査のときに審査委員の間で話題になりました。

元木：「家具だ」という発言はしましたが真意が違うと

いうか、家具と空間を分けて考えていないんですよ。今は空間、今は場所、今はものをつくっていますというように区切って考えるべきではなくて、ものを置いたことで人が動いて、それによってこういう関係が築かれましたというのが、実際に起きていることだと思います。たとえばメガネをデザインするときに、デザイナーはメガネしか触れませんが、鼻先でかけた瞬間にデザイナーの意図とは違う顔との関係をコントロールできますよね。おでこにかけたらまた意味が変わってくる。でもメガネ自体は変わっていない。そういうふうなメタなデザインの仕方というのがあって、まずものをデザインして、そのものをどうやって配置するかとか、どういう関係性をつくるかということが、両方デザインされるべきだと思います。

紫牟田：今回はパブリックファニチャーというものをどうやって新しく捉えるのかが問われたんだと思います。床に穿たれた穴1つが傘立てになる。それがデザインだとプロダクトデザイナーも言っているわけです。傘立てというデザインではなくて、いかに傘を立てる

のかがデザインされる。何か行動を誘発させるデザインであればいいわけで、それも家具だと定義する強さが空間をつくる側にもあってもいいと思うのです。建築だからものをつくらないといけないとか、家具デザイナーだから家具をつくらなければならないわけではなくて、常に行き来している感じだと思います。だから公共空間にファニチャーというものをどう位置づけるのかがこれからとても大事です。元木さんがつくったベンチ（図3）は、単体では自立しませんが、あれを置いた瞬間に場ができてしまうじゃないですか。区とか警察に怒られたりしながら、でもそれでもいいよ、という楽しい時代がきたのかなという気はしますけれどね。

公共空間の中にある仮設性

つかの間（中川）：「イバショテラス」の瞑想についての議論は、公共空間を考えるときに機能を決めるべきかという話だったと思います。建築のようなスケールが大きい場合だと、機能を明確に決めると公共的な活動が生まれないというのはよく言われていることですが、今回のような小さいスケールの話だと、むしろ機能を決めた方が楽しくなる場合もあるのかとお話を聞いて思いました。機能を決めると機能自体が流行ることもあるし、わざとゆるく機能を決めることで、その機能に反抗した人々のゲリラ的な精神を喚起することもあるのではないかとも考えました。それがスケールによって変わっていくように思えたのですが、

図3 HAPPA BENCH（Daisuke Motogi）。ガードレールに引っ掛けて使うベンチ。このタイプのガードレールであれば、どこにでも移動することができる。

どう思われますか？

紫牟田：仮設について考えると、機能の分解はかなり有効でしょうね。今日はヨガとか、この一週間はゲートボールみたいな。仮設だからこそ誘発できることもあるので。ただしパブリック空間そのものは、機能ではなくてプラットフォームになるべきですよね。むしろ今思ったのは、パブリックファニチャーを恒常的なモニュメンタルなものではなくて、エフェメラルなものとして考える方向性はひとつあるんじゃないかと。エフェメラル、つまり仮設です。というのも、ルネサンスの頃は硬い建築ではなくて、祝祭やまちの風景を変えることに建築家の大きな役割があったという話があります。日本では逆にお祭りとか、素人がその場所の空間性をガラッと変えてしまうことが起こりますよね。文化にはそういう側面があって、建物とか美術作品とか残っているものでしか語られませんが、じつを言うと仮設的なものがすごく大事だったりする。タクティカルアーバニズムや今後の公共にも通じますね。

元木：特定の機能で演出されているものも、自由度が高く何でも対応可能なものも世の中には両方存在するし、どちらにも良さがあるので機能を決めるか否かについてはどちらでもいいかなと。先程の仮設性の話で、ヨーロッパに行った時に見た朝市を思い出しました。マーケットの近くの広場に仮設の市場ができて、気づいたら売り始めて昼前にはなくなってしまうんです。広場の床に穴が空いていて、そこにパイプを突っ込んで屋根をつけて終わりなんですよ。そのぐらい簡単にまちが設計されている。先ほど祝祭やお祭りの話がありましたが、仮設のマーケットを担保しているのはじつは地面のデザインだったんですね。そういう意味で、簡単にできるというのは結構有効だし、アクティビティの話もきちんとデザインで解決することができたのではないかという気がします。瞑想するための空間をできるだけ簡単につくるとか。もっというと、いろいろな仮設的なものに対応し得る簡単な穴的なシステムをここに提案するとか。そういうアプローチも可能かなと思いました。

問いに挑み続ける力

泉山：では最後に一言ずつ。まずは応募していただいた方々、今日来ていただいた皆さん、ありがとうございました。僕も元々建築出身であるものの、普段は都市や公共空間の場をつくる側で、久々に建築的なものに触れられた良い機会だったなと思っています。僕が学生だった時からも時代が変わって、技術的な部分もかなり進んできているけれども、グローバリズムでどこにでもありそうな空間が増えてきている中で、なぜこれをやるのかという「Why?」の部分がこれから非常に大切だと感じます。なぜという問いがあったうえで、誰がどんなアクティビティをするのかを考える。今回はファニチャーのコンペでしたけど、「広場の場をどういうふうにデザインするか」という問いであるべきだったと思いますし、その問いによってはまた皆さんの応募作品も変わったでしょうから、次年度以降のデザイン展にも期待したいなと思いました。大変だったと思いますが、ぜひこういう機会にトライして、スキルアップし切磋琢磨していただければと思います。どうもありがとうございました。

紫牟田：これが初のデザイン展ということで、パブリックファニチャーを新たに考えるということ自体が良い試みだと思いました。さらにそれに応募した皆さんに敬意を表したいと思います。デザインにもコンペはたくさんありますが、私が建築の方々が素敵だなと思う

のは、自分の考えを提出した後もずっと考え続けていくところで、そういう場があるのはとても大事なことです。今日お話していたみたいに、パブリックやまちが一体誰のものなのか、まちの中でデザインがどういうふうに機能すれば良いのかというフェーズを、私たちデザインに携わる者はずっと考えていかなければならないですし、皆さんのご提案を見ることによって、私自身もう一度振り返って考えているなと今日つくづく感じました。ありがとうございました。

元木：「イバショテラス」は形とアクティビティが分離しているといった話もしましたが、釘の見せ方とかこだわりは随所に感じたので、つくりとしては結構上手くできているなと思いました。それから他の2案はじつは代官山でなくてもできますが、「つかの間」に関してだけはここでしか成立しない、サイトスペシフィックな場所の意味から考えていくという内容でした。ただ、地域性がちょっと大き過ぎたように思います。たとえば、この床のグリッドの模様でも、ここでしか成り得ないきっかけにはなる。こういうものも古墳と同じように考えられると良かったですね。「PHASE 0」の良いところは間違いなく黄色ですよね。試行錯誤する中で最後に黄色にしたのだと思いますが、黄色をもう少し客観視できていたら、じつは形すらもいらなくて、床を黄色に塗るとか木を黄色の布で巻くとかだけでも良いのかもしれないと思いました。そういう発見があって面白かったです。ありがとうございました。

特別講演

建築家の職能が広がり続ける今、建築のみならず、プロダクトやメディア、デジタル等、さまざまな分野において、異なる業種や立場の人々との横断的な連携が必要とされる時代を迎えています。今年度は全体テーマ「融合——FUSION」のもと、特別講演における独自テーマとして「領域の横断」を掲げました。建築家に限らず、さまざまな分野で活躍される方々をお招きし、広がりゆく建築の領域に対して、多様な切り口から未来の建築・都市のあり方や新たな可能性を探ることを目指しました。計3時間に渡る熱い議論が展開され、未来への想像を膨らませました。

トウキョウ建築コレクション2018実行委員会

左から、吉里裕也、西山芽衣、米田智彦

第1部 建築×ライフスタイルの変化

吉里裕也 × 米田智彦 × 西山芽衣

第2部 建築×テクノロジーの変化

豊田啓介 × 水口哲也 × 齋藤精一

左から、豊田啓介、水口哲也、齋藤精一

第1部
建築×ライフスタイルの変化

第1部では、これまで独自路線で生き方・働き方をデザインしてきた3人の登壇者が、価値観の多様化にともない変化し続ける"現代のライフスタイル"をテーマに、暮らし方と働き方の視点からその行方を探ります。

登壇者紹介

吉里裕也　Hiroya Yoshizato

株式会社スピーク代表取締役／R不動産株式会社代表取締役／株式会社TOOLBOX取締役。1972年生まれ。東京都立大学工学研究科建築学専攻修了。修士(工学)。ディベロッパー勤務を経て、2003年に東京R不動産、2004年にSPEACを共同で立ち上げるとともに、CIAInc./TheBrandArchitectGroupにて都市施設やリテールショップのブランディングを行う。東京R不動産、toolbox等グループサイトのディレクション、建築・不動産の開発・再生プロデュースや空間デザイン、地域再生のプランニングを行う。共編著書に『東京R不動産』(アスペクト)、『全国のR不動産』(学芸出版社)、『2025年建築「七つの予言」』(日経BP社)などがある。一級建築士。東京電機大学非常勤講師。

西山芽衣　Mei Nishiyama

生活実験家／HELLO GARDEN・西千葉工作室主宰。1989年生まれ。千葉大学建築学科卒業後、企画プロデュースを行う(株)北山創造研究所に入社。まちづくりなどに携わる中、西千葉というまちで「HELLO GARDEN」「西千葉工作室」の企画・立ち上げを行う。2014年に同社を退社後、西千葉に密着で企画・研究を行う株式会社マイキーに入社。西千葉に暮らしながら「HELLO GARDEN」と「西千葉工作室」の運営を行う傍ら、各地のまちづくりプロジェクトのアドバイザーとしても活動中。

米田智彦　Tomohiko Yoneda

『FINDERS』編集長／株式会社CNS MEDIA代表取締役／文筆家。1973年生まれ。出版社、ITベンチャー勤務を経て、文筆家・編集者・ディレクターとして出版、ウェブ、企業キャンペーン、プロダクト開発、イベント開催、テレビ・ラジオの出演など多岐にわたる分野に携わる。2011年に約1年間、旅するように暮らす生活実験「ノマド・トーキョー」を敢行。約50カ所のシェアハウス、シェアオフィスなどを渡り歩き、新しい働き方・暮らし方を実体験 。2014年3月から2017年6月までウェブメディア『ライフハッカー[日本版]』の編集長を務めた。京都造形芸術大学非常勤講師。2018年2月株式会社CNS MEDIA代表取締役に就任。2018年4月ウェブメディア『FINDERS』創刊。

プレゼンテーション

吉里裕也

SPEAC／R不動産／toolbox

建築学科で学んだ後、デベロッパーに入社して、30の時に独立して友人とともにSPEACを立ち上げました。SPEACはいくつかの会社とウェブメディアをもつマルチプレイヤー組織で、それぞれは違う会社に見えるんですが、そのなかでそれぞれを行ったり来たりしながら、日々プロジェクトをコネクトしていくということをやっています。

　最近では、古民家の再生リノベーションや新築の集合住宅から商業施設などまちづくりに関わる大きめのプロジェクトにも関わっています。たとえば、下北沢エリアは小田急線の下北沢駅の地下化にともない、もともと線路だった部分の開発が進んでいて、それの世田谷代田橋駅側の計画の端の部分に集合住宅を計画しました。「下北沢ケージ」（図3）は、井の頭線の高架下を利用したプロジェクトです。京王電鉄が所有する敷地なんですけれど、会社の持ちものをまちに開放して、誰でも自由に入れるようにした公園みたいなスペースです。イベントが入ったりすると会場にもなります。これの運営もSPEACがやっています。こんな感じで最初のリサーチから企画を立てて、設計からリーシングや

図1　渋谷にあった映画館「シネマライズ」をコンバージョンし、2017年にオープンしたライブハウス「WWW」。SPEACは、場所紹介から仲介、空間プロデュースやプロジェクトマネージメントに関わった。[写真：阿野太一]

図2　近年は、企画・設計にとどまらず、金沢にある古民家をコンバージョンした宿泊施設「橋端家（はしばしや）」や福岡のゲストハウス「TangaTable（タンガテーブル）」などの施設の運営にも携わる。

図3　高架下空間を有効活用する事業「KEIO BRIDGE Shimokitazawaプロジェクト」の一環としてオープンした「下北沢ケージ」。東京カルチャーガイド「TOmagazine」などを手がけるクリエイティブカンパニーの東京ピストルとの協働プロジェクト。

図4 新しい視点で不動産を発見していく物件紹介サイト「東京R不動産」。この他、「公共R不動産」、全国の団地情報を紹介する「団地R不動産」も運営する。

図5 とある公園の風景。ペット・火器・飲食禁止・スポーツ禁止。こんな光景に対する疑問から公共空間の使い方、使われ方について考えるようになったと吉里さんは話す。

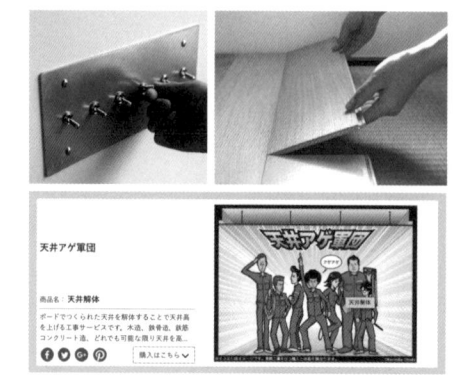

図6 「toolbox」は、建具やパーツの販売だけでなく家づくりにまつわる各エキスパートの技術や施工サービスも提供する。（左上：トグルスイッチ／右上：イージーロックフローリング／下：天井アゲ軍団）

オペレーションまで行います。

　集合住宅とか空き家リノベーションみたいな話だと、R不動産を通じてお客さんを紹介できる。そうするとお客さんの顔も見れるし、実際に入居した後の反応が見れて次の企画に活かすことができる。社会課題・経営課題を空間と仕組みで解決したいというのが、SPEACというチームのミッションだと思っています。

メディアとしての不動産仲介

東京R不動産はいわゆる不動産仲介会社です。全国10拠点くらいでやっています。これ以外にも、3年前に「real local」というメディアを始めました。このサイトでは、丹波篠山とかR不動産では規模的に成立しにくいエリアを中心に、場所や人、イベントの紹介をしています。地域で暮らす人たちがイベントとか宿とか飲食店の情報を自ら発信するためのお手伝いをしたいなと思って運営しています。

　最近力を入れてやっているのが「公共R不動産」というR不動産の公共空間版で、使われなくなった町役場とか学校・廃校とかを使いたい人とつなごうというコトから始まったサイトです。いまこういった誰のものだかわからない公共空間っていうのが結構あって僕らがプラットフォームをつくることで空間と利用者をつなぎ、境界を広げて新しい公共空間みたいなことができたらなと考えています。最近、地方の自治体さんから漠然と、「この施設が空いてしまったんだけどどうしたらいいでしょうか」みたいな相談がくることが多いのですが、岡山の瀬戸内市や、長野の諏訪に使われなくなった結構大きな施設とかがあって、それのサウンディングのお手伝いなんかも結構増えてきています。不動産仲介が主ではあるんだけど、かつメディアでもあって人と人をリアルにつないでいくみたいなのがR不動産グループのミッションだなと思ってやっています。

toolbox

R不動産が「いい空間に出会う仕組み」だとすると、「いい空間をつくる仕組み」に当たるのが建材や工事のサービスをネットで販売する「toolbox」です（図6）。

お客さんの半分は一般の方で半分はプロの施工会社や設計事務所の方です。「トグルスイッチ」っていうスイッチのパーツや釘やボンドを使わずに置いていくだけでフローリングになる「イージーロックフローリング」といった、自社で開発した商品も販売しています。建設現場で使われる足場板やオリジナルで開発したキッチンも販売しています。今のキッチンってゴテゴテしたデザインのものが多いので、空間に馴染むシンプルなものを開発しました。

このほかに壁の塗装も売っているんですけれど、なかむらしゅうへいさんっていうスーパー塗装職人の方がいて、頼むと彼が塗装してくれます。あとは天井アゲ軍団っていう、部分工事なのですが、リノベーションする時って天井の部分が一番空間変わるわけじゃないですか。その「天井を抜く」っていうことに値段をつけて売っていたり。空間をつくる主導権・編集権みたいなものって今まではプロのデザイナーや建築家がもっていて、一般の人はそういうような技術も、情報もなかったしそれが最近は、どんどんセンスも良くなって情報も得られるようになってきて、割と自分主導で空間をつくれるようになってきた。僕らはパーツを提供して、組み合わせるのを楽しんでくださいというスタンスでやっています。

以上が僕らの主な活動です。建築と、デザイナーとか職人の間に空いている部分って結構あるなと思っていて、その余白を埋めていくことをしています。会社とかチームがいろいろあって、アメーバー状の組織みたいなものをイメージしているんですが。「東京R不動産」を中心に、「toolbox」っていう会社ができたり、宿泊やっているチームがいたり。この辺とこの辺がくっついて新しい事業をやったりとか、新しいところに広がっていくっていうのを組織としてもやっていきたいなと考えています。

米田智彦

『FINDERS』編集長／CNS MEDIA

僕は最初、プロレスの記者から編集者を始めました。会員情報誌の『ワールド・インサイト』の編集なども経て、フリーランスライター時代には、イベントやセミナーのファシリテーターをやったり、TVに出演したり。ここ10年くらいは、ウェブの仕事も増えてソーシャルメディアを使った企業ブランディングや商品キャンペーンの仕事も受けていました。なんでもやってやろうというパラレル主義で活動をしていたのですが、2010年の末に自分の人生を変えるきっかけとなった1冊の本との出会いがありました。それが『SHARE』(図1)という本なのですが、これに衝撃を受けました。シェアの概念を究極まで追求してみたいという願望が自分の中でふつふつと湧いてきたし、シェアリングエコノミーの到来という未来を予感させてくれる本でした。この中でフランスの10代の女の子が「カウチサーフィン」というサービスを使って、1ドルも払わずに人の家を泊まりながらアメリカを横断したという文章を見て、「これ、俺も東京でできるんじゃないかな」っていうふうに思っちゃって。

2011年の1月、家財道具一式を捨てて移動型の生活をスタートさせました(図2)。編集者なので「人生最後のバックパックツアーは東京だった――東京の東から西までソーシャルメディアの縁をたどる」というフレーズっていうか見出しが降りてきて。まずtwitterで泊めてくれる人の募集をハッシュタグ「#nomadtokyo」をつけたとこから始まりました。夜はいろんな家とか、ゲストハ

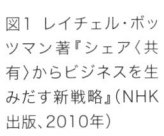

図1 レイチェル・ボッツマン著『シェア〈共有〉からビジネスを生みだす新戦略』(NHK出版、2010年)

ウスとか、SNSで知り合った人とかいろんなとこに泊まり歩きました。こんな生活を続けていくうちに、これをプロジェクト化しようって思って、サイトもつくりました（図3）。Ustreamの時代だったので、そこで出会った人と即興のラジオ番組みたいなこともやりました。移動生活で

図2 トレードマークのハットを被りスーツケースで移動する米田さん。出版社やカフェ、シェアオフィスで仕事をしていた。

図3 GPS機能をつけて現在の居場所を辿れるようにした「ノマドYONEDA MAP」

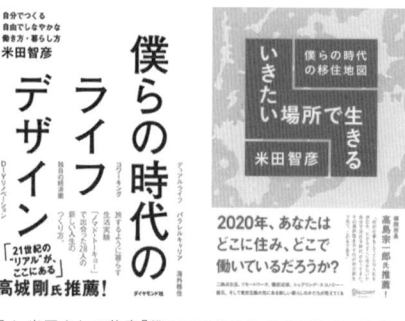

図4 米田さんの著書『僕らの時代のライフデザイン 自分でつくる自由でしなやかな働き方・暮らし方』（ダイヤモンド社、2013年）／『いきたい場所で生きる 僕らの時代の移住地図』（ディスカヴァー・トゥエンティワン、2017年）

100カ所ぐらいを渡りました。東京は巨大なコンビニだなというふうに感じたり、普通生活してるとなかなかわからないことをいろいろ発見しました。普通の生活からなかなか見えてこない東京の面白さにすごく触れた1年間でした。

シェアからライフデザインへ

このような生活を続けているうちに、「自分の人生と生活を使って何をしてるんだろうな」と思いはじめました。ライフスタイルアドベンチャーなのか、ノマドワーカーなのか、働き方研究家なのか、生活実験家なのか、一体何だろうって考えていたら「ライフデザイナー」っていう言葉が浮かんできました。このような生活を通して出会った人たちとの出会いもまた衝撃的でした。彼らの働き方とか暮らし方が面白かったので、それを『僕らの時代のライフデザイン』（図4）っていう本にまとめました。プロジェクトを通してわかったことは、自分は各地のファームを飛び回るミツバチのような存在で、人と人を結びつけたり、アイデアと人を結びつけたりするポリネーション（受粉）する人間なんじゃないかなっていうことです。

2014年に『ライフハッカー』というウェブメディアの編集長になりました。ノマド・トーキョーを最初に報道してくれたのがライフハッカーだったというのがきっかけです。それがご縁でお声がけいただいて、定住というかオフィスに通う生活に戻りました。大体、ユニークユーザー（月間読者数）580万人ぐらい、ページビューで言うと月間で3800万ぐらいの巨大なウェブサイトの編集長として3年半ぐらいやりました。その中で新しい働き方というムーブメントが起こって記事にしたり、イベントを開催したりしました。これだけ時代が変化してるのに社会とか会社とかオフィスは何で変わらないんだろうという、みんなが漠然と抱いているような不安感みたいなものを何か表現できないかなと思っていました。

スマホによって隙間時間というのが本当になくなったっていうか、いつでも常時接続されているIoTの時代がすぐ来ますけれども、時間が一番の価値みたいな時代がきてるんじゃないかなというふうに思います。あ

らゆるビジネスは可処分所得から可処分時間の奪い合いになってきている。人々はモノとかサービスを買っているようで、時間を消費している。たとえば、洗濯機は洗濯する時間を買ってるし、キュレーションサービスは検索する時間を買ってるし、ハウスクリーニングもそうですよね。時間主義の中で時間に追い詰められることで隙間時間がなくなってくるんですけれども、むしろ遊びの時間というかぼーっとする時間を意図的につくりださないと生産性が高まったりとか、クリエイティビティっていうのは生まれないっていう。そこに時間効率主義の矛盾っていうのが挙げられるんじゃないかなって思っています。

トイレ型書斎 In&Out&Go（号）

3年ぐらい前の小屋展示場という展示会でのプロジェクトです。OLの人が昼休みにトイレで居眠りをしているっていう話を聞いて、なるほど確かに都会の中でトイレこそ孤独を味わえて一人になれる時間だと思って、究極の孤独を味わえる快適な個室兼、書斎を実際につくってみました（図5）。僕にとって移動することはライフスタイルのテーマなので、上側はおみこしとして担いで、下側は自転車として漕いで移動できるようにして、実際に虎ノ門のマッカーサー道路を走ってみました。

ワークデザインの3つのCモード

働くうえで僕にとって3つのモードがあるということに気がつきました。1つめはコミュニケーションモードです。1つの場所に埋没するんじゃなくて、かといってあてもなくふらつくわけでもなくて、つながりのある場所っていうのを自分で選ぶ。あとはなりたい感情になるために自分で場所を選んで赴く、そんな時代がきてるんじゃないかなと思っています。2つめはコラボレーションモードです。つながりや縁の中でアイデアと情報を交換する、リアルとネットの両面です。ジャンルや境界を超えて協働したり競争する、そういうことが大切なんじゃないかなと思います。3つめはコンセントレーションモード。集中です。やっぱりノイズが多くて情報の洪水で、隙間時間がない中、深い思考の井戸に入るって

図5 ディスプレイとリクライニングシートが付いた十二面体トイレ「In&Out&Go（号）」

いうことがやっぱりなかなかできていない。そういう時間と空間をつくるってすごく大事でトイレの小屋をつくったのもそういう意図がありました。

現在、新しいメディアの立ち上げ準備中なのが、今年の4月にオープンする『FINDERS』というメディアです。ビジネスパーソンにクリエイティビティを、クリエイターにビジネスマインドを、という両方、両軸ないとこれからの時代生きていけないよねっていうふうなことを考えてます。2020年以降も日本を元気にするような、人、もの、こと、企業、プロジェクトなどを応援していきたいなと思ってます。ただ単なる消費に追われるんではなくて未来の自分への投資になるようなそんな記事やコンテンツづくりをしたいなと思っています。ちゃんと取材して読者と最良の関係を築くという感じです。

西山芽衣

マイキー／
HELLO GARDEN・西千葉工作室主宰

建築学科を卒業後、大学院にはいかず、東京のまちづくり会社に就職しました。依頼でくるクライアントは行政だったり、デベロッパーや鉄道会社、大手企業といった方たちでした。一緒に駅前の広場をつくったり、観光地のにぎわいづくりをしたり、商業的に絡むような大きな規模でのまちづくりの仕事をしていました。

　日本各地いろんなところへ代表にくっついて行って、いわゆる「にぎわいづくり」に奮闘していた頃、視察に訪れた海外で最先端と呼ばれるプロジェクトを見て回っていたのですが、それとは別に目にした日常の風景にすごい感銘を受けて。何にそんなに自分が感動しているんだろうと考えたのですが、それは大きなものをつくってそれをサービスとして提供するようなかたちではなくて、自分たちの生活に向き合い、些細なことでもいいから行動を起こし、楽しそうにしている彼らの姿そのものでした。この経験から自分の暮らしを振り返ってみて、「生活って本当はもっともっとクリエイティブなものだったんじゃないか」と考えるようになりました。ものもサービスも既存のルールなども、目の前にある選択肢のなかから選んでいたんだなっていうことにも気がつきました。私たちの暮らしって十人十色だし、もっと繊細にたくさんの種類があって、誰かが用意してくれているものを待っているだけでは本当に欲しい選択肢は手に入らないんじゃないか。本当に欲しい選択肢が目の前にないのなら、自分たちでつくればいいんじゃないかということを考えはじめました。大規模な都市開発も必要だと思うのですが、一方でクリエイティブな生活者や自分でアクションを起こせる人たちが増えてきたときに、知らないうちに元気なまちがつくられていく。自分はクリエイティブな生活者が増えていくきっかけづくりがしたいなと思うようになりました。実際に動き出したのは5年ぐらい前です。私自身が大学時代を過ごした西千葉というまちで生きて、働いて、活動していくことを仕事に選びました。活動を始めるにあたって大切

にしたことは、暮らしをいまよりももっと楽しいものにするための実験の場所として私たちの活動があり、それを気軽に、楽しく続けていくということです。今もこれをコンセプトとして活動しています。

図1　千葉県千葉市西千葉。自身も大学時代を過ごしたこのまちで西山さんは仕事をつくり出していくことを選んだ。

ライフスタイル・ワーキングスタイルのDIY──HELLO GARDEN

立ち上げたプロジェクトのひとつが「HELLO GARDEN」(図2)です。空き地を活用し、生活に関わるものを自分たちの手でまちや暮らしのなかにどれくらいつくり出すことができるのか、実際にこのまちに住んでいる人たちとチャレンジしてみるということをコンセプトとした場所です。たとえば、暮らしの基盤となる「食」をつくってみようと、敷地の一部を耕して野菜や果物を育ててみたり、みんなでつくった味噌や醤油などの調味料を使って料理をつくってみたりしています。(図3)西千葉は学生もたくさん住んでるまちですが、遊ぶ場所がないという声をよく耳にしていて。週末になるとみんな出て行き、人がまちに全然いなくなってしまう。そこでこの場所を使って、持ち寄りピクニックを計画したり、学生と力を合わせて夏の夜にDJイベントをつくるなど地域住人の方と一緒に暮らしを楽しいものにするために不可欠な「遊び」を自分たちの手でつくることにもチャレンジしています。また、このまちはベッドタウンで大きな商業もなく、働き口も多くありません。主婦の皆さんの声を聞くと、働きたくても子育てや介護と両立させながら自分のペースで働ける仕事はな

かなかないそうです。学生からは、好きなことや得意なことをこれから仕事にしていけるのかちょっと試してみたい、という声がありました。お勤めのサラリーマンの方からは、好きなことで副業を始めてみたいという声も受けて、そういうやりたいことにチャレンジするためのスタートアップイベントなども企画し、「仕事」をつくる実験もしています。

最初の数年は、私たちが主体となって企画を打って、そこへ参加してもらうことが多かったのが、オープンから4年経ってどういうふうにこの場所を使えばいいのか、地域の方がだんだんわかってくれるようになってきて、まちの人から「ここでこんなことをやってみたい」とか、「こんなふうに使いたい」っていうアイデアが出てくるようになりました。敷地は私有地なので、火をおこしたりなど普通の公園ではできないこともできますし、いろんな人が出入りするので、普段の生活では出会うことのない人と接する機会もあります。子どもたちが普段、学校でも家でもなかなかできない体験ができる学びの場所になっていたり、高齢者の方々が自分たちがもっている知恵を誰かに引き継ぐような場所になっていたりもします。場所があることで、一人ひとりが

図2 HELLO GARDENオープン当初。時にはユンボを借り、植栽・ランドスケープもほぼ自分たちの手で行った。

図3 野菜や果物を育てたり、味噌や醤油などの調味料をつくるワークショップといった暮らしや、生きていくうえで欠かせない食のDIYを行う。

たくましくなり、暮らしがアップデートされていくだけでなく、知らないうちに地域の方と一緒にまちをハッピーにさせる副産物を生み出しはじめていることにも気がつきました。

西千葉工作室

もうひとつ、HELLO GARDENのスタートと同時に「西千葉工作室」（図4）という場所もはじめました。ここは「こと」というよりは、「もの」をつくことにフォーカスし

図4 「つくる」「なおす」「つくりかえる」で日常をもっと楽しく。をコンセプトにひらかれたまちの工作室。

図5 恒例となった、技術の低い人限定のロボット相撲大会、通称「ヘボコン」。参加費は無料。持ち物は「あなたのつくっだへぼいロボット」。開催日には西千葉工作室が多くの人で賑わうイベント。

ている場です。アナログな工具やミシンなどの電子機器から、3Dプリンタなどのデジタルファブリケーションまで、幅広いものづくりができる空間になっています。電子工作をする人もいれば、木工をする人も手芸をする人もいます。商店街の中にあり、日々いろいろな人が訪れ、趣味としてのものづくりだけでなく、住まいなど日々の生活を自分の手でアップデートするためのものづくりの施設として、地域の人に使っていただいています。

新しいものをつくるだけじゃなくて、壊れたものを直したり、いらなくなったものを別のものにつくりかえたりすることもできます。最近では主婦の方がIllustratorを勉強してレーザー加工機を動かして家で使うものをつくったり、つくったものを売ったりする人も増えてきました。彼女たちが生活の中にものづくりを取り入れていくことによって、生活の幅を自ら広げていく姿を見ているのはとても楽しいです。

西千葉工作室の運営には、主婦の方やリタイアしたエンジニアの方、学生、社会人など、さまざまなバックグランドをもつ人たちが大体30人くらい、スタッフとして関わってくれています。彼ら自身もここで働くことにより、ワークショップなどを開いて自分で仕事をつくり出したり、同じようなことに興味をもつ人とつながってコミュニティをつくったり、ものをつくるということを超えて、まちの中で生活をつくり出していくというテーマを体現してくれています。活動を続けていくうちに場を運営するノウハウがだんだんわかってきて、最近ではデベロッパーさんや鉄道会社さんのお仕事に関わらせていただくこともでてきました。

今までは西千葉というまちで自分たちの生活を小さく小さく変えていく活動をしていたのですが、今後はもう少しいろんな地域に自分たちが関わることで、これまで溜めたノウハウを活かして、もう少し広い社会に寄与できるような会社になっていけたらいいなと思っています。ご清聴ありがとうございました。

ディスカッション

建築×ライフスタイルの変化

吉里裕也×米田智彦×西山芽衣

ライフスタイルの実証実験

吉里：僕が米田さんを最初に知ったのは「ノマド・トーキョー」をされてるときでした。本読まれた方はわかると思うけど、少し教えていただけますか？

米田：2011年震災の年の1月11日からスタートして、「泊めてくれる人募集 #nomadotokyo」っていうツイートから始まりました。ちょうどシェアハウスが流行りだした頃で、シェアハウスを始めたいんだけど相談に乗ってくれないかとか、使い勝手を調べてくれないかという人が出てきて、開始から1カ月で6カ所ぐらいに家ができちゃったんですよ。シェアリングエコノミーの黎明期だったから、こういう人体実験ができたっていう感じですね。

吉里：でも、もうやりたくないんですよね（笑）。疲れました？

米田：すごく疲れるんです（笑）。震災もあって、このプロジェクトどうしようかなって思い、1カ月ぐらいホテルに泊ったあと再開したりだとか……。苦労もありました。ただ、僕らが住んでる東京っていう場所の多面性、多様性っていうのがこんなに幅広いんだ、っていうことに気がつきました。いつも使う駅の隣の駅の朝の光景ですら知らなかったり。幅広い東京の面白さを再発見する、そういう体験でした。

吉里：ちなみに今はどういう暮らしを？

米田：定住です（笑）。住むところは1カ所だけど、オフィスがあって、別の場所に個人事務所もあって、多拠点とまではいかないですけれども、移動型の生活です。

吉里：僕は一度、2拠点を試みました。でも、ちょっと忙しくなると行けなくなるじゃないですか。1カ月半ぐらい経つと草ぼうぼうになっている。もう、掃除するところ、草刈りするところから始めて週末が終わっちゃう。それがだんだん嫌になって。「2カ所居住挫折組」みたいな感じです。

米田：いろんなところに拠点があると、自分の中の多面性が出てくると思います。東京ではハードワークするとか、地方では自然に触れてまったりモードになるとか。自分を切り替えられますよね。

吉里：最近、外房の上総一ノ宮にサテライトオフィスをつくりました。東京から特急で1時間ぐらいの距離に空き家を2つリノベーションして。1部屋4–5万円ぐらいですかね。徳島県の神山町みたいな、ああいう大々的な地域施策の一貫としての働きかけっていうのもあるけど、もっと気軽な感じです。つまり、会社ではなく個人単位でもこういうワークスタイルってあり得るんだろうなと思って始めました。

米田：今、空き家っていっぱいあるわけじゃないですか。僕は知らない北海道の室蘭のおじいさんから、家をもらってくれませんかって言われたことがありました（笑）。それで室蘭まで行ったんですけど本当寂れていて。最初は避暑地の北海道でこもって執筆なんかいいな、って思っていたんですけど、地方の疲弊っぷりに唖然としました。

吉里：空き家問題って、解決方法のひとつは使い方を変えることなんですよね。宿にしてみたりとか飲食店にしてみたりとか。でも宿にならないような立地っていうのも当然あるわけで、そういうときは価値観を変える。多拠点とかおおげさな話じゃなくて、1人1台スマホを持つみたいなのと同じで、1人1つ家あっていいじゃんとか。3つぐらい家を持つことも現実的に成立する気はするんですよね。そうすることで人の動きがそこで起こるので、そこに何らかの経済が発生するじゃないですか。そんなことをぼやっと考えています。

米田：僕は移動生活者っていうか、「空中戦」をやっているような人間なんだけど、西山さんってかなり「地上戦」型だなとお話しを聞いて思いました。

西山：そうですね、かなり。

吉里：今、「HELLO GARDEN」の近くに住んでいるんですか。

西山：すぐ近くに住んでいたんですけど、つい半年前くらいに少し離れた団地に引っ越しをしました。その理

由も、若い人にもっと団地に住んでほしいという相談を受けたので、まずは自分で住んで、良いところと不便なところを体感してみようって思ったからです。また団地で「地上戦の人」をやっています。

吉里：アプローチの仕方が似ていますよね。実験的にとりあえずやってみて、不測の出会いがそこであって、仕事にもつながる感じ。田舎のちょっと濃い、ローカルコミュニティの感じっていうのはどうなんですか。

西山：正直言うと、私は田舎的なコミュニティを「ちょっとしんどいな」と思うタイプでした。私は千葉よりもさらに田舎で生まれ、それこそ「誰々さん家の何々ちゃん」とわかってしまう狭い世界で育ち、それが窮屈で、もっと自由にやれる世界を目指して地元から出てきたつもりです。でも、過ごす時間が長ければ長いほどどこでも同じことが起こることがわかりました。それをどう、ちょうどい距離感に保つつき合い方があるのか、ということが今の興味であり課題です。

米田：田舎とかに引っ越すと、無理やり村の祭りに参加させられて、ふんどし締めさせられるみたいな、そんなイメージありますよね。

吉里：やっぱり自治会とかに参加してないといけないとか。

米田：よく田舎暮しすると、近所の人が野菜をもってきてくれるからすごい助かるとか言うけど、あれって、野菜持ってくる代わりに監視してるんですよね（笑）。

吉里：人口密集度が高い東京よりも、田舎のほうが近いそういう感覚ってありますよね。

西山：西千葉も40年ぐらい前にできた新興住宅地で、郊外に一軒家を買うのが夢だった世代の人たちが移り住んだまちなんです。それが高齢化して、土地が小分けに売りに出て新しい家が建ち、駅前にタワーマンションもできてきて、最近では外からの移住者がまた増えてきた。誰かわからない人がまちにいるのが、だんだん当たり前になってきて、それは私としてはちょっと嬉しいことでもあるなと思ってます。

吉里：西千葉のあたりは便利になったから、どんどん人が入っているけど、そういうところからいい流れが入ってきたりするんですよね。

ワークスタイルのデザイン

米田：とはいえ、ライフタイムの中で仕事が多くを占めるので、そういう面では「やっぱり都会は便利だな」って痛感します。千葉で仕事をつくるっていうのはどういう職種で、どのぐらいの年代の人がやっていることなんですか？

西山：「HELLO GARDEN」でみんながつくっている仕事は、それだけで食べていけるほどのものではまだなくて、主婦の人がパンを焼くとか子育ての間にものをつくってそれを売ったりとかです。ちょっと表に出してみたことで反応が得られて、ニーズに応える感じでどんどん機会を重ねて、さらに必要とされればお店をもつというスタイルで身の丈に合ったチャレンジをしている感じです。

米田：「複業」って、複数の「業（わざ）」と書く、なんて言われる時代ですけど、僕も最初の1年はボランティアでやってみるといいと思っています。やりたいこと、得意なことを1年はボランティアでやってみて、2年目にちょっとだけ小遣いをもらえる。3年目にある程度プロフェッショナルになってくる。4年目にはそれが主な収入になってくる。みたいな4年ぐらいのプロセスで新しい仕事ってできる可能性があるんじゃないかなって、実体験と周りの人を見ていて思うんですけど、いかがですか。

西山：本当にそのぐらいのステップアップが必要だなと思います。焦らずに、続けていくことが大事だと思うんです。まさに「HELLO GARDEN」で仕事をつくり始めている人は、ボランティアからちょっとお小遣いがもらえるところにステップアップしたという段階です。今後、どれだけそれを続けて自分のファンを増やして、プロとしてビジネスにしてくか。そういうことをひっくるめてチャレンジだと思いますし、どうやってそれをサポートできるか、こういう場を提供してる側として興味をもっています。

米田：そういう人たちにどうやって言葉をかけていくのですか？

西山：まずは特技がありそうな人がいたら、誰かに向けてやってみないかと声をかけています。たとえばパ

ンをつくっている人がいたら、「あなたのパン買いたい！」って声をかけてみるとか。自信をもってもらうプロセスをできるだけ重ねます。そうするとまたやってみようかなとか、ある程度お小遣いが入ってくるようにしようとか、商品開発しようとかどんどんモチベーションが上がっていくので、どうしたらもっとうまくいくのかなどを相談したりしながらやっています。

米田：ナビゲーターになるということですね。

IoT時代のしなやかな生き方

吉里：テーマが〈建築×ライフスタイルの変化〉なんですが、変化の予兆みたいなものをどんなふうに感じ取っているのかをばしっと言えますか？

米田：スマートフォンネイティブやそれに続くIoTネイティブの人たちが出てきて、これからどんな暮らしをするのかすごい興味あります。さっきの多拠点の生活ともリンクするんですが、IoTでつながっていれば、遠隔で操作して、行くときには風呂も沸いているし、電気もついているみたいな暮らしがくるんじゃないかとか勝手に思っています。その先に何があるのか。これまでよく、「ことづくり」って言ってきましたけど、場づくりなのか、空間づくりなのか。そういうものにも興味があります。

吉里：西山さんは？

西山：何が起こるかわからない、予定調和でいかない世の中で、どれだけ自分の感覚を研ぎ澄まして、「こっちだ」と思ったときに、そっちに行けるパワーや身軽さみたいなものを溜めておけるかが大事かなと。そして、実際「動くぞ」ってなったときに必要なスキルとか、ネットワークとかをつくっておく必要性を感じています。自分自身をアップデートしておくっていうことと、何かあったときに手を取り合えるチームみたいなものを日常生活の中でいろんな場所につくっておくということが大事かなって思います。

米田：逆算型のライフプランってもうできないから、しなやかに生きるっていうか、カーボンのように曲がるんだけど絶対折れないみたいなそういう生き方の方が、これからのライフスタイルで重要になってくるんじゃないかなとすごく思います。

吉里：僕らはライフスタイルとかワークスタイルに関して、「領域」とか「フュージョン」って言葉は意識してないんですよね。創りたい空間をつくるところから始まって暮らしのことを自分で考えて、考えることによって周辺にいくつか別のサービスが生まれて、気がついたらいろんな領域が曖昧になっている。そんな感じで日々活動をしています。今日はどうもありがとうございました。

第2部
建築×テクノロジーの変化

第2部では、さまざまな分野を横断して活躍する3人の登壇者が、テクノロジーの進化によって変動し続ける建築・都市の「現在」を再考し、今私たちが切り開いて行くことのできる「建築にまつわる未来像」を探ります。

登壇者紹介

豊田啓介 Keisuke Toyoda

noizパートナー。1972年生まれ。東京大学工学部建築学科卒業。1996-2000年安藤忠雄建築研究所。2002年コロンビア大学建築学修士課程修了。2002-2006年SHoP Architects(New York)。2007年より東京と台北をベースに蔡佳萱とnoizを共同主宰(2016年より酒井康介もパートナー)。建築を軸にデジタル技術を応用したデザイン、インスタレーション、コンサルティングなどを国内外で行う。2017年より金田充弘、黒田哲二と共にコンサルティングプラットフォームgluonを共同主宰。東京藝術大学・慶応大学SFC非常勤講師、台湾国立交通大学建築研究所助理教授。

水口哲也 Tetsuya Mizuguchi

Enhance代表/EDGEof 共同創業者/慶應義塾大学大学院メディアデザイン研究科特任教授。1965年生まれ。共感覚的アプローチで創作活動を行う。主な作品に、映像と音を融合させた「Rez」(2001年)、キネクトを用いることで共感覚体験を可能にした「Child of Eden」(2010年)、RezのVR拡張版「Rez Infinite」(2016年)がある。独創性の高いゲーム作品を制作し続け、「全感覚の融合」をいち早く世の中に提示してきた"VR 研究・実践のパイオニア"でもある。2002年文化庁メディア芸術祭特別賞、Ars Electoronicaインタラクティヴアート部門Honorary Mention、2006年全米プロデューサー協会「Digital 50」(世界のデジタル・イノヴェイター50人)の1人に選出。文化庁メディア芸術祭エンターテインメント部門審査主査、日本賞審査員、芸術選奨選考審査員、VRコンソーシアム理事などを歴任。

齋藤精一 Seiichi Saito

株式会社ライゾマティクス代表取締役。1975年生まれ。コロンビア大学建築学科で建築デザインを学び、2000年からNYで活動。ArnellGroupにてクリエイティブとして活動し、2003年の越後妻有トリエンナーレでアーティストに選出されたことをきっかけに帰国。フリーランスのクリエイティブとしての活動を経て2006年にライゾマティクスを設立。アート・コマーシャルの領域で立体・インタラクティブの作品を制作する。国内外の広告賞にて受賞多数。2013年D&AD Digital Design部門審査員、2014年カンヌ国際広告賞Branded Content and Entertainment部門審査員。2015年ミラノエキスポ日本館シアターコンテンツディレクター、六本木アートナイト2015にてメディアアートディレクター。グッドデザイン賞2015-2017審査員。京都精華大学非常勤講師。

プレゼンテーション

豊田啓介

noiz

noizは、デジタル技術を使ってアウトプットした形の価値だったり、新しい構法を探しながら、建築設計を軸に、他分野とのコラボレーションやコンサルティング、未来構築のようなこともしている建築設計事務所です。今日は領域横断とか拡張みたいなところが視点にあると思うのであえて建築と異なる分野とコラボレーションしたプロジェクトを中心にご紹介します。

　ファッションブランドの「ANREALAGE」とちょうど1年前のパリコレでやったプロジェクトでは、コレクションのコンセプトづくりと、テクノロジーによる実装というバックグラウンド側を担当しました。コレクションのテーマは「ROLL」（図1）です。ロボットアームを使いたいという、デザイナーの森永邦彦さんからの要望を受け、これをどのようにファッションに落とし込むかということを考えていくところからプロジェクトがスタートしました。300mほどのデニム生地をロール状のままプラスチック樹脂で固め、ロボットアームで彫刻的に削るという方法を採用しています。アーティストの名和晃平さんが最終的な形の形成を手作業で行ったのですが、ロボットアームの採用にあたっては当然の事ながら着心地や実用性の問題に直面し、ファッションってなんだろう、「服」って、「着る」ってなんだろうというところに問いを立っていったプロジェクトです。建築は完成までに5年、10年かけて取り組むものですが、業界の違いによる時間感覚やスケール感の違いが見えたりするのも、コラボレーションの面白い部分だと思います。

情報×物質のインタラクション

ISSEY MIYAKE BAOBAOのショーウインドウデザイン（図2）では、伸び縮みをするLEDを使いたいという要望をいただいていました。この収縮する薄いLEDを暖簾（のれん）のように垂らして下にファンを置き、ファ

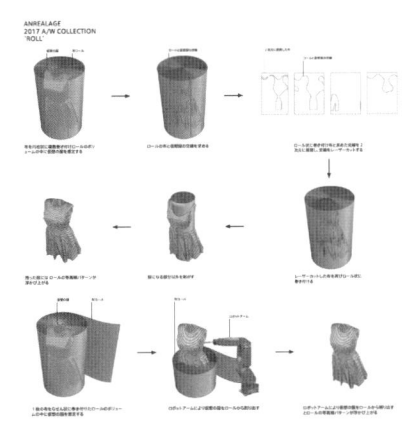

図1　生機の中に想定した仮想の服をデジタル上で積層データ化し、それを軸のまわりに1枚1枚積層していく手法で「ROLL」は生まれた。[提供：noiz]

図2　LEDディスプレイでの映像としてアニメーション展示したプロジェクト。展示什器のデザインと製作で野本哲平との協働制作。[写真：高木康広]

ンがONになるとLEDに映した映像情報が、あたかも風を受けて飛んでいくように見えるというインスタレーションをつくりました。情報のハプティクスさ、情報の素材感といったものの表現に挑戦しました。

Flipmata

「Flipmata」は、台湾のパブリックアート・プロジェクトで、サウンドアーティストの城一裕さんと台湾のメカニカルエンジニアチームWhy-ixdとのコラボレー

図3 台北の大学校舎の外壁に恒久設置されるインスタレーション「Flipmata」（COLLABORATOR：Kazuhiro Jo + Why-ixd）。[写真：Kyle Yu]

ション作品です。音楽用のソフトウエア「Max/MSP」と形を生成するプログラミングの「Grasshopper」のインターフェイスの構造が似ているという安易なところから、音と形のスワップという着想を得ました。「Max」で拾ったまちの音を「Grasshopper」に落とし込んで形に置き換え、さらにコンウェイの「ライフゲーム」と呼ばれるパターンに落とし込んでいます。音をグラフィカルコーディングしていくことで自ら変化する楽譜を生成し、まちへと音を返していくという仕組みです。建物の外部に取り付けた400枚のステンレスパネルは音から得た情報によって動かされています。つまり、音とまちと建築が、情報というプラットフォームを介してインタラクションするということを実装した作品です。アイデアは簡単なのですが、あくまでも「パブリック・アート」であるため、設計だけではなく施工に加えて動作保証もする必要があり、この点はたいへんでした。電力がショートしないようにアルゴリズムを調整してみたいな調整やプログラミングも内部で行いました。

　最終的には、ものと建築と人とが、どんなかたちでもインタラクションするような、動的な建築物や都市がうまくつくれればなと思って活動をしています。

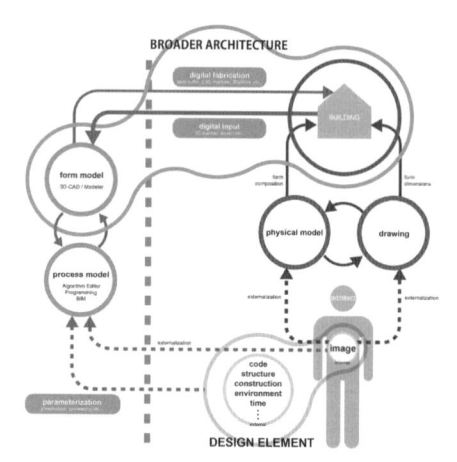

図4 Diagram of expanding concept of "Architecture"。「新しい建築の情報的実体と次元拡張に関するダイアグラム」。

水口哲也
Enhance

僕は建築とはずいぶん違うことをやっているのですが、2001年に「Rez」というゲームをつくりました。効果音が音楽化して、ビジュアルや振動と反応して、共感覚的な体験に替わっていくという作品です。これを近年のテクノロジーでリマスターしつつ、VRなどの新しい要素を加えた「Rez Infinite」（図1）を2016年に発表しました。パーティクル（粒子）で構成された量子世界が、音楽に合わせて色めいて、音楽を目で見るかのような経験になります。VRのヘッドセットをかぶると、すべては3Dで表示され、四角い映像フレームのない、自由な空間の中で、音楽とビジュアルが一体化したような体験を立体的に得ることができます。VRによる共感覚的な体験です。

情報革命によるパラダイムシフト

映像メディアは130年前に誕生して以来、ずっと2次元で、四角いフレームの中に制限されてきたわけですが、VRの登場によってこの制約が外れ、まるでそこに存在するような、体験のメディアが生まれつつあります。しかも、映像も音響も徐々に高解像度化してきたというのが、近年で起こっている状況です。何かこう、今まで個別に進化してきたメディアが統合されて、体験に変わってきたという感覚でしょうか。ネット

を通じてやりとりできる情報量はどんどん増えていて、あと数年で、リアルタイムに4Kや8Kといった映像が遅延なくやり取りできるようになります。そうすると、今までの「情報のやり取り」という考え方は、「体験の送受信」という考え方に変わってきます。インタラクティブ、かつリアルタイムに、体験のパブリッシングが可能な時代がやってきます。

去年の11月に日本科学未来館で開催した音楽イベント「MUTEK Japan」では、直径17mの巨大な4Kドームシアターで「Rez Infinite」を使ったインタラクティブライブ（図2）をやりました。これを使うと、VRのヘッドセットがなくても100人の観客はその世界に没入することができます。離れた場所をつなげてリアルタイムで通信するみたいなこともそろそろ視野に入ってくるはずです。

僕は「シナスタジア（synesthesia）」という言葉を使うことが多いんですけど、これは100年くらい前のバウハウスのアーティストたちがよく使っていた言葉で、「共感覚」を表わします。「色を聴く」とか、「音を見る」とかそういう感覚が交差する印象とか表現を表す言葉です。これからは、シナスタジアで複合的な感覚体験の送受信が可能になってくるだろうなというふうに思っています。解像度が上がり、立体的で、その場に存在するのが当たり前のような現実感とともに、エモーショナルな体験が増えてくるでしょう。多幸感など今までなかなかリーチできなかったところにま

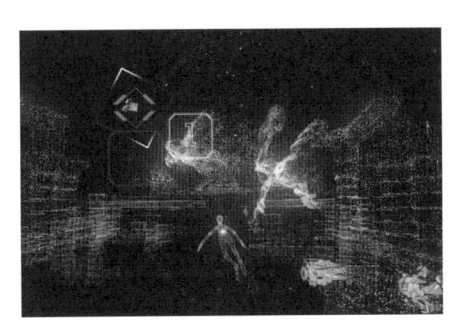

図1 共感覚アドベンチャー「Rez Infinite」。ワイヤーフレームで描かれた電脳世界を進みながら、頭の動きを敵となるウイルスに合わせてロックオン、破壊していく3Dシューティングゲーム。

図2「MUTEK Japan」（2017年、科学未来館）で発表されたドーム投影実験 第2弾 & Rez Infinite Session（Tetsuya Mizuguchi x Ken Ishii）「Rez Infinite」の様子。

で、メディアテクノロジーの表現とか体験は到達すると思います。今後はリアルとバーチャルの境目がだんだんなくなり、量子的に融合し分解能が上がっていくでしょう。IoT化も進み、タンジブルな（実態がある）ものに、インタンジブル（非実体的）な情報とかがくっついてくる。リアルとアンリアルの境目がどんどん融合してくると思います。

シナスタジアラボ

最近の動きとしては、新たに「シナスタジアラボ（共感覚ラボ）」を立ち上げました。専門性の高い人たちが集まって、共感覚的なプロダクトを共創するアライアンス型のラボです。最初は、ライゾマティクス、慶應義塾大学大学院（Keio Media Design）のEmbodied Mediaと一緒にスタートしますが、今後、テーマやプロジェクトによって、いろいろな方と積極的に連携していきたいと思っています。

これまでは、色々な触覚が再現できる26個の振動子がついた「シナスタジア・スーツ」というものを開発したのですが、これを着ると、たとえばドラムやハイハットとか、ギターなどの触感を全身で体験できます。下半身だけがドラムの触覚に包まれていて、肩にハイハットの触覚が交互にやってくるとか、全身をギターで弾かれるといったような体験が可能です。VRと組み合わせると、今まで皆さんが体験したことのないような、新しい体験に変わります。そんな共感覚的な体験の実装を、これからいろいろ続けていこうと思っています。

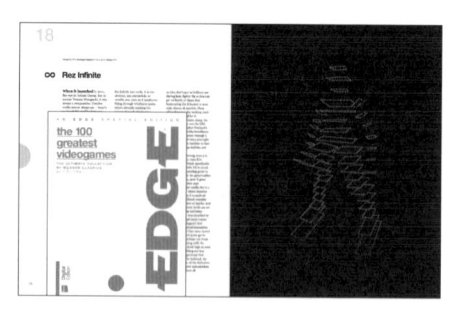

図3 英国の『EDGE』誌が選ぶ「過去に発表されたビデオゲーム作品のTop100ランキング」2017年では「Rez Infinite」が史上18位にランクインした。

図4 Media Ambition Tokyo 2016 で展示されたメディアアート作品「Rez Infinite - Synesthesia Suit」(Tetsuya Mizuguchi + Rhizomatiks + Keio Media Design)。[写真：Atsuhiro Shirahata (un)]

図5 Synesthesia Suit 2.0 2017年サンダンス映画祭招待作品、2017年SXSWでも体験展示された。

図6 2018年には小田嶋太輔氏、ケン・マスイ氏、Todd Porter氏、孫 泰蔵氏らとともに渋谷に「EDGEof」を設立。研究者や投資家との橋渡しやメディアとの連携を通じて、グローバルなスタートアップ支援を行う。

齋藤精一
Rhizomatiks

ライゾマティクスはメディアデザインとか、ライブエンターテインメントとか、演出系のこともやっています。「ライゾマティクス（Rhizomatiks）」という名前は、「リゾーム（rhizome）」からきているのですが、まさにリゾーム（根茎）のようにどんどん派生して、いまはやってることも多分大きくなっています。建築はつぶしが利くというのを証明し続けてる会社だと思っていただければいいかなと思います。

　ライゾマのなかには、「research/design/architecture」の3分野があるのですが、実際には広告もやっているし、企業R＆Dもやっているし、メディア創造や文化的イベントなどもやっていて、本当にいろいろです。いま僕の仕事の半分ぐらいは都市開発です。今までの商業的なものの考え方からちょっと逸脱した視点で、都市開発や施設開発みたいなものをやっていると思っています。

3dcel
——3D City Experience Lab.

このまちがどうなるべきなのかということを考えるようになってわかったのは、あるべきものがじつはない、という現状でした。たとえば3Dマップ。日本は起伏が激しいので、土木技術とか測量技術が著しく発展したのに、3Dマップがないことをすごい疑問に思っていたんです。その疑問が経産省の委託事業で地図を3D化するプロジェクト「3dcel（3D City Experience Lab.）」（図2）につながりました。地上のスキャンデータはGoogle Earthとか、飛行機を飛ばせば得られるので、まだない地下のデータをスキャンしようということで、まずは渋谷の地下のスキャンを始めました。いろんな人が使えるデータとしてウェブで公開もしています。じつは地下のデータがあると、安心安全文脈でももちろん使えるし、映像作品のような表現としても使えます。制作は、二晩ぐらいかけて、終電から始発の間にわーっと写真を撮って、データを取ってい

図1　Rhizomatiks Architectureが空間演出を行う「3776:the digital anatomy——富士山の解剖学」は、富士山にまつわる多様な研究データをビジュアライズし、西畠清順氏が制作した高さ約6m、幅約23mのモニュメント「江戸富士」上に表現した屋外インスタレーション。3Dデータによる特設サイトも制作している。

図2　これまでに誰も見たことがない渋谷の姿を可視化する、複雑な渋谷駅地下空間の3D「3D City Experience Lab.」。東急東横線・東京メトロ副都心線渋谷駅のホームとその周辺最大幅36m、長さ530m、平均の深さ30mのエリアを計測した。

す。こういった情報は、関わっている方がとても多いので、公開するためには全員の許可が必要になってしまうという事情があり、普通であればあり得ないプロジェクトなんです。そこを、僕らのようにまったく違う文脈の表現的なアプローチから入ったことで、皆さんを説得してデータを取得するということができました。

みんなでつくるタイムマシン 「1964 TOKYO VR」

「1964 TOKYO VR」(図4)というプロジェクトでは、消えゆくもののIoT化というテーマで1964年の渋谷を3Dで再現させました。1964年はオリンピックがあって、東京がものすごく発展した年です。当時の写真はもちろん紙焼きしかないので、そのままにしておくと、貴重な写真が捨てられてしまう。まずは広く募集して、根こそぎスキャンをしていきました。「三点測量」という測量方法なのですが、Autodeskのサポートをいただいて、3つの視点から撮った写真から立体にする「フォトグラメトリー」を開発しました。渋谷の写真が集まれば集まるほど、どんどん1964年の様子が3Dに見えてきます。東急電鉄さんや新聞社各社さん、航空測量のパスコさんほかいろいろなメディアから写真をお借りしました。技術発想であり、建築発想であり、自分たちが見たいものでありっていうのを実験的につくったプロジェクトです。

　建築をやっている人って世の中を俯瞰して見られると思うんです。経済がどうなっているのか、法律がどうなっているのかを大きく把握できる。だからこそできることをどんどんやるべきだし、それに必要な技術はいま簡単に手に入るので、どんどん実行して、いろんな表現や自分たちがつくりたいものを追求できる時代だと思っています。

図3　当時の写真を現代の3D技術を使いVR化することで「記憶の中の街並み」を再現していく「1964 SHIBUYA VRプロジェクト」。

1964 TOKYO VR

図4　データとして集めた写真の情報を撮影した場所毎に分類し、フォトグラメトリーという手法を通して、3次元化するというプロジェクト。フォトグラメトリーは多視点の写真から立体を作り出す手法で、多くの写真が集まれば集まるほど3DCGの精度が増す。1964年から前後10年を含む、20年の間に渋谷の写真は現在もオフィシャルサイトにて募集中。
https://1964tokyo-vr.org/

ディスカッション

建築×テクノロジーの変化

豊田啓介×水口哲也×齋藤精一

建築再考

豊田：いきなりですが、建築の定義みたいなものをどう考えているか、ざっくり聞いてみてもいいですか。

齋藤：ちょうど4月からはじまる建築展の中でインスタレーションをつくっていて。日本の建築が、歴史の中でどういう変移をたどってきたか、みたいな内容の企画展なんですけれど、寺院仏閣の建築から現代の建築までを見ていると、今の建築家は本当にパワーがないなと思います。昔の建築家って、いろんなものをがんがん変えてくだけの政治能力も説得能力ももっていた。要は地位がものすごい高かったじゃないですか。それが今は大手ゼネコンが、CADの産物みたいな容積率パンパンなものをつくっていて、「建築業界大丈夫なんだろうか」って僕は思っているんです。建築の可能性はものすごくあると思っているんですけど。今のセンスのなさは時代だなと思いますよね。建築って本当は何であるべきか。お金を生むエンジンなのか、もしくは文化創造のようなことができるべきなのかっていったら、完全に20世紀型。せっかくいま「第4次産業革命」みたいなこといわれてるんであれば、もっとリニューするような動きがあってほしいなって思っています。僕は半分端から見てるからこその攻撃力なんですけど（笑）。

水口：僕は建築家ではないですが、ゲームデザインもメディアデザインもソフトウェアも、「アーキテクチャ」なんですよね。「動く建築」って言いますか、この言葉には何か形のあるものだけじゃない、目に見える／見えないもの、形のある／ないものを、全てひっくるめてどうデザインするか、という意味が込められているんだと思います。齋藤さんが言ったように、力のある建築家の方々は、思想とか哲学とかいろんなものを引っくるめてどうアーキテクトするかを牽引してきた。

デジタルやインターネットが浸透して、昔じゃ考えられないぐらい、建築の規模も大きくなって、扱うものの量が増えてきて、人間の哲学とか思想とか、そういったことがちょっと後ろから遅れてついて来て、でも、どんどん追いつけなくなっているようにも見えます。でも、世界中でデジタル的なものとアナログ的なものとの量子的な融合の先に、新しい形がちらちら見えてる感じがするんです。そういう意味での胎動はあって、あとはそれがどう具現化して、実現していくかっていうとこなんだろうなと思います。今の東京って本当面白いタイミングだし、まちに勢いもあるし、デジタルとアナログを自在に扱えるデザイナーも増えてきていて、テクノロジーの進化もどんどんエクスポネンシャルに、指数関数的に進化してきている。トランジションの時期なのかな？

豊田：可能性に現実がついてっていないみたいなことですか。

水口：そんな感じをちょっと。だけど、すごく面白い局面ですよね。

豊田：今すごい可能性があるタイミングなはずなのですよね。時代がこんなに変わるタイミングに居合わせられる幸運と捉えられるかどうかだと思うんです。20世紀的な高度経済成長期にものを建てる建築っていう枠でいくと人口は減っているし、経済成長も落ちているし、その枠は縮んでるのかもしれないけれど建築がXYZ軸から解放されて時間や音といったものを扱い、高次元の複合体であることを改めて認めてみるだけで、僕らの扱える領域はすごく広がるじゃないですか。建築家っていろいろなものを俯瞰して総合的に扱える知見が必要とされると思うし、そういうのをもっと活かせばいいのにと思います。

齋藤：実践できる時代がきたと思います。テクノロジーって本来、空気のように当たり前のようにあるべきものじゃないですか。これだけいろいろな情報が世の中に対流し始めたのであれば、建築ももっともっといろいろな情報を取り込んでいけると思うんです。容積率ひとつ取っても、それだけのもの要るのかっていう話ですよね。実際にそれだけマーケットがあるのか、

今までの方程式で考えていていいのかっていうことだと思うんです。

豊田：評価指標がすごい限られて、その中だけでやっているんでますよね。他にもいっぱいあるのに。

齋藤：逆に言うと、建築家が新しいまちの発想や施設のつくり方とかインフラの在り方だったり、マーケティングや経済といった、いろいろな知識をもってないといけない時代なんだと思います。

デジタル時代の都市計画

水口：デジタルアーキテクチャという発想もすごく必要だと思います。たとえば僕ら、Wi-Fiがつながってるかつながっていないかで吸い寄せられたりするわけじゃないですか。これってまったく目に見えないんだけどすごい磁力で。逆に、使えないWi-Fiが飛んで勝手につながってしまうような場所からは足が遠のく。つまり、目に見えないデジタルのインフラやデータも含めたアーキテクチャをどうしてくのかを考えなければいけないんです。地球上でいったいどれだけのIoTが出現するかわからないけど、これさえも都市の一部になっていくわけですよね。

豊田：前回3人で一緒にトークしたのはモーターショーの自動走行車のイベントでしたね。

水口：自動走行がインフラとして当たり前になったときに、建築家の皆さん都市設計をどう考えているのかなと思うわけですよ。

齋藤：建築ってすぐに消費できるものじゃないじゃないですか。打ち出したらそれが10年、20年なくちゃいけないものだし、そうじゃないとペイできないものだし。それなのに今の課題を解決しようとしているのが、僕は本当びっくりするなと思っているんです。

豊田：今と過去の実績で計画しようとする。

水口：普通の駐車場をつくってるわけですね。

齋藤：しかも大量に。自動運転が実用化される頃には、BRTの乗車場所とカーポートが一緒になっていて、降りた車は勝手にどこかに駐車してもらう、みたいな環境になるじゃないですか。あるいは、インフラが次のレベルにいくと、地方という概念がなくなって

日本全体が大きな都市になるような気がしてるんですけど、それに備えるような施設のあり方って、駐車場ひとつをとっても研究されていない。渋谷の地下のスキャンもやってみて初めてこんな感じならいいのかとか見えてくるし。そりゃ、こういう大掛かりなリサーチって学生さんのレベルは難しいかもしれないですよ。でも僕は学生だからこその自由な発想がもっと必要だと思うんですよ。

水口：そうだよね、もっとぶっ飛んだ発想でね。

齋藤：これは教育の話になっちゃうんですけど、建築学科は図面ばかり引いて、課題ばかりやっていていいのかと思うんです。もちろん軸足は建築にあるんだけど、コミュニケーションやデジタルデザイン、メディア論というのを、もう一回ちゃんと再構築しないと。たとえば、MITメディアラボがやっている非分野主義的なものもひとつです。もう少し建築全体でリゾーム化、量子化して、どんどん他のところとつながっていこうとしないと。それによってコミュニケーションも変わるし、住む人の感情もわかるかもしれないじゃないですか。そうなってほしいですよね。

水口：いろいろなものが分断化されて、それぞれが専門性をともなって成熟するけど、内向きになる。まあ分断化されたからこそ、その中では進化してきたんだと思うけど、行きすぎると逆にその弊害が出てくるって話ですね。

豊田：建築って、意匠・歴史・構造・計画・環境とかに分かれて、それぞれが学会をもって、他の分野はおろか建築界のなかでも共通言語がないくらいに分かれちゃってる。でも、今って意匠ではもちろんBIM・CADを使うし、歴史だってスキャンしてアーカイブするし、もうデジタル技術を使わないジャンルはないわけじゃないですか。デジタル技術みたいな建築情報学とでも呼べるものを横串のプラットフォームにしたら、お互いが流動できるし価値が回転し始めて、拡張していくはずですよね。でもこれって学生の努力でできるレベルの話じゃとてもなくて、大学みたいな研究機関がそういう体制をつくったり、建築学科がこれまで普通に育ててきた人材とは違う人を戦略的に入れて知見

や技術を教えてあげることが大事だと思っていて。ものと情報が重なり合った先の視点で建築を扱える人って、多分そこから生まれるんだと思うし、教育がそうあってほしいなと思います。

齋藤：GoogleのSidewalk Labsっていうまちづくりチームみたいなのがあって、トロントで600エーカーの開発をすると去年発表したんですけれど、もう建築家とか要らないから大丈夫ですっていう感じなんですよね。要はデータドリブンで全部やると。昔、アーキグラムという人たちがつくったプラグイン・シティみたいな発想にもなりかねないですよね。

水口：それって「昔の建築家は要らない」っていう意味ですか？

齋藤：「建築家は要らない」っていう発想ですね。僕はAIが発展したからといって建築家の仕事がなくなるとは思わないですよ。絶対的に必要だし。でもいわゆる調整だけの建築家は圧倒的にいなくなるでしょうね。

水口：建築家の役割だったり、定義が変わりますね。もっともっと多くの、そのもっと広いフィールドをアーキテクトしていかないとダメだっていう話ですよね。まちづくりという意味では、たとえば、不動産じゃなくて「動産」になるんじゃないかな。僕の周りでも最近、「Living anywhere」という言葉が頻繁に聞こえてきます。どこに住んでもいいし、好きなところで仕事して、もう自由に生きたいっていうような。それこそ、自動運転の車内で3人でこうやってずっとしゃべりながら移動して、気がついたら草津温泉に着いていて、ちょっと温泉に入って、また帰りは打ち合わせしながら帰ってくるとか（笑）。これにVRやAR、MRという技術の進化系が加わってくると、クリエイティビリティの効率は上げられる。ライフスタイルも劇的に変わると思う。

都市・建築情報のデジタル化

豊田：ところで今ってすっごい便利になったと思うけど、いっても情報を独立したものとしてしか扱えてないですよね。情報とものが重なりあって、相互にインタラクションできる状況が意外にない。たとえば、今ここ

にある机のデジタル情報があれば、もっと情報世界のエージェントも物理世界のエージェントもインタラクティブにつながるはずですよね。すべての物質をちゃんと情報としてデジタル化しなきゃいけないみたいな話になった時に、建築業界ってBIM情報も設備情報ももっているのに、建設の後はメンテナンスにしか使わない。個別に閉じずに社会のプラットフォームとして使い始めたら、とんでもないアセットですよ。

水口：CADデータも他の物体や属性のデータと紐づくと、都市のデータとともに時間の変遷をアーカイブし続けられるっていうことを、建築家の皆さんにはよくわかっていただきたいですよね。これから勉強する方々には特に。

齋藤：僕もずっと前から、プロトコルをもちましょうって話と、まちのOSをつくりましょうって話をやっているんですけれど、これがなかなか進まないんですよ。BIM・CIMっていわれてるけど、結局情報の統合ができていない。僕は、建築家がちゃんとIoT化すれば日本がリブートできると思うんですよね。一気に段飛ばしで次のレベルまでいける気がします。要は建築のデータ、建設土木のデータっていうのを、皆さん一カ所に集めてデータベース化しましょうっていうのが、この先当たり前の世の中になっていくと思います。

水口：僕、建築家というのは、「すごく長いスケールで考えられるアーティスト」だと思います。今、この瞬間に、時代に受け入れられるものをつくってハイおしまい、なわけじゃないですよね。50年、100年とか、それくらい先のことも考えてつくる人たちですよね。それって「深さ」がないとつくれないと思うのですが、その知見にデジタルテクノロジーやメディアテクノロジーがくっつくとどうなるかを見てみたいです。

豊田：僕は多焦点であることっていうのが、すごく大事だと思っています。単焦点を掘り下げる力っていうのも、それはそれで今後より一層、価値を出す部分はあると思うんですけど。自分のなかに専門性をばらばらにもっていて、フィールドによって変移させながら編集して、より広い幅に飛んでいける、しかもちゃんと専門性をわかってつなげられるそんな人材が増えてい

かないとまずいんじゃないかと思っているんですよね。

水口：MITメディアラボの学生と話をすると、共通しているのは全員エンジニアであるっていうことだけで、専門とか興味はいくつも存在している。それこそ「建築×バイオ」はメタボリズムですが、昔だったら構造計算やつくり方に苦心していたところを、全部コンピュータに任せてしまうことができるし、テクノロジーとの融合でどこまでも高い水準にもっていくことができる。どちらかというと逆に人間しか発想できないような、アートに近いところに、自分の置き場をもてるような時代だと思います。

齋藤：それでいうと、僕は最近、過去の構想を今の技術でもう一度検証したほうがいい気がしています。それこそ、丹下健三がつくった都市論やアーキグラムとか、メタボリズムとかです。中銀カプセルタワービルは結局第1期で終わって、メタボリックしなかったわけじゃないですか。静岡放送本社屋もほとんどメタボリズムしてないですよね。でも、いまの建設技術や情報技術を使うと、分とか秒単位で新陳代謝ができるようになる可能性ってあるわけじゃないですか。これだけスピードが早くなってるからこそ、もう一回検証してみるといいかもしれないですよね。

豊田：当時できなかったけど、今できることっていっぱいあるもんね。

水口：ある。それこそさっきのモビリティの話じゃないけど、モビリティもどんどんモジュール化してくわけじゃないですか。その集合体としての集合建築的なものを考えるってのは、結構リアリティのある未来ですよね。ポッド化されていて、自分の空間がパズルのピースみたいにそのまま引っ越しっていって、ガチャーンと組み込まれるみたいな。しかもこのプラットフォーム自体が移動していたりして、このダイナミズム自体が都市を形成していくとかね。

齋藤：プラグインとか、モジュール化とかって、建築の往年のネタですよね。コンテナハウスとかも沈んでは浮きみたいな（笑）。もうずっと壊して捨ててっていうことやってるので、僕の中では、いまは「修理の時代」に入ったなと思うんです。リノベーションとかもそうじゃ

ないですか。3Dプリンターにしろ、レーザーカッターにしろ、今の技術っていろんな意味で修理ができるだけの技術じゃないですか。建築家の発想も、新しいものだけですべてをつくるというよりは、メッシュ的にいろんなものに横断しつつも、今あるものをどれだけ保持するか、もしくはリノベートするかですよね。それをモジュールとして見るかっていうのは、大事そうだと今思いました。

豊田：計算式とパラメータがあまりにも狭い中でやっちゃうから、ああいう非対称なことが起きちゃうんですよね、多分。地価ドリブン、収益ドリブン、そこに何か違うパラメータ入れられると、もうちょっと複合化できて、評価軸が調整できるのかもしれない。コミュニティの話をすると、たとえば学生の設計で「消えゆく町家の街並みを残したい」とか「地方の人口減少」とかそういうものを活かしたい、残したいって社会課題の意識は大事だと思うんですよ。ただ、それに対しての建築としての提案が、道を開いて広場をつくりましたとか、縁側を広く取りましたみたいな回答ばっかりなんですね。狭い世界の解法だけで解けると信じているナイーブさというか。たしかにミクロスケールも大事なんだけど、それで解決できることって本当に小さい。結局、Pokémon GOが出たときの動員力に指数関数的にかなわないわけです。「まちを開く」っていうのと違う角度でやったほうが明らかに効率よく地方に人を呼べて、経済が活性化できるかもしれないんだったら、丁寧に細かくそういうのを組み合わせた先にある建築の解法がもっといっぱいあるような気がしています。

水口：人間が都市や環境に求める欲求のデザインっていうのをポジティブに考えないといけないと思うんですね。「都市は誰のものか」と考えたとき、そこに住んでいる人だけじゃなくて、仕事に来る人や観光に来る人もいれば、日本人や外国人もいる。そういう人たちの求めることってそれぞれに違っていて、それらが環境のなかで化学反応を起こして場のもつエネルギーに変わったりするわけだけれど、そのエネルギーをどう起こすかもアーキテクチャなんですよね。潜在意識も含めた気持ちや欲求も、どうアーキテクトするかって

いうことだと思います。

豊田：じゃあ、最後に一言ずつ言って終わりましょう。

水口：僕は建築の外側にいる人間なので、好き勝手なこと言って本当ごめんなさいっていう感じなんですけど、世の中のイノベーションを社会実装していくのは建築家の役割だと思うんです。なので、あらゆるものを横断的にアーキテクトして、従来の建築ではない、これからのまったく新しいアーキテクチャをつくれる、われわれの環境を変えていくような人が出てきてほしいと思います。

齋藤：今日、水口さんから出た、「長い時間軸を扱えるアーティスト」っていうのはまさにその通りだと思うんです。建築家ってピクセルから、デシベルから、ルクスから、キロメーターまでどの単位でも扱えるはずなんですよ。そのマルチはあるし、ものすごく細かいたとえだと、椅子がちょっと低くなると気分が変わるみたいなところもわかっている。わかっててほしい。だから僕は、「ミクロとマクロの行き来が早い人」もしくは「同時に考えられる人」が建築家だと思う。簡単に言

うと、万里の長城のレンガを積んでるんだけど、何をつくってるかわかって積んでる人と、わからずに積んでる人だったら、建築家はわかって積んでる人なんですよ。ミクロはミクロで、今やってることも継続しながら、もっと横断的に、視野を広くもって、いろんなことになれるかもしれないって自分の可能性を一回総ざらいするプロセスは学生のときしか絶対にできないので、できるだけ多くのことを見て、聞いて、勉強して、もしくは発信して。そうすると、日本の建築業界というか「アーキテクチャ業界」、そのシステムも法律も含めた「アーキテクチャ業界」が大きく変わるんじゃないかなと思います。

豊田：齋藤さんがいま言った、大きいスケールと小さいスケールを振動していく感覚とか、何か固定されたものじゃなくて、常に変化して、移動して、振動してるからこそもち得る建築都市的な価値ってもっともっとあるはずだし、突っ込んでもいいんじゃないかなっていうのをいまの話を聞いていて改めて感じました。こんな感じでよろしいでしょうか。ありがとうございました。

トウキョウ建築コレクション2018
全国修士設計展採点表

氏名	所属大学	作品タイトル	千葉	石川	重村	成瀬	原田	山脇	計
村上裕貴	東京都市大学大学院	塔のある日常 津波避難タワーと沿岸地域の在り方の提案	3	3	1	2	1		10
小黒由実	東京藝術大学大学院	山を登ることと建築	2	2		3	3		10
大石隆誠	東京電機大学大学院	表層の奥の琴線 地域再生のための流鉄流山線線状プログラムの提案	1	1	3	3			8
稲岡寛之	神奈川大学大学院	参道の編集 墨田区業平・横川地区を対象とした 文化的発展のためのプラットフォームの構築	3			2	1	1	7
関 隆史	東京電機大学大学院	収斂進化する建築 植物の振る舞いと環境畏敬による順応		2		3		2	7
藤巻佐有梨	東京藝術大学大学院	緑のものさし、日常の場面 人間・動植物の観察を通した都市のコモンズ・ラインの再考		1		1	3	1	6
森下孝平	神戸大学大学大学院	環境変化に応答する動く建築の設計			2	3	1		6
山口薫平	東京理科大学大学院	島薬の建築 興居島・移住促進施設による新たな公共の提案	3		1	2			6
馬場隆介	千葉大学大学院	辻堂の海洋保全計画 海洋汚染ゴミを建築構成材へと転化する "セルフリサイクル・テクトニック図鑑"の採集と実践	1	1				3	5
田中はつみ	神戸大学大学院	産業遺構における歴史的資源を活かした創造空間の設計 川崎重工業神戸造船所を対象として			3			2	5
石井陽菜	佐賀大学大学院	色斑建築 子供の日常に在るマッキア抽出による空間	1		1		3		5
菊池 毅	日本大学大学院	自然の3要素を指標とした空間の形成の研究 板橋区大山・交通公園における風／光／力の解析による 地域センターの設計を事例として		1	2	1			4
本間千尋	早稲田大学大学院	灯を繋ぐ 浅草六区におけるシネマテークとシネマグラフィ	2				1	1	4
瀬川育未	筑波大学大学院	アフォーダンスから		3				1	4
浅井翔平	滋賀県立大学大学院	山村集落に集う 山村集落における廃材を用いた循環型リノベーションと つくるを誘発する建築の提案	2			1	1		4
藤波 凌	工学院大学大学院	Labyrinth Architecture 迷宮としての建築	1	1			1	1	4
石川恵理	東京都市大学大学院	ヤマサ味噌工場跡地保存活用計画	1					3	4
丸山良太	東京理科大学大学院	ヒトノバ、モノノバ 造作から考える建築	1		2			1	4
川合 豊	千葉工業大学大学院	道角のサアカス 328の交差点と14の都市拡張建築		2		1			3
鈴木佳怜	千葉大学大学院	楽園を奏でる 7つの庭園における身体的空間体験の特徴についての 研究および国際宇宙ステーションにおける庭園の設計提案		1				2	3

氏名	所属大学	作品タイトル	千葉	石川	重村	成瀬	原田	山脇	計
浪 小那都	近畿大学大学院	大名を辻に 都市の制約と建築の造形のせめぎあい			1		2		3
小林花純	武蔵野美術大学大学院	キャラクター建築			1	2			3
山本 稜	東京理科大学大学院	空虚・物質・建築 建築の物質性の現前を目指して	1				1	1	3
伊藤喜子	早稲田大学大学院	ひとつながりの都市庭 生態学的視点による敷地境界の再編	1					2	3
本井加奈子	芝浦工業大学大学院	図と地が反転する建築 都市を室内空間と認識するための手法			3				3
高橋 衛	東京都市大学大学院	未来住宅2XXX 家族形態から予見する住空間の提案		1		2			3
三浦悠希	金沢工業大学大学院	居住空間における内外の中間領域（縁側）の 階層性についての研究		3					3
河野裕太	長野造形大学大学院	漁村集落におけるコミュニティを育む場としての屋外共有空間の研究 「漁具」×「漁師のスキル」＝「漁師のふるまい」を受け止める 共有空間の設計		2					2
富樫賢也	新潟工科大学大学院	建築と愛着 地方都市に描く血縁を超えた家族像と集住の提案	2						2
奥村知恵	京都工芸繊維大学大学院	「ゆ」にかくて　あそぶ						2	2
寺岡波瑠	京都市立芸術大学大学院	不条理建築 動き出した設計図面　または、私の「域」				1	1		2
西尾拓真	東京都市大学大学院	窓空間装置による境界の編集 商店街から商店街コミュニティーを持った職住隣接の街への移行					2		2
髙橋まり	早稲田大学大学院	これからの建築家像の模索 都市のベルリンにおける私的建築行為に起源を持つ パブリックスペースの観察を通して					2		2
甲津多聞	武蔵野美術大学大学院	自己切断の時代における回帰のメルクマール 或いは、姿を消した種族の抜け殻 地理多様性の保存と、身体と世界の再物質化をもたらすもの					2		2
加藤賢一	東北大学大学院	建築と表層	2						2
小坂諭美	早稲田大学大学院	「土地の断片」を紡ぐ フクシマの故郷と花を持つ記憶を題材として		1			1		2
豊田透真	熊本大学大学院	図書館のサウンドデザイン			2				2
福島啓奨	新潟工科大学大学院	命築 感情の住処とその所在について		1			1		2
徐 浩然	熊本大学大学院	流通材による中規模木造オフィスビル				1		1	2
宮本凱土	東京藝術大学大学院	engram／記憶痕跡			2				2

※採点方法は一人あたり、3点×3票、2点×5票、1点10票を持ち点とし、得点数の高い11名を一次審査通過とした。
※応募81作品の内、得点の入ったもののみ掲載。

氏名	所属大学	作品タイトル	千葉	石川	重村	成瀬	原田	山脇	計
石黒昌平	東京藝術大学大学院	都市のマスク			2				2
今川怜子	立命館大学大学院	女人道と女人堂跡に着目した高野山における結界の現代的再編成に関する提案				2			2
瀬田周平	工学院大学大学院	Art-specific Architecture Site-specific Architecture	1					1	2
辰己祐輔	金沢工業大学大学院	四則演算都市 「中間項」における都市の公開性の提示	1						1
濱本清佳	東京理科大学大学院	住宅密集地域の更新におけるコーポラティブハウスの設計プロセス 居住者ニーズの形態的翻訳				1			1
中村一稀	大同大学大学院	わたしのまち、みんなのまち 知的障がい者を対象とした福祉のまちの設計提案							1
内田有香	早稲田大学大学院	海抜0m地帯における、地域のつながりを生かした、事前復興計画				1			1
木村明稔	京都工芸繊維大学大学院	世代をつなぎ、共有される建築 Fernado Távoraの「連続性」と「類似性」を目指すリサーチによる建築提案				1			1
乃美安紀穂	京都府立大学大学院	農園型生涯学習施設 並列する壁の分節と重なり				1			1
内海友博	東洋大学大学院	都市の暇 商業空間の歴史的変遷と公共領域の調査に基づいて				1			1
大石 剛	信州大学大学院	自然現象から誘導される身体感覚拡張装置 木崎湖における体験型パヴィリオンとランドスケープデザイン						1	1
大城 俊	熊本大学大学院	風と中庭の関係性に着目した新たな小学校建築の提案				1			1
鈴江佑弥	大阪工業大学大学院	上部から自然光を導くスペースの採光手法 およびその作用下での空間構成 に関する設計				1			1
堀内万佑子	東京藝術大学大学院	都市の繭 新宿MOA四番街東京蟻の巣計画				1			1
鈴木叙久	東洋大学大学院	重奏的連接旅行 階層への誘いにおいて、彼女の視線に映る炬火				1			1

トウキョウ建築コレクション2018
全国修士論文展採点表

分野	氏名	所属大学	作品タイトル	青井	川添	永井	中島	林	山村	計
建築計画	筒井健介	東京大学大学院	伊豆大島土砂災害被災世帯の再定住プロセスに関する研究	1	2	2	1	3	3	12
建築計画	正田智樹	東京工業大学大学院	イタリアのスローフード生産にみられる資源の活用のための建築	3	3	1	3		1	11
歴史	中井希衣子	明治大学大学院	民間信仰組織の都市空間史 近代浅草における〈地域稲荷〉の変容	3	1		3	2	1	11
建築計画	平野 陽	千葉大学大学院	インフォーマル居住区の環境改善手法として 現地介入する重要性の検証 ジャカルタ・チキニ地区での共用施設建設を通じて	2	3	1	2	1	1	10
構造	澁谷達典	東京大学大学院	しなやかな部材の大変形を応用した可変形態の設計手法	1	1	3		2	3	10
都市計画	三文字昌也	東京大学大学院	台湾における遊廓立地の研究 1895-1945 日本植民地都市計画論の観点から	2			2	2	3	9
建築計画	山本晃大	東京工業大学大学院	現代建築作品における相対的大空間の性格		1	2		3	2	8
建築計画	宇佐美喜一郎	宇都宮大学大学院	建築の生産と意匠からみたベトナム現代建築における 地場素材の集合に関する研究	1	2	2	2			7
建築計画	阿部拓也	芝浦工業大学大学院	Licit Architecture(道義的合法建築)論 タイ王国バンコク都クロントイ70ライ地区を事例とした 居住空間の現状および増改築による変容に関する研究	3			3		1	7
構法	中村協央	明治大学大学院	コンピュータ数値制御三軸加工機を用いたセルフビルドによる 内装下地構法の開発研究	1	1	3	1	1		7
歴史	古谷優実	明治大学大学院	横浜戦後復興における防火帯建築の理想 官僚技術者内藤亮一と街区型建築群の面的開発に着目して	2	2		1		2	7
建築計画	加藤正都	名古屋工業大学大学院	マダガスカルの最貧困地域の住民の描画からみる暮らしの枢要観	1	3				1	6
建築計画	遠藤 明	慶應義塾大学大学院	三次元モアレ制御システムとデザイン手法 実施制作を通して		1	2	2	1		6
都市計画	田中雄大	東京大学大学院	「高度経済成長期横丁」に関する研究 山梨県甲府市中央一丁目を対象として		1	2		2		6
都市計画	田島靖崇	早稲田大学大学院	オフィス需要成熟期における都心周辺部に位置する 業務市街地の価値向上プロセス 東京都品川区天王洲地区を対象として				1	2	2	6
都市計画	中村睦美	滋賀県立大学大学院	農村観光にみる貴州省ミャオ族の集落構造と居住空間の更新 黔東南州郎徳上寨を対象にして			1	1	2	1	5
歴史	木下順平	東北大学大学院	行事の空間利用からみる平和記念公園の変遷	1		3		1		5
歴史	髙野泰幹	早稲田大学大学院	工業化への村落の適応 霞ヶ浦圏域における揚水技術の受容過程の変容	2	2		1			5
歴史	鈴木明世	早稲田大学大学院	千年村研究 地質基盤と社会構造の変遷からみる 千年村の持続形態 群馬県利根川流域を対象として		1	1	1	1	1	5
建築計画	稲山凌生	明治大学大学院	建築設計のアルゴリズム化を志向した設計業務実態の分析 設計業務調査を通して	1	1	1	1	1		5

※採点方法は一人あたり、3点×3票、2点×5票、1点10票を持ち点とし、得点数の高い11名を一次審査通過とした。
※応募36作品の内、得点の入ったもののみ掲載。

分野	氏名	所属大学	作品タイトル	青井	川添	永井	中島	林	山村	計
建築計画	増田有佐	東京理科大学大学院	建築専門誌における建築タイトルの研究					3	1	4
建築計画	大田 翼	東京理科大学大学院	東京の坂道における交差点と角地建築の形態的分析 港区を事例として	1		1			1	3
構造	佐藤有輝	東京理科大学大学院	羽根付き鋼管杭と上部柱一体化工法の耐震性能に関する研究 実大試験と有限要素法解析、建物モデルに対する応力解析に基づく力学的特性の分析			2		1		3
歴史	西 恭平	明治大学大学院	ドイツにおける国民国家形成と「表現主義建築家」シュプレーボーゲンをめぐる諸提案を通じて	1	2					3
構造	太田周作	慶應義塾大学大学院	木造在来軸組工法における進化論的構造最適化に関する研究 構造設計支援システムの開発を通して		1	1				2
歴史	髙橋洸太	東京大学大学院	非都市住居としての「コート・ハウス」論 西澤文隆の言説及び作品分析による戦後日本住宅の再評価		1		1			2
建築計画	松田茉利奈	名古屋工業大学大学院	都市の高架橋に対する周辺住民の認識による土木構築物の空間性			1			1	2
歴史	内藤啓太	法政大学大学院	江戸武家屋敷の庭園に関する研究	2						2
歴史	福嶋勝浩	法政大学大学院	オルチア川流域の都市と集落の研究		1			1		2
建築計画	榊原崇文	名古屋工業大学大学院	建築物の言語描写における建築の奥性						1	1
建築計画	大川碧望	日本大学大学院	市民の美術表現の場に関する研究 公共施設の貸しギャラリーを通して						1	1
建築計画	山田恵莉	岡山理科大学大学院	公共図書館における地域の課題解決支援のための空間整備とその利用実態に関する研究						1	1

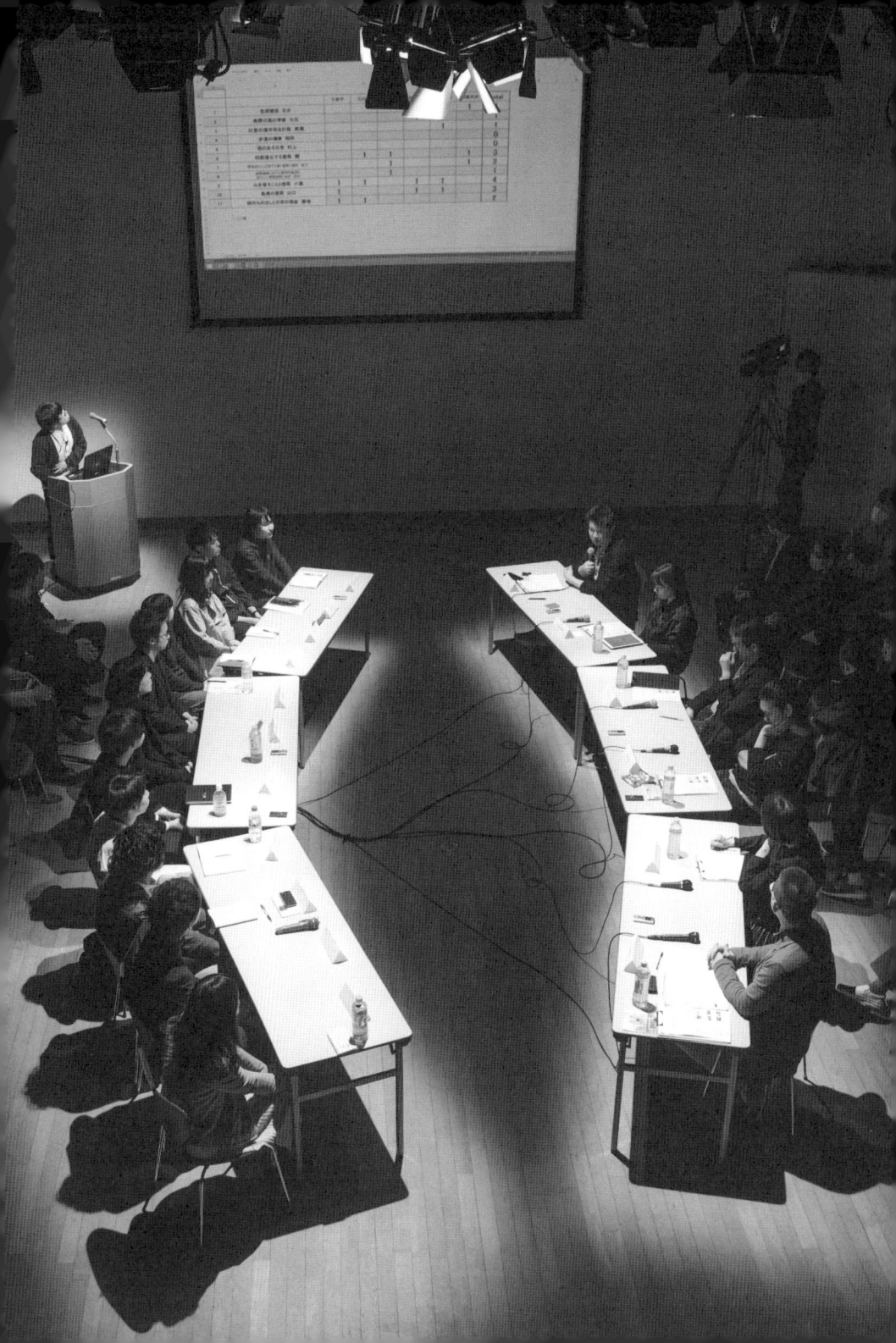

あとがき

　トウキョウ建築コレクション2018の書籍をお手に取っていただいた皆さま、誠にありがとうございます。本展覧会は、「建築をより一般社会に向けて発信すること」を目的とし、代官山ヒルサイドテラスを会場に2007年から活動を続けてまいりました。12年目の今年は、これまでの蓄積を活かし、建築の領域が拡張する中で何か化学反応を起こさせる場づくりを目指し、「融合──FUSION」をテーマに掲げ、開催いたしました。

　本展覧会は開催にあたり、たくさんの方々のご支援、ご協力の下に実現することができました。代官山ヒルサイドテラス様をはじめ、ご協力団体様、協賛企業各位、後援団体様、特別協賛の株式会社建築資料研究社／日建学院様に心より感謝申し上げます。また、多くのお力添えをいただいた審査員、登壇者の方々、そして作品を出展していただいた皆さま、ご来館いただいた皆さまにも心より御礼申し上げます。

　また、さまざまな企画に挑戦しつつも、会期を無事に終えることができたのは、共につくり上げてきた実行委員の仲間たちのおかげです。非常に密度の濃い半年間となりました。仲間たちにもこの場を借りて心から感謝します。

　12年目を迎えたトウキョウ建築コレクションですが、次なるステップへと発展と成長を続け、建築をより社会に発信していくことを目指し取り組んで参ります。

　これからもトウキョウ建築コレクションに、変わらぬお引き立てを賜りますよう、よろしくお願い申し上げます。

トウキョウ建築コレクション2018代表

稲毛洋也

トウコレ初の試みにも関わらず、快くご協力いただいた審査員の皆さま、実行委員のみんな、関わっていただいた全ての方々に御礼申し上げます。審査員による1次審査を経て、学生がブラッシュアップした作品を再議論するという点で特に新しかったのではないでしょうか。今回の試みが今後どう発展していくのか楽しみです。

　　　　　　副代表・デザイン展　吉田俊介

今年も全国修士設計展にご応募いただきありがとうございました。全国から力作が集まり、充実したイベントになりました。協力していただいたすべての皆さまに感謝いたします。

　　　　　　　　　　設計展　末永遙海

本年は、「領域の横断」をテーマにさまざまな分野の先生方にご登壇いただき、充実した会にすることができました。至らぬ点も多々あり、ご迷惑もかけてしまいましたが、快く引き受けてくださった先生方や実行委員、参加者の皆さまに心より御礼申し上げます。

　　　　　　　　特別講演　高橋広野

ひとつのコトをつくることの大変さを実感することができました。コトの裏側には多くの方々の協力があり、お金が流れ、コミュニケーションがありました。こうして無事、役目を終えることができたのは関わってくださった皆さまのおかげです。心より感謝申し上げます。

　　　　　　　　　　書籍　岸田和也

毎年沢山の企業の皆さまからご協力いただいており、大変感謝しております。また、建築業界で働く先輩方からも、沢山のアドバイスをいただくことができました。自分自身も視野を大きく広げることのできた大変貴重な機会になりました。来年以降も、より一層活気溢れるトウコレへと成長できるよう、願っております。

　　　　　　　　協賛・会計　本田理沙

本企画の運営においては、苦しい場面もありましたが、自分の成長を感じることができ、非常に充実した時間を過ごすことができました。審査員として、また出展者として、さまざまな立場で携わってくださった方々に厚く御礼申し上げます。

　　　　　　　　　　論文展　松本実紗

優秀なメンバーと多くの出展者、関係者のご支援によりつくりあげられたトウコレを、実行委員という最前線で感じることができ、大変充実した期間でした。機材などでご協力いただいた皆さまに御礼申し上げます。今後もトウコレがより社会に波及していくイベントとなるよう、願っております。

　　　　　機材・制作　荒井智暁　佐塚有希

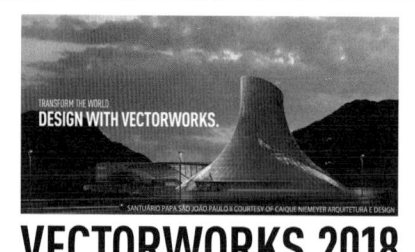

トウキョウ建築コレクション
2018

「トウキョウ建築コレクション2018」は、以上16社の企業様からの協賛により、運営することができました。

また、以下の企業、団体様からは後援、協賛、協力、助成をいただきました。

[後援]一般社団法人東京建築士会／一般社団法人日本建築学会

[特別協賛]株式会社建築資料研究社／株式会社日建学院

[特別協力]代官山ヒルサイドテラス

[協力]鹿島出版／代官山ステキなまちづくり協議会／株式会社新建築社／株式会社レントシーバー

[助成]公益財団法人朝日新聞文化財団／公益財団法人野村財団

この場を借りて感謝いたします。

トウキョウ建築コレクション2018実行委員会

建築・不動産系総合人材バンク
Nikken C.S.

CAD オペレーター
戸建住宅
建築 デザイン
省エネルギー
ビルディング
マンション 設計
ランドスケープ
リノベーション
エクステリア
インテリア

あなたの天職をデザインする

新卒、第二新卒、留学生、社会人——　建築・不動産業界に興味がある方の学びから就労までをサポート

トウキョウ建築コレクション2018実行委員会

実行委員会代表　稲毛洋也（早稲田大学大学院）

副代表　　　　　吉田俊介（早稲田大学大学院）

運営統括　　　　荒井智暁（慶應義塾大学大学院）

企画　　　　　　［設計展］　末永遥海（法政大学大学院）
　　　　　　　　［論文展］　松本実紗（慶應義塾大学大学院）
　　　　　　　　［デザイン展］　吉田俊介（早稲田大学大学院）
　　　　　　　　［特別講演］　高橋広野（宇都宮大学大学院）

運営　　　　　　［制作］　稲毛洋也（早稲田大学大学院）、吉田俊介（早稲田大学大学院）、
　　　　　　　　　　　　荒井智暁（慶應義塾大学大学院）、末永遥海（法政大学大学院）、
　　　　　　　　　　　　松本実紗（慶應義塾大学大学院）、本田理沙（早稲田大学大学院）、
　　　　　　　　　　　　佐塚有希（明治大学）、津田基史（早稲田大学）、清水千穂（工学院大学）
　　　　　　　　［協賛］　本田理沙（早稲田大学大学院）
　　　　　　　　［書籍］　岸田和也（千葉工業大学大学院）
　　　　　　　　［会計］　本田理沙（早稲田大学大学院）
　　　　　　　　［広報］　稲毛洋也（早稲田大学大学院）、高橋広野（宇都宮大学大学院）
　　　　　　　　［機材］　荒井智暁（慶應義塾大学大学院）
　　　　　　　　［委員］　山本夏子（慶應義塾大学大学院）、末吉竜也（日本大学）、猿田玲司（日本大学）、
　　　　　　　　　　　　須貝 仁（日本大学）、佐藤朝子（日本大学）、佐藤晴菜（日本大学）、松波加奈（明治大学）、
　　　　　　　　　　　　笹山冬萌美（明治大学）、近藤愛海（明治大学）、渡邉麻里（明治大学）、
　　　　　　　　　　　　寺原女惟（明治大学）、新安萌音（明治大学）、後山瑛美（日本大学）、
　　　　　　　　　　　　橋本愛佳（日本大学）、小川晴喜（日本大学）、高田涼平（日本大学）

［図版クレジット］
内野秀之：出展者顔写真および会場写真

トウキョウ建築コレクション2018 Official Book
全国修士設計展・論文展・デザイン展・特別講演

トウキョウ建築コレクション2018実行委員会編
2018年7月1日　初版第1刷発行

編集：フリックスタジオ（高木伸哉＋山道雄太＋平尾 望）
編集協力：大家健史（全国修士設計展）、阪口公子（全国修士設計展）、石塚直登（全国修士論文展）、
　　　　　菊地尊也（全国修士論文展）、元行まみ（デザイン展）、奥田奈々子（特別講演）
アートディレクション＆デザイン：爲永泰之（picnique Inc.）
製作：種橋恒夫（建築資料研究社／日建学院）
発行人：馬場圭一（建築資料研究社／日建学院）
発行所：株式会社 建築資料研究社
　　　　〒171-0014 東京都豊島区池袋2-38-2-4F
　　　　TEL 03-3986-3239　FAX 03-3987-3256
　　　　http://www.ksknet.co.jp
印刷・製本：シナノ印刷株式会社
©トウキョウ建築コレクション2018実行委員会
ISBN978-4-86358-578-2